Helmut Hofbauer / Brigitte Winkler

Das Mitarbeitergespräch als Führungsinstrument

Helmut Hofbauer / Brigitte Winkler

Das Mitarbeitergespräch als Führungsinstrument

3., erweiterte Auflage

Special: Schwierige Gespräche

HANSER

Bibliographische Information der Deutschen Bibliothek
Die Deutsche Bibliothek verzeichnet diese Publikation in der Deutschen Nationalbibliographie; detaillierte bibliographische Daten sind im Internet über http://dnb.ddb.de abrufbar.

Internet: http://www.hanser.de
Idee, Konzeption und Redaktion: Rudolf Jan Gajdacz, München
Umschlaggestaltung: Michael Knoch, büro plan.it unter Verwendung eines Motives von corbis images
Grafiken: Michael Schaupp, München und Tobias Zellerhof, Fa-ro Marketing
Gesamtherstellung: Kösel, Krugzell
Printed in Germany

ISBN 3-446-22718-0

Inhalt

Vorwort

Dieses Buch richtet sich an Führungskräfte, Firmeninhaber sowie Geschäftsführer und Personalverantwortliche, die sich mit dem Thema »Einführung, Durchführung und Bewertung von Mitarbeitergesprächen« in Unternehmen und (Non-Profit-)Organisationen beschäftigen, es spricht daher Praktiker an. Das Buch wendet sich auch an interessierte Mitarbeiter. Es ist zwar aus der Sicht einer Führungskraft geschrieben, enthält jedoch wesentliche Aspekte, die Mitarbeitern für die Vorbereitung, Durchführung und ein besseres Verständnis von Mitarbeitergesprächen von Nutzen sind.
Das Mitarbeitergespräch als Führungsinstrument gewinnt in Unternehmen und Institutionen zunehmend an Bedeutung. Es hat sich als Säule für eine positive, erfolgreiche Unternehmens- und Organisationsentwicklung herauskristallisiert. Gespräche über die unternehmensstrategische und persönliche Entwicklung, über das Erreichen von Zielen und Ergebnissen, über das Arbeitsklima und die Zusammenarbeit entwickeln sich zunehmend zum festen Bestandteil von Führungsaufgaben. Aktuelle Anlässe erfordern unmittelbare Gespräche, sei es zur Bewältigung von Anforderungen und Schwierigkeiten oder zur Rückmeldung über geleistete Arbeit. Dabei dient dieses Instrument nicht allein der Vermittlung von sachlichen Informationen, sondern auch dem Aufbau einer konstruktiven, von gegenseitigem Vertrauen getragenen Arbeitsbeziehung. Dieses Buch behandelt die gesamte Bandbreite der damit verbundenen Themenstellungen und Fragen:

- Was ist das Mitarbeitergespräch?
- Welche Bedeutung hat es für die Gestaltung der Arbeitssituation?
- Wie ist der Ablauf?
- Welche Rahmenbedingungen sind zu beachten?
- Welche Fähigkeiten und Kompetenzen benötigen die Führungskräfte und Mitarbeiter, um Mitarbeitergespräche zu führen?
- Was ist bei einer angemessenen Gesprächsführung zu berücksichtigen?
- Wie läßt sich das Mitarbeitergespräch im Unternehmen sinnvoll einführen?

Viele Praxisbeispiele verdeutlichen, welche Fragen und Problemstellungen bei der Einführung und Anwendung von Mitarbeitergesprächen auftreten können. Jedes Kapitel ist für sich betrachtet eigenständig und kann vom Leser als Nachschlagemöglichkeit verwendet werden.
Am Ende jedes Kapitels gibt es eine Übersicht der Literatur, aus der wir zitiert haben und die wir für lesenswert halten. Diese Übersicht hat keinen Anspruch auf Vollständigkeit. Wir haben uns vielmehr entschlossen, nur solche Bücher und Fachartikel zu berücksichtigen, die eine hohe Qualität aufweisen, leicht lesbar sind und eine hohe Praxisrelevanz aufzeigen. Um den Lesefluß nicht zu behin-

dern, haben wir die Begriffe »Mitarbeiterinnen« und »Mitarbeiter« zu einem einzigen Wort – »Mitarbeiter« – zusammengefaßt.
Für die Leser, die wenig Zeit haben, besteht die Möglichkeit, am Ende jedes Kapitels eine Zusammenfassung der behandelten Themen unter der Überschrift »Das Wichtigste in Kürze« zu lesen.
Uns als Autoren war der Blickwinkel aus der Praxis wichtig. Dies ist kein Werk über eine Management-Theorie, sondern ein Buch von Praktikern für die Praxis. Als wertvoll für die Qualität dieses Buches erwiesen sich die unterschiedlichen Blickwinkel der Beteiligten. Hilfreich waren die Perspektiven

- einer internen Personalentwicklerin in einem großen Unternehmen, die mit der Einführung des Mitarbeitergesprächs beauftragt war,
- eines externen Beraters und Trainers mit Erfahrungen in der Vermittlung der spezifischen Fachkenntnisse, Fähigkeiten und Kompetenzen, die wichtig sind, um Mitarbeitergespräche zu führen,
- eines Journalisten, der mit dem Blick des Nichtfachmanns »blinde Flecken« erkannte und Verständlichkeit einforderte.

Für ihre freundliche Unterstützung bei der Erstellung dieses Buches gebührt unser Dank folgenden Firmen und Institutionen:

- Bayerische HypoVereinsbank AG
- Bayerische Motorenwerke AG
- Bertelsmann AG
- Goethe-Institut e. V.
- IZB SOFT GmbH & Co. KG
- Quelle Schickedanz AG & Co.
- Siemens AG

Dank ihrer Erlaubnis, Auszüge aus den gebräuchlichen Mitarbeitergesprächsleitfäden abdrucken zu dürfen, konnte dieses Buch mit aktuellen Praxisbeispielen bereichert werden. Das ermöglicht dem Leser, eine genauere Vorstellung von den Anwendungsmöglichkeiten von Mitarbeitergesprächen zu bekommen. Äußerst wertvoll für das Buch sind auch die Erfahrungsberichte von Personal- und Organisationsentwicklern zur Realisierung des Mitarbeitergesprächs im Unternehmen. Sie gaben uns einen Einblick in die auftretenden Problemstellungen und gefundenen Lösungsansätze. Diese befinden sich im Anhang des Buches.
Der besondere Dank der Autoren geht an Rudolf Jan Gajdacz. Dank seiner Erfahrung gelang es uns, im Zeitplan zu bleiben. Seine guten Ideen zur inhaltlichen Konzeption und Gestaltung waren unverzichtbar, seine motivierende und gleichzeitig souveräne Art trug dazu bei, daß bei aller Arbeit der Spaß am Schreiben nicht verlorenging. Außerdem nahm er sich der sprachlichen und inhaltlichen Überarbeitung unserer Manuskripte an, führte Interviews mit Personalverantwortlichen durch, die Mitarbeitergespräche schon im Unternehmen eingeführt haben, und leistete einen wesentlichen Beitrag zum Erscheinen dieses Buches.
Wir danken auch unseren »Testlesern«, die aus ihrer Sicht als Führungskräfte,

Personalspezialisten oder interessierte Laien die Inhalte des Buches kritisch beurteilten. Es sind Martina Behr, Dr. Gudrun Jakubeit, Heinz Kammerer, Christian Klein, Silvia Meyer-Schiele, Dr. Martin Mühlbauer, Heike Niemeier, Berthold Schwarz, Silke Sichart, Willie Steincke und Dagobert Wagner.
Herrn Helmut Schwering danken wir besonders für die vielen wichtigen Anregungen zum Themengebiet der Einbindung der Arbeitnehmervertretung und für die rechtliche Beratung. Ebenso Herrn Michael Schaupp für seine professionelle Gestaltung der aufgeführten Graphiken.
Wir danken Herrn Janik vom Hanser Verlag, der es uns ermöglichte, dieses Buch herauszugeben und uns seine Erfahrung mit der Produktion von Büchern zur Verfügung stellte. Die Gespräche mit ihm waren ein Gewinn, seine Rückmeldung an uns fair, kritisch und qualitativ hochwertig. Mit seiner fachlichen und persönlichen Kompetenz motivierte er uns durch seine wertvollen Beiträge, dieses Projekt zum Gelingen zu führen.
Dieses Buch wäre nicht entstanden, hätten uns nicht unsere Partner Manuela, Jutta und Martin sehr entlastet und unterstützt. Sie brachten großes Verständnis auf und hielten uns »den Rücken frei«, damit wir uns auf die Erstellung diese Buches konzentrieren konnten. Ihnen möchten wir hier nochmals für ihre Unterstützung danken.
Wir wünschen Ihnen als Leser, daß Sie diesem Buch wertvolle und umsetzbare Anregungen entnehmen können, außerdem viel Erfolg bei der Realisierung von Mitarbeitergesprächen und vor allem – viel Spaß beim Lesen.

Brigitte Winkler
Helmut Hofbauer

Vorwort zur 2. Auflage

Über das sehr positive Echo auf die 1. Auflage haben wir uns sehr gefreut. In Feedback und Rezensionen wurden besonders die Verständlichkeit und der Nutzwert für die Praxis hervorgehoben.
Seit Erscheinen des Buches im Herbst 1999 hat sich in den Unternehmen die Tendenz verstärkt, Führungskräfte und Mitarbeiter in den unternehmerischen Erfolg einzubinden. Die Mitarbeiter werden noch mehr in die Verantwortung genommen, unternehmerisches Denken und Handeln werden gefordert. Die Unternehmen gehen deshalb vermehrt dazu über, erfolgs- und leistungsorientierte Vergütungssysteme einzuführen, um die erreichten Ziele und den Beitrag des einzelnen zum Erfolg zu honorieren.
Im Zuge dieser Entwicklung haben wir die 2. Auflage um das Kapitel »Leistungsorientierte Vergütung« ergänzt. Um wieder eine hohe Praxisrelevanz zu gewährleisten, stellen wir nicht nur die verschiedenen Modelle der leistungsorientierten Vergütung vor und Methoden, diese Systeme zu implementieren, sondern beschreiben auch die Vor- und Nachteile in der Umsetzung sowie die Konsequenzen für Mitarbeitergespräche.
Gespräche mit Personalverantwortlichen und Entscheidern, die uns während des Erstellens konstruktiv kritisch begleiteten, haben uns in der Wahl dieses Themas bestärkt. Wir bedanken uns bei diesen Personen für ihre Rückmeldungen. Insbesondere Michael Hampel, Matthias Knott und Helmut Schwering schulden wir vielen Dank für das konstruktive Feedback.
Wir danken Stefan Dörr, Ulfried Klebl, Bettina Rosche und Martina Sonneck, die uns bei der Zusammenstellung der Literaturhinweise Unterstützung geleistet haben.
Wir wünschen Ihnen Freude und Anregungen beim Lesen sowie Erfolg in der Umsetzung in den für Sie wichtigen Punkten.

Juni 2002 *Brigitte Winkler* und *Helmut Hofbauer*

Vorwort zur 3. Auflage

Seit der 2. Auflage im Herbst 2001 ist die wirtschaftliche Situation in Deutschland angespannter geworden. Dies hat direkte Auswirkungen auf die Arbeitssituation von Mitarbeitern und Führungskräften. Der Wettbewerb um Kunden ist härter geworden, die Kostensensibilität in Unternehmen steigt kontinuierlich an und die Leistung jedes einzelnen Mitarbeiters bekommt bei immer knapper werdenden Ressourcen noch mehr Bedeutung.
Für viele Führungskräfte bedeutet dies, sich zunehmend immer schwierigeren Mitarbeitergesprächssituationen stellen zu müssen, um die Leistungsfähigkeit, aber auch die Motivation der Mitarbeiter positiv zu beeinflussen. Dabei ist es für Führungskräfte oftmals nicht einfach, sich an schwierige Gespräche heranzuwagen. Es entsteht leicht der Eindruck, daß in diesen Gesprächen auch relativ viel »Porzellan zerbrechen« könnte, ohne daß wesentliche Veränderungen im Verhalten des Mitarbeiters erreicht werden. Schon oft hilft eine Reflexion darüber, wie man solche Gespräche angehen kann, um erste Impulse zur Gesprächsführung zu gewinnen.
Vor diesem Hintergrund haben wir die 3. Auflage unseres Buches um ein weiteres Kapitel »Schwierige Mitarbeitergespräche« ergänzt. In vielen Workshops und Trainings mit Führungskräften sammelten wir schwierige Mitarbeitergesprächssituationen und erarbeiteten Lösungsmöglichkeiten für derartige Gesprächskonstellationen. Aus diesem Fundus an Erfahrungen stellen wir in unserem Kapitel oft erlebte »schwierige« Mitarbeitergesprächssituationen beispielhaft dar. Für jede dieser Situationen geben wir Tipps für die konkrete Vorgehensweise im Gespräch und skizzieren exemplarisch eine empfohlene Vorgehensweise.
Wir bedanken uns bei allen Führungskräften, die uns durch die Beschreibung ihrer »schwierigen Mitarbeitergesprächssituationen« Material für dieses Kapitel geliefert haben. Unser Dank geht auch an Franz Handwerker und Adele Brucks, die uns wichtige Hinweise und konkrete Unterstützung zur Gestaltung des Kapitels gegeben haben. Insbesondere bedanken wir uns bei Lothar Maßmann, der sowohl durch sein konstruktives Feedback, aber auch durch die inhaltliche und sprachliche Überarbeitung des Kapitels uns an entscheidenden Stellen unterstützt hat.
Wir wünschen Ihnen Freude beim Lesen sowie Erfolg beim Führen von schwierigen Gesprächen.

Juli 2004 *Brigitte Winkler* und *Helmut Hofbauer*

1 Was ist ein Mitarbeitergespräch?

Darum geht es ...

Wodurch unterscheidet sich ein Mitarbeitergespräch von anderen Gesprächsarten?

Was sind seine Inhalte?

Welche Vorteile bringt es den Gesprächpartnern und letztlich dem Unternehmen?

Dieses Kapitel beschreibt:

- die Bedeutung und Inhalte des Mitarbeitergesprächs,
- seine Funktion als zentrales Führungsinstrument,
- seine Koppelung an die Geschäftsstrategie bzw. Unternehmensplanung,
- den Nutzen für Führungskräfte, Mitarbeiter und Unternehmen,
- den Unterschied zwischen Mitarbeiter- und anlaßbezogenen Gesprächen,
- die Erfolgs- und Qualitätskriterien von Mitarbeitergesprächen.

Seit einiger Zeit stellen Sie fest, daß sich in Ihrer Abteilung zunehmend Pannen einschleichen. Kundenbeschwerden häufen sich, weil Bestellungen nicht fristgerecht oder nicht in der gewünschten Qualität eintreffen. Es könnte daran liegen, daß die Umsetzung der Aufträge eine größere Flexibilität erfordert, weil vermehrt Bestellungen kurzfristig eingehen oder mitten in der Umsetzung Änderungswünsche von Kunden mit berücksichtigt werden müssen.
Andererseits sind Sie in der beneidenswerten Situation, über einen erfahrenen, eingearbeiteten Mitarbeiterstamm zu verfügen, dem diese neuen Anforderungen normalerweise nichts anhaben dürften. Ärgerlich ist vor allem, daß es sich überwiegend um vermeidbare Fehler handelt, die meist durch Abstimmungsschwierigkeiten verursacht werden.
Bislang waren Sie gewohnt, daß die Mitarbeiter ihre Aufgaben eigenständig und zügig erfüllten, im Bedarfsfall genügten kurze Absprachen, um Unklarheiten auszuräumen. Sie haben aber auch beobachtet, daß viele Tätigkeiten von Ihren Mitarbeitern routiniert »runtergespult« werden.
Bei einem Gespräch mit einem Kollegen erfahren Sie, daß sich in seiner Abteilung ein ähnlicher Trend abzeichnet. Gleichzeitig erzählt er Ihnen, daß die Geschäftsleitung diese Entwicklung registriert habe und deshalb beabsichtige, im Unternehmen das Mitarbeitergespräch einzuführen. Sie sind ein wenig verwundert darüber, nicht nur, weil Sie ja auch sonst mit Ihren Mitarbeitern Gespräche führen, sondern auch, weil Ihr eingespieltes Team in der Regel seine Jobs erfüllt, ohne daß es vieler Worte bedarf.

1.1 Definition, Inhalte und Ziele

Die Zusammenarbeit in Unternehmen, Betrieben, Institutionen oder Einrichtungen hängt wesentlich von der Qualität der Gesprächsführung zwischen Vorgesetzten und ihren Mitarbeitern ab. Im Berufsleben finden, meist aus aktuellem Anlaß, täglich Gespräche mit Mitarbeitern statt, beispielsweise, um Aufgaben zu delegieren, unerwartet aufgetretene Probleme zu lösen, Lob auszusprechen oder Kritik zu üben. Übergeordnete Themenstellungen, beispielsweise Auswertung von Arbeitsergebnissen, Festlegung längerfristiger Ziele, Planung der beruflichen Entwicklung von Mitarbeitern oder Verbesserung der Zusammenarbeit sind dagegen von genereller Bedeutung. Gespräche über diese Themen beeinflussen die berufliche Orientierung der Mitarbeiter, ihr Engagement und ihre Identifikation mit den übergeordneten Unternehmenszielen und wirken sich insgesamt auch auf die Firma positiv aus. Deshalb sollten sie in Inhalt und Ablauf nicht dem Zufall überlassen bleiben. Aus dieser Erkenntnis heraus führen immer mehr Unternehmen und Institutionen Mitarbeitergespräche ein, um Vorgesetzten und Mitarbeitern einen regelmäßigen Dialog außerhalb tagesaktueller Themen zu ermöglichen.
Allgemein versteht man unter einem Mitarbeitergespräch ein geplantes, inhaltlich vorbereitetes Gespräch zwischen Führungskräften und Mitarbeitern. Somit

unterscheidet es sich von spontanen, aus aktuellen Gegebenheiten geführten Gesprächen. In Kapitel 2 werden diese alltagsbezogenen Gespräche näher beschrieben.
Mitarbeitergespräche werden, je nach Firmenkultur, auch als Jahresgespräche, Personalgespräche oder Mitarbeiter-Reviews bezeichnet und finden ein- bis viermal im Jahr statt. Sie können bereits nach einer Stunde beendet sein, aber auch drei Stunden oder, in Ausnahmefällen, länger dauern. Die Gesprächspartner sollten sich auf diese Gespräche gründlich vorbereiten. Ihre Ziele lassen sich mit den Begriffen »Bilanz ziehen« und »Zukunft planen« definieren (vgl. Abb. 1). Der Themenbereich »Bilanz ziehen« bietet Führungskräften und Mitarbeitern Gelegenheit, den vergangenen Arbeitszeitraum aus ihrer jeweiligen Perspektive zu beurteilen. Sie bewerten die erzielten Ergebnisse, das zutage gelegte Arbeitsverhalten und die festgestellten individuellen Stärken und Schwächen des Mitarbeiters. Gleichfalls kommen seine Zufriedenheit im Beruf, in seinem Aufgabenbereich und in der Zusammenarbeit mit Vorgesetzten und den Kollegen zur Sprache. Umgekehrt erfährt er von seinem Vorgesetzten dessen Einschätzung über die Zusammenarbeit, egal ob in seinem Bereich oder abteilungsübergreifend.
Der Bereich »Zukunftsplanung« beschränkt sich nicht nur darauf, neue Ziele und Aufgaben festzulegen und Möglichkeiten zur Verbesserung der Zusammenarbeit zu erarbeiten. Er bezieht auch die beruflichen Perspektiven und Aufstiegschancen des Mitarbeiters ein sowie für ihn in Frage kommenden Maßnahmen zur beruflichen Weiterbildung und -qualifizierung.

Die Inhalte des Mitarbeitergesprächs

Mitarbeitergespräche haben im Vergleich zu tagesaktuellen Gesprächen, die meist stattfinden, um Vorgehensweisen abzustimmen, folgende Themenbereiche zum Inhalt:

- Abklären der Aufgaben und Ziele des Mitarbeiters im Rahmen der übergeordneten Unternehmensziele. Welchen Beitrag kann er zum Erfolg des Ganzen leisten? Wie kann er seine persönlichen Ziele in die betrieblichen Ziele integrieren?
- Bewertung und Beurteilung von erbrachten Leistungen und Veranschaulichung der Kriterien für die Beurteilung der Arbeitsergebnisse. Was wird vom Mitarbeiter erwartet? Worauf soll er seine Kräfte konzentrieren?
- Konsensfindung über den Entscheidungs- und Handlungsspielraum des Mitarbeiters. Der Vorgesetzte respektiert die innerhalb dieses vereinbarten Spielraums getroffenen Entscheidungen und erfolgten Maßnahmen des Mitarbeiters. Beide suchen nach Wegen und Möglichkeiten, die gegenseitige Kommunikation und Weiterleitung von Informationen künftig besser zu gestalten.
- Verbesserung der Zusammenarbeit zwischen Vorgesetztem und Mitarbeiter, Kollegen und anderen Abteilungen.
- Planung des Einsatzes und der beruflichen Entwicklung des Mitarbeiters un-

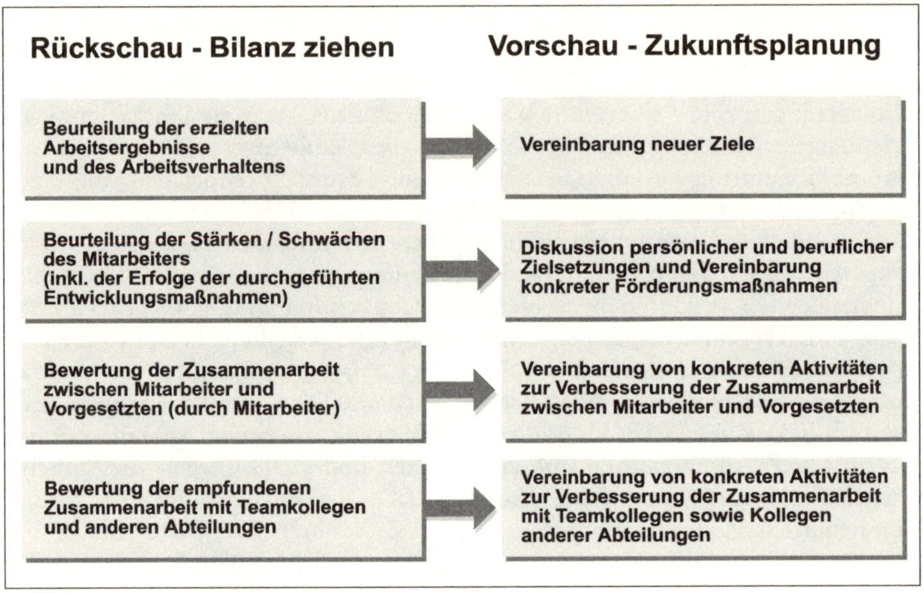

Abb. 1: Inhalte des Mitarbeitergesprächs

ter Berücksichtigung seiner Befähigung und seiner persönlichen Interessen mit anschließender Vereinbarung konkreter Fördermaßnahmen.

Im Unterschied zum reinen Beurteilungsgespräch (vgl. Kapitel 2) hat das Mitarbeitergespräch neben der Bewertung von erbrachten Leistungen auch diese Themenbereiche zum Inhalt.

Das Mitarbeitergespräch als zentrales Führungsinstrument

Viele Firmen haben erkannt, daß ein gutes Zusammenspiel zwischen Führungskräften und Mitarbeitern maßgeblich die Leistung und den Gesamterfolg des Unternehmens beeinflußt. Die Umsetzung der zu erfüllenden Aufgaben läßt sich deutlich verbessern, wenn die Mitarbeiter ihre vorhandenen Fähigkeiten und Potentiale so einsetzen können, daß sie weder unter- noch überfordert sind, sondern immer wieder vor neue Herausforderungen gestellt werden. Hinzu kommt, daß es für alle Beteiligten weitaus angenehmer ist, in einem beruflichen Umfeld zu arbeiten, das von Klarheit und Eindeutigkeit geprägt ist. In unserem Beispiel sind die Mitarbeiter offensichtlich nicht besonders gefordert, es haben sich bei ihnen Routinen eingeschlichen.
Zwischen Mitarbeitern und Führungskräften besteht idealerweise eine »Leistungspartnerschaft«, d. h., beide Seiten leisten ihren Beitrag zum Gesamterfolg

und sind aufeinander angewiesen. Voraussetzung dafür sind ein kooperatives Führungsverhalten und die Einsicht, daß Menschen sich mit vollem Engagement einsetzen, wenn sie sich mit ihren Aufgaben identifizieren. Der qualifizierteste Mitarbeiter wird seine Aufgabe nicht erfolgreich erfüllen können, wenn sein Vorgesetzter ihm wichtige Informationen vorenthält oder verspätet weiterleitet, unklare Arbeitsaufträge erteilt, die gesetzten Ziele nicht transparent erklärt und ihn nicht seinen Fähigkeiten entsprechend einsetzt und fördert. Ebenso hat es der beste Vorgesetzte schwer, wenn seine Mitarbeiter nicht über das nötige Know-how für die zu erfüllenden Aufgaben verfügen oder negative Verhaltensweisen an den Tag legen. So können beispielsweise mangelnde Teamorientierung, falsche Prioritätensetzung oder schlechtes Zeitmanagement das Verhältnis im Team oder zu Kunden nachhaltig stören.
Hinzu kommt, daß die Rolle des Mitarbeiters im Wandel begriffen ist. Angesichts des Trends, daß die Führungsspannen in Unternehmen breiter und die Hierarchien flacher werden und die Informationstechnologie rasant fortschreitet, steigt die Komplexität der Aufgaben und treten Veränderungen schneller ein. Mitarbeiter entwickeln sich zunehmend zu Spezialisten in ihren Tätigkeitsbereichen. Führungskräfte sind immer weniger in der Lage, jedes Detail der für die Umsetzung von Projekten erforderlichen Arbeitsleistung ihrer Mitarbeiter zu überblicken oder gar selbst zu beherrschen. Um so mehr sind sie darauf angewiesen, daß jeder seinen Arbeitsplatz selbst managt und eigenständig nach Maßgabe der Abteilungs- bzw. Unternehmensziele handelt. Voraussetzung dafür ist, daß Vorgesetzte die von der Geschäftsleitung gesetzten Firmen- bzw. Abteilungsziele nicht nur transparent vermitteln, sondern auch die dafür von jedem einzelnen zu leistenden Aufgaben an den jeweiligen Arbeitsplätzen besprechen und verbindlich festhalten. Diese Bedingungen müssen für eine gut funktionierende Leistungspartnerschaft erfüllt sein.

Vermeidbare Schwierigkeiten

In der Praxis aber treten im Arbeitsalltag häufig vermeidbare Schwierigkeiten auf, weil

- Mitarbeiter ihre Aufgaben nur in begrenztem Maße oder kaum zielorientiert und selbstständig verrichten können, da ihnen die avisierten Ziele nicht nachvollziehbar dargestellt, Freiräume und Kompetenzen nicht übertragen werden oder die an der Umsetzung Beteiligten nicht »an einem Strang ziehen«,
- Mitarbeiter nicht ihrem Potential entsprechend eingesetzt und somit vorhandene Einsatzmöglichkeiten überhaupt nicht, zu wenig oder falsch genutzt werden,
- die Verständigung zwischen Mitarbeitern und Vorgesetzten über die einzelnen Verantwortungsbereiche und Zuständigkeiten für die anstehenden Aufgaben unzureichend erfolgt,
- die Information und Kommunikation über wichtige Entscheidungen und

Maßnahmen nicht nur in den Führungsebenen, sondern durchlaufend bis hin zu den Mitarbeitern gestört ist,
- die Mitarbeiter unterfordert sind. Ihre Motivation sinkt, in letzter Konsequenz orientieren sie sich nach beruflichen Alternativen.

Im eingangs aufgeführten Beispiel erledigen die Mitarbeiter ihre Aufgaben zwar mühelos, schauen aber nicht über den »Tellerrand« ihres Aufgabenbereichs hinaus. Aufgrund ihrer Fähigkeiten wären sie durchaus in der Lage, mehr Verantwortung zu übernehmen und unnötige Pannen zu vermeiden. Andererseits wird ihnen kein größerer Handlungs- und Verantwortungsspielraum übertragen.

Erwartungen des Unternehmens an Mitarbeitergespräche

Um solche Defizite zu beheben, legen Unternehmen und Institutionen zunehmend Wert auf die Optimierung der Zusammenarbeit zwischen ihren Führungskräften und Mitarbeitern. Sie stellen fest, daß die in Verbindung mit den täglichen Arbeitsaufgaben stattfindenden Gespräche nicht geeignet sind, Themen der beruflichen und persönlichen Arbeitssituation hinreichend zu behandeln, und erkennen die Notwendigkeit von regelmäßig stattfindenden Mitarbeitergesprächen. Sie erwarten von diesen Gesprächen:
- einen besseren Informationsaustausch zwischen Führungskräften und Mitarbeitern,
- klare Zielvereinbarungen,
- mehr Selbständigkeit und Eigenverantwortung der Mitarbeiter innerhalb ihres vereinbarten Handlungsspielraums,
- Konsensfindung zwischen Führungskraft und Mitarbeiter über die Bewältigung der Aufgaben,
- Planung geeigneter Entwicklungsmaßnahmen für die Mitarbeiter,
- die Verbesserung der Zusammenarbeit zwischen Führungskräften, Mitarbeitern und Kollegen anderer Abteilungen durch verbindliche, für alle geltende Vereinbarungen.

Mitarbeitergespräche gewinnen besonders dort an Bedeutung, wo sich Mitarbeiter immer weniger auf vorgegebene Anweisungen und Richtlinien stützen können und wo ihr Handlungs- und Verantwortungspielraum wächst. Sie sind, um selbständig handeln zu können, zunehmend auf die Kenntnis der ihren Aufgabenbereich betreffenden übergeordneten betrieblichen Zusammenhänge angewiesen.
Auf das Eingangsbeispiel bezogen könnte dieses Instrument helfen, Fehlerquellen zu vermeiden, indem Führungskräfte gemeinsam mit den Mitarbeitern erarbeiten, warum und wie die Aufträge künftig effektiver erledigt werden können. Die Eigenverantwortung für die Qualitätssicherung sollte den Mitarbeitern übertragen werden; dadurch übernehmen sie Mitverantwortung, werden zusätzlich gefordert und »ersticken« nicht in Alltagsroutine.

1.2 Das Mitarbeitergespräch als Bestandteil der Unternehmensplanung

Für die Einbindung der Mitarbeiter in die übergeordneten Unternehmensziele empfiehlt sich folgende Vorgehensweise: Die Geschäftsleitung führt mit ihrer nachgeordneten Führungsebene Mitarbeitergespräche, um die im vorangegangenen Zeitraum erbrachten Leistungen zu bewerten und neue Ziele für die kommende Periode festzulegen. Diese Führungskräfte führen, wie Abbildung 2 zeigt, ihrerseits Mitarbeitergespräche in der nächstfolgenden Ebene, vereinbaren mit ihren Mitarbeitern, welche Leistungen erbracht werden müssen, um die Zielvorgaben der Geschäftsleitung zu erfüllen, und treffen verbindliche Vereinbarungen. Entsprechend wird in den nächstfolgenden Mitarbeiterebenen verfahren.

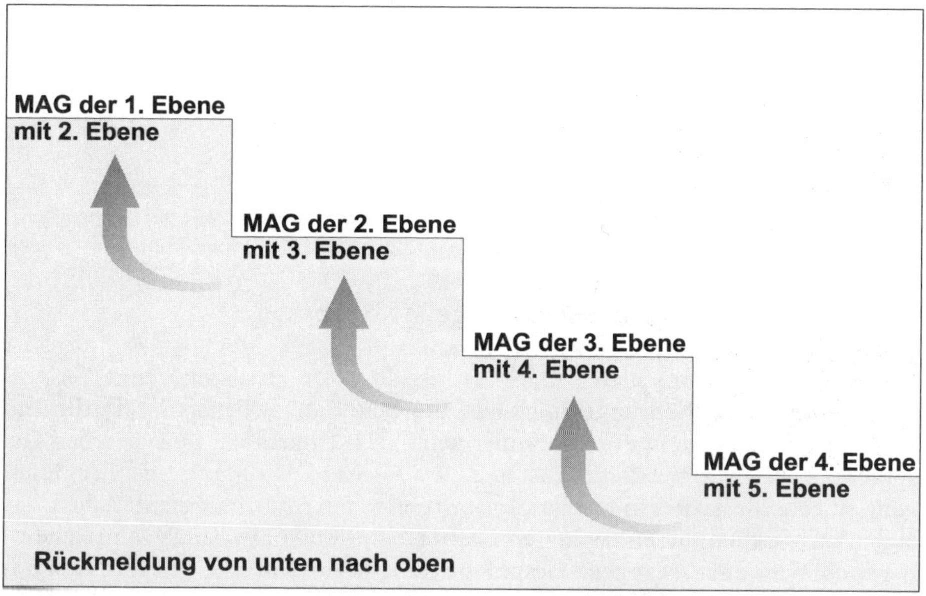

Abb. 2: Das Kaskadenmodell von Mitarbeitergesprächen (MAG)

Auf diese Weise durchlaufen die Gespräche innerhalb weniger Wochen sämtliche Mitarbeiterebenen in allen Unternehmensbereichen. Der Konkretisierungsgrad der Unternehmensziele steigt: Alle Mitarbeiter werden in kurzer Zeit über die wichtigsten Ziele des Unternehmens, die es sich für den nächsten Zeitraum gesetzt hat, informiert. Jeder einzelne kann seinen Beitrag, den er zum Erreichen der Unternehmensziele an seinem Arbeitsplatz erbringen muß, nachvollziehen und erkennen. Des weiteren erhält er die Möglichkeit, seiner Führungskraft Rückmeldungen »von unten nach oben« über die Realisierbarkeit von Zielen zu geben.

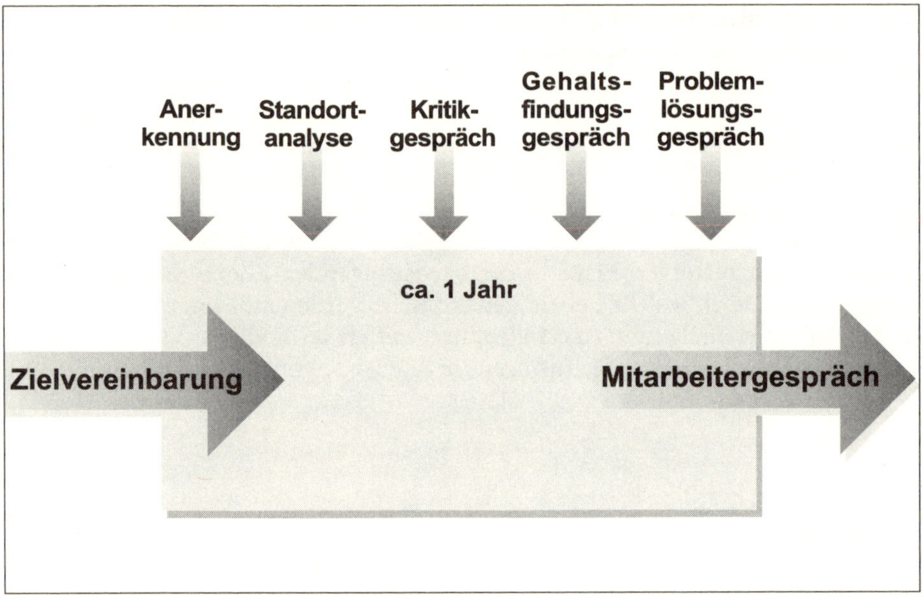

Abb. 3: Zusammenhang zwischen Mitarbeitergespräch und anlaßbezogenen Gesprächen

Mitarbeitergespräch und anlaßbezogenes Gespräch

Das Mitarbeitergespräch ist keinesfalls losgelöst von anlaßbezogenen Gesprächen, die zwischen Führungskraft und Mitarbeiter am Arbeitsplatz stattfinden. Im Gegenteil, es besteht ein kontinuierlicher Zusammenhang zwischen den Gesprächsarten. Ziele für den nächsten Zeitraum werden zunächst bei der Besetzung einer Stelle, später in regelmäßig stattfindenden Mitarbeitergesprächen vereinbart. Zwischen diesen geplanten Gesprächen finden aber auch zahlreiche situations- oder anlaßbezogene Gespräche statt, beispielsweise, um gute Leistungen zu loben, den Stand der Dinge zu ermitteln oder unerwartet aufgetretene Probleme zu lösen. Sie können aber auch eine Gehaltsverhandlung oder die Bewertung eines erreichten Zwischenziels zum Inhalt haben (vgl. Kapitel 2).
Alle diese Gespräche gewährleisten, daß der Dialog zwischen Mitarbeiter und Führungskraft erhalten bleibt und bilden die Grundlage für die Qualität des Mitarbeitergesprächs.

Varianten des Mitarbeitergesprächs

Unternehmen und Institutionen haben verschiedene Varianten von Mitarbeitergesprächen entwickelt. Viele Firmen verwenden hausinterne Gesprächsleitfäden, um die Formulierung der individuellen Beiträge für die vorgegebenen Firmenziele zu

erleichtern. Häufig wird die Bewertung der erreichten Ziele an eine erfolgsorientierte Vergütung geknüpft. Auf eine schriftliche Dokumentation wird unterschiedlich Wert gelegt. Oft genügt eine von Führungskraft und Mitarbeiter unterschriebene Kurznotiz, die lediglich das stattgefundene Mitarbeitergespräch bestätigt.
In Kapitel 9 werden die Vor- und Nachteile dieser verschiedenen Varianten beschrieben. Wesentlich ist, daß Inhalt und Art der Gesprächsführung zur Kultur und zu den Zielen des Unternehmens passen.
Um ein vergleichbares Qualitätsniveau von Mitarbeitergesprächen zu gewährleisten, sind viele Unternehmen dazu übergegangen, sie nach einem einheitlich vorgegebenen Muster zu führen. Möglichkeiten für die Entwicklung von Gesprächsleitfäden werden in Kapitel 10 vorgestellt. Im Anhang finden Sie ein Beispiel für einen Leitfaden, den Sie auf der beiliegenden Diskette nach Ihren Bedürfnissen verändern und anpassen können.

Erfolgs- und Qualitätskriterien

Der Erfolg von Mitarbeitergesprächen hängt entscheidend von ihrer Dauer ab und der Priorität, die ihnen das Unternehmen beimißt. Sind Vorgesetzter und Mitarbeiter gut vorbereitet, können sie in einer offenen Gesprächsatmosphäre realisierbare Vereinbarungen treffen. Die Atmosphäre und Zusammenarbeit wird zusätzlich positiv beeinflußt, wenn beide Seiten zwischenzeitlich auch anlaßbezogene Gespräche führen.
Legt die Geschäftsleitung selbst großen Wert auf Mitarbeitergespräche und geht mit gutem Beispiel voran, weckt sie auch bei den nachgelagerten Führungskräften das Interesse, mit ihren Mitarbeitern diese qualitativ hochwertigen Gespräche zu führen. Auf diese Weise entwickelt sich im gesamten Unternehmen allmählich eine dialogorientierte und partnerschaftliche Führungskultur.
Bei der Implementierung von Mitarbeitergesprächen sollte auch der Betriebsrat frühzeitig beteiligt werden. So können die Interessen der Mitarbeiter bereits in der Entwicklungsphase mit berücksichtigt und eine von der Mitarbeitervertretung unterstützte Vorgehensweise erzielt werden (vgl. Kapitel 9).
Die gewünschte Wirkung von Mitarbeitergesprächen kann nur erzielt werden, wenn alle Beteiligten über entsprechende Kompetenzen und Fähigkeiten verfügen. Zu diesen zählen aktives Zuhören, Hineinversetzen in die Lage des anderen oder die Fähigkeit, verbindliche Aussagen zu treffen. Die Gesprächspartner müssen imstande sein, die Leistung anderer sachlich zu beurteilen, diese anzuerkennen, konstruktive Kritik zu äußern und anzunehmen sowie Feedbacks zu geben. Nicht zuletzt verlangt eine kompetente Gesprächsführung von den Beteiligten ein gewisses Maß an Kreativität und Ideenreichtum, beispielsweise, um Verbesserungsvorschläge für die Umsetzung am Arbeitsplatz oder für die Zusammenarbeit vorzubringen. Wichtig ist auch die Auseinandersetzung der Beteiligten mit Fragestellungen wie zum Beispiel »Wie drücke ich meine Wertschätzung aus?«, »Wie baue ich Vertrauen auf?« oder »Wie gestalte ich meinen Redeanteil?«.

Da solche Fähigkeiten nicht ohne weiteres vorausgesetzt werden können, sollten Mitarbeiter und Vorgesetzte in Fortbildungsveranstaltungen die notwendigen Kompetenzen für eine erfolgreiche Gesprächführung erwerben können (vgl. Kapitel 9). Wirkung und Qualität von Mitarbeitergesprächen lassen sich zusätzlich steigern, wenn die Gesprächspartner spezifische Methoden und Techniken kennen, zum Beispiel Widerspiegeln, lösungsorientierte Fragestellung oder Feedback (vgl. Kapitel 7 und 8).
Der Erfolg von Mitarbeitergesprächen läßt sich anhand folgender Kriterien überprüfen:

- Haben die getroffenen Zielvereinbarungen bewirkt, daß Mitarbeiter und Vorgesetzte selbständiger und zielorientierter agieren?
- Ist durch kontinuierliches Feedback und Fehleranalysen eine Leistungsverbesserung bei jedem einzelnen und im Gesamtergebnis erreicht worden?
- Können die Mitarbeiter ihre beruflichen Perspektiven im Unternehmen realistisch einschätzen?
- Hat sich die partnerschaftliche Zusammenarbeit und Kommunikation zwischen Führungskräften und Mitarbeitern verbessert?

Solche Erkenntnisse lassen sich beispielsweise durch Mitarbeiterbefragungen gewinnen. Letztlich aber sollte sich die aus diesem Instrument resultierende Klarheit und Offenheit in der Zusammenarbeit zwischen Mitarbeitern und Führungskräften an einer mittelfristig gestiegenen Produktivität und in den Geschäftszahlen ablesen lassen. Da diese aber von vielen Faktoren abhängen, wird sich ein direkter Nachweis kaum erbringen lassen. Es werden aber die Bedingungen dafür geschaffen, daß Vorgesetzte und Mitarbeiter motivierter und in einer vertrauensvollen, von gegenseitiger Wertschätzung geprägten Atmosphäre ihre Aufgaben erfüllen können. Diese Art der Zusammenarbeit hilft allen Beteiligten, Reibungsverluste zu vermeiden und sich intensiver auf die Inhalte ihrer Tätigkeiten zu konzentrieren. Kapitel 9 beschreibt Möglichkeiten für die Erfolgsmessung, im Anhang befindet sich ein Fragebogen, der hilft, den Erfolg zu messen.

1.3 Die Vorteile des Mitarbeitergesprächs

Die richtige Nutzung dieses Instruments wirkt sich, wie im folgenden beschrieben, für alle Beteiligten und das Unternehmen bzw. die Institution als Ganzes positiv aus.

Vorteile für die Mitarbeiter

Das Mitarbeitergespräch bringt, richtig eingesetzt, Mitarbeitern in mehrfacher Hinsicht Vorteile, sowohl bei der Erfüllung ihrer Aufgaben als auch für ihr Verhältnis zum Vorgesetzten:

- Sie erhalten klare Aussagen über ihre Stärken und Schwächen sowie eine Bestätigung für ihre bisherigen Leistungen,
- sie können anhand konstruktiver Kritik Verbesserungsmöglichkeiten erarbeiten, erhalten dabei vom Vorgesetzten Rat und Unterstützung,
- sie erhalten Hinweise für die berufliche Zukunftsplanung und für die Verbesserung ihrer Fähigkeiten, zudem konkrete Vorschläge für ihre individuelle Karriereentwicklung,
- sie können mit dem Vorgesetzten einvernehmlich verbindliche Ziele für den nächsten Zeitraum vereinbaren.

Des weiteren erhalten sie die Möglichkeit, durch klare Formulierung ihrer Vorstellungen Veränderungen an ihrem Arbeitsplatz in Gang zu setzen. Diese Kriterien sind Voraussetzung für eine offene und partnerschaftliche Arbeitsatmosphäre.

Vorteile für die Führungskräfte

Dieses Instrument ermöglicht Ihnen als Führungskraft, nicht nur die bisherigen Leistungen der Mitarbeiter zu bewerten, sondern diese Bewertung auf der Grundlage gemeinsam festgelegter Beurteilungskriterien vorzunehmen.
Der Vorteil: Sie lernen bei dieser Verfahrensweise gleichzeitig auch die Anschauungen und Einschätzungen Ihres Mitarbeiters genauer kennen und erhalten wichtige Informationen über seine Einstellung zu bestimmten Sachverhalten. Wenn Sie ihm im Gegenzug Ihre Vorstellungen offen unterbreiten, können von vornherein Differenzen geklärt und Mißverständnisse vermieden werden. In diesem Zusammenhang empfiehlt es sich, auch die Handlungs- und Verantwortungsspielräume festzulegen, damit sie effektiv genutzt werden können.
Das Mitarbeitergespräch gibt Ihnen zusätzlich wichtige Aufschlüsse über atmosphärische Aspekte. Wie ist die Stimmung des Mitarbeiters, seine Verfassung, seine derzeitige Motivation? Ist er mit seiner Arbeitssituation zufrieden? Solche Erkenntnisse werden Sie im Arbeitsalltag kaum gewinnen können. Sie erhalten somit eine günstige Gelegenheit, Ursachen für vorhandene Defizite zu identifizieren und gemeinsam Lösungsmöglichkeiten zu finden oder aufgetretene Probleme frühzeitig aus dem Weg zu räumen.
Ein weiterer Vorteil: Sie erhalten einen Einblick in die Absichten und Pläne des Mitarbeiters. Unterhalten Sie sich offen über seine Zukunftsvorstellungen. Dies fördert das gegenseitige Verständnis und festigt das beiderseitige Vertrauensverhältnis. Denn für eine langfristige Personalplanung sollten Sie über die beruflichen Perspektiven und eventuellen Veränderungsabsichten Ihrer Mitarbeiter informiert sein. Sonst laufen Sie Gefahr, unter Umständen nicht ausreichend Zeit für den Aufbau geeigneter Nachfolger zu finden. Möglich ist auch, daß einer Ihrer Mitarbeiter in Zukunft gerne eine andere Stelle in Ihrem Unternehmen besetzen möchte. Auch darüber sollten Sie informiert sein, um frühzeitig Erkennt-

nisse über geeignete Einsatzmöglichkeiten für diesen Mitarbeiter gewinnen zu können, beispielsweise durch Prüfung seiner Leistungen, Potentiale und seiner Zufriedenheit mit dem Betrieb und an seinem Arbeitsplatz. Wollen Sie diese Themen erfolgversprechend diskutieren, muß der Mitarbeiter darauf vertrauen können, daß Sie es mit seiner beruflichen Planung wirklich ernst meinen. Spürt er, daß Sie seine Weiterentwicklung nicht nachhaltig unterstützen wollen, wird er sich im Gespräch »bedeckt« halten.

Vorteile für das Unternehmen

Das Mitarbeitergespräch bewirkt eine bessere Zusammenarbeit zwischen Vorgesetzten und Mitarbeitern im gesamten Unternehmen und führt damit zu einer Steigerung der Arbeitsergebnisse und der Arbeitsqualität. Nicht zuletzt deshalb, weil jeder seinen Fähigkeiten und seinem Potential entsprechend gezielt berücksichtigt wird. Schließlich erwartet die Unternehmensleitung, daß Mitarbeiter den Erfordernissen des Arbeitsplatzes gemäß dort eingesetzt werden, wo sie ihre Neigungen und ihr Know-how bestmöglich einbringen können. Dazu gehört auch, im regelmäßigen Soll-Ist-Vergleich die Leistung, Qualifikation und Vorstellungen der Mitarbeiter den Erfordernissen der von ihnen zu erfüllenden Aufgaben gegenüberzustellen.

Jeder Mitarbeiter hat nach Maßgabe der vereinbarten Ziele seinen Beitrag zum Erfolg des ganzen Unternehmens zu leisten. Das Mitarbeitergespräch ermöglicht dem Vorgesetzten, regelmäßig mit seinen Mitarbeitern den Einsatz von Mitteln und Ressourcen unter dem Gesichtspunkt der Wirtschaftlichkeit an ihrem Arbeitsplatz zu überprüfen. Es liefert ihm zusätzlich Entscheidungshilfen für seine Personalplanung.

Unternehmen erhoffen sich von Mitarbeitergesprächen einen positiven Effekt auf das Betriebsklima und die Gesamtleistung, weil sie einen offenen Meinungsaustausch zwischen Führungskraft und Mitarbeiter ermöglichen. Nicht zuletzt aufgrund der Tatsache, daß die Fähigkeiten jedes einzelnen optimal eingesetzt und gefördert werden und dadurch die Motivation insgesamt steigt. Durch den gezielten Einsatz von besonderen Fähigkeiten und Potentialen kann das Unternehmen auch besser und flexibler auf anstehende Anforderungen reagieren.

Welche Vorteile kann das Mitarbeitergespräch im eingangs aufgeführten Beispiel mit sich bringen? Ihre Mitarbeiter werden beispielsweise vor neue Herausforderungen gestellt, weil sie zusätzlich Verantwortung für die Gestaltung einer reibungslosen Abwicklung der Aufträge übernehmen und mehr Handlungsspielraum erhalten. Zudem können sie Ihnen über die kurzen Alltagsgespräche hinaus ihre Sicht der Dinge und ihre Erwartungen an die Firma und an Sie als ihren Vorgesetzten mitteilen.

Ihr Vorteil als Führungskraft ist zunächst, daß Sie feststellen können, wie unterfordert ihre Mitarbeiter im Grunde sind und welches Potential wirklich in ihnen steckt. Sie müssen sich eingestehen, daß Ihre Art der Kommunikation mit ein

Grund war, daß in Ihrer Abteilung zunehmend Pannen auftraten. Aufgrund dieser Erkenntnisse und der neuen Gesprächsführung lassen sich nicht nur die Leistungen und die Zusammenarbeit mit Ihren Mitarbeitern in Ihrer Abteilung verbessern. Sie können nämlich auch flexibler auf Einflüsse von außen reagieren. Für die Firma wiederum ist vorteilhaft, daß erkannte Defizite abteilungsübergreifend beseitigt werden können und sie auf Einflüsse von außen flexibler reagieren kann.

Das Wichtigste in Kürze

☞ Im Gegensatz zu Gesprächen, die aus tagesaktuellen Anlässen stattfinden, ist das Mitarbeitergespräch geplant und inhaltlich von den Gesprächspartnern, der Führungskraft und seinem Mitarbeiter vorbereitet. Seine Ziele lassen sich mit »Bilanz ziehen« und »Zukunft planen« umschreiben. So dient es zum einen, die Ergebnisse des vergangenen Arbeitszeitraums zu bewerten, zum anderen, neue Ziele und Aufgaben zu vereinbaren, die Weiterentwicklung des Mitarbeiters zu planen, seinen Entscheidungs- und Handlungsspielraum festzulegen und Möglichkeiten zur Verbesserung der Zusammenarbeit zu eruieren.

☞ Angesichts einer zunehmenden Spezialisierung in ihren Tätigkeitsbereichen sind Mitarbeiter immer mehr darauf angewiesen, ihren Arbeitsplatz selbst zu managen und selbständig zu handeln. Dieses Instrument gewinnt deshalb zunehmend dort an Bedeutung, wo der Handlungs- und Verantwortungsspielraum bei der Umsetzung von Aufgaben wächst. Es ermöglicht einen besseren Informationsaustausch und klare Zielvereinbarungen, fördert die Selbständigkeit und Eigenverantwortung der Mitarbeiter, läßt ihre berufliche Weiterentwicklung gezielt planen und hilft, die Zusammenarbeit insgesamt zu verbessern.

☞ Idealerweise sollten Mitarbeitergespräche, ausgehend vom Vorstand bzw. der Geschäftsleitung, alle Mitarbeiterebenen durchlaufen, um transparent zu vermitteln, welchen Beitrag jede Abteilung bzw. jeder einzelne zum Gesamterfolg leisten kann. Sie können, je nach Firmenkultur, ein- bis viermal jährlich stattfinden und dauern in der Regel ein bis drei Stunden, in Ausnahmefällen auch langer.

☞ Der Vorteil für den Mitarbeiter besteht darin, daß er klare Aussagen über seine Stärken und Schwächen erhält, durch konstruktive Kritik erfährt, wo er sich steigern kann, Aufschlüsse über seine berufliche Zukunftsplanung erhält und im Einvernehmen mit seinem Vorgesetzten verbindliche Ziele vereinbaren kann.

☞ Dieses Instrument ermöglicht der Führungskraft, die bisher erbrachten Leistungen auf der Grundlage gemeinsam festgelegter Beurteilungskriterien zu beurteilen. Es hilft ihm, die Einstellungen und Sichtweisen seiner Mitarbeiter besser kennenzulernen und so von vornherein Differenzen zu klären und Mißverständnisse zu bereinigen. Zudem erhält er Einblick in die Absichten und beruflichen Pläne der Mitarbeiter, das erleichtert ihm die mittelfristige Personalplanung.

☞ Das Mitarbeitergespräch wirkt sich nicht nur positiv auf das Arbeitsklima aus, es ermöglicht auch einen offenen Meinungsaustausch zwischen Führungskräften und Mitarbeitern, weil so die Fähigkeiten jedes einzelnen optimal eingesetzt werden können, steigt die Motivation insgesamt, das Unternehmen kann flexibler und besser auf von außen eintretende Veränderungen reagieren.

☞ Der Erfolg dieses Instruments läßt sich anhand verschiedener Kriterien überprüfen: Vorgesetzte und Mitarbeiter sollten aufgrund der getroffenen Zielvereinbarungen selbständiger agieren können, ihre Zusammenarbeit sollte sich verbessert, kontinuierliches Feedback eine Leistungsverbesserung ermöglicht haben und Mitarbeiter sollten ihre beruflichen Perspektiven in der Firma realistisch einschätzen können.

☞ Erkenntnisse darüber lassen sich beispielsweise durch Befragungen von Mitarbeitern und Führungskräften gewinnen. Methoden zur Erfolgsmessung sind in Kapitel 9 beschrieben.

Mehr zu diesem Thema

Doppler, K./Lauterburg, C.: *Change Management: Den Unternehmenswandel gestalten*, Frankfurt a. M. 1995.

Leonhard, W.: »Das Mitarbeitergespräch als Alternative zu formalisierten Beurteilungssystemen«, in: Schuler, H. (Hrsg.): *Beurteilung und Förderung beruflicher Leistung*, Stuttgart 1991.

Liebel, H. J./Oechsler, W. A.: *Personalbeurteilung – Neue Wege der Verhaltens- und Leistungsbewertung*, Wiesbaden 1992.

Neuberger, O.: *Führen und geführt werden*, Stuttgart 1995.

Neumann, P.: »Das Mitarbeitergespräch«, in: Rosenstiel, L., v. Regnet, E., Domsch, M. (Hrsg.): *Führung von Mitarbeitern. Handbuch für erfolgreiches Personalmanagement*, Stuttgart 1993.

Papenfuß, K./Pfeuffer, E.: »Mitarbeitergespräch«, in: Strutz, H. (Hrsg.): *Handbuch Personalmarketing*, Wiesbaden 1989.

Schwuchow, K./Gutmann, J. (Hrsg.): *Jahrbuch zur Personalentwicklung und Weiterbildung 1999/2000*, Neuwied 1999.

Wildemann, B.: *Professionell Führen*, Neuwied 1999.

2 Anlässe von Mitarbeitergesprächen

Darum geht es ...

Die Kommunikation zwischen Vorgesetzten und Mitarbeitern beschränkt sich nicht nur auf »offizielle« Mitarbeitergespräche, oft sind es tagesaktuelle Anlässe, die eine Unterredung notwendig machen.

Dieses Kapitel beschreibt:

- die unterschiedlichen Anlässe für Gespräche zwischen Vorgesetztem und Mitarbeiter,
- die sich daraus ergebenden Gesprächsarten,
- ihre Inhalte, Ziele und Nutzen für die Gesprächspartner,
- Gliederung, Ablauf und Dauer der einzelnen Gesprächseinheiten,
- die Bedeutung von Zielen und Zielvereinbarungen,
- Tips, die Vorgesetzten beim Führen der unterschiedlichen Gespräche nützlich sind.

Ein kurzfristig angesetztes Gespräch, das Sie heute mit Ihrem langjährigen Mitarbeiter Klaus Schulz führten, verlief anders als erwartet. Eigentlich wollte er mit Ihnen lediglich Lösungsmöglichkeiten für unerwartet aufgetretene Schwierigkeiten bei einem seiner Projekte erörtern. Ein ungewöhnlicher Umstand, weil Herr Schulz aufgrund seiner anerkannt hohen Sachkompetenz und Erfahrung die ihm übertragenen Projekte für gewöhnlich problemlos und erfolgreich umsetzt. Aus diesem Grunde gab es für Sie seit über einem Jahr keine Veranlassung für eine längere Besprechung mit ihm, was Ihrem enggesteckten Terminplan auch sehr entgegenkam.
Während der heutigen Unterhaltung mußten Sie aber nicht nur feststellen, daß die aufgetretenen Probleme überwiegend auf Abstimmungsprobleme mit Ihnen zurückzuführen waren, verstärkt durch Herrn Schulz' Einschätzung, daß dieses Projekt den Zielen der Firma entgegenwirke. Sie mußten zudem feststellen, daß sich bei ihm in letzter Zeit einiges an Frust aufgestaut hatte. Das Gespräch verlief zwar sachlich, aber Herr Schulz, sonst kein Mann vieler Worte, erwischte Sie mit den Themen, die er ansprach, völlig unvorbereitet. Es überraschte Sie zum Beispiel zu erfahren, daß die Zusammenarbeit zwischen Ihren Mitarbeitern und anderen Abteilungen nicht immer reibungslos funktioniert. Bislang – so behauptet Ihr Mitarbeiter – habe Sie niemand direkt darauf angesprochen, weil Sie aufgrund Ihrer vielen Termine für Alltagsprobleme nicht offen gewesen seien. Schwerwiegender aber war seine Feststellung, daß er unter den gegebenen Umständen keine berufliche Perspektive in Ihrer Firma sieht. Nicht nur, weil die aufgrund seiner Leistungen fällige Gehaltserhöhung immer noch auf sich warten läßt, sondern auch, weil er keine Möglichkeit erhält, sich beruflich weiterzubilden und auch keine Aufstiegschancen erkennbar sind. Aus diesen Gründen trage er sich mit dem Gedanken, Ihre Firma zu verlassen.
Für die aufgetretenen Schwierigkeiten bei seinem Projekt hatten Sie schnell Lösungen gefunden. Weitaus mehr Kopfzerbrechen bereitet Ihnen, daß ein Leistungsträger Ihrer Abteilung Abwanderungsgedanken hegt.

Es gibt die verschiedensten Anlässe für Gespräche mit Mitarbeitern. Sie alle haben zum Ziel, die Zusammenarbeit zwischen Vorgesetztem und Mitarbeitern abzuklären und zu verbessern. Der Unterschied zwischen diesen Gesprächen liegt in ihrer jeweiligen Zielsetzung. In der Praxis vermischen sich die einzelnen Gesprächsarten häufig untereinander. So können in einem Zielvereinbarungsgespräch durchaus auch Lob und Kritik geäußert werden. Gibt es für ein Gespräch mehrere Anlässe, beispielsweise Festlegung neuer Zielvereinbarungen, Äußern von Kritik, Aussprechen von Lob und Abklären einer möglichen Gehaltserhöhung, empfiehlt sich, das Gespräch in einzelne Themenabschnitte zu unterteilen. Auf diese Weise wird es klar strukturiert, und die Gesprächspartner wissen, welche Zielsetzung in den jeweiligen Gesprächsabschnitten verfolgt wird. Zu den wichtigsten Gesprächsanlässen und deren Inhalten zählen:

- Einstellungsgespräch: Ziel ist, einen Bewerber kennenzulernen und seine Eignung für die Firma und für seine bevorstehenden Aufgaben festzustellen.
- Entwicklungsgespräch: Der Vorgesetzte diskutiert mit dem Mitarbeiter dessen berufliche Perspektiven und vereinbart geeignete Entwicklungsmaßnahmen.
- Anerkennung: Die erbrachten Leistungen des Mitarbeiters werden anerkannt und gewürdigt.
- Kritikgespräch: Problempunkte im Verhalten oder in der Leistung des Mitarbeiters werden bedarfsbezogen besprochen.
- Problemlösungsgespräch: Führungskraft und Mitarbeiter besprechen gemeinsam aufgetretene Probleme und erarbeiten geeignete Lösungen.
- Zielvereinbarungsgespräch: Zukünftige Ziele werden diskutiert, vereinbart und ein verbindlicher Zeitraum zum Erreichen dieser Ziele festgelegt.
- Standortbestimmungen/Reviews: Die Gesprächspartner verschaffen sich einen Überblick über den Stand von verschiedenen Aufgaben und Projekten bzw. über den aktuellen Stand der angestrebten Ziele.
- Gehaltsfindungsgespräch: Das Gehalt des Mitarbeiters wird auf Grundlage der erbrachten Leistungen bestimmt.
- Beurteilungsgespräch: Die Gesprächspartner bewerten nach Maßgabe der vereinbarten Ziele die bisher erbrachten Leistungen des Mitarbeiters und arbeiten seine Erfolge und Defizite heraus.

2.1 Das Einstellungsgespräch

Das erste Gespräch, das Sie in der Regel mit einem Mitarbeiter führen, ist das Einstellungsgespräch. Hier wird festgestellt, ob in Zukunft eine gute Zusammenarbeit zwischen Ihnen und dem Bewerber stattfinden und fruchtbar sein wird. Dieses Kapitel bietet einen Überblick über diese Gesprächsart. Zur Vertiefung spezieller Kenntnisse, beispielsweise über geeignete Interviewtechniken, wird auf die Fachliteratur verwiesen, die in der Literaturempfehlung am Ende des Kapitels aufgeführt ist. Über diese Kenntnisse sollten Sie verfügen, denn die Art der Fragestellung an den Bewerber und die Interpretation der Beobachtungen seines Verhaltens im Verlauf des Gesprächs beeinflussen wesentlich Ihre Prognose über die Eignung des Kandidaten.

Ziele des Einstellungsgesprächs

Beim Einstellungsgespräch wollen Sie einen Eindruck über die Eignung des Bewerbers für die zu besetzende Stelle gewinnen. Insbesondere kommt es darauf an, sich von seiner Qualifikation und seinen Fähigkeiten, die für die erfolgreiche Erfüllung der bevorstehenden Aufgaben notwendig sind, zu überzeugen. Des wei-

teren lassen sich auch Aufschlüsse darüber zu gewinnen, ob er zum Team und zur Kultur in Ihrem Bereich bzw. in Ihrer Firma paßt.
Auch der Bewerber geht mit hohen Erwartungen in das Gespräch. Er will von Ihnen erfahren, welche Anforderungen Sie an ihn stellen und welche Rahmenbedingungen für seinen zukünftigen Job gelten. Dazu zählen beispielsweise das Gehalt, die Arbeitszeit, eine realistische Beschreibung der zukünftigen Arbeitsbedingungen und der von ihm zu erfüllenden Aufgaben, nicht zuletzt auch seine Entwicklungsmöglichkeiten in Ihrer Firma.
Sie und der Bewerber benötigen eine Vielzahl von Informationen, damit jeder für sich eine sichere Entscheidung treffen kann, ob eine zukünftige Zusammenarbeit tatsächlich sinnvoll und wünschenswert ist. Je mehr Transparenz der Bewerber in diesem Gespräch über die Firma, die bevorstehenden Aufgaben, die in ihn gesetzten Erwartungen, die Schwierigkeiten, mit welchen er konfrontiert werden könnte und die beruflichen Herausforderungen gewinnt, umso realistischer kann er seine Eignung für die angebotene Stelle einschätzen. Unrealistische Erwartungen sollten möglichst vermieden werden, weil sie bei dem neuen Mitarbeiter nach kurzer Zeit zu Frustrationen führen können. Untersuchungen (vgl. Wanous 1992) belegen, daß Personen, die beim Einstellungsgespräch eine realistische Beschreibung ihres zukünftigen Arbeitsplatzes erhielten, langfristig erfolgreicher waren als solche, die im Nachhinein »ohne Vorwarnung« unerwartete Schwierigkeiten im Arbeitsprozeß durchleben mußten.

Tips für das Führen von Einstellungsgesprächen

- Bereiten Sie sich gründlich auf das Gespräch vor.
- Planen Sie ausreichend Zeit für das Gespräch ein und wählen Sie einen Raum, in dem Sie sich ungestört unterhalten können.
- Definieren Sie die wichtigsten Aufgaben für die zu besetzende Stelle und die vom Bewerber zu erfüllenden Anforderungen.
- Überlegen Sie, welche Verhaltensweisen der Bewerber für diese Stelle mitbringen muß, die für den Erfolg Ihrer Abteilung bzw. Ihrer Firma wichtig sind: Ist er teamfähig, anderen Menschen gegenüber aufgeschlossen, kann er Erfolge teilen, ist er hilfsbereit und auch willens, im Bedarfsfall zusätzliche Zeit zu investieren, beispielsweise um einen Teamkollegen bei sehr hohem Arbeitsanfall zu unterstützen? Beachten Sie dabei, daß er nicht nur den Anforderungen seiner zukünftigen Aufgaben genügen muß, sondern auch solchen, die sich aus Ihrer Unternehmenskultur ergeben. Hierzu zählen beispielsweise eine hohe Serviceorientierung oder Flexibilität bei der Arbeitszeitgestaltung.
- Erstellen Sie einen Fragenkatalog über alle Informationen, die Sie vom Bewerber erfahren wollen. Notieren Sie bei der Analyse seines Lebenslaufs und seiner Bewerbungsunterlagen alle Punkte, die für Sie besonders interessant oder unschlüssig sind. Nehmen Sie bewußt wahr, auf welches Bewerberprofil oder auf welche Kriterien Sie auf den ersten Blick positiv oder kritisch reagieren.

Fragen Sie sich, wenn Sie generell Kandidaten mit bestimmten Stationen im Lebenslauf (z.B. Auslandserfahrung) bevorzugen, ob diese Kriterien unbedingt für die zu besetzende Stelle erforderlich sind.

- Gehen Sie nach der Fragetechnik STAR (Situation, Task, Action, Result) vor, um zu erfahren, wie der Bewerber bisher seine Aufgaben bewältigt hat (Situation: »Hatten Sie schon mit schwierigen Kunden zu tun? Wie war genau die Situation?«, Task: »Welche Aufgabe galt es zu bewältigen?«, Action: »Welche Maßnahmen haben Sie ergriffen?«, Result: »Was war das Ergebnis Ihrer Aktivitäten?«).
- Nehmen Sie sich Zeit, um sich dem Bewerber persönlich vorzustellen und ihm die Firma sowie die an ihn gestellten Anforderungen ausführlich zu beschreiben.
- Ziehen Sie, wenn möglich, einen zweiten Gesprächspartner hinzu. Die Entscheidung über die Eignung des Bewerbers fällt besser aus, wenn zwei Beurteiler ihre gewonnenen Erkenntnisse und Eindrücke gegeneinander abwägen können.
- Beschreiben Sie dem Bewerber realistisch die Vorteile der zu besetzenden Stelle und die beruflichen Herausforderungen seiner zukünftigen Tätigkeit. Unterschlagen Sie dabei keinesfalls Ihnen bekannte Nachteile oder Schwierigkeiten der ihm angebotenen Stelle. Nur so kann er eine fundierte Entscheidung treffen.
- Fragen Sie nach, wenn Ihnen etwas unklar erscheint, und fassen Sie zwischendurch zusammen, wie Sie die Schilderungen des Bewerbers verstanden haben.
- Überlassen Sie dem Bewerber mindestens 80 Prozent des Redeanteils. Sie wollen ihn ja möglichst gut kennenlernen.
- Kommt der Bewerber in die engere Auswahl, führen Sie ihn zu seinem zukünftigen Arbeitsplatz und stellen ihm einige Kollegen vor. So können Sie gemeinsam einen Eindruck darüber gewinnen, ob neben der Aufgabe auch das Umfeld zu ihm passen wird.
- Klären Sie den Bewerber am Ende des Gesprächs über Ihre weitere Vorgehensweise auf. Sagen Sie ihm, wie Sie Ihre Auswahl weiter treffen werden, wann er mit einer Entscheidung rechnen kann und wie Sie mit ihm Kontakt aufnehmen werden.
- Viele Bewerber beklagen, daß sie nach erfolglosen Bewerbungsgesprächen keinen Aufschluß darüber erhalten, aus welchen Gründen sie abgelehnt worden sind. Sie werden den Bewerber beeindrucken, wenn Sie ihm Feedback über das Gespräch geben. Damit bieten Sie ihm die Möglichkeit, das nächste Bewerbungsgespräch mit mehr Aussicht auf Erfolg zu führen.

Bedenken Sie, daß nicht nur Sie in diesem Gespräch viel über den Bewerber erfahren, sondern auch er einen Eindruck von Ihnen, dem Unternehmen und den an ihn gestellten Erwartungen gewinnt. Jedes Einstellungsgespräch ist gleichzeitig auch ein Marketinggespräch für Ihre Firma. Denn selbst wenn der Bewerber nicht bei Ihnen arbeiten sollte, wird er mit hoher Wahrscheinlichkeit in seinem Bekanntenkreis über die Eindrücke, die er über Sie und Ihre Firma gewonnen hat, sprechen.

Ablauf eines Einstellungsgesprächs

Das folgende Beispiel zeigt, wie der Ablauf eines Einstellungsgesprächs strukturiert werden kann. Je nach Komplexität der zu besetzenden Stelle kann das Gespräch länger oder kürzer dauern:

Begrüßung (ca. 5 Minuten)
Warming-up, die Gesprächspartner machen sich bekannt.

Firmen- und Stellenbeschreibung (ca. 10–20 Minuten)
Kurzdarstellung der Firma, der konkreten Aufgabe, Erwartungen an den zukünftigen Stelleninhaber, spezifische Anforderungen, Arbeitsbedingungen, Kollegen, Vorgesetzte, schwierige Situationen, die in der Aufgabe auftreten können, Vergütung der Arbeit.
Geben Sie dem Kandidaten die Möglichkeit nachzufragen! Ist die beschriebene Stelle für ihn interessant?

Interviewteil (ca. 30–90 Minuten)
Vorstellung des Kandidaten durch Beantwortung der an ihn gestellten Fragen. In diesem Teil des Einstellungsgesprächs sollten ihm mindestens 80 Prozent des Redeanteils überlassen werden.

Zusammenfassung (ca. 10 Minuten)
Darstellung des weiteren Auswahlprozesses, der nächsten Termine, Vorgehensweisen und des Zeitpunkts der Entscheidung. Beantwortung von eventuellen Fragen des Kandidaten. Verabschiedung.
In manchen Fällen bietet es sich an, zuerst das Interview mit dem Bewerber durchzuführen und ihm anschließend die Firma und die zu besetzende Stelle ausführlich zu beschreiben, z. B. dann, wenn man die Vorstellungen des Bewerbers unbeeinflußt von der Stellenbeschreibung erfahren möchte. Vorab sollte er kurz über seine zukünftigen Aufgaben und über die Firma informiert werden.

2.2 Das Entwicklungsgespräch

Entwicklungsgespräche haben zum Ziel, die Vorstellungen des Mitarbeiters über seine berufliche Entwicklung mit der Einschätzung des Vorgesetzten und den Möglichkeiten, die das Unternehmen bietet, abzugleichen. Sie ermöglichen, ei-

nen Planungs- und Orientierungsrahmen über den weiteren Einsatz und die zukünftige Entwicklung des Mitarbeiters abzustecken. Die Entwicklungsziele des Mitarbeiters und die Möglichkeiten für ihre Realisierung sind Inhalt dieser Gespräche.
Es ist hilfreich zu unterscheiden, ob sich der Mitarbeiter in seinem gegenwärtigen Arbeitsbereich weiterentwickeln möchte oder ob er die Übernahme neuer Verantwortung anstrebt. Wünscht er beispielsweise eine Erweiterung des bereits von ihm betreuten Kundenstammes, oder will er in naher Zukunft zusätzlich Führungsverantwortung für Mitarbeiter übernehmen? Im oben genannten Beispiel liegt Herrn Schulz nicht viel an einer Übernahme von mehr Aufgaben bei seiner aktuellen Tätigkeit, er legt vielmehr Wert auf die beruflichen Aufstiegsmöglichkeiten, die ihm die Firma bietet.
Definieren Sie für beide Fragestellungen konkrete Entwicklungsschritte und erstellen Sie einen groben Zeitplan für die Umsetzung der einzelnen Schritte. Anhand dieser Vorgaben können Sie mit Ihrem Mitarbeiter konkrete Maßnahmen, wie die Teilnahme an Weiterbildungskursen oder die Übernahme von zusätzlichen Aufgaben, vereinbaren. Für Herrn Schulz kämen Schulungen in Frage, die seine vorhandene fachliche Kompetenz und die noch ausbaufähige soziale Kompetenz erweitern. Dadurch könnte er sich zusätzliche Wissensgebiete aneignen und seine Kommunikations- und Konfliktfähigkeit verbessern. Er könnte zusätzlich zur Erhöhung seiner methodischen Kompetenzen eine Fortbildungsmaßnahme für Präsentationstechnik oder Projektmanagement besuchen. Damit wäre eine gute Basis für die Übernahme von mehr Verantwortung geschaffen.

Ziele des Entwicklungsgesprächs

Entwicklungsgespräche sollen verhindern, daß Mitarbeiter eine unrealistische Sicht über ihre beruflichen Möglichkeiten im Unternehmen entwickeln oder sich gar, wie das Beispiel Schulz zeigt, aus Mangel an Perspektiven bei anderen Unternehmen bewerben. Erfahrungsgemäß wirken sich Entwicklungsgespräche motivierend auf Mitarbeiter aus, weil sie konkret ihre längerfristige berufliche Perspektive zum Inhalt haben. Führungskräften ermöglichen sie einen Einblick in den aktuellen Stand der beruflichen Karriereplanung des Mitarbeiters.

Tips für das Führen von Entwicklungsgesprächen

- Notieren Sie die Stärken und den Entwicklungsbedarf des Mitarbeiters, die sie bei ihm in einem bestimmten Zeitraum, zum Beispiel im Verlauf eines Jahres, feststellen konnten.
- Überlegen Sie, mit welchen zusätzlichen oder anderen, evtl. verantwortungsvolleren Aufgaben Sie ihn künftig gerne betrauen möchten und welche Position er in Zukunft einnehmen könnte. Sammeln Sie entsprechende Argumente.

- Stellen Sie fest, wie er schrittweise zu dieser Position gelangen könnte. Verfügt er bereits über das notwendige Know-how, oder weist er noch Lernbedarf auf?
- Bitten Sie den Mitarbeiter bei der Terminvereinbarung, als Vorbereitung auf das Gespräch seine beruflichen Ziele und Wünsche präzise zu formulieren.
- Gleichen Sie im Gespräch Ihre Vorstellungen ab. Liegen unterschiedliche Auffassungen vor, müssen die Gründe für diese Unterschiede herausgearbeitet werden.
- Wenn der Mitarbeiter Ihrer Meinung nach seine Fähigkeiten überschätzt, müssen Sie ihm erläutern, warum sein Potential für die von ihm gewünschte Aufgabe oder Position nicht oder noch nicht ausreicht. Je fairer und ehrlicher Sie das Gespräch führen, um so mehr hilft ihm Ihr Feedback, gezielt an sich zu arbeiten.
- Vereinbaren Sie konkrete Entwicklungsschritte, beispielsweise den Besuch eines Seminars mit festgelegten Lernzielen in einem bestimmten Zeitraum, Training-on-the-job mit qualifikationsfördernden Lerninhalten bei Experten oder Eigenstudium bestimmter Fachthemen.
- Bieten Sie dem Mitarbeiter die Möglichkeit, seine Karriere eigenverantwortlich mitzuplanen und mitzubestimmen.
- Zeigen Sie ihm auf keinen Fall unrealistische Perspektiven auf, nur weil Sie befürchten, ihn sonst womöglich zu verlieren. Dies würde sich spätestens dann rächen, wenn er die von Ihnen in Aussicht gestellten Perspektiven einfordert und diese sich dann nicht realisieren lassen.

Wenn Sie mit offenen Karten spielen, wird der Mitarbeiter Ihnen in bezug auf seine Karriereplanung ebenfalls ehrlich gegenübertreten. Das hängt wiederum von dem Vertrauensverhältnis ab, das zwischen Ihnen besteht. Bei Beachtung dieser Empfehlungen können Sie Ihre Personalplanung gezielt und sicher gestalten.

Ablauf eines Entwicklungsgesprächs

Begrüßung (ca. 5 Minuten)
Warming-up, Abklären der Gesprächsziele, Mitarbeiter und Vorgesetzter machen sich bekannt.

Einschätzung des Mitarbeiters (ca. 15 Minuten)
Der Mitarbeiter schildert, was er in seinem jetzigen Arbeitsbereich erreichen möchte und wie er mittelfristig für die nächsten ein bis drei Jahre seine dafür notwendigen Entwicklungsmöglichkeiten beurteilt. Er erläutert die Maßnahmen, die ihm für die Erfüllung seiner gegenwärtigen Aufgabe und zum Erreichen seiner mittelfristigen beruflichen Ziele geeignet erscheinen.
Stellen Sie Zwischenfragen, wenn Sie etwas nicht genau verstanden haben. Bitten Sie den Mitarbeiter, seine Vorstellungen und Wünsche möglichst konkret zu formulieren.

Einschätzung des Vorgesetzten (ca. 15 Minuten)
Beschreiben Sie ihrerseits die Entwicklungsmöglichkeiten, die der Mitarbeiter Ihrer Meinung nach an seinem jetzigen Arbeitsplatz wahrnehmen sollte und welche Aufgabe bzw. Position Sie ihm aufgrund seines Potentials mittelfristig zutrauen. Erläutern Sie ihm auch, mit welchen Maßnahmen er seine jetzigen Aufgaben noch besser erfüllen und seine mittelfristig gesetzten beruflichen Ziele erreichen könnte.
Geben Sie ihm die Möglichkeit, Sie zu unterbrechen und zwischendurch nachzufragen. Begründen Sie ihre Einschätzungen möglichst konkret, z. B. anhand von Beobachtungen, die Sie in bestimmten Situationen gemacht haben.

Vergleich der Ansichten (ca. 20 Minuten)
Vergleichen Sie gemeinsam, in welchen Punkten Übereinstimmung besteht und wo abweichende Meinungen festzustellen sind. Arbeiten Sie die Ursachen für die voneinander abweichenden Auffassungen durch Nachfragen oder anhand konkreter Beispiele heraus. Beachten Sie, daß niemandem geholfen ist, wenn die Karriereplanung von unrealistischen Erwartungen ausgeht. Signalisieren Sie dem Mitarbeiter, wo sinnvoll, Ihre Unterstützung bei der Realisierung seiner beruflichen Weiterentwicklung.

Zusammenfassung (ca. 10 Minuten)
Legen Sie verbindlich den Entwicklungsbedarf des Mitarbeiters bei der Erfüllung seiner aktuellen Aufgaben fest, ebenso die für seine Weiterentwicklung geeigneten Maßnahmen mit entsprechendem Terminrahmen sowie die jeweiligen Zuständigkeiten und Verantwortungsbereiche. So können Sie beispielsweise vereinbaren, daß er, um künftig Präsentationen auch in englischer Sprache durchführen zu können, seine Englischkenntnisse verbessern muß. Hierfür muß er in den nächsten sechs Monaten einen Abendkurs in Wirtschaftsenglisch besuchen; die zum Selbststudium erforderliche Fachliteratur stellt ihm die Firma.
Einigen Sie sich über die mittelfristigen Perspektiven, die Ihre Firma dem Mitarbeiter bietet, ebenso über die dafür erforderlichen Maßnahmen – mit gesetzten Terminen. Wollen Sie ihm beispielsweise in 18 Monaten eine Führungsposition übertragen, wird er ab dem kommenden Quartal mit einer Stellvertreterfunktion betraut, muß ab sofort die wöchentlichen Teambesprechungen moderieren und neue Mitarbeiter einarbeiten.
Vergessen Sie nicht, feste Termine zur Kontrolle des Entwicklungserfolges zu vereinbaren. Das kann z. B. durch regelmäßiges Feedback über die Qualität seiner Moderation in den wöchentlich stattfindenden Teambesprechungen erfolgen. Dieses Feedback erhält er von Ihnen und, wenn so vereinbart, auch von den Teilnehmern der Besprechungen.

2.3 Das Kritikgespräch und das Aussprechen von Anerkennung

Für diese Gespräche gibt es meistens konkrete Anlässe bzw. Auslöser. Eine Anerkennung für ein positives Kundenfeedback zum Beispiel bestärkt den Mitarbeiter in seiner Leistung und motiviert ihn zusätzlich.
Nach unangenehmen Vorfällen oder auffallend negativen Verhaltensweisen, wie aufbrausendem Verhalten in Sitzungen, kann ein Kritikgespräch notwendig werden. Ziel der Kritik ist, den Mitarbeiter zu veranlassen, sein Verhalten in Zukunft zu verändern.
Anerkennung und Kritik sollten, um die beabsichtigte Wirkung zu erzielen oder tatsächlich eine Verhaltensveränderung zu bewirken, möglichst kurz nach dem Anlaß erfolgen. Wenn zuviel Zeit verstreicht, verlieren Anerkennung und Kritik ihre beabsichtigte Wirkung. Sie können entgegen der ursprünglichen Absicht sogar für Befremden oder Irritation sorgen (»Warum erfahre ich das nicht gleich?«). Zuwenig Feedback, ob als Lob oder als Kritik ausgesprochen, kann auf Mitarbeiter demotivierend wirken.

Ziele von Kritikgesprächen und Anerkennung

Sie haben als Führungskraft ein Interesse daran, daß Ihre Mitarbeiter motiviert sind und ihren Stärken entsprechend eingesetzt werden. Untersuchungen belegen, daß mangelnde Anerkennung und zuwenig Lob der Vorgesetzten demotiviert und selbst die Leistung ursprünglich hochmotivierter Mitarbeiter abfallen läßt. Zeigen Sie Ihrem Mitarbeiter, welche Stärken Sie an ihm schätzen, und er wird seine Arbeit motivierter und mit größerem Zutrauen in seine eigenen Fähigkeiten verrichten.
Kritikgespräche tragen, wenn sie gut geführt werden, zum »Betriebsfrieden« bei. Sie bieten Ihnen und den Mitarbeitern Gelegenheit, Verhaltensweisen zu korrigieren und dadurch Leistungen zu optimieren. Geben Sie den Mitarbeitern die Möglichkeit, aus ihren Fehlern zu lernen, indem Sie gemeinsam erörtern, wodurch ihre Leistung negativ beeinflußt wird. Zeigen Sie ihnen, wie in Zukunft dieselben Fehler vermieden werden können, damit fördern Sie einen positiven, lernorientierten Umgang mit Fehlern.
Herr Schulz aus eingangs aufgeführtem Beispiel zählt zu den Mitarbeitern, die wissen, was sie können und nicht unbedingt gelobt werden müssen, um motiviert ihre Arbeit zu verrichten. Kritik an seinem Verhalten ist jedoch aus zwei Gründen angebracht. Sein Verhalten stört zwar nicht den Betriebsfrieden, im Gegenteil, er ist bei den Kollegen nicht nur aufgrund seines Know-hows und seiner Hilfsbereitschaft sehr beliebt. Aber er hat Sie zum einen nicht darüber unterrichtet, daß er sein gegenwärtig betreutes Projekt skeptisch in bezug auf die bisherigen Zielsetzungen Ihrer Firma beurteilt, zum anderen hat er seine Unzufriedenheit mit der beruflichen Situation für sich behalten, ebenso seine Abwande-

rungsgedanken. Hätte er Sie früher darüber unterrichtet, wären diese Konflikte bereits im Vorfeld ausgeräumt worden.
Aber Vorsicht, hier ist auch Selbstkritik von Ihrer Seite angebracht. Sie sind aufgrund Ihres vollen Terminplans ebenfalls nicht auf ihn zugegangen, vielleicht wollten Sie auch einem schwierigen Gespräch aus dem Wege gehen. Es kam Ihnen jedenfalls sehr entgegen, daß einer Ihrer Leistungsträger gut »funktionierte«. Mit etwas mehr Sensibilität hätten Sie bei diesem langjährigen Mitarbeiter, obwohl er im allgemeinen wortkarg ist, feststellen können, daß ihn etwas beschäftigt.

Tips für das Führen von Kritikgesprächen

- Bei der Vorbereitung auf ein Kritikgespräch sollten Sie sich darüber im klaren sein, worüber Sie im einzelnen mit dem Mitarbeiter sprechen und was Sie mit dem Gespräch erreichen wollen. Was möchten Sie konkret kritisieren? Welche Meinung haben Sie von ihm? Wie nehmen Sie ihn wahr? Wie könnte er die zu klärende Situation beurteilen? Welches Verhalten erwarten Sie künftig von ihm? Zu welchem Ergebnis soll das Gespräch führen?
- Planen Sie genügend Zeit für das Gespräch ein, und wählen Sie einen Raum, in dem Sie ungestört sind.
- Informieren Sie vorab den Mitarbeiter über den Anlaß und die Absicht des Gesprächs, damit er sich darauf vorbereiten kann.
- Üben Sie keinesfalls Kritik in Anwesenheit Dritter! Das ist nicht nur für den Betroffenen, sondern auch für die »Zuschauer« peinlich.
- Sorgen Sie für eine angenehme Gesprächsatmosphäre.
- Erklären Sie einleitend den Anlaß für das Gespräch, wieviel Zeit Sie veranschlagt haben und welches Ergebnis Sie sich erhoffen.
- Stellen Sie den Sachverhalt aus Ihrer Sicht dar. Gehen Sie dabei nach den Feedbackregeln (vgl. Kapitel 7) vor: Senden Sie Ich-Botschaften, schildern Sie Ihre konkreten Beobachtungen und Empfindungen, zeigen Sie die negativen Konsequenzen des kritikwürdigen Verhaltens für die Arbeit, das Team und für die gemeinsamen Ziele auf.
- Kritisieren Sie Sachverhalte, keinesfalls die Person!

In dieser Phase sollten Sie innehalten und nachfragen, wie Ihr Gesprächspartner die Dinge beurteilt.

- Fragen Sie ihn, wie er den Vorfall, die Situation oder das beanstandete Verhalten beurteilt. Fragen Sie nach, wenn Sie seine Ausführungen nicht nachvollziehen können, lassen Sie keine Ausflüchte und Bagatellisierungen zu.
- Stellen Sie fest, wo unterschiedliche Wahrnehmungen und Standpunkte vorliegen, decken Sie bestehende Mißverständnisse auf.
- Klären Sie ab, welche Verhaltensänderung von beiden Seiten erwartet wird.
- Ermuntern Sie den Mitarbeiter, seinerseits Lösungsvorschläge zu unterbreiten.

(»Was schlagen Sie vor«? »Welche Möglichkeiten sehen Sie, eine Wiederholung dieser Situation, dieses Verhaltens oder Fehlers zu vermeiden?«)
- Suchen Sie gemeinsam nach Lösungsmöglichkeiten.
- Bieten Sie ihm Ihre Unterstützung an.
- Treffen Sie konkrete Vereinbarungen, die für beide Seiten akzeptabel sind.
- Vereinbaren Sie einen Termin, beispielsweise nach Ablauf von vier Wochen, um gemeinsam zu überprüfen, ob die getroffenen Vereinbarungen eingehalten wurden.
- Bestätigen Sie am Ende des Gesprächs dem Mitarbeiter Ihre Wertschätzung, achten Sie auf einen positiven Abschluß des Gesprächs.

Das Aussprechen von Anerkennung

Anerkennung fördert die Motivation und bestätigt, daß die erbrachten Anstrengungen und Leistungen registriert werden und Anerkennung finden. Zuwenig Lob bestärkt das Gefühl, daß Einsatz und Leistung sich nicht lohnen (»Ich kann hier tun, was ich will, keiner nimmt es wahr. Am besten, ich mache Dienst nach Vorschrift, dann merkt das auch niemand.«). Aber Vorsicht: Lob kann jedoch auch das Gegenteil von dem auslösen, was ursprünglich beabsichtigt war. Beispielsweise dann, wenn falsche Personen gelobt oder außergewöhnliche Leistungen nicht hervorgehoben werden.

Bestand etwa eine Leistung darin, daß ein Projekt unter einem enormen Zeitdruck erfolgreich beendet wurde und viele Personen dafür ihre Freizeit geopfert haben, so muß dieser Umstand im Lob hervorgehoben werden. Es reicht nicht, nur die zeitgerechte Beendigung des Projektes zu loben. Waren verschiedene Personen an der Vollendung eines Projektes oder einer Aufgabe beteiligt, muß der Beitrag aller Beteiligten am Erfolg gewürdigt werden. Demotivierend würde sich auswirken, wenn das Lob lediglich die Leistung des Projektleiters hervorhebt. Die Folge wäre, daß sich das Team bei zukünftigen Projekten weniger stark engagiert, »weil unsere Leistung sowieso nicht anerkannt wird und ein anderer sich die Lorbeeren holt«.

Tips für das Aussprechen von Anerkennung

- Im Gegensatz zur Kritik kann Anerkennung durchaus in Anwesenheit Dritter ausgesprochen werden, beispielsweise zur Hervorhebung der Leistung eines einzelnen oder zur Anerkennung des gesamten Teams.
- Begründen Sie Ihre Anerkennung. Was genau hat Sie beeindruckt?
- Loben Sie glaubwürdig. Nichts ist verletzender, als zu spüren, daß eine Anerkennung manipulativ eingesetzt wird. Beispielsweise, um dem Mitarbeiter Mehrarbeiten aufzubürden, nach dem Motto: »Sie machen das so gut, Herr Müller, könnten Sie diesen Auftrag nicht auch noch erfüllen?«

- Loben Sie nicht immer nur dieselben Personen. Denken Sie an den »Lieblingsschülereffekt« aus Ihrer Schulzeit.
- Beschränken Sie Ihre Anerkennung auf Leistungen, Verhaltensweisen und Fähigkeiten, die wirklich anerkennenswert sind. Dazu müssen Sie sich in Ihren Gesprächspartner einfühlen. Es macht keinen Sinn, einen fachlich hochqualifizierten Mitarbeiter wegen seiner schönen Schrift zu loben. Ein solches »Kompliment« wird ihn eher verletzen, denn er möchte zu Recht wegen seiner hervorragenden Fachkenntnisse gelobt werden.
- Vergessen Sie nicht, auch Leistungen, die kontinuierlich zuverlässig und fehlerfrei erledigt werden, zu loben. Vorgesetzte neigen häufig dazu, solche Leistungen als selbstverständlich hinzunehmen. Die Mitarbeiter empfinden hierbei, daß ihre Arbeit entsprechend »als selbstverständlich« angesehen wird. Beschränken Sie Ihre Anerkennung deshalb nicht nur auf herausragende, außergewöhnliche Leistungen.
- Loben Sie nicht »von oben herab«. Auch beim Lob macht der Ton die Musik. Ein Lob wird gerne angenommen, wenn es nicht den Eindruck vermittelt, daß Machtpositionen demonstriert werden sollen. Je nach Tonfall kann ein Vorgesetzter mit dem Satz und der »Du-Botschaft«: »Das haben Sie gut gemacht«, lediglich seine Überlegenheit demonstrieren. Besser ist, wenn Sie »Ich-Botschaften« verwenden: »Ich war sehr beeindruckt von Ihrem gestrigen Vortrag.« (vgl. Kapitel 8).

2.4 Das Standortbestimmungsgespräch

Regelmäßig stattfindende Standortbestimmungen erleichtern Vorgesetzten und Mitarbeitern, den aktuellen Stand der zu erfüllenden Aufgaben zu ermitteln und möglichen Handlungsbedarf frühzeitig zu erkennen. Faktoren, die das Erreichen der gesteckten Ziele behindern, werden identifiziert, aufgetretene Probleme auf Lösungsmöglichkeiten hin untersucht und Maßnahmen für das weitere Vorgehen besprochen. Im regelmäßigen Austausch wird beurteilt, welches Projekt wie und bis wann weitergeführt werden soll.

Standortbestimmungsgespräche verschaffen Ihnen einen guten Überblick über den aktuellen Stand der Dinge und die erzielten Fortschritte von Aufgaben und Projekten. Sie ermöglichen, den Bedarf nach zusätzlichen Planungen festzustellen oder aufgetretene Schwierigkeiten frühzeitig zu erkennen und dadurch rechtzeitig auszuräumen. Beziehen Sie Ihre Mitarbeiter in die Entwicklung von Problemlösungen ein, geben Sie ihnen Gelegenheit, eigene Ideen vorzuschlagen. Mitarbeiter, die wissen, daß von ihnen eigenständige Lösungsvorschläge erwartet werden, zeigen mehr Eigeninitiative und Kreativität. Andernfalls gewöhnen sie sich daran zu warten, bis andere die aufgetretenen Probleme für sie lösen. Zeigen Sie also Interesse für die Leistungen Ihrer Mitarbeiter, und geben Sie ihnen die Möglichkeit, an der Planung der bevorstehenden Arbeitsschritte mitzuwirken. Das fördert die Motivation und das Verantwortungsbewußtsein aller Beteiligten.

Tips für das Führen von Standortbestimmungen

- Planen Sie regelmäßige Mitarbeitergespräche für »Reviews« in Ihrem Terminkalender ein.
- Verschaffen Sie sich bei der Vorbereitung einen Überblick über den Stand der Dinge, und planen Sie darauf aufbauend die nächsten Schritte für die weitere Vorgehensweise.
- Fordern Sie Ihre Mitarbeiter auf, sich ebenfalls gründlich auf diese Gespräche vorzubereiten, um sowohl Erfolge als auch aufgetretene Probleme bei den umzusetzenden Projekten oder zu bewältigenden Aufgaben präzise schildern zu können.
- Unterstützen Sie Ihre Mitarbeiter bei der Entwicklung von Lösungsvorschlägen, planen Sie gemeinsam das weitere Vorgehen bis zum nächsten Reviewtermin.
- Sprechen Sie beim nachfolgenden Standortbestimmungsgespräch gemeinsam durch, was in der Zwischenzeit erreicht worden ist und wie die einzelnen Projektschritte weiterhin umgesetzt werden sollen. Auf diese Weise stellen Sie sicher, daß die bevorstehenden Aufgaben gut geplant sind und kontinuierlich voranschreiten können. Sie haben wie Ihr Mitarbeiter auch eine Hol- und Bringschuld, um Informationen, die für Sie beide wichtig sind, zeitnah auszutauschen.

2.5 Das Problemlösungsgespräch

Regelmäßig stattfindende Standortbestimmungen gewährleisten nicht nur eine koordinierte Zusammenarbeit, sondern auch die Früherkennung und Beseitigung von aufgetretenen Schwierigkeiten. Was aber ist zu tun, wenn plötzlich ein unerwartetes Problem auftritt? Auch für solche Fälle sollten Sie mit Ihren Mitarbeitern klare Verhaltensvereinbarungen treffen.
Kann ein Mitarbeiter ein unerwartet aufgetretenes Problem selbständig lösen, reicht es völlig aus, wenn er Sie beim nächsten Standortbestimmungsgespräch über den Vorfall informiert.
Wird er allerdings mit einer Schwierigkeit konfrontiert, die er nicht allein bewältigen kann oder bei der ihm die erforderliche Entscheidungskompetenz fehlt, sollte er die Möglichkeit haben, mit Ihnen ad hoc ein Problemlösungsgespräch führen zu können (vgl. Latham/Wexley 1994). Es dient dazu, gemeinsam das Problem und seine Ursachen zu identifizieren und in Frage kommende Lösungsmöglichkeiten herauszuarbeiten. Je konkreter Sie die Schritte zur Lösung des

Problems vereinbaren, umso wahrscheinlicher werden die geplanten Maßnahmen zum Erfolg führen. Im einleitend aufgeführten Beispiel wollte der Mitarbeiter Schulz ursprünglich ein Problemlösungsgespräch mit Ihnen führen, weil er die aufgetretenen Schwierigkeiten nicht selbständig bzw. nicht ohne Absprache mit Ihnen lösen konnte.
Vereinbaren Sie für den Fall, daß Sie nur schwer oder nicht erreichbar sind, vorsichtshalber »Notfallszenarien«, und teilen Sie mit, unter welcher Telefonnummer Sie auf Ihrer Dienstreise erreichbar sind. In Ausnahmefällen könnte es notwendig werden, daß Ihre Mitarbeiter Sie auch außerhalb der normalen Arbeitszeit kontaktieren müssen. Geben Sie ihnen für solche Notfälle Ihre private Telefon- oder Handy-Nummer, vereinbaren dabei aber, wann ein Notfall vorliegt.

Tips für das Führen von Problemlösungsgesprächen

- Nehmen Sie sich Zeit für das Problem des Mitarbeiters, auch wenn es kurzfristig eintritt. Bedenken Sie, daß er nicht weiterarbeiten kann, solange das Problem ungelöst bleibt.
- Analysieren Sie gründlich die Gründe für das Entstehen des Problems. Nur wenn die Ursachen eines Problems bekannt sind, können erfolgversprechende Lösungsansätze erarbeitet werden.
- Fordern Sie den Mitarbeiter zunächst auf, eigene Vorschläge zur Lösung des Problems vorzubringen. Sie fördern damit nicht nur seine Eigeninitiative und Kreativität, er wird erfahrungsgemäß eigene Lösungsvorschläge überzeugter umsetzen als »Anweisungen von oben«, weil die Identifikation mit eigenen Ideen im allgemeinen größer ist als mit vorgegebenen. Anschließend unterbreiten Sie ihm Ihre Vorschläge.
- Erarbeiten Sie gemeinsam einen Plan mit geeigneten Maßnahmen zur Lösung des Problems. Je genauer die einzelnen Schritte definiert werden, um so besser kann der Mitarbeiter die aufgetretenen Schwierigkeiten beheben.
- Vereinbaren Sie, daß beim nächsten Review-Termin besprochen wird, ob und wie das Problem beseitigt werden konnte. Treten bis dahin zusätzliche Schwierigkeiten auf, sollte abermals ein kurzfristiges Gespräch stattfinden, falls der Mitarbeiter diese nicht selbständig lösen kann.

2.6 Das Gehaltsfindungsgespräch

In diesem Gespräch bewerten Sie mit dem Mitarbeiter seine bisher erbrachten Leistungen und setzen, wenn gerechtfertigt, ein neues Gehalt fest. Eine Gehaltserhöhung wird in der Regel mit der Anerkennung von Leistung verbunden, sie soll motivieren, die Leistung auf dem gewohnt hohen Standard zu halten oder weiter zu steigern.

Faktoren für die Definition einer »gerechten Bezahlung«

Menschen empfinden ihre Arbeitssituation primär als Tauschverhältnis (Adams 1963, 1965). Der Mitarbeiter stellt der Firma seine Arbeitskraft zur Verfügung und erhält dafür eine Gegenleistung in Form von materieller (z. B. Geld) oder auch immaterieller (z. B. Lerngewinn, Aufstiegschancen) Entlohnung. Empfinden beide Seiten diesen Tausch als gerecht, sind Mitarbeiter und Unternehmen zufrieden. Ob die vom Unternehmen gewährte Belohnung als gerecht empfunden wird, hängt von mehreren Faktoren ab. Zu den wichtigsten Faktoren zählen:

- Vergleiche mit Bezugspersonen, d. h. Personen mit ähnlichen Aufgaben innerhalb oder außerhalb des Unternehmens: Wie werden Kollegen in vergleichbaren Positionen in der Firma oder woanders bezahlt? Mit welchen Aufgabenbereichen werden sie auf derselben Hierarchieebene betraut?
- Abwägung der Vor- und Nachteile der eigenen Arbeitssituation im Vergleich zu ähnlichen Stellen in anderen Unternehmen: Wie ist das Betriebsklima? In welchem Maße ist selbständiges Arbeiten möglich? Welchen Status genießt die Position bzw. die ausgeübte Tätigkeit im Unternehmen? Kann die Arbeitszeit frei eingeteilt werden? Welche Möglichkeiten zur weiteren Qualifizierung werden geboten? Welche Aufstiegschancen sind zu erwarten?
- Einschätzung des Bezuges zum Arbeitgeber: Wie stark ist die Identifizierung mit dem Unternehmen und seinen Produkten? Welche Perspektiven hat die Firma?
- Abwägung der Vor- und Nachteile des Arbeitsplatzes: Ist der Standort der Firma günstig? Wie lang ist der Anfahrtsweg? Wie modern ist die technische Ausstattung des Arbeitsplatzes?

Bei Vergleichen dieser Art werden Aufwand und Ertrag zueinander in Beziehung gesetzt. Zudem wird die Wahrnehmung und Beurteilung der eigenen Bezahlung maßgeblich durch den sozialen Vergleich beeinflußt. Das erklärt, warum die »relative Lohnhöhe«, d. h. der Vergleich des eigenen Gehaltes mit der Bezahlung von Personen, die ähnliche Tätigkeiten ausüben, für die Einschätzung der eigenen Situation oft entscheidender sein kann, als die »absolute Lohnhöhe« bewertet in Euro.

Konsequenzen subjektiv empfundener Ungerechtigkeit

Kommt ein Mitarbeiter zu dem Schluß, daß er im Vergleich zu seinen Arbeitskollegen im Betrieb oder Kollegen in anderen Unternehmen zu gering entlohnt wird, reduziert er in der Regel seine Leistung und seinen Arbeitseinsatz. Er wird womöglich auch versuchen, die von ihm als ungerechtfertigt empfundene Unterbezahlung seiner Leistung durch vermehrte Abwesenheit vom Arbeitsplatz, z. B. durch Überziehen der Mittagspausen oder häufigere Krankmeldungen, zu kompensieren. Mit fortschreitender Dauer kann sich seine zunehmende Demotivation und die daraus resultierende Gereiztheit oder Verstimmtheit negativ auf das Betriebsklima auswirken. Im oben genannten Fallbeispiel zieht Ihr Mitarbeiter Schulz andere Konsequenzen. Seine Leistung und sein Einsatz stimmen nach wie vor, er behält seinen Unmut für sich, beschließt aber, was in diesem Fall schlimmer wiegt, sich nach Alternativen umzusehen.

Deshalb sollten Sie genau überlegen, ob eine Kündigung dieses Mitarbeiters aufgrund eines höheren Gehaltsangebotes einer anderen Firma für Sie hinnehmbar wäre. Ein eingearbeiteter und erfahrener Mitarbeiter ist nur schwer zu ersetzen. Hinzu kommt, daß er das in Ihrem Unternehmen erworbene Know-how und seine ganze Erfahrung an andere weitergeben wird. Es kostet Zeit und Geld, einen neuen Mitarbeiter einzustellen: Sie müssen Anzeigen aufgeben, Auswahlgespräche führen, Zeit in seine Einarbeitung investieren und dabei das Risiko in Kauf nehmen, daß er sich trotz allem nicht für Ihren Betrieb bewährt.

Bewerten Sie die finanzielle Lage Ihres Unternehmens. Ist sie schlecht, sollte Herr Schulz das erfahren. Halten Sie ein höheres Gehalt für gerechtfertigt, sind aber nicht in der Lage, es zu zahlen, müssen Sie andere Formen der Entlohnung anbieten. Sie können ihm beispielsweise einen größeren Handlungsspielraum zugestehen, ihm Entwicklungsperspektiven bieten oder mehr Verantwortung übertragen. Sie sollten aber einen Zeitrahmen benennen, in dem Sie sein Gehalt anzupassen glauben. Steht Ihre Firma dagegen finanziell gut da, sollten Sie Leistungsträger für deren Beitrag am Erfolg belohnen. Andernfalls wird es Ihnen als Kleinlichkeit und übertriebene Raffgier ausgelegt, wenn der Eindruck entsteht, daß die Firmenleitung zwar sehr gut verdient, die Mitarbeiter dagegen »ausgebeutet« werden. Die daraus resultierenden Konsequenzen sind bekannt. Die Mitarbeiter werden ebenfalls kleinlich reagieren.

Weniger Erkenntnisse gibt es über die Konsequenzen bei Überbezahlung. Nach Adams kann eine als zu hoch empfundene Entlohnung ein schlechtes Gewissen oder Schuldgefühle hervorrufen, weil der Verdienst verglichen mit dem seiner Kollegen, die den gleichen Job ausüben, höher ist. Um diese Gefühle zu reduzieren und die vergleichsweise hohe Bezahlung zu rechtfertigen, reagieren Betroffene meistens mit sehr hohem Arbeitseinsatz sowie höherer Quantität und Qualität ihrer Leistung (Adams 1963, 1965).

Lawler schlägt verschiedene Möglichkeiten vor, die Gehaltsfindung zu vereinfachen (Lawler 1992). Natürlich ist für jeden Job ein bestimmtes Gehalt vorgesehen. Es gibt aber Möglichkeiten, die Entlohnung flexibel zu gestalten, indem beispielsweise langjährige, erfahrenere Mitarbeiter für die gleiche Tätigkeit besser bezahlt werden als Neulinge. Denkbar ist auch, die Vergütung für erbrachte Leistungen zusätzlich nach einem erfolgsorientierten Bonussystem vorzunehmen. Alle Modelle haben Vor- und Nachteile. Wichtig aber ist, daß die Mitarbeiter die Kriterien für ihre Bezahlung nachvollziehen können.

Schlagen Vorgesetzte von sich aus ihren Mitarbeitern ein höheres Gehalt vor, wirkt dies besonders motivierend. Oft sind es jedoch die Mitarbeiter, die das Thema Gehaltserhöhung ansprechen.

Tips für das Führen von Gehaltsfindungsgesprächen

Vorbereitung:

- Planen Sie ausreichend Zeit für dieses Gespräch ein, und wählen Sie einen Raum, in dem Sie ungestört sind.
- Informieren Sie sich über die Gehälter, die andere Firmen für ähnliche Aufgaben bzw. in vergleichbaren Positionen zahlen.
- Stellen Sie fest, inwieweit die bisher erbrachten Leistungen des Mitarbeiters Ihre Erwartungen erfüllt haben.
- Bewerten Sie sein Know-how, seine Erfahrung und sein Engagement.
- Vergleichen Sie das derzeitige Gehalt des Mitarbeiters mit dem seiner Kollegen, die für ihn die »Bezugspersonen« sein können.
- Gehen Sie davon aus, daß Ihren Mitarbeitern das Gehalt ihrer Kollegen bekannt ist, obwohl die Höhe der jeweils gezahlten Gehälter in den meisten Firmen vertraulich behandelt wird. Bewahren Sie im Gespräch aber Stillschweigen darüber. Es wird mehr über Gehälter gesprochen, als manche Vorgesetzte glauben.
- Stellen Sie zusammen, was Ihr Unternehmen außer Neben- und Zusatzleistungen im Vergleich zu anderen Firmen an nicht geldbezogenen Vorteilen bietet, beispielsweise Arbeitszeitkonten, Freizeitausgleich bei Überstunden, gutes Betriebsklima oder Möglichkeiten der beruflichen Weiterbildung.
- Erläutern Sie dem Mitarbeiter unter Abwägung der beschriebenen Faktoren, ob eine Gehaltserhöhung gerechtfertigt ist oder nicht.
- Ist sie gerechtfertigt, sollten Sie eine angemessene Höhe definieren, die es dann mit dem Mitarbeiter zu verhandeln gilt.
- Halten Sie eine Gehaltserhöhung für ungerechtfertigt, haben Sie nach oben aufgeführten Kriterien genügend Argumente, dem Mitarbeiter Ihre Entscheidung zu begründen.

Im Gespräch:

- Fragen Sie den Mitarbeiter nach seinen Gehaltsvorstellungen und seinen Argumenten, die für eine Gehaltserhöhung sprechen.
- Vergleichen Sie sein Angebot mit Ihren Vorstellungen. Begründen Sie Ihr Gegenangebot.
- Versäumen Sie nicht, eine Gehaltserhöhung immer mit einer Geste der Wertschätzung zu verbinden. Danken Sie dem Mitarbeiter beispielsweise glaubwürdig für seinen Einsatz, betonen Sie, daß Sie die Zusammenarbeit mit ihm schätzen. Er wird motiviert aus diesem Gespräch gehen, nicht allein wegen der Gehaltserhöhung.

2.7 Das Beurteilungsgespräch

Dieses Gespräch hat die Beurteilung der erbrachten Leistung des Mitarbeiters zum Inhalt. Ihm gehen viele andere Gespräche voraus: Zielvereinbarungsgespräche, Standortanalysen, Lob- und Kritikgespräche, Problemlösungsgespräche usw. Wichtig ist, daß beide Gesprächspartner vorab vereinbaren, welche dem Mitarbeiter übertragenen Aufgaben als Grundlage der Beurteilung dienen sollen. Auf dieser Basis lassen sich die festgestellten Ergebnisse und die Art und Weise, wie sie erreicht wurden, konkreter beurteilen. Wenn vereinbarte Ziele nicht auf ihren Erfolg überprüft werden, kann beim Mitarbeiter der Eindruck entstehen, daß seine Leistung den Vorgesetzten nicht interessiert oder ihm nicht anerkennenswert genug erscheint.
Vorgesetzter und Mitarbeiter beschreiben ihre Sicht über die bisher erbrachten Leistungen. Gute Leistungen werden bestätigt und anerkannt. Wo berechtigt, sollten Kritik geäußert, Verbesserungsmöglichkeiten aufgezeigt, vorhandener Handlungsbedarf ermittelt und Konsequenzen für das weitere Vorgehen gezogen werden. Insofern bilanzieren beide Gesprächspartner den vergangenen Beurteilungszeitraum. Dabei gilt es, einerseits die Stärken und Erfolge des Mitarbeiters hervorzuheben, andererseits zu untersuchen, aus welchen Gründen er vereinbarte Ziele nicht erreicht hat, um Lerneffekte zu erzielen und geeignete Maßnahmen für die Zukunft zu bestimmen. Unter keinen Umständen sollte ein Beurteilungsgespräch als Disziplinarmaßnahme mißverstanden oder eingesetzt werden. Sein eigentlicher Zweck liegt darin, dem Mitarbeiter positive Impulse zu geben und seine speziellen Fähigkeiten herauszuarbeiten bzw. zu fördern.

Ablauf eines Beurteilungsgesprächs

Beurteilungsgespräche werden in Unternehmen unterschiedlich praktiziert. In der einen Firma finden sie viermal im Jahr statt und dauern etwa 30 Minuten, in der anderen werden sie nur einmal jährlich geführt und können dann eineinhalb bis zwei Stunden dauern. Wichtig ist, daß die Rückmeldungen des Vorgesetzten für den Mitarbeiter nachvollziehbar und begründet sind. Deshalb sollten sie exakte Fakten und Beispiele aus dem Beurteilungszeitraum enthalten.
Manche Firmen verbinden das Beurteilungsgespräch mit einer erfolgsorientierten Vergütungskomponente. Je besser die Leistungen der Mitarbeiter sind, desto höher fällt der erfolgsorientierte Vergütungsanteil aus. Bei dieser Variante kommt dem Beurteilungsgespräch eine besondere Bedeutung zu, da »der eigene Geldbeutel« vom Urteil des Vorgesetzten betroffen ist.
In vielen Firmen werden Beurteilungsgespräche unter Zuhilfenahme vorgefertigter Formulare geführt. Diese werden nach dem Gespräch von Mitarbeiter und Führungskraft unterschrieben und dem nächsthöheren Vorgesetzten vorgelegt. Häufig wird der ausgefüllte Beurteilungsbogen in der Personalakte des Mitarbeiters abgelegt.

Ein Beurteilungsgespräch sollte folgende Gesprächskomponenten beinhalten:

- Beurteilung der vereinbarten Aufgabenziele durch den Mitarbeiter und den Vorgesetzten mit anschließender Diskussion über das Erreichte, Anerkennung von guten Leistungen, Ursachenforschung für nicht erreichte Ziele.
- Beurteilung der vereinbarten Verhaltens- bzw. Führungsziele durch Mitarbeiter und Vorgesetzten. Auch hier gilt es, das Erreichte hervorzuheben und möglichen Verbesserungsbedarf zu diskutieren.
- Erörterung der Zusammenarbeit. Sie bietet dem Vorgesetzten die Möglichkeit, vom Mitarbeiter zu erfahren, wie zufrieden er insgesamt an seinem Arbeitsplatz ist, wie er die Zusammenarbeit mit seinen Kollegen und anderen Personen, beispielsweise aus anderen Abteilungen, den Kunden oder Lieferanten, beurteilt, und ob er spezifische Wünsche hinsichtlich der Zusammenarbeit mit seinem Vorgesetzten hat.
- Wenn sich die Möglichkeit ergibt, auch die berufliche Weiterentwicklung und Weiterbildung anzusprechen, kann ein Entwicklungsgespräch im Anschluß geführt oder für einen später Zeitpunkt vereinbart werden.
- Oft bietet es sich an, im Anschluß an das Beurteilungsgespräch auch die Ziele für den kommenden Beurteilungszeitraum zu vereinbaren.

Tips für das Führen von Beurteilungsgesprächen

- Wählen Sie für das Gespräch einen Raum, in dem Sie ungestört sind.
- Setzen Sie für das Gespräch ca. ein bis zwei Stunden an. Angesichts der Tatsache, daß verschiedene Ziele angepeilt werden, wie: Motivations- und Klimaverbesserung, Bereinigung von Mißverständnissen, Besprechung von Zielen und klarer Definition von Maßnahmen, rechnet sich dieser Zeitaufwand.
- Bitten Sie Ihren Mitarbeiter, bei der Vorbereitung auf das Gespräch seine Leistungen selbst zu bewerten. Viele Unternehmen haben dafür auf ihren Beurteilungsbögen entsprechende Skalen definiert (z.B. Ziel nicht erreicht, teilweise erreicht, ausreichend erreicht, Ziel übertroffen). In Kapitel 9 ist ein Beispiel für diese Art Beurteilungsbogen aufgeführt.
- Führen Sie das Gespräch unter vier Augen durch, achten Sie auf eine angenehme, offene Gesprächsatmosphäre.
- Erleichtern Sie Ihrem Mitarbeiter mit Einstiegsfragen, ins Gespräch zu kommen. Fragen Sie beispielsweise, was für ihn im vergangenen Jahr wichtig war, wo er Erfolge oder Fortschritte sieht oder was er gerne zusätzlich hätte erreichen wollen.
- Vergleichen Sie die Bewertung des Mitarbeiters mit Ihrer Einschätzung. Erörtern Sie die festgestellten Unterschiede und Gemeinsamkeiten, arbeiten Sie mit ihm die Ursachen für die unterschiedliche Bewertung aus und vereinbaren anschließend Maßnahmen für den nächsten Besprechungszeitraum.
- Loben und anerkennen Sie ehrlich die positiven Arbeitsleistungen und Verhaltensweisen des Mitarbeiters. Das stärkt sein Selbstvertrauen.

- Beide Gesprächspartner sollten konstruktive und begründete Kritik äußern können. Fordern Sie den Mitarbeiter auf, Verbesserungsvorschläge in bezug auf Ihre Arbeitsweise und Zusammenarbeit zu machen.
- Nutzen Sie die Gelegenheit, auch vom Mitarbeiter zu erfahren, wie er Ihr Führungsverhalten einschätzt und ob es aus seiner Sicht in manchen Punkten Verbesserungsbedarf gibt.
- Regen Sie Ihren Mitarbeiter bei Kritikpunkten durch Fragen zur Selbstreflexion und Lösungsfindung an. Dabei ist es durchaus zulässig, daß auch Sie Fehler zugeben.
- Bleiben Sie humorvoll. Mit Humor können gerade Kritikpunkte pointierter und vielfach angemessener vermittelt werden, als auf bierernste Weise.
- Schließen Sie das Beurteilungsgespräch bewußt immer mit positiven Eindrücken ab.

2.8 Das Zielvereinbarungsgespräch

Beim Zielvereinbarungsgespräch werden nach Maßgabe der grundsätzlichen, strategischen Unternehmensziele konkrete Mitarbeiterziele abgeleitet und formuliert. Sie werden vom Vorgesetzten und den Mitarbeitern gemeinsam erarbeitet und vereinbart. Der Vorgesetzte legt entsprechende Ziele, die er im Rahmen der unternehmerischen Zielvorgaben entworfen hat, zur Diskussion vor. Die Mitarbeiter haben ihrerseits Zielsetzungen für die nächste Periode definiert. Im Zielvereinbarungsgespräch stimmen Vorgesetzte und Mitarbeiter ihre avisierten Ziele ab, legen sie verbindlich fest und einigen sich auf die erforderlichen Maßnahmen. In der Regel werden diese Vereinbarungen für ein Jahr festgelegt.

Wichtig ist zu unterscheiden, ob Gegenstand des Gesprächs eine Zielvorgabe oder eine Zielvereinbarung ist. Bei Zielvorgaben hat der Mitarbeiter wenig Einfluß auf die Formulierung des Zieles, er kann bestenfalls vorschlagen, wie es erreicht werden könnte. Eine Vorgabe schließt ebenfalls aus, daß Mitarbeiter die gesetzten Ziele auf ihre Realisierbarkeit hin überprüfen können. In unserem einleitenden Beispiel wurde Herrn Schulz ein Ziel vorgegeben, von dessen Nutzen für das Unternehmen er offenbar aber nicht überzeugt war.

Bei der Zielvereinbarung dagegen tauschen Führungskraft und Mitarbeiter ihre Zielvorstellungen offen aus. Hier sind beide Seiten in gleichem Maße bei der Formulierung der Ziele beteiligt. Diese Verfahrensweise soll gewährleisten, daß sich der Mitarbeiter Ziele setzt, die ihn nicht überfordern und die er auch umzusetzen in der Lage ist. Außerdem identifiziert er sich stärker mit selbst vorgegebenen Zielen als mit solchen, die ihm »vorgesetzt« wurden. Die ersten Schritte des Weges zum Ziel können von der Führungskraft, dem Mitarbeiter oder von beiden gemeinsam vorgestellt werden.

Ziele des Zielvereinbarungsgesprächs

Diese Gespräche sind notwendig, um die Erwartungen der Vorgesetzten an die Leistung ihrer Mitarbeiter offenzulegen und meßbare Beurteilungskriterien für das Machbare zu gewinnen. Gleichfalls können die Mitarbeiter darstellen, welche Ziele sie sich gesetzt haben und gegebenenfalls Unterstützung einfordern, um ihre Aufgaben leichter und besser erfüllen zu können. Idealerweise sollte die gemeinsame Zielvereinbarung dazu beitragen, dem Mitarbeiter mehr Selbständigkeit bei der Durchführung seiner Aufgaben zu gewähren.
Voraussetzung dafür ist die genaue Definition, die Operationalisierung der avisierten Ziele. Sie sollen nach Möglichkeit so formuliert sein, daß im Verlauf ihrer Realisierung und nach Erreichen des Endergebnisses eine Messung oder Überprüfung erfolgen kann. Bei quantitativen Zielen, beispielsweise Steigerung des Umsatzes, ist die Messung noch relativ einfach. Bei einstellungs- und verhaltensorientierten Zielen, wie Änderung des Verhaltens gegenüber Kunden oder Verbesserung der Gesprächsführung, ist eine meßbare Überprüfung von Ergebnissen dagegen schon schwieriger. Hilfreich ist, die Mitarbeiter bei der Festlegung dieser Ziele mit einzubeziehen. Dadurch wird nicht nur ein realistischer Bezug zu den Möglichkeiten der Umsetzung gewährleistet, sondern es steigt auch bei den Mitarbeitern die Akzeptanz sowie ihre Motivation und Bereitschaft, mehr Eigenverantwortung zu übernehmen.
Eine regelmäßige Kontrolle und Bewertung der Zwischenergebnisse wird häufig anhand eines Soll-Ist-Vergleichs durchgeführt. Zielvereinbarungsgespräche werden meist vierteljährlich durchgeführt.

Tips für das Führen von Zielvereinbarungsgesprächen

Es empfiehlt sich, bei der Zielvereinbarung schrittweise nach folgender Fragestellung vorzugehen:
- Wie lautet das Ziel?
- Welche Maßnahmen sind geeignet, es zu erreichen?
- Welche Rahmenbedingungen müssen erfüllt sein?
- Welche Unterstützung braucht der Mitarbeiter bei der Umsetzung?

Da Ziele für Unternehmen und Institutionen von übergeordneter Bedeutung sind, werden sie im folgenden Kapitel gesondert und ausführlich behandelt.

Das Wichtigste in Kürze

☞ Im Arbeitsalltag führen Vorgesetzte aus verschiedenen Anlässen Gespräche mit ihren Mitarbeitern. Der Unterschied dieser Gespräche liegt in ihrer Zielsetzung. Häufig verschwimmen die Grenzen zwischen den einzelnen Gesprächsarten, weil mehrere Themen gleichzeitig behandelt werden müssen. In diesen Fällen empfiehlt es sich, das Gespräch vorab zu strukturieren und in einzelne Themenabschnitte zu unterteilen, damit die Beteiligten erkennen, welche Zielsetzung sie in den jeweiligen Abschnitten verfolgen.

☞ In der Regel kommunizieren Führungskräfte erstmals beim Einstellungsgespräch mit ihren Mitarbeitern. Hier geht es darum, die Eignung des Bewerbers für die zu besetzende Stelle festzustellen und, wenn er die notwendigen Anforderungen mitbringt, zu erfahren, ob für ihn dieses Angebot in Frage kommt. Wichtig ist, dem Bewerber seine zukünftige Tätigkeit, die Arbeitsbedingungen und Möglichkeiten für seine berufliche Weiterentwicklung realistisch zu beschreiben, ohne falsche Erwartungen zu wecken. Im Falle einer Ablehnung sollte der Kandidat erfahren, aus welchen Gründen er für diese Stelle nicht in Frage kam.

☞ Entwicklungsgespräche sollen einerseits verhindern, daß der Mitarbeiter seine Fähigkeiten überschätzt und unrealistische Vorstellungen über seine berufliche Karriere entwickelt, andererseits aufzeigen, welche Perspektiven ihm die Firma mittelfristig bieten kann. Entsprechend vereinbaren beide Seiten konkrete Entwicklungsschritte für die berufliche Weiterbildung und -qualifizierung des Mitarbeiters.

☞ Für das Aussprechen von Anerkennung und Kritik gibt es meistens konkrete Anlässe oder Auslöser. Ein Lob bestärkt den Mitarbeiter in seiner Leistung und motiviert ihn zusätzlich. Kritik wird ausgesprochen, um eine Änderung seines Verhaltens zu bewirken. Lob und Kritik sollten, um die beabsichtigte Wirkung zu erzielen, möglichst kurz nach dem Anlaß erfolgen. Während Lob durchaus in Gegenwart Dritter ausgesprochen werden kann, sollte Kritik bei Anwesenheit anderer unbedingt vermieden werden.

☞ Standortbestimmungen helfen, einen Überblick über den aktuellen Stand von laufenden Projekten oder zu bewältigenden Aufgaben zu gewinnen. Sie ermöglichen, eventuellen Handlungsbedarf frühzeitig zu erkennen und etwaigen oder bereits aufgetretenen Schwierigkeiten entgegenzuwirken. Es empfiehlt sich, die Mitarbeiter in die Entwicklung von Problemlösungen einzubeziehen. Das fördert ihre Eigeninitiative, ihre Motivation und das Verantwortungsbewußtsein aller Beteiligten.

☞ Treten Schwierigkeiten unerwartet auf, die der Mitarbeiter nicht selbständig lösen kann, sollte er mit seinem Vorgesetzten ein Problemlösungsgespräch führen können. Es dient dazu, die Ursachen für das Problem zu identifizieren und geeignete Lösungsmöglichkeiten zu finden. Bei wichtigen Projekten sollte der Vorgesetzte im Falle seiner Abwesenheit, beispielsweise aufgrund einer Dienstreise, für seine Mitarbeiter telefonisch erreichbar sein.

☞ Beim Gehaltsfindungsgespräch wird in den meisten Fällen aufgrund der erbrachten Leistungen des Mitarbeiters ein neues Gehalt vereinbart. Wichtig ist hierbei, daß die Bezahlung von beiden Seiten als gerecht empfunden wird. Eine als unangemessen empfundene Unterbezahlung senkt die Motivation und Leistungsbereitschaft des Mitarbeiters. Das Gefühl, im Vergleich zu den Kollegen zuviel zu verdienen, kann zu Streß, Schuldgefühlen und überzogenem Leistungsdruck führen. In vielen Betrieben wird die Entlohnung des Mitarbeiters an eine erfolgsorientierte Komponente gekoppelt.

☞ Beurteilungsgespräche haben die Bewertung der erbrachten Leistungen des Mitarbeiters zum Inhalt. Die Gesprächspartner »bilanzieren« den vergangenen Beurteilungszeitraum, indem sie aus ihrer Sicht die Leistungen des Mitarbeiters beschreiben. Dabei werden gute Leistungen bestätigt und anerkannt. Wo noch Verbesserungen möglich sind, sollten konstruktive Kritik und konkrete Vorschläge erfolgen. Wichtig ist, daß beide Seiten vorab vereinbaren, welche dem Mitarbeiter übertragenen Aufgaben als Grundlage der Beurteilung dienen sollen. Zweck dieser Gespräche ist, dem Mitarbeiter positive Impulse zu geben und seine speziellen Fähigkeiten herauszuarbeiten und zu fördern. Sie sollten keinesfalls als Disziplinarmaßnahme mißverstanden und eingesetzt werden.

☞ Zielvereinbarungsgespräche sind notwendig, um die Erwartungen der Vorgesetzten an ihre Mitarbeiter offenzulegen und meßbare Kriterien für die Beurteilung der zu erbringenden Leistungen zu gewinnen. Es macht einen Unterschied, ob Gegenstand des Gesprächs eine Zielvorgabe oder eine Zielvereinbarung ist. Bei Zielvorgaben hat der Mitarbeiter wenig Einfluß auf Formulierung der Ziele, bei Zielvereinbarungen stimmen die Gesprächspartner ihre Zielvorstellungen ab, legen sie verbindlich fest und einigen sich auf die erforderlichen Maßnahmen.

Mehr zu diesem Thema

Adams, J. S.: »Toward an Understanding of Inequity«, in *Journal of Abnormal and Social Psychology* 67/1993.

Adams, J. S.: »Inequity in Social Exchange«, in Berkowitz, L. (Hrsg.), *Advances in Experimental Social Psychology*, New York 1965.

Brake, J./Zimmer, D.: *Praxis der Personalauswahl*, Würzburg 1998.

Latham, G. P./Saari, L. M./Pursell, E. D./Campion, M. A.: »The Situational Interview«, in: *Journal of Applied Psychology*, 65/1980.

Latham, G. P./Wexley, K. N.: Increasing Productivity through Performance Appraisal, Massachusetts 1994.

Neuberger, O.: *Das Mitarbeitergespräch. Praktische Grundlagen für erfolgreiche Führungsarbeit*, Leonberg 1998.

Neuberger, O.: *Personalentwicklung*, Stuttgart 1994.

Rosenstiel, L. von: *Grundlagen der Organisationspsychologie*, Stuttgart 1987.

Rumsey, M. G./Walker, C. B./Harris, J. H. (Hrsg.): *Personnel Selection and Classification*, Hillsdale, NJ, 1994.

Sarges, W. (Hrsg.): *Management-Diagnostik*, Göttingen, 1995.

Schuler, H.: *Psychologische Personalauswahl*, Göttingen 1998.

Schuler, H./Farr, J. L./Smith, M. (Hrsg.): *Personnel Selection and Assessment: Individual and Organizational Perspectives*, Hillsdale, NJ, 1993.

Schulz von Thun, F.: *Miteinander reden 1. Störungen und Klärungen*, Reinbek bei Hamburg 1981.
Schulz von Thun, F.: *Miteinander reden 2. Stile, Werte und Persönlichkeitsentwicklung*, Reinbek bei Hamburg 1989.
Schulz von Thun, F.: *Miteinander reden 3. Das* innere Team *und situationsgerechte Kommunikation*, Reinbek bei Hamburg 1998.
Wanous, J. P. : *Organizational Entry: Recruitment, Selection, Orientation, and Socialization of Newcomers*, Massachusetts 1992.

3 Ziele formulieren und vereinbaren

Darum geht es ...

Welche Funktion erfüllen Ziele im Berufsleben?

Wann sind Ziele erfolgversprechend, wann zum Scheitern verurteilt?

Welche Bedeutung haben sie für Führungskräfte?

Dieses Kapitel beschreibt:

- die Bedeutung von Zielen,
- welchen Ansprüchen sie genügen müssen,
- wie sie formuliert sein sollten,
- die Voraussetzungen und Rahmenbedingungen für Zielvereinbarungen,
- ihre Bedeutung für Führungskräfte,
- Tips für Zielvereinbarungen und -formulierungen.

Sie hatten heute Zeit, mit zwei Mitarbeiterinnen Ihrer Abteilung »Neukundengewinnung« darüber zu sprechen, wie im nächsten Halbjahr die Anzahl von Neukunden erhöht werden kann. Im Nachhinein sind Sie immer noch verwundert, wie unterschiedlich die Gespräche verlaufen sind, obwohl beide zu Ihren Leistungsträgern zählen. Im ersten Gespräch wollten Sie von der Mitarbeiterin Claudia Keil, einer resoluten Frohnatur, erfahren, um wieviel Prozent sich der Neukundenanteil erhöhen lassen könnte.

Frau Keil staunte über Ihr Anliegen, weil sich ihrer Meinung nach die Ergebnisse der Akquise sehen lassen könnten und eine Steigerung kaum mehr möglich sei. Sie gab an, daß eine Steigerung um etwa 5 Prozent die Obergrenze des Erreichbaren sei. Ihren Vorschlag, die Anzahl von Neukunden um mindestens 10 Prozent zu erhöhen, wiegelte sie als illusorisch ab. Mit diesem Ergebnis waren Sie nicht zufrieden und beschlossen, im nächsten Gespräch mit Silke Faust, einer ziemlich introvertierten, aber sehr gewissenhaften Mitarbeiterin, anders zu verfahren.

Sie teilten ihr gleich zu Beginn des Gesprächs mit, daß Sie im nächsten Halbjahr eine Steigerung der Neukunden um 10 Prozent erwarten. Zu Ihrer Verwunderung reagierte sie nicht gleich mit Abwehr, sondern überlegte erst einmal eine Weile. Dann sagte sie, daß dieses Ziel zwar recht hoch gesteckt sei, aber erreicht werden könne, wenn bestimmte Voraussetzungen erfüllt seien. In diesem Zusammenhang führte sie Schwachstellen in Ihrer Abteilung auf, die Ihnen teilweise selbst nicht bekannt waren. Gemeinsam stellten Sie fest, daß die Akquise noch weitaus effektiver gestaltet werden könnte, wenn diese Schwachstellen erst einmal behoben würden.

Sie fragen sich, warum die Reaktionen Ihrer Mitarbeiterinnen so vollkommen unterschiedlich waren.

3.1 Die Bedeutung von Zielen

Ziele bestimmen das menschliche Sein. Sie motivieren zu Leistungen und führen bei Erreichen zu einem Erfolgserlebnis. Sie geben dem eigenen Handeln einen Sinn und eine längerfristige Ausrichtung. Zielloses Handeln dagegen führt zur Orientierungslosigkeit. Die Motivation als Antriebsfeder sinkt, das Leben erscheint monoton und sinnentleert. Dasselbe gilt auch im Arbeitsleben. Wer sich berufliche Ziele setzt, richtet sein Handeln auf diese Ziele aus. Er nimmt die erforderlichen Anstrengungen in Kauf und entwickelt die notwendige Hartnäckigkeit, um das gesteckte Ziel zu erreichen, stets bestrebt, nicht vom Kurs abzuweichen. Anspruchsvoll und präzise formulierte Ziele stärken das unternehmerische und verantwortungsbewußte Denken und Handeln jedes einzelnen, sie motivieren und erhöhen die Leistungsbereitschaft. Wer seinen Beitrag, und sei er nur gering, am Gesamterfolg kennt, wird sich mit Nachdruck für das Gelingen der gestellten Aufgaben einsetzen.

In zahlreichen Studien wurde der Effekt von Zielsetzungen wissenschaftlich untersucht. Es stellte sich heraus, daß Leistung und Persistenz umso mehr steigen, je hochgesteckter und anspruchsvoller die Ziele sind (Locke & Latham 1992). Voraussetzung dafür aber ist, daß alle Beteiligten die gesetzten Ziele akzeptieren, das notwendige Know-how besitzen und die erforderlichen Rahmenbedingungen gegeben sind, um die Ziele tatsächlich erreichen zu können.
Festgestellt wurde auch, daß der Erfolg stark davon abhängt, wie präzise ein Ziel formuliert ist. Eine spezifische Zielvereinbarung hat eine weitaus höhere Leistung zur Folge als ein unverbindlich und allgemein gehaltener Auftrag nach dem Motto: »Tun Sie Ihr Bestes!«. Probanden, die im Laborversuch den Auftrag erhielten, in zehn Minuten 30 Ideen zu einem bestimmten Thema zu entwickeln, schnitten weitaus besser ab als eine andere Versuchsgruppe, die in derselben Zeit »so viele Ideen wie möglich« sammeln sollte (Locke & Latham 1992). Entsprechend lassen sich die unterschiedlichen Reaktionen von Frau Keil und Frau Faust in unserem Eingangsbeispiel erklären.
Ursache dafür könnte die Einschätzung der eigenen Leistung bei den Probanden sein. Personen, deren Ziele weniger spezifisch formuliert sind, bewerten ihre eigene Leistung positiver und variabler als solche, die an klar definierten Zielsetzungen, beispielsweise 30 Ideen zu entwickeln, ihre Leistungsfähigkeit messen müssen. Sind keine spezifischen Kriterien für ein optimales Ziel vereinbart, bleibt natürlich viel Raum für Eigendefinitionen. So können manche Personen schon zehn Ideen als höchst produktiv empfinden, andere vielleicht 15. Dennoch werden alle fest davon überzeugt sein, damit bereits ihr »Bestes« getan zu haben.
Auch Sie kennen das Gefühl, daß es einen mit Stolz erfüllt, etwas erreicht zu haben. Erfolgserlebnisse steigern nach dem Prinzip der Selbstwirksamkeit das Selbstbewußtsein und die Überzeugung, etwas erreichen zu können, wenn man es wirklich will. Das Erfolgserlebnis ist um so intensiver empfunden, je besser die ihm vorausgegangenen Arbeiten kontrolliert und bewertet werden können. Ein Mitarbeiter wird einen Erfolg um so mehr genießen, je mehr er zum Gelingen beitragen und das Zustandekommen mit beeinflussen kann. Entsprechend sollte er für seine Leistung gelobt oder »belohnt« werden.

Ansprüche an Ziele

Personen, die niedriger gesteckte Ziele anstreben, können zwar mehr Erfolgserlebnisse verbuchen, fühlen sich aber im Gegensatz zu Personen mit anspruchsvollen Zielen insgesamt weniger befähigt, wirkliche Herausforderungen anzunehmen (Locke & Latham 1992). Wenn Sie Ihre Mitarbeiter nur mit leichten Aufgaben oder Routinearbeiten betrauen, werden sie diese Jobs zwar problemlos zu 100 Prozent erfüllen, aber zu Lasten ihrer beruflichen Entwicklung und Qualifikation. Dadurch sinkt das Gefühl, wirklich etwas leisten zu können. Ihre Mitarbeiter trauen sich demnach langfristig weniger zu, können ihre Fähigkeiten nicht weiterentwickeln und beginnen zu stagnieren. Deshalb sollten Sie bei

der Aufgabenverteilung darauf achten, daß Sie nicht nur Routinearbeiten übertragen, sondern die Mitarbeiter auch immer wieder vor Herausforderungen stellen sowie ihre Potentiale und Fähigkeiten fordern und fördern.
Ziele haben eine ermutigende Funktion, weil sie auf eine noch nicht existierende Realität hinweisen, zielgerichtetes Handeln veranlassen und die Aufmerksamkeit auf das angestrebte Ergebnis konzentrieren. Dabei wird Unwichtiges, was nicht zum Erreichen des angestrebten Ziels beiträgt, automatisch vernachlässigt. Anspruchsvolle Ziele führen zu höherer Leistung, wenn

- sie herausfordernd und gleichzeitig erreichbar sind, das vorhandene Fähigkeits- und Leistungspotential nicht überfordern,
- sie von allen Beteiligten akzeptiert werden und dem eigenen Wertesystem nicht widersprechen,
- sie spezifisch und präzise formuliert sind, die zum Erreichen notwendigen Methoden und Maßnahmen klar festliegen,
- regelmäßig Feedback zur erbrachten Leistung gegeben wird,
- das Erreichen der gesetzten Ziele mit positiven Konsequenzen verbunden ist (Locke & Latham 1992).

Wenn Sie diese Kriterien beachten, laufen Sie nicht Gefahr, daß die Umsetzung der Maßnahmen zum Erreichen der gesetzten Ziele ins Stocken gerät, beispielsweise dadurch, weil es mit Ihrem Mitarbeiter Schulz Abstimmungsschwierigkeiten gab.

Verfehlte Ziele

Bei komplexen Aufgabenstellungen muß eine Strategie für die Erfüllung der einzelnen Aufgaben gefunden werden. Fehlen in einzelnen Aufgabenbereichen die nötige Erfahrung oder ausreichendes Training für die erforderliche Umsetzung, wird es schwierig, geeignete Handlungs- oder Problemlösungsstrategien zu erstellen. Kommt auch noch Zeitdruck hinzu, gibt es kaum Möglichkeiten für Experimente oder gar nachträgliches Lernen. Deshalb sollten Vorgesetzte darauf achten, realistische Ziele zu setzen, die unter den gegebenen Bedingungen die Mitarbeiter herausfordern, gleichzeitig aber auch von ihnen umgesetzt und erreicht werden können. Hilfreich hierbei ist, die Mitarbeiter bei der Erarbeitung der für die Umsetzung notwendigen Schritte und Maßnahmen mit einzubeziehen. Auch hier sollten geeignete Meßinstrumente zur Verfügung stehen, um regelmäßig den erreichten Stand der Dinge überprüfen zu können. So ließe sich beispielsweise die Zufriedenheit der Kunden duch Umfragen oder Auswertung von eingegangenen Beschwerden bestimmen.

Akzeptanz von Zielen

In der Regel dienen Ziele der Verbesserung des gegenwärtigen Zustands. Die Motivation, Verbesserungen anzustreben und zu erzielen, steigt, wenn die entsprechenden Zielsetzungen positiv formuliert sind. So wirkt der Auftrag »Steigerung der Kundenzufriedenheit um 10 Prozent ab sofort« weitaus motivierender als die Formulierung »Reduktion der Kundenunzufriedenheit um 10 Prozent ...«.
Nicht nur die Formulierung der gesetzten Ziele, auch ihre Akzeptanz bei allen Beteiligten beeinflußt maßgeblich die Bereitschaft, das Angestrebte zu realisieren. Je höher die Akzeptanz, desto größer ist auch die Anstrengung, etwas zu erreichen. Die Intensität, mit der ein Ziel verfolgt wird, hängt von mehreren Faktoren ab: Seinem Platz in der eigenen Zielhierarchie, seiner Wichtigkeit und dem Grad der Identifikation mit dem Ziel. Jeder strebt in seinem Leben mehrere oder viele Ziele gleichzeitig an, sie beziehen sich sowohl auf das Privatleben als auch auf den Beruf. Man will beispielsweise genügend Zeit mit dem Partner verbringen, sich weiterhin im Sportverein engagieren, ein eigenes Haus bauen und sich gleichzeitig im Beruf weiterqualifizieren. Wichtig hierbei ist, die persönlichen und beruflichen Ziele miteinander zu vereinbaren. Treten Zielkonflikte auf, muß eine Entscheidung über die Zielprioritäten getroffen werden.
Ein Mitarbeiter, frisch verheiratet und gerade Vater geworden, wird z. B. kaum eine Aufgabe übernehmen wollen, die mit häufigen Geschäftsreisen verbunden ist, wenn er gleichzeitig seine Frau bei der Kinderbetreuung unterstützen möchte. Der Zielkonflikt ist in seinen Rollen als Vater und Berufstätiger begründet. Er muß Prioritäten setzen und schließlich eine Entscheidung treffen. Entscheidet er sich für die Familie, wird er einen Arbeitsplatz suchen, der ihm mehr Zeit für Frau und Kind ermöglicht, andernfalls wird er eine Lösung für die Betreuung des Kindes finden. Je größer bis dahin die Diskrepanz zwischen seinen beruflichen und persönlichen Zielen ist, umso mehr wird seine Leistungsfähigkeit beeinträchtigt.

Einfluß von Vorgesetzten auf die Zielakzeptanz

Sie als Vorgesetzter können viel dazu beitragen, daß Ihre Ziele von den Mitarbeitern akzeptiert werden. Die Akzeptanz wird steigen, wenn Sie

- die Mitarbeiter bei der Umsetzung unterstützen,
- physisch präsent und ansprechbar sind,
- vertrauenswürdig sind,
- das notwendige Fachwissen besitzen und
- positives Feedback geben.

Voraussetzungen für Zielvereinbarungen

Um zu gewährleisten, daß gemeinsam getroffene Zielvereinbarungen eingehalten und als Führungsinstrument wirkungsvoll eingesetzt werden können, müssen bestimmte Voraussetzungen erfüllt sein. Diese liegen vor, wenn Sie

- die Aufgaben und Anforderungen klar definieren,
- die Entscheidungskompetenzen genau regeln,
- Fachkompetenz und Führungskompetenz voneinander nachvollziehbar abgrenzen,
- die Vereinbarungen mit der Budget-, Investitions- und Stellenplanung abstimmen,
- die organisationsinternen Verantwortungen und Zuständigkeiten präzise beschreiben.

Management by objectives – Führen durch Zielvereinbarung

Viele Firmen haben für ihre Führungskräfte und Mitarbeiter einen klar strukturierten Zielvereinbarungsprozeß entwickelt, der in der Regel von oben nach unten ausgerichtet ist. Die Unternehmensleitung definiert im Rahmen ihrer jährlichen Planungsentscheidung die Unternehmensziele für das nächste Jahr. Im Anschluß stimmt sie mit den Führungskräften die anzustrebenden Ziele und die dafür notwendigen Maßnahmen ab. Die Führungskräfte vereinbaren wiederum mit ihren Mitarbeitern Ziele und Maßnahmen und besprechen, welchen Beitrag jeder einzelne zum Erreichen der Ziele leistet.
Diese Vorgehensweise soll nicht nur gewährleisten, daß Führungskräfte mit ihren Mitarbeitern die von der Unternehmensleitung festgelegten Ziele umsetzen, sondern auch, daß »alle an einem Strang ziehen«.
In modern geführten Unternehmen dagegen wird zusätzlich verlangt, daß in Zielvereinbarungsgesprächen ein »bottom-up«, eine Rückmeldeschleife, stattfindet. Dabei sollen die Mitarbeiter an ihrem Arbeitsplatz eigene Ideen entwickeln und überlegen, welche Ziele ihrer Meinung nach für einen bestimmten Zeitraum realistisch und erfolgversprechend sind. Auf diese Weise wird versucht, durch frühzeitiges Einbinden der Mitarbeiter in den Zielplanungsprozeß Fehlentscheidungen des Top-Managements oder nicht realisierbaren Vorhaben vorzubeugen.

Formulierung von Zielen

Ein Prinzip unserer Leistungsgesellschaft ist, immer effektiver, schneller, preisgünstiger und wirtschaftlicher zu arbeiten. Mit der positiven Folge, daß die (Lebens-)Qualität laufend überprüft und verbessert wird. Aber auch mit dem negativen Effekt, daß die Anforderungen an Flexibilität, Fähigkeiten und Leistungen der Mitarbeiter ebenfalls zugenommen haben. Da ihre Leistungsfähigkeit be-

SMARTe Ziele

S: ***Spezifisch***
Was genau will ich erreichen (Ergebnis, Zustand etc.)?

M: ***meßbar***
Wie kann ich meine Zielerreichung messen?
Wie bekomme ich Feedback, ob ich das Ziel erreicht habe?

A: ***attraktiv***
Ist das Ziel interessant?
Ist es attraktiv und herausfordernd?

R: ***realistisch***
Kann das Ziel in der vorgegebenen Zeit, unter den gegebenen Umständen erreicht werden?

T: ***terminiert***
Bis wann soll das Ziel erreicht werden?

Abb. 4: SMARTe Ziele

grenzt ist und sie neben ihrer Arbeit auch noch andere wichtige gesellschaftliche Funktionen erfüllen (Vater, Mutter, Ehepartner, Freund etc.), ist zu beachten, daß Ziele realistisch und die umzusetzenden Aufgaben möglichst konkret formuliert werden. Dadurch lassen sich Streß und Mißverständnisse vermeiden, ebenso die Vergeudung von menschlichen Ressourcen.
Achten Sie deshalb darauf, daß Ihre Ziele möglichst transparent, verständlich und nachvollziehbar sind. Zwischen Ihnen und den Mitarbeitern sollte ein Konsens darüber bestehen, was in welchem Umfang mit welchen Maßnahmen bis wann mit welcher Priorität erreicht werden kann. Legen Sie auch fest, wann ein Ziel als erreicht gilt und wie sein Ergebnis gemessen und überprüft werden kann. Einen guten Ansatz für Zielformulierungen bietet die Formel »SMART«:

- Spezifisch: Ziele sollten spezifiziert werden. Was soll erreicht werden? Wie soll das Ergebnis, der Endzustand aussehen?
- Meßbar: Ziele sollten meßbar sein. Auf welche Weise, wie häufig, wie exakt, wann kann gemessen werden, ob Zwischenresultate und schließlich das Ziel erreicht wurden? Wie sollen die Rückmeldungen erfolgen?
- Attraktiv: Ziele sollten die Mitarbeiter herausfordern und so formuliert sein, als seien sie schon eingetreten. Worin besteht bei diesem Ziel die Herausforderung? Was motiviert? Wie sieht der Zustand nach Erreichen des Ziels aus?
- Realistisch: Ziele sollten anspruchsvoll und dennoch realistisch sein. Sind die gesetzten Ziele erreichbar? Können sie in der vorgegebenen Zeit und unter den gegebenen Umständen erreicht werden? Welche Rahmenbedingungen müssen berücksichtigt, welche Fähigkeiten vorausgesetzt werden? Welche Mittel sind

notwendig, um bei realistischer Betrachtung die Ziele erreichen zu können? Ist auf die notwendige Unterstützung der Kollegen und Vorgesetzten Verlaß?
- Terminiert: Für die avisierten Ziele sollte ein Zeitrahmen festgelegt werden. Wieviel Zeit wird benötigt? Welche Zwischentermine sind sinnvoll?

Sind Ihre Ziele »smart« formuliert, sind Sie und Ihre an der Umsetzung beteiligten Mitarbeiter in der Lage, jederzeit den erreichten Stand überprüfen und das Endergebnis auf seinen Erfolg hin bewerten zu können? Dadurch daß Sie sich auf bestimmte Vereinbarungen festlegen, kann auch Ihr Beitrag zum Erfolg einer kritischen Prüfung unterzogen werden.

Auf die Atmosphäre kommt es an

Von entscheidender Bedeutung für die Zielvereinbarung ist die informelle Ebene. Hier werden die Weichen für die gemeinsame Arbeit gestellt. Eine vertrauensvolle Atmosphäre bei der Festlegung von Zielen ist mindestens genauso wichtig, wie präzise formulierte Zielaussagen. Diese Atmosphäre kann herbeigeführt werden unter Berücksichtigung folgender Regeln:
- Beziehen Sie Ihre Mitarbeiter bei der Festlegung und Formulierung der Ziele mit ein. Transparentes, kooperatives Vorgehen hilft allen Beteiligten, gleichberechtigt nicht nur ihre Vorschläge und Wünsche, sondern auch Bedenken oder Wertvorstellungen, einzubringen.
- Nehmen Sie Rücksicht auf Gefühle, sowohl auf Ihre eigenen als auch die der Mitarbeiter. Gefühle sagen oft mehr über die Qualität der gesetzten Ziele aus als manche klar definierten Ziel- oder Maßnahmenkataloge. Scheuen Sie sich deshalb nicht zu sagen, wie Sie ein gestecktes Ziel emotional bewerten.
- Gestik und Sprache geben gerade in der entscheidenden Phase der Entscheidungsfindung Aufschlüsse über die Sicht der Dinge beim Gesprächspartner. Nutzen Sie auch diese Möglichkeiten des Feedbacks, indem Sie beispielsweise die Möglichkeiten der Körpersprache einsetzen oder Ihre Sprechweise variieren.

Im Mittelpunkt bei der gemeinsamen Festlegung und Formulierung von Zielen steht der Konsens. Konflikte treten dann ein, wenn die Gesprächspartner unterschiedliche Wertvorstellungen und Normen vertreten. Andererseits sind verschiedene Standpunkte notwendig, um den Kern bzw. das gemeinsame Ziel herauszuarbeiten.
Die Skepsis von Herrn Schulz im oben aufgeführten Eingangsbeispiel gegenüber dem ihm übertragenen Projekt wäre gewiß zu vermeiden gewesen, wenn Sie seine Reaktion genauer beobachtet und ihm Ihre Beweggründe für die Realisierung dieses Projektes erklärt hätten.

Zielaussagen und andere Begriffe

Aussagen über avisierte Ziele sollten klar und eindeutig sein. Die im folgenden beschriebenen Unterscheidungsmerkmale sollen helfen, Zielaussagen präzise zu formulieren. Dabei dient die Unterscheidung zu anderen Begriffen mehr der Orientierung. Im Mittelpunkt steht die Fragestellung: Was ist *nicht* unter »Ziel« zu verstehen?

- Ein Ziel ist keine Maßnahme! Wenn Ihre Zielformulierung lediglich einen Vorgang, den Weg oder ein Verfahren hin zu einem möglichen Endzustand beschreibt, dann stellen Sie sich die Frage: Wozu? Auf diese Weise kommen Sie Ihrem eigentlichen Ziel einen Schritt näher.
- Ein Ziel ist kein Anspruch oder Appell! Betont Ihre Zielformulierung mehr den hypothetischen Charakter (»Man sollte ...«, »Man müßte ...«) und weniger den sachlich nachvollziehbaren Aspekt (»... ist bis zum ... erreicht.«), nähern Sie sich mit der Frage: Wozu? Ihrem Ziel an.
- Ein Ziel ist kein (Qualitäts-)Standard! Bezieht sich Ihre Zielformulierung eher auf eine Regel oder Verhaltensnorm, z. B. darauf, »wie etwas funktionieren soll« oder welcher (Umgangs-)Stil gewünscht wird, hilft Ihnen ebenfalls die Frage Wozu?, dem eigentlichen Ziel einen Schritt näher zu kommen.
- Ein Ziel ist kein Wunsch! Enthält Ihre Zielformulierung Aussagen, die eher die Intention oder die Planung, nicht aber das Ergebnis beschreiben (»werden wir erreichen«, »wollen wir erarbeiten«, »haben wir vor«), hilft die Frage: Wozu?, sich dem Ziel anzunähern.
- Ein Ziel ist kein Glaubenssatz und keine Wertvorstellung! Beinhaltet Ihre Zielformulierung allgemeine Wertvorstellungen und Glaubenssätze (»für eine bessere Zukunft«, »solidarisches Handeln«, »kooperativer Umgangsstil«, »Nächstenliebe« usw.), gibt sie zweifelsohne Ihre Meinung und Überzeugung wieder, ist aber nicht meßbar. Konkretisieren Sie diese Aussagen durch Beschreibung einzelner Merkmale, formulieren Sie eindeutig und handlungsbezogen.
- Ein Ziel ist kein Merkmal! Ist die Zielformulierung sehr allgemein gehalten oder nur sehr schwer konkret meßbar, sollte sie präzisiert werden. Hilfreich ist, das Ziel anhand von Merkmalen genauer zu beschreiben, wobei diese als Unterziele zu verstehen sind. Sie müssen eindeutig und einfach nachprüfbar sein. Mit der Formulierung: »Das Ziel ist erreicht, wenn folgende Merkmale erfüllt sind«, kann auch ein Außenstehender Ihr Ziel leicht nachvollziehen und messen. Mit der Zielformulierung »Ab sofort werden zehn Neukunden im Monat durch Direktansprache oder Telefonakquise gewonnen«, können beispielsweise Vorgesetzter und Mitarbeiter anhand der neu hinzugekommenen Kunden mühelos gemeinsam am Monatsende die Erlangung des Ziels überprüfen.

3.2 Verschiedene Ziele

Für eine präzise und klare Formulierung von Zielen ist nicht nur hilfreich zu wissen, was Ziele *nicht* beinhalten, sondern auch zu unterscheiden, was mit der Zielsetzung konkret erreicht oder verändert werden soll. Je nach angestrebtem Ergebnis wird unterschieden zwischen aufgaben-, verhaltens-, führungs-, entwicklungs- und teambezogenen Zielen. Alle diese Ziele leiten sich aus den strategischen Unternehmenszielen ab.

Aufgabenbezogene Ziele

Diese Ziele beziehen sich konkret auf die Tätigkeit des Mitarbeiters und sind in der Regel quantitativ meßbar.

Beispiel:
»Bis zum Jahresende wird der Verkauf eines Produktes um 10 Prozent durch systematische Ansprache von Top-Kunden und Präsenz auf allen wichtigen Messen gesteigert.«

Verhaltensbezogene Ziele

Verhaltensbezogene Ziele dienen der Förderung der Verhaltensweisen des Mitarbeiters zur besseren Erfüllung seiner Aufgaben, beispielsweise der Verbesserung seines Verhaltens gegenüber den Kunden. So könnte das Ziel lauten:

Beispiel:
»Telefon ab sofort möglichst nicht länger als dreimal klingeln lassen, den Kunden regelmäßig mit Namen ansprechen, die Kundenanfragen innerhalb von 24 Stunden erledigen, alle Maßnahmen gelten ab sofort für ein Jahr.«

Zur Überprüfung dieses Ziels eignen sich monatliche Analysen von eingegangenen Kundenbeschwerden, stichprobenweise Kontrollen der Bearbeitungsdauer und zwischenzeitliche Testanrufe bei dem Mitarbeiter.
Ein verhaltensbezogenes Ziel könnte auch folgendermaßen lauten:

Beispiel:
»Ab dem zweiten Quartal ist jeder neue Mitarbeiter anhand eines konkreten Einarbeitungsplanes ausgebildet, so daß er nach einer Woche alle wichtigen Arbeitsabläufe beherrscht.«

Zur Überprüfung wird ein Arbeitsplan eingeführt, der dem neuen Mitarbeiter am ersten Arbeitstag ausgehändigt wird, zusätzlich findet eine Kontrolle seiner Kenntnisse über alle notwendigen Arbeitsabläufe nach der ersten Woche statt.

Verhaltensorientierte Ziele können sich auch auf die Verbesserung der Teamorientierung beziehen. Wichtig ist, daß alle Teammitglieder bei der Vereinbarung dieser Ziele mitwirken, weil schließlich das gesamte Team für eine förderliche Arbeitsatmosphäre verantwortlich ist.

Beispiel:
»Die Zusammenarbeit im Team ist ab sofort verbessert durch gegenseitige Hilfestellung. Die Kollegen werden in Streßsituationen von anderen unterstützt. Der Erfolg wird durch Beobachtung der Unterstützungsleistungen der einzelnen Teammitglieder in Überlastungssituationen und durch Einführung des Tagesordnungspunktes ›Wer benötigt Unterstützung?‹ in den folgenden Gruppensitzungen gemessen.«

Im Gegensatz zu aufgabenbezogenen Zielen ist die Messung und Prüfung von verhaltensbezogenen Zielen nicht immer einfach. Um auch hier aussagekräftige Ergebnisse erreichen zu können, ist folgendes wichtig:

- Regelmäßig stattfindende Standortbestimmungen mit den Mitarbeitern, um Feedbacks über mögliche Verbesserungsmöglichkeiten oder auch Schwierigkeiten bei der Umsetzung der verhaltensbezogenen Ziele zu erhalten.
- Durchführung von Stichproben zur Erleichterung von Kontrollen. Wichtig ist hierbei, daß diese Kontrollen transparent gemacht werden, idealerweise schon bei der Zielvereinbarung und daß die Mitarbeiter bei der Überprüfung mit beteiligt werden.
- Gemeinsame Interpretation von vorliegenden Ergebnissen, Fehlerraten und anderen Statistiken, beispielsweise von Kundenbefragungen oder Beschwerden.

Verhaltenszielvereinbarungen: eine Anmaßung?

Viele Führungskräfte scheuen sich davor, Mitarbeiter auf Defizite in ihrem Verhalten konkret anzusprechen und gemeinsam verhaltensbezogene Ziele zu vereinbaren. Sie befürchten, den Mitarbeitern damit womöglich zu nahezutreten. Kritik könnte als Abwertung mißverstanden werden und Verstimmung auslösen, mit negativen Folgen für die Motivation und Arbeitsleistung.
Andererseits stören hinderliche Verhaltensweisen häufig den Teamgeist, behindern die Kundenorientierung oder beeinträchtigen den eigenen persönlichen Erfolg der Mitarbeiter.
Die Gründe für die Notwendigkeit von Verhaltensänderungen und die Festlegung von geeigneten Zielen sind leichter zu akzeptieren, wenn sie nachvollziehbar erläutert werden und das erwünschte Verhalten beschreiben. Wichtig ist in diesem Zusammenhang, auch den Nutzen und den Sinn der gewünschten Verhaltensänderung zu erklären, sowohl für den Betroffenen und seinen persönlichen Erfolg als auch für das Unternehmen selbst (vgl. Kapitel 7).

Führungskräfte sind sogar verpflichtet, ihre Mitarbeiter auf förderliches bzw. negatives Verhalten anzusprechen und ihnen Verbesserungsmöglichkeiten aufzuzeigen, damit sie ihr Verhalten weiterentwickeln können. Andernfalls besteht die Gefahr, daß sich Routinen einschleichen, die zur Belastung für Kunden, Kollegen und Vorgesetzte werden.
Der Satz »Das müßte ihm mal sein Chef sagen!« wird häufiger ausgesprochen als manche Vorgesetzte glauben. Haben Sie den Mut, dafür Sorge zu tragen, daß Ihre Mitarbeiter diesen Satz nicht sagen müssen. Reden Sie deshalb mit ihnen offen über verbesserungswürdige Verhaltensweisen, und legen Sie gemeinsam entsprechende Ziele fest. Sie werden bei Ihren Mitarbeitern sogar Erleichterung feststellen können, wenn Sie auch einmal offen Kritik üben, denn indirekt registrieren sie doch, wenn der Vorgesetzte mit ihrem Verhalten nicht zufrieden ist. Geben Sie dabei wohlwollendes, aber aufrichtiges Feedback, indem Sie alternative Verhaltensmöglichkeiten aufzeigen. Auf diese Weise helfen Sie den Mitarbeitern, gute Leistungen zu erbringen und Lerneffekte zu erzielen. Auch in unserem oben aufgeführten Beispiel sollte Herr Schulz zu einer Verhaltensänderung bewegt werden (vgl. Kapitel 2). Bitten Sie ihn, Ihnen in Zukunft seine Meinung sofort zu sagen und nicht so lange zu warten, bis sich seine Skepsis gegenüber einem Projekt zu einer grundsätzlichen Unzufriedenheit mit der Firma als Ganzes auftürmt.

Führungsbezogene Ziele

Führungsbezogene Ziele beziehen sich auf das Verhalten von Führungskräften. Sie als Vorgesetzter nehmen im gesamten Zielvereinbarungsprozeß eine zentrale Rolle ein. Deshalb sollten auch Sie sich geeignete und angemessene Ziele setzen, um Ihre Führungsposition bestmöglich ausüben zu können. Ein Gespräch wie das mit Herrn Schulz (vgl. Kapitel 2) sollte Sie veranlassen, darüber nachzudenken, ob Ihre enge Terminsetzung nicht kontraproduktiv ist, weil Ihnen offenbar wichtige Informationen über Ihre Abteilung und über die Stimmungslage Ihrer Mitarbeiter verlorengehen. Nachfolgend sind weitere Beispiele für führungsbezogene Ziele aufgeführt:

Beispiel 1:
»Ab dem nächsten Quartal erhalten alle Mitarbeiter die zur Erfüllung ihrer Aufgaben notwendigen Informationen sofort bzw. ohne unnötige Verzögerungen, um sich schneller auf veränderte Rahmenbedingungen einstellen zu können.« Dafür findet ab sofort regelmäßig einmal im Monat mit jedem Mitarbeiter ein einstündiges Gespräch statt, zusätzlich werden ebenfalls ab sofort jede Woche einstündige Gruppensitzungen abgehalten. Zur Kontrolle wird überprüft, ob die Termine für Mitarbeitergespräche und Gruppensitzungen auch tatsächlich wahrgenommen werden. Nach zwei Monaten werden die Mitarbeiter befragt, ob sie sich ausreichend informiert fühlen. Zusätzlich wird festgehalten, ob Arbeitsfehler aufgrund mangelnder oder verspäteter Information der Mitarbeiter entstanden sind.

Beispiel 2:
»Bis Ende des Jahres kümmere ich mich systematisch um die Weiterentwicklung der Mitarbeiter, damit jeder seinem Potential entsprechend eingesetzt werden kann und das Know-how jedes einzelnen in seinem Fachgebiet steigt. Dafür werde ich bis Ende des zweiten Quartals mit jedem Mitarbeiter Entwicklungsziele vereinbaren. Alle erhalten die Möglichkeit, an geeigneten Fortbildungsmaßnahmen teilnehmen zu können.« Die Kontrolle erfolgt anhand einer Aufstellung der erteilten Weiterbildungsmaßnahmen für jeden Mitarbeiter, Vorlage der schriftlich definierten Entwicklungsziele an den nächsthöheren Vorgesetzten und Besuch der Fortbildungsmaßnahmen wie geplant.

Entwicklungsbezogene Ziele

Diese Ziele beziehen sich auf die Weiterentwicklung der Fähigkeiten und der beruflichen Perspektiven der Mitarbeiter. Erreicht werden soll eine gezielte Verbesserung ihres Know-hows und ihrer Fähigkeiten sowie die Förderung ihrer Bereitschaft, sich beruflich weiterzuentwickeln. Untersuchungen belegen, daß Personen mit klaren Karrierevorstellungen bei der Realisierung ihrer beruflichen Ziele erfolgreicher waren als Personen ohne genaue Vorstellungen über ihre berufliche Zukunft (Locke & Latham 1992).

Beispiel:
Eine Mitarbeiterin führt ab Anfang des nächsten Jahres ihre Telefonate und ihren Schriftverkehr selbständig in Englisch durch. Man vereinbart, daß sie einen Kurs in »Wirtschaftsenglisch« besucht und in ihrer Freizeit entsprechendes Selbststudium betreibt. Zur regelmäßigen Kontrolle des Lernerfolges dienen der von ihr verfaßte Schriftverkehr und die Beurteilungen ihres Englischlehrers.

Im Einführungsbeispiel monierte Herr Schulz, daß ihm bislang keine Möglichkeit zur Weiterbildung angeboten worden sei (vgl. Kapitel 2). Wie bereits erwähnt, kämen für ihn Fortbildungsmaßnahmen zum Ausbau seiner fachlichen, sozialen und methodischen Kompetenz in Frage, als Voraussetzung für eine Führungsaufgabe in Ihrem Unternehmen.

Teambezogene Ziele

Arbeitsergebnisse werden nicht nur durch die Leistungen einzelner erbracht, sondern auch von Teams, z. B. Projektgruppen, erreicht. Beim Teamwork leisten alle Beteiligten einen Einzelbeitrag zur Gesamtleistung. Dafür muß jeder die Teamziele kennen, um zu wissen, wie sein Beitrag zum Gesamterfolg auszusehen hat und wie er zu bewerten ist.

Beispiel:
»Das Team ›Akquise‹ erhöht im kommenden Geschäftsjahr die Anzahl seiner Neukunden um 10 Prozent.« Dafür werden folgende Maßnahmen vereinbart: Das Team führt einmal im Monat Kundenveranstaltungen durch, besucht zur Kontaktaufnahme mit Neukunden wichtige Messen und ist für die Planung und Durchführung von Telefonaktionen verantwortlich.

Im nächsten Schritt werden die Gruppenziele in Einzelziele aufgesplittet, um den Beitrag der einzelnen Teammitglieder bestimmen zu können. Drei bereits länger im Unternehmen beschäftigte Teammitglieder erhalten eine höhere Quote für die Akquise von Neukunden als eine neue Mitarbeiterin, die eingearbeitet wird und daher erst über geringere Marktkenntnisse verfügt.

Das Wichtigste in Kürze

☞ Ziele motivieren zu Leistungen und führen bei Erreichen zu Erfolgserlebnissen. Wer sich berufliche Ziele setzt, nimmt die dafür erforderlichen Anstrengungen in Kauf und setzt sich mit Nachdruck für das Gelingen der gestellten Aufgaben ein. Aufgabe von Führungskräften ist, bei der Festlegung von Zielen darauf zu achten, daß sie einerseits die Mitarbeiter vor Herausforderungen stellen, andererseits nicht überfordern. Es empfiehlt sich deshalb, sie bei der Erarbeitung der für die Umsetzung notwendigen Schritte und Maßnahmen einzubeziehen. Nicht minder wichtig ist, Ziele präzise und nachvollziehbar zu formulieren und darauf zu achten, daß sie von allen Beteiligten akzeptiert werden und ihrem Wertesystem nicht widersprechen.

☞ Einen guten Ansatz für die Formulierung von Zielen bieten die Formel »Smarte Ziele«. Sie schlägt vor, genau zu beschreiben, was erreicht werden soll und welche Kriterien für die Erfolgsmessung herangezogen werden. Zudem sollten die Ziele sowohl anspruchsvoll als auch realistisch sein und ihre Formulierung so lauten, als seien sie bereits erreicht worden. Schließlich müssen die Rahmenbedingungen für die Umsetzung der erforderlichen Maßnahmen bekannt und der Zeitraum festgelegt sein.

☞ In modern geführten Unternehmen und Institutionen wird verlangt, daß die Zielvereinbarung nicht »von oben nach unten« verordnet wird, sondern die Mitarbeiter in den Zielplanungsprozeß einbezogen werden, um Fehlentscheidungen des Managements vorzubeugen und möglichst alle für die Umsetzung an den jeweiligen Arbeitsplätzen relevanten Einflußfaktoren mit zu berücksichtigen.

☞ Je nach angestrebtem Ergebnis wird zwischen aufgaben-, verhaltens-, führungs-, entwicklungs- und teambezogenen Zielen unterschieden. Aufgabenbezogene Ziele beziehen sich konkret auf die Tätigkeit des Mitarbeiters und sind in der Regel quantitativ meßbar. Verhaltensziele können zur Förderung der Verhaltensweisen des Mitarbeiters oder zur Verbesserung seiner Teamorientierung dienen. Führungskräfte sollten sich nicht scheuen, störende Verhaltensweisen anzusprechen. Im Gegenteil, in den meisten Fällen zeigen sie ihren Mitarbeitern auf diese Weise Verbesserungsmöglichkeiten auf.

☞ Führungsbezogene Ziele beziehen sich auf das Verhalten von Führungskräften. Hier gilt es, das eigene Verhalten oder das nachgeordnete Führungsverhalten kritisch zu überprüfen. Entwicklungsbezogene Ziele zielen auf die Weiterentwicklung der Fähigkeiten und der beruflichen Perspektiven des Mitarbeiters ab, teambezogene Ziele dagegen auf den Beitrag, den jedes einzelne Teammitglied als seinen Anteil an der Realisierung eines gemeinsamen umzusetzenden Projekts kennen muß.

Mehr zu diesem Thema

Den Erfolg vereinbaren: Führen mit Zielvereinbarungen, REFA-Fachbuchreihe Unternehmensentwicklung, München/Wien 1995.

Kleinbeck, U.: »Die Wirkung von Zielsetzungen auf die Leistung«, in: Schuler, H. (Hrsg.): *Beurteilung und Förderung beruflicher Leistung*, Göttingen 1991.

Latham, G. P./Wexley K. N.: *Increasing Productivity through Performance Appraisal*, Massachusetts 1994.

Lawler, E. E. III.: *The Ultimate Advantage. Creating the High-Involvement Organization*, San Francisco 1992.

Locke, E. A./Latham, G. P.: *A Theory of Goal Setting and Task Performance*, New Jersey 1992.

4 Wie verläuft ein Mitarbeitergespräch?

Darum geht es ...

Sie wollen regelmäßig stattfindende Mitarbeitergespräche einführen.

Welche Themenbereiche beinhalten diese?

Worauf müssen Sie bei der Vorbereitung achten?

Wieviel Zeit müssen Sie einplanen?

Wie sollen die Gespräche ablaufen?

Dieses Kapitel beschreibt:

- die inhaltlichen Bestandteile des Mitarbeitergesprächs,
- wie sich Führungskräfte und Mitarbeiter optimal vorbereiten können,
- welche Rahmenbedingungen zu beachten sind,
- den Ablauf des Mitarbeitergesprächs mit den Bestandteilen Zielvereinbarung, Leistungsbeurteilung, Entwicklungsgespräch und Besprechung der Zusammenarbeit mit Vorgesetzten, Kollegen und anderen Abteilungen.

Sie haben erfahren, daß Mitarbeitergespräche offenbar auch ermöglichen, atmosphärische Störungen zu bereinigen, Mißverständnisse zu klären und die Zusammenarbeit zu verbessern. Da Ihr Kollege Ihnen gesagt hat, daß dieses Führungsinstrument in Ihrem Unternehmen eingeführt werden soll, wollen Sie vorab seine Wirkung ausprobieren. Ihre Mitarbeiterin Birgit Schmidt gibt Ihnen seit einiger Zeit Rätsel auf, weil sie zwar, wie seit ihrer Einstellung vor drei Jahren gewohnt, ihre Arbeit sehr gut erledigt, sich aber immer mehr verschließt, entgegen ihrer früheren Gewohnheit kaum etwas sagt und die meiste Zeit schlecht gelaunt ist. Sie vereinbaren mit Frau Schmidt für den nächsten Tag einen Gesprächstermin.
Am Tag darauf kommt sie pünktlich in Ihr Büro und fragt sofort nach der Begrüßung, was der Anlaß für dieses Gespräch sei. Sie spüren ihr Mißtrauen und erklären freundlich, was Ihnen in letzter Zeit an ihr aufgefallen ist und daß Sie die Gründe für dieses Verhalten erfahren möchten. Weil sie Ihren Fragen ständig ausweicht, bohren Sie hartnäckig nach. Schließlich schlägt ihre Zurückhaltung in Offensive um, und es sprudelt plötzlich Unerwartetes aus ihr heraus, weil es, wie sie sagt, jetzt auch schon egal sei.
Sie beschwert sich darüber, daß für sie wohl nur noch Hilfsarbeiten gut genug seien, weil Sie ihrem neuen Kollegen bereits kurz nach seiner Einstellung verantwortungsvollere Aufgaben übertragen haben als ihr. Sie könne machen was sie wolle, habe aber das Gefühl, auf der Stelle zu treten, und ihre Leistung werde sowieso nicht anerkannt.
Sie versuchen, Frau Schmidt zu beschwichtigen und ihr zu erklären, daß ihre Einschätzung vollkommen unzutreffend sei, aber sie läßt sich nicht überzeugen. Im Gegenteil, sie kontert auf jeden Ihrer Einwände mit einem neuen Vorwurf. Es werden so viele Dinge angesprochen, daß Sie allmählich den Überblick darüber verlieren, welches Thema Sie gerade behandeln. Unglücklicherweise kommt zum wiederholten Mal Ihre Sekretärin ins Büro, weil sie wieder eine Unterschrift von Ihnen benötigt.
Nach einer dreiviertel Stunde müssen Sie das Gespräch abbrechen, weil Sie einen Auswärtstermin vereinbart haben. Bei der Verabschiedung haben Sie den Eindruck, daß Frau Schmidt ähnlich ratlos ist wie Sie auch. Auf jeden Fall haben Sie sich Ihr erstes Mitarbeitergespräch anders vorgestellt.

4.1 Ablauf und Inhalte des Mitarbeitergesprächs

Offenbar wurden im oben aufgeführten Beispiel Sinn und Zweck dieses Führungsinstruments völlig mißverstanden. Es geht nicht darum, mit den eigenen Mitarbeitern einfach einmal ein Gespräch zu führen, um bestimmte Sachverhalte abzuklären. Vielmehr geht es um einen zielorientierten Meinungsaustausch, der zu konkreten Ergebnissen führt.
Regelmäßig stattfindende Mitarbeitergespräche (vgl. Kapitel 1) ermöglichen

Vorgesetzten und Mitarbeitern, gemeinsam wichtige Themenbereiche abzusprechen und neue, verbindliche Vereinbarungen zu treffen. Zum einen ziehen beide Seiten Bilanz über die erzielten Arbeitsergebnisse. Sie vergleichen dabei nicht nur, ob die gemeinsam festgelegten Zielvereinbarungen erfüllt wurden, sondern bewerten auch das bei der Umsetzung zutage gelegte Arbeitsverhalten des Mitarbeiters, seine Stärken und Schwächen und seine Zufriedenheit mit den ihm übertragenen Aufgaben und mit der Zusammenarbeit mit Vorgesetzten, Kollegen und anderen Abteilungen im Unternehmen.
Der zweite Themenkomplex behandelt die Zukunftsplanung. Dabei steht nicht allein die gemeinsame Festlegung der Ziele und Aufgaben für den Zeitraum bis zum nächsten Mitarbeitergespräch im Vordergrund, zur Sprache kommen die Zufriedenheit des Mitarbeiters in seinem Arbeitsbereich, seine Zukunftsperspektiven sowie Verbesserungsmöglichkeiten in seinem beruflichen Umfeld. Ist er mit seinem derzeitigen Tätigkeitsbereich ausgelastet und zufrieden oder möchte er sich weiterentwickeln? Welche Möglichkeiten der beruflichen Weiterbildung kommen für ihn in Frage? Welche Aufstiegsmöglichkeiten kann ihm das Unternehmen bieten? Funktioniert die Zusammenarbeit mit Kollegen und anderen Abteilungen oder muß sie verbessert werden? Bieten ihm die Vorgesetzten die gewünschte Unterstützung, sowohl bei der Erfüllung seiner Aufgaben als auch bei seiner beruflichen Zukunftsplanung? Zu all diesen Fragen treffen Vorgesetzter und Mitarbeiter bis zum nächsten Mitarbeitergespräch verbindliche Vereinbarungen.

Folgende Gesprächsinhalte sind für das Mitarbeitergespräch typisch:
- Zielvereinbarung: Besprechung der künftigen Ziele und Aufgaben
- Beurteilung: Bewertung der bisherigen Arbeitsleistung
- Förderung des Mitarbeiters: Erarbeitung von konkreten Entwicklungsmaßnahmen für die derzeitige Aufgabe und für künftige Berufsziele
- Innerbetriebliche Zusammenarbeit: Erarbeitung von Verbesserungsvorschlägen für den eigenen Aufgabenbereich, die Zusammenarbeit mit Vorgesetzten, Kollegen und anderen Abteilungen
- Feedback an den Vorgesetzten über dessen Arbeits- und Führungsverhalten.

Das Mitarbeitergespräch unterscheidet sich somit wesentlich von den Gesprächen, die Führungskräfte mit ihren Mitarbeitern aus tagesaktuellem Anlaß führen, wie beispielsweise Kritik-, Problemlösungs- oder Gehaltsfindungsgesprächen (vgl. Kapitel 2), es stellt aber eine wichtige Verbindung zu ihnen dar. Dieser Unterschied war im oben erläuterten Beispiel nicht bekannt.

Vorbereitung auf das Mitarbeitergespräch

Qualität und Erfolg des Mitarbeitergesprächs hängen wesentlich davon ab, wie gründlich sich die Gesprächspartner darauf vorbereitet haben. Damit genügend Zeit für die Vorbereitung verbleibt, empfiehlt sich, den Termin mindestens zwei

Wochen vor dem Gespräch zu vereinbaren. Es sollte auch nicht »en passant« oder unter Zeitdruck stattfinden. Planen Sie deshalb, je nach Bedarf, eine Dauer von mindestens ein bis drei Stunden ein. Werden Mitarbeitergespräche nur einmal jährlich durchgeführt, dauern sie für gewöhnlich länger als solche, die beispielsweise im vierteljährlichen Turnus stattfinden. Ihre Dauer hängt aber auch von den zu besprechenden Themen ab.

Bitten Sie Ihren Mitarbeiter, sich gut auf das Gespräch vorzubereiten. In vielen Unternehmen werden zur Erleichterung der Vorbereitung vorgefertigte Gesprächsformulare und Unterlagen eingesetzt (vgl. Kapitel 10). Wenn Sie über solches Material verfügen, stellen Sie es dem Mitarbeiter zur Verfügung. Im Anhang und auf der beiliegenden Diskette finden Sie Muster für Gesprächsleitfäden zur Vorbereitung und Durchführung von Mitarbeitergesprächen, die sich auf Ihre spezifischen Bedürfnisse anpassen lassen.

Wichtig ist auch eine ungestörte Gesprächsatmosphäre. Reservieren Sie deshalb einen Besprechungsraum, wenn in Ihrem Büro die notwendige Ruhe nicht gewährleistet ist.

Bedenken Sie, daß schon durch die Art und Weise Ihrer Ankündigung der Ablauf des bevorstehenden Mitarbeitergesprächs wesentlich beeinflußt werden kann. Wenn Sie dem Mitarbeiter beispielsweise das Gefühl vermitteln, es komme etwas Bedrohliches auf ihn zu, wird er seine Vorbereitung schwerpunktmäßig auf die Defensive ausrichten. Im einführenden Beispiel sind nicht nur im Vorfeld des Gesprächs »Pleiten, Pech und Pannen« zu verzeichnen. Es wurde viel zu kurzfristig angesetzt, so daß sich beide Gesprächspartner nicht vorbereiten konnten. Die Ankündigung war so vage gehalten, daß Frau Schmidt nicht wußte, was auf sie zukam. Und schließlich störte die Sekretärin immer wieder die bereits unübersichtliche Gesprächssituation.

In welchem Maße bereits die bloße Ankündigung ein Gespräch beeinflussen kann, veranschaulicht ein weiteres Beispiel:

Silke Huber wurde zu ihrem Vorgesetzten bestellt. Beide vereinbarten einen Termin für ein Zielvereinbarungsgespräch. Als sie gerade sein Büro verlassen wollte, fügte er hinzu: »Übrigens, Frau Huber, es werden auch einige Veränderungen auf Sie zukommen.« Dieser Schlußsatz irritierte Silke Huber, weil sie etwas Bedrohliches im Unterton zu vernehmen glaubte. Sie war verunsichert. In letzter Zeit, so mutmaßte sie, habe ihr Chef sie sowieso des öfteren kritisiert. War er mit ihrer Leistung nicht mehr zufrieden? Würden ihr eventuell Kompetenzen genommen? Sie beschloß, sich auf das bevorstehende Gespräch besonders gut vorzubereiten, um ihrem Chef zu beweisen, wie gut sie sei, und ihm vorsorglich auch nichts über die in dem von ihr betreuten Projekt aufgetretenen Schwierigkeiten zu erzählen.

Entsprechend bereitete sich Silke Huber gründlich auf ihre Verteidigung vor. Mögliche Perspektiven und Aspekte zur Optimierung der Arbeit blieben allerdings bei ihrer Vorbereitung außer Acht.

In der Regel ist der Mitarbeiter bei der Vorbereitung auf das Mitarbeitergespräch angespannt, selbst wenn ein gutes Vertrauensverhältnis zu seinem Vorgesetzten besteht. Allein schon deshalb, weil auch über seine Arbeitsleistung gesprochen wird.
Darum empfiehlt sich, bei der Ankündigung auf das Gespräch darauf zu achten, daß dem Mitarbeiter die zu behandelnden Themen und beabsichtigten Ziele bekannt sind und er noch genügend Zeit hat, sich selbst gut vorzubereiten. Die Ankündigung sollte ihn motivieren, das Gespräch für einen intensiven Austausch zu nutzen.

4.2 Die Vorbereitung auf die einzelnen Gesprächsinhalte

Die Themenbereiche, die das Mitarbeitergespräch beinhalten kann, sind in Kapitel 1 beschrieben. Die folgenden Fragen helfen Ihnen bei der Vorbereitung auf die einzelnen Gesprächsinhalte. Auch Ihr Mitarbeiter sollte sich nach dieser Maßgabe auf das Gespräch vorbereiten.

Zielvereinbarung

Vorbereitung des Vorgesetzten
Voraussetzung für die im Mitarbeitergespräch zu treffenden Vereinbarungen ist, daß sich zunächst die Führungskraft über die Unternehmensziele im Klaren ist und ihren Beitrag zum gewünschten Gesamtergebnis in Form persönlich gesetzter Ziele kennt. Darauf aufbauend ist zu überlegen, welche Ziele mit dem Mitarbeiter für den nächsten Zeitraum zu vereinbaren sind:
- Welche Ziele hat sich Ihr Unternehmen gesetzt? Was sind Ihre Ziele?
- Auf welche Ziele sollte sich der Mitarbeiter künftig konzentrieren?
- Welchen Beitrag leisten seine Ziele zu den Unternehmenszielen?
- Entsprechen die für den Mitarbeiter vorgesehenen Ziele seinen Fähigkeiten und bisherigen Leistungen?
- Sind diese Ziele »smart« (spezifisch, meßbar, attraktiv, realisierbar, terminiert, vgl. Kapitel 3)?
- Gibt es außer aufgabenbezogenen, auch verhaltens-, team- oder führungsbezogene Ziele, die bis zum nächsten Mitarbeitergespräch vereinbart werden müssen? Führungsbezogene Ziele sind dann zu berücksichtigen, wenn der Mitarbeiter selbst Führungsverantwortung trägt.

In diesem Zusammenhang sollten Sie auch überprüfen, welche Unterstützung Sie dem Mitarbeiter bei der Erfüllung seiner Ziele bieten könnten und in welchem Maße Sie über den jeweiligen Stand der Dinge informiert und bei der Umsetzung einbezogen werden möchten.

Vorbereitung des Mitarbeiters

Die Vorbereitung des Mitarbeiters auf dieses Thema stützt sich auf die Erfahrungen, die er bei seinen bisher zu erbringenden Leistungen gewonnen hat:

- Welche Ziele waren leicht zu erreichen? Wo traten Schwierigkeiten auf?
- Welche Ziele strebt er in seinem Aufgabengebiet an?
- Entsprechen diese Ziele seinen Fähigkeiten und bisherigen Leistungen?
- Sind diese Ziele »smart« (vgl. Kapitel 3)?
- Müssen bis zum nächsten Mitarbeitergespräch außer aufgabenbezogenen Zielen auch verhaltens-, team- oder – wenn der Mitarbeiter mit diesen betraut ist – auch führungsbezogene Ziele festgelegt werden?

Auch der Mitarbeiter sollte in seine Überlegungen einbeziehen, welche Aufgaben er selbständig erfüllen kann und wo er Unterstützung durch seinen Vorgesetzten benötigt (vgl. hierzu Vorbereitungsformular im Anhang und auf Diskette).

Leistungsbeurteilung

Vorbereitung des Vorgesetzten

Lesen Sie noch einmal die getroffenen Zielvereinbarungen des vorausgegangenen Mitarbeitergesprächs sorgfältig durch, und stellen Sie sich dabei folgende Fragen:

- Welche Ziele hat der Mitarbeiter erreicht, welche dagegen nur zum Teil oder gar nicht? Ziehen Sie für Ihre Bewertung die im Vorfeld vereinbarten Kriterien zur Messung der Ergebnisse hinzu.
- Welche Beispiele und Beobachtungen können Sie zur Begründung Ihrer Bewertung anführen? Sind Ihre Argumente für den Mitarbeiter nachvollziehbar?
- Welche äußeren Umstände oder andere Ursachen haben dazu geführt, daß bestimmte Ziele nur in Teilen oder nicht erreicht wurden?
- Welche Stärken und Schwächen hat der Mitarbeiter bei der Umsetzung seiner Aufgaben im vergangenen Beurteilungszeitraum gezeigt? Was hat er besonders gut gemacht, wo ist noch Entwicklungsbedarf festzustellen? Welche hinderlichen oder positiven Verhaltensweisen hat er an den Tag gelegt?
- Gab es Aufgaben, die der Mitarbeiter zusätzlich übernommen hat?

Neben diesen Fragen sollten Sie auch überlegen, in welchem Maße der Mitarbeiter bei der Umsetzung seiner Aufgaben Ihre Unterstützung benötigte und auf diese »bauen« konnte, für welche Leistungen er besondere Anerkennung verdient hat und wo berechtigte Kritik angebracht ist.

Vorbereitung des Mitarbeiters

Auch der Mitarbeiter sollte die im vorausgegangenen Mitarbeitergespräch getroffenen Zielvereinbarungen noch einmal sorgfältig lesen und folgende Überlegungen anstellen:

- Welche Ziele wurden erreicht, welche nicht oder nur in Teilen? Grundlage für die Bewertung sind auch hier die zuvor vereinbarten Kriterien zur Messung der Ergebnisse.
- Mit welchen Beispielen und Beobachtungen kann er seine Bewertung begründen?
- Welche äußeren Umstände oder Ursachen macht er dafür verantwortlich, daß Ziele nur zum Teil oder nicht erreicht wurden?
- Wie beurteilt er seine Stärken und Schwächen bei der Umsetzung seiner Aufgaben? Was hat er besonders gut gemacht, wo muß er sich noch steigern? Welche Verhaltensweisen sind noch verbesserungswürdig?
- Welche Aufgaben hat er neben seiner Tätigkeit zusätzlich übernommen?

Zusätzlich sollte der Mitarbeiter Revue passieren lassen, ob ihm sein Vorgesetzter im Bedarfsfall die gewünschte Unterstützung bot, auf welche Leistungen er besonders stolz sein kann, und überlegen, wo er bei sich noch Verbesserungsmöglichkeiten sieht.

Entwicklungsgespräch

Vorbereitung des Vorgesetzten

Die Überlegungen zur Leistungsbeurteilung dienen als Grundlage für die Vorbereitung auf die Möglichkeiten der beruflichen Entwicklung und Weiterbildung des Mitarbeiters. Folgende Fragen helfen Ihnen bei der Bewertung seiner Karriereplanung:

- Welche Maßnahmen zur beruflichen Weiterentwicklung haben Sie mit dem Mitarbeiter im vergangenen Mitarbeitergespräch vereinbart? Sind diese Maßnahmen wie geplant durchgeführt worden? Wie ist der Erfolg zu bewerten?
- Wie bewerten Sie die Stärken und Schwächen des Mitarbeiters? Benötigt er noch zusätzliche Kenntnisse und Fähigkeiten, um seine Aufgaben noch besser erfüllen zu können? Ist er mit seiner derzeitigen Tätigkeit insgesamt zufrieden?
- Ist er seinen Fähigkeiten und seinem Potential entsprechend optimal eingesetzt?
- Wie hat er sich in seinem Verantwortungsbereich und in seiner Abteilung entwickelt? Füllt ihn seine derzeit ausgeübte Tätigkeit aus?
- Wie beurteilen Sie die mittelfristigen Perspektiven des Mitarbeiters für die nächsten drei Jahre? Welches Potential steckt in ihm? Wie könnte seine nächste Stelle aussehen?
- Konnte er sich auf Ihre Unterstützung verlassen? In welchem Maße haben Sie dazu beigetragen, daß er sich in seinem Verantwortungsbereich entfalten konnte?

Anhand dieser Überlegungen können Sie bewerten, welche Maßnahmen Ihnen für die mittelfristigen Karriereplanungen des Mitarbeiters sinnvoll erscheinen. In

Frage kommen zum Beispiel Weiterbildungsmaßnahmen, Qualifizierung am Arbeitsplatz, Übernahme spezieller Aufgaben oder Mitarbeit bei übergreifenden Projekten. Sie gewinnen zusätzlich Erkenntnisse darüber, welche Rolle und Aufgabe der Mitarbeiter in Zukunft übernehmen kann.

Vorbereitung des Mitarbeiters
Auch der Mitarbeiter sollte, ausgehend von der Selbsteinschätzung seiner Leistungen und seines Potentials, Argumente für die Beschreibung seiner beruflichen Planung suchen:

- Welche Maßnahmen zur beruflichen Weiterbildung hat er mit seinem Vorgesetzten im vergangenen Mitarbeitergespräch vereinbart? Sind diese Maßnahmen zu seiner Zufriedenheit durchgeführt worden? Entspricht der Erfolg seinen Vorstellungen?
- Welche Kenntnisse und Fähigkeiten muß er noch hinzugewinnen, um seine Aufgaben noch besser erfüllen zu können?
- Ist er mit seiner derzeitigen Arbeit insgesamt zufrieden? Wie hat er sich in seinem Aufgabengebiet, seinem Verantwortungsbereich und in seiner Abteilung entwickelt?
- Welche beruflichen Perspektiven sieht er für die nächsten drei Jahre? Wie stellt er sich seine nächste Stelle vor?
- Welche beruflichen Weiterbildungsmaßnahmen sollten seiner Meinung nach erfolgen, damit seine mittelfristigen Karrierevorstellungen verwirklicht werden können?

Nach sorgfältiger Überprüfung der einzelnen Punkte wird er einschätzen können, welche zukünftigen Einsatzmöglichkeiten für ihn in Frage kommen und wie er seine Vorstellungen dem Vorgesetzten gegenüber begründen kann.

Zusammenarbeit im Betrieb

Vorbereitung des Vorgesetzten
Der vierte wichtige Themenbereich behandelt die Team- und Kooperationsfähigkeit des Mitarbeiters im vorangegangenen Beurteilungszeitraum:

- Wie beurteilen Sie die Zusammenarbeit mit dem Mitarbeiter? Wo ist sie Ihrer Meinung nach gut, wo gibt es Verbesserungsmöglichkeiten?
- Welche Eigenschaften und Fähigkeiten könnte der Mitarbeiter an Ihnen schätzen, welche dagegen kritisieren? Gibt es Möglichkeiten, die beiderseitige Zusammenarbeit zu verbessern?
- Wie ist die Zusammenarbeit Ihres Mitarbeiters mit seinen Teamkollegen zu beurteilen? Ist er mit Ihrem Führungsverhalten zufrieden? Können Sie Beispiele für gute oder verbesserungswürdige Zusammenarbeit anführen?
- Arbeitet er mit anderen Abteilungen gut zusammen? Wo sind hier Verbesserungen angebracht?

Anhand dieser Fragestellungen sammeln Sie die von Ihnen beobachteten Eigenschaften des Mitarbeiters und können ihm Ihre Einschätzung fundiert unterbreiten.

Vorbereitung des Mitarbeiters

Der Mitarbeiter geht bei seiner Vorbereitung auf diesen Themenkomplex von seinen im Arbeitsleben gewonnenen Erfahrungen aus:

- Wie bewertet er die Zusammenarbeit mit seinem Vorgesetzten und dessen Führungsverhalten? Welche Eigenschaften könnte sein Vorgesetzter an ihm schätzen, welche dagegen kritisieren?
- Wo könnte seiner Meinung nach die Zusammenarbeit mit seinem Vorgesetzten verbessert werden?
- Wie beurteilt er das Teamwork mit Kollegen? Kann er Beispiele für gute oder verbesserungswürdige Zusammenarbeit anführen?
- Wie arbeitet er mit anderen Abteilungen in Ihrem Unternehmen zusammen? Wo ist die Zusammenarbeit gut, wo sieht er Defizite?

Setzt sich der Mitarbeiter sorgfältig mit diesen Fragen auseinander, kann er Ihnen konstruktive Verbesserungsvorschläge anbieten, die helfen, vorhandene Defizite zu beheben und die Kooperation in Zukunft zu verbessern.

4.3 Die Durchführung des Mitarbeitergesprächs

1. Gesprächseinstieg

Der Erfolg von Mitarbeitergesprächen hängt unter anderem davon ab, ob sie in einer offenen und ungestörten Gesprächsatmosphäre stattfinden, die einen konstruktiven Dialog und Austausch von Argumenten ermöglicht. Sie können von Anfang an die Gesprächsatmosphäre positiv beeinflussen. Drücken Sie zu Beginn dem Gesprächspartner Ihre Wertschätzung aus. Versichern Sie ihm, daß Sie großen Wert darauf legen, seine ehrliche Meinung und seine Sichtweisen kennenzulernen. Betonen Sie, daß Ihnen diese Gespräche wichtig sind, weil sie fernab der Tageshektik die Möglichkeit bieten, gemeinsam die Vergangenheit zu reflektieren und für die Zukunft zu planen. Sichern Sie dem Mitarbeiter, wenn er dies wünscht, Vertraulichkeit zu. Klären Sie ihn aber auch über die möglichen Auswirkungen auf, wenn keine schriftliche Dokumentation der Gesprächsergebnisse erfolgt (vgl. Kapitel 9). Ermutigen Sie den Mitarbeiter, im Verlauf des Gesprächs offen Punkte anzusprechen, die er kritisch beurteilt. Fordern Sie ihn auf, entsprechende Verbesserungsvorschläge zu äußern.

Geben Sie dem Gesprächspartner eine Orientierungshilfe, indem Sie den zeitlichen Rahmen und die Reihenfolge der zu besprechenden Themen vorschlagen. Zu Beginn des Geprächs könnten beispielsweise die erbrachten Leistungen be-

sprochen werden, bevor man zur Vereinbarung der Ziele für den nächsten Zeitraum übergeht. Im Anschluß kommen die berufliche Weiterentwicklung des Mitarbeiters zur Sprache und die Zusammenarbeit mit Vorgesetzten, Kollegen sowie anderen Abteilungen des Unternehmens.
Der Zeitdruck des Arbeitsalltags läßt Führungskräfte dazu neigen, aus Zeitgründen gleich zur Sache zu kommen. Sie sollten sich Zeit nehmen, mit dem Mitarbeiter ins Gespräch zu kommen. Gerade zu Beginn tauchen, meist unbewußt, Fragen auf wie »In welcher Stimmung ist der andere?«, »Muß ich heute aufpassen?« oder »Wie wird er sich heute verhalten?«.
Dauert dieses vorsichtige gegenseitige Abtasten zu lange, bleibt es über das gesamte Gespräch erhalten und wirkt sich negativ auf die Atmosphäre aus. In der Regel hilft eine kurze Aufwärmphase, ein Warming-up, eventuelle Verkrampfungen zu lösen, Vertrauen aufzubauen und sich offen die Meinung zu sagen. Die Gesprächssituation wird aber auch beeinflußt durch Vorerfahrungen der Beteiligten aus früheren Gesprächen, ihre jeweiligen Charaktere, aktuelle Stimmungslagen sowie die allgemeine Stimmung im Unternehmen oder in der Abteilung. Auch der Raum, in dem das Gespräch stattfindet, kann die Gesprächsatmosphäre beeinflussen. So wird im Büro des Vorgesetzten, in dem schon des öfteren heftige Meinungsverschiedenheiten ausgetragen wurden, nur schwerlich eine angenehme und entspannte Gesprächsatmosphäre entstehen. Überlassen Sie deshalb auch die äußeren Rahmenbedingungen für das Gespräch nicht dem Zufall.

Tips zur Gesprächseröffnung

- Beginnen Sie das Gespräch mit aufmunternden Worten.
- Bieten Sie dem Gesprächspartner ein Getränk an.
- Halten Sie Blickkontakt zu ihm.
- Zeigen Sie dem Mitarbeiter Ihr Interesse für seine persönlichen Belange, indem Sie auch persönliche Themen ansprechen.
- Geben Sie dem Gesprächspartner Zeit, lassen Sie ihn ausreden, gehen Sie auf ihn ein, hören Sie zu. So tragen Sie zu einer positiven, vertrauensvollen Gesprächsatmosphäre bei.
- Bleiben Sie natürlich und authentisch.

Findet dieses Gespräch mit einem Mitarbeiter zum ersten Mal statt, beispielsweise, weil er neu in Ihrer Firma ist, ist es angebracht, zuerst über die Zielvereinbarungen zu sprechen. Im Anschluß sollten seine Fähigkeiten auf die Erfordernisse der ihm übertragenen Aufgaben abgeglichen und, falls notwendig, Maßnahmen zur Verbesserung seines Know-hows vereinbart werden. Da zu diesem Zeitpunkt bezüglich der Zusammenarbeit mit Vorgesetzten und Kollegen noch keine konkreten Erfahrungswerte vorliegen, bietet sich an, jeweils die Erwartungen an eine funktionierende Zusammenarbeit auszutauschen.

2. Inhalt und Ablauf von Zielvereinbarungen

Für die im Rahmen des Mitarbeitergesprächs zu treffenden Zielvereinbarungen gelten die in Kapitel 3 aufgeführten Regeln für das Zielvereinbarungsgespräch. Die wichtigsten Punkte sind im folgenden zusammenfassend aufgeführt:
Fragen Sie einleitend den Mitarbeiter, welche Ziele er sich für seinen Aufgabenbereich gesetzt hat und was ihn zu dieser Zielsetzung bewogen hat.
Stellen Sie im Gegenzug die Ziele, die Sie für ihn vorgesehen haben, vor, und erklären Sie ihm Ihre Auswahlkriterien. Erläutern Sie den Zusammenhang zwischen Ihren vorgestellten Zielen und den übergeordneten, mit der Geschäftsleitung vereinbarten Unternehmenszielen. So erkennt der Mitarbeiter die Rahmenbedingungen, die für seinen Aufgabenbereich gelten und nicht beeinflußt werden können. Erklären Sie die Verbindung der von ihm zu leistenden Aufgaben zur Gesamtausrichtung des Unternehmens.
Vergleichen Sie im nächsten Schritt, welche Ihrer Zielvorstellungen übereinstimmen und wo unterschiedliche Auffassungen vorliegen.
Besprechen Sie zunächst die Ziele, die auch der Mitarbeiter für wichtig erachtet bzw. solche, über die Sie sich leicht einigen können. Das Gefühl von Gemeinsamkeit überträgt sich dann auf die weiteren, schwierigeren Punkte des Gesprächs.
Besprechen Sie ausführlich, wie diese Ziele bewertet, formuliert, und erreicht werden können. Suchen Sie einen Modus für die Bewertung der Ergebnisse und vereinbaren Sie erste Maßnahmen für die Umsetzung. Sind die Ziele einvernehmlich formuliert, können auch ihre Meßkriterien festgelegt werden.
Gehen Sie anschließend zu den Zielen über, die Sie und Ihr Mitarbeiter unterschiedlich bewerten. Prüfen Sie gemeinsam jedes dieser Ziele auf seine Relevanz und Realisierbarkeit nach Maßgabe der von der Geschäftsleitung vorgegebenen Rahmenbedingungen.
Tauschen Sie Ihre Argumente offen aus. So werden Sie sich auch bei diesen Zielen einigen und einvernehmliche Formulierungen finden. Vergessen Sie nicht, Ihre gemeinsame Zielformulierung nach den Regeln der »smarten« Ziele (vgl. Kapitel 3) schriftlich zu fixieren. Beachten Sie, daß diese Vereinbarung sowohl aufgaben-, verhaltens- und teambezogene Ziele beinhaltet als auch führungsbezogene bei Mitarbeitern mit Führungsverantwortung.
Fragen Sie den Mitarbeiter, welche Unterstützung er von Ihnen benötigt, um die vereinbarten Ziele erreichen zu können (beispielsweise, indem Sie ihn bei seinen ersten Kundenbesuchen oder bei der Kontaktaufnahme mit dem Geschäftsführer eines wichtigen Kunden begleiten).

3. Inhalt und Ablauf des Beurteilungsgesprächs

Für eine faire Beurteilung der Arbeitsleistung des Mitarbeiters ist es wichtig, die über den gesamten Beurteilungszeitraum gemachten Beobachtungen zu sammeln und sie im Beurteilungsgespräch mitzuteilen. Auch sollten zwischenzeitlich Feed-

backgespräche (vgl. Kapitel 7) geführt werden, um im Zeitraum bis zum nächsten Mitarbeitergespräch gemeinsam die Leistung und den Stand der Dinge reflektieren zu können.
Fragen Sie den Mitarbeiter einleitend nach seiner Einschätzung über das bisher Erreichte. Lassen Sie ihn anhand von Beispielen seine Bewertung begründen, stellen Sie Zwischenfragen, um seine Beurteilung besser nachvollziehen zu können. Teilen Sie dem Mitarbeiter anschließend mit, wie Sie den Zwischenstand der einzelnen Ziele einschätzen. Begründen Sie Ihr Urteil, und ermutigen Sie den Mitarbeiter, seinerseits Zwischenfragen zu stellen, wenn ihm etwas unklar ist.
Vergleichen Sie zunächst, in welchen Punkten Ihre Bewertungen übereinstimmen. Loben Sie den Mitarbeiter, wenn er seine Zielvorgaben erfüllt hat und zeigen Sie ihm dafür Ihre Anerkennung. Hat er dagegen seine Aufgaben nur unzureichend erfüllt, analysieren Sie gemeinsam die dafür in Frage kommenden Ursachen und suchen nach geeigneten Lösungsmaßnahmen.
Sprechen Sie im nächsten Schritt die strittigen Bewertungen durch. Versuchen Sie herauszufinden, worin Ihre unterschiedlichen Einschätzungen begründet sind. Häufig resultieren nicht übereinstimmende Auffassungen aus einem unterschiedlichen Begriffsverständnis. Fragen Sie deshalb sicherheitshalber präzise nach, was Ihr Gesprächspartner mit seinen Bewertungen wirklich meint (vgl. Kapitel 5), machen Sie ihm Ihre Argumente anhand konkreter Beispiele deutlich. Auf diese Weise lassen sich oft schwierige Diskussionen vermeiden. Tauschen Sie Ihre Meinungen auch anhand konkreter Beispiele aus.
Hinterfragen Sie aber auch noch einmal Ihre Sicht der Dinge. Vielleicht liegen Sie mit Ihrer Einschätzung falsch. Prüfen Sie genau, ob

- die Kriterien für Ihre Bewertung im Vorfeld nicht eindeutig waren und dadurch die unterschiedlichen Auffassungen zustande kamen,
- der Mitarbeiter sich falsch einschätzt,
- Sie die Zielsetzung falsch bewerten, weil wichtige, hinderliche Faktoren, die der Mitarbeiter nicht beeinflussen kann, bei Ihrer Urteilsbildung unberücksichtigt blieben.

Nur ein offener Austausch von Argumenten ermöglicht eine Einigung über diese strittigen Punkte. Hilfreich ist, die unterschiedlich bewerteten Ziele nacheinander zu behandeln und auf diese Weise für jedes einzelne Ziel eine von beiden Gesprächspartnern getragene Einschätzung zu erlangen. Beachten Sie dabei folgende Regeln:

- Geben Sie Ihrem Mitarbeiter Gelegenheit, zu aufgetretenen Schwierigkeiten und Hindernissen Stellung zu nehmen.
- Beachten Sie, daß die Beurteilung sich auch auf die im Vorfeld vereinbarten Verhaltens- und Teamziele bezieht, und auch die Führungsziele nicht ausschließt, wenn er mit Führungsaufgaben betraut ist.
- Fassen Sie Ihre Einschätzung über die Gesamtleistung des Mitarbeiters nochmals zusammen. Heben Sie seine Stärken hervor und sagen Sie ihm, welchen Entwicklungsbedarf er Ihrer Meinung nach aufweist.

- Erarbeiten Sie für den nächsten Beurteilungszeitraum geeignete Maßnahmen für noch nicht oder nur teilweise erreichte Ziele, nehmen sie diese Maßnahmen in die Zielvereinbarung mit auf.

Anschließend sollte auch der Mitarbeiter Gelegenheit haben, seine Stellungnahme zusammenfassend vorzubringen. Es empfiehlt sich, die Ergebnisse des Beurteilungsgesprächs schriftlich festzuhalten.

4. Inhalt und Ablauf des Entwicklungsgesprächs

Im Beurteilungsgespräch werden die Stärken und Schwächen des Mitarbeiters herausgearbeitet. Die hier gewonnenen Ergebnisse dienen als Grundlage für das Entwicklungsgespräch. Im ersten Schritt sollten Möglichkeiten für die berufliche Weiterbildung in seinem ausgeübten Aufgabenbereich geprüft werden.

Entwicklung des Mitarbeiters in seinem Aufgabenbereich
Fragen Sie den Mitarbeiter, ob er mit seinem Aufgabenbereich ausgelastet und zufrieden ist. Prüfen Sie, ob die im letzten Mitarbeitergespräch vereinbarten Fortbildungsmaßnahmen tatsächlich und mit welchem Erfolg durchgeführt wurden.
Fragen Sie den Mitarbeiter, wo er in seinem Aufgabenbereich für sich noch Entwicklungsbedarf sieht. Vergleichen Sie, ob Ihre Einschätzung mit der Ihres Mitarbeiters übereinstimmt. Wo sind Unterschiede festzustellen? Liegen unterschiedliche Auffassungen vor, müssen die Gründe herausgearbeitet werden. Einigen Sie sich auf Maßnahmen, die für die Weiterentwicklung des Mitarbeiters relevant und realistisch sind, und legen Sie die getroffenen Vereinbarungen schriftlich fest.

Mittelfristige Entwicklungsperspektive
Fragen Sie den Mitarbeiter, welche beruflichen Ziele er sich mittelfristig gesetzt hat. Schildern Sie ihm Ihre Einschätzung über sein Potential. Stimmen Ihre Vorstellungen über die berufliche Entwicklung mit seinen überein, erarbeiten Sie gemeinsam Maßnahmen, die ihm helfen, diese Ziele zu erreichen.
Liegen dagegen unterschiedliche Auffassungen vor, beispielsweise, weil der Mitarbeiter seine beruflichen Aufstiegsmöglichkeiten unrealistisch einschätzt, sollten Sie ihm Ihre Meinung über seine Fähigkeiten offen darlegen und erklären, warum Sie seine Karrierevorstellungen nicht teilen.
Bedenken Sie, daß die Vorspiegelung falscher Tatsachen in solchen Fällen keinem weiterhilft. Nur mit Ehrlichkeit können Sie verhindern, daß der Mitarbeiter Ihre Bereitschaft, seine berufliche Laufbahn zu unterstützen, unrealistisch und falsch einschätzt. Formulieren Sie präzise, welche Maßnahmen zu seiner beruflichen Weiterbildung Ihnen sinnvoll erscheinen und welche für ihn ungeeignet sind. Auf diese Weise bringen Sie seine Karriereerwartungen auf eine realistische Basis.
Im nächsten Schritt können Sie gemeinsam konkrete Entwicklungs- und Qualifizierungsmaßnahmen vereinbaren, die er benötigt, um die mittelfristig ange-

strebten neuen Aufgaben erfüllen zu können. Klären Sie ab, wer in welchem Maße für die Realisierung der vereinbarten Maßnahmen verantwortlich ist. Ihre Aufgabe besteht darin, in Frage kommende Weiterbildungsmaßnahmen zu ermöglichen, weil Sie dafür Geld und Zeit zur Verfügung stellen müssen. Der Mitarbeiter hat dafür Sorge zu tragen, daß er die ihm gebotenen Möglichkeiten konsequent nutzt, um seine Kenntnisse zu erweitern. Entsprechend sollten Sie gemeinsam den Lerneffekt der erfolgten Weiterbildungsmaßnahmen prüfen. Auf dieser Grundlage können Sie die Rahmenbedingungen für die neuen Einsatzmöglichkeiten des Mitarbeiters festlegen, damit er sein zusätzlich erworbenes Know-how gezielt anwenden und einbringen kann.

5. Inhalt und Ablauf der Besprechung über die Zusammenarbeit im Betrieb

Die bisher beschriebenen Gesprächsinhalte setzen ein hohes Maß an offenem Meinungsaustausch voraus. Die damit verbundene förderliche Atmosphäre sollten Sie nützen, um mit dem Mitarbeiter die Qualität der Zusammenarbeit zu thematisieren. Denn ein reibungsloser Arbeitsablauf ist im Betrieb nur dann zu gewährleisten, wenn die Zusammenarbeit des Mitarbeiters mit Ihnen, seinen Kollegen und auch abteilungsübergreifend gut funktioniert.
Fragen Sie den Mitarbeiter einleitend, ob er etwas an der Zusammenarbeit mit Ihnen verbessern möchte. Sagen Sie ihm, daß Sie für Kritik und Verbesserungsvorschläge offen sind. Das setzt allerdings voraus, daß Sie bei geäußerten Kritikpunkten nicht gleich eine Abwehrhaltung einnehmen, sondern zunächst einmal aufmerksam zuhören und hinterfragen, wie er zu dieser Meinung kommt (vgl. auch Kapitel 7). Bedenken Sie, daß der Mitarbeiter, wenn Sie auf Kritik ärgerlich oder beleidigt reagieren, nie wieder ehrliche Kritik äußern wird, aus Furcht, seine Beziehung mit Ihnen zu strapazieren.
Stellen Sie dar, wie Sie die beiderseitige Zusammenarbeit beurteilen und welche Verbesserungsmöglichkeiten Sie sehen. Auf dieser Grundlage können Sie gemeinsam Möglichkeiten zur Verbesserung Ihrer Zusammenarbeit vereinbaren. Versuchen Sie dabei zu erfahren, was er von Ihnen, seinem Vorgesetzten, erwartet. Wichtig hierbei ist, daß Sie nicht versuchen, allen in Sie gesetzten Erwartungen zu entsprechen, sondern nur Verbesserungsmöglichkeiten akzeptieren, die Sie auch einhalten können. Denn wenn Sie Ihre Versprechungen nicht einhalten können, wird sein Vertrauen in Sie als Führungskraft sinken. Nutzen Sie also die Chance, aus dem Feedback Ihres Mitarbeiters zu lernen.
Im nächsten Schritt sollten Sie die Zusammenarbeit des Mitarbeiters im Team und mit den anderen Abteilungen Ihrer Firma behandeln. Auch hier sollte er zunächst seine Einschätzung schildern, bevor Sie ihm Ihre Bewertung mitteilen. Beginnen Sie dabei mit den Punkten, die Ihnen positiv auffallen, bevor Sie auf Dinge zu sprechen kommen, die Ihrer Meinung nach verbesserungswürdig sind. Begründen Sie Ihre Einschätzung anhand konkreter Beispiele. Anschließend er-

arbeiten Sie gemeinsam verbindliche Maßnahmen zur Optimierung des Teamworks und der abteilungsübergreifenden Zusammenarbeit. Bieten Sie dem Mitarbeiter Ihre Unterstützung an, falls Probleme mit anderen Abteilungen oder Personen auftauchen sollten.

6. Abschluß des Mitarbeitergesprächs

Fassen Sie aus Ihrer Sicht die wichtigsten Punkte des gesamten Gesprächs zusammen. Fragen Sie den Mitarbeiter, ob es noch offene Punkte gibt, die er mit Ihnen besprechen möchte. Das Mitarbeitergespräch sollte Raum bieten für generelle, seine Arbeit betreffende Themen, beispielsweise Ideen und Anregungen für Verbesserungen am Arbeitsplatz oder in der Firma, ausreichende Versorgung mit Betriebsmitteln oder Aspekte seiner privaten Lebenssituation. Sind alle Punkte hinreichend besprochen und geklärt, keine Fragen mehr offen, danken Sie dem Mitarbeiter für das Gespräch, und sagen Sie ihm konkret, was Ihnen an dieser Besprechung gefallen hat, z. B. seine konstruktiven Anregungen oder die Offenheit seiner Aussagen.
Geben Sie einen Ausblick über die Gestaltung der weiteren Gespräche. Vielleicht wollen Sie in Zukunft alle drei Monate regelmäßige Standortanalysen und alle zwei Wochen Gruppenbesprechungen durchführen. Sprechen Sie Ihrem Mitarbeiter bei der Verabschiedung Ihre Wertschätzung aus.
Bei Kenntnis dieser Grundregeln wäre das Mitarbeitergespräch im Eingangsbeispiel dieses Kapitels erfreulicher abgelaufen. Man hätte die Gründe für die unterschiedlichen Einschätzungen herausarbeiten und Möglichkeiten finden können, wie Frau Schmidt wieder motiviert ihre Aufgaben erfüllen kann.

Beispiel für den Ablauf eines Mitarbeitergesprächs

Aufwärmphase
Festlegung der Ziele und des Zeitrahmens des Gesprächs.

1. Leistungsbeurteilung
Der Mitarbeiter schildert zu Beginn seine Einschätzung über seine Arbeitssituation, seine Leistung, hinderliche bzw. förderliche Arbeits- und Rahmenbedingungen (Voraussetzung dafür ist eine vorher getroffene Zielvereinbarung).
Danach erfolgt die Rückmeldung des Vorgesetzten. Er beurteilt die umgesetzten Aufgaben des Mitarbeiters in bezug auf seine Leistung und seine Stärken sowie seinen Verbesserungsbedarf.
Im anschließenden Meinungsaustausch kommen folgende Themen zur Sprache: Wo stimmen die Einschätzungen überein? In welchen Punkten bestehen Widersprüche? Was sind die Ursachen für vorhandene Widersprüche? Wie sieht die gemeinsame Beurteilung der geleisteten Arbeit aus?

2. Erarbeitung und Vereinbarung von zukünftigen Arbeitszielen
Der Mitarbeiter schlägt seine zukünftigen Arbeitsziele vor, im Anschluß schildert der Vorgesetzte seine Zielvorstellungen. Beide Seiten tauschen ihre Meinungen und Argumente aus und einigen sich verbindlich auf Maßnahmen zur Realisierung und Überprüfung der gemeinsam formulierten Ziele.

3. Besprechung und Vereinbarung von Entwicklungszielen
Der Mitarbeiter beschreibt dem Vorgesetzten seine Karrierevorstellungen und Möglichkeiten, die er für seine weitere berufliche Qualifizierung sieht. Im Gegenzug schildert der Vorgesetzte seine Einschätzung über das Potential des Mitarbeiters und die für ihn in Frage kommenden Weiterbildungs- und Aufstiegsmöglichkeiten. Anschließend werden geeignete Maßnahmen zur beruflichen Weiterentwicklung des Mitarbeiters diskutiert und vereinbart.

4. Austausch über die Zusammenarbeit im Betrieb
Der Mitarbeiter gibt sein Urteil über die Zusammenarbeit mit dem Vorgesetzten, den Kollegen und anderen Abteilungen, danach schildert ihm der Vorgesetzte seine Sicht der Dinge. Beide Parteien diskutieren Verbesserungsmöglichkeiten und vereinbaren konkrete Maßnahmen zur Optimierung der Zusammenarbeit.

5. Zusammenfassung des Gesprächs
Behandlung noch offener Fragen, Ideen und Anregungen, schriftliche Dokumentation der Vereinbarungen.

6. Abschluß
Bewertung des Gesprächs, Verabschiedung mit einem Ausblick auf die Gestaltung der nächsten Gespräche.

Das Wichtigste in Kürze

☞ Qualität und Erfolg des Mitarbeitergesprächs hängen wesentlich von der Vorbereitung der Beteiligten und der Einhaltung einer strukturierten Vorgabe der Gesprächsinhalte ab. Damit die Gesprächspartner genügend Zeit für die Vorbereitung zur Vefügung haben, empfiehlt sich, den Termin mindestens zwei Wochen im voraus zu vereinbaren. Je nach Turnus, in dem sie geführt werden, und je nach zu besprechenden Themen können Mitarbeitergespräche zwischen ein bis drei Stunden, in Ausnahmefällen auch länger dauern.

☞ Wichtig ist, im Vorfeld die Voraussetzungen für eine angenehme Gesprächsatmosphäre zu schaffen. Bereits die Ankündigung sollte so formuliert sein, daß beim Mitarbeiter kein Unbehagen oder die Befürchtung entsteht, er habe etwas Unangenehmes oder Bedrohliches zu erwarten. Bei der Wahl des Besprechungszimmers ist darauf zu achten, daß eine ungestörte Unterhaltung gewährleistet ist.

☞ Zur Vorbereitung gehört auch, daß Vorgesetzter und Mitarbeiter sich genau überlegen, was sie im einzelnen besprechen, abklären und vereinbaren wollen. Ein bewährtes Hilfsmittel dafür ist, anhand eines Fragenkatalogs Themen für das Mitarbeitergespräch zu sammeln. Zu seinen inhaltlichen Bestandteilen können Zielvereinbarung, Leistungsbeurteilung, Mitarbeiterentwicklung und Erörterung der Zusammenarbeit gehören.

☞ Beide Seiten überlegen, inwieweit sie ihre Ziele seit dem vergangenen Mitarbeitergespräch erreicht haben, welche sie sich für die nächste Periode setzen wollen und ob diese Vorhaben auch tatsächlich realisierbar sind. Sie beurteilen die erbrachten Leistungen des Mitarbeiters, seine Stärken und Schwächen und erarbeiten, falls er seine Aufgaben nur zum Teil oder nicht erfüllt hat, die dafür verantwortlichen Gründe heraus. Auf Grundlage dieser Bewertung läßt sich feststellen, ob er seinem Potential entsprechend eingesetzt ist, wo seine Fähigkeiten ausgebaut werden können und welche beruflichen Perspektiven für ihn realistisch sind. Daraus lassen sich in Frage kommende Maßnahmen für seine berufliche Weiterbildung und -qualifizierung ableiten. Bei der Vorbereitung auf den vierten Themenbereich bewerten die Gesprächspartner die beiderseitige Zusammenarbeit sowie die Teamfähigkeit des Mitarbeiters und seine Kooperationsbereitschaft mit anderen Abteilungen. Bei erkannten Defiziten sammeln sie Argumente für Verbesserungsvorschläge.

☞ Das Gespräch beginnt idealerweise mit einem kurzen Warming-up. Hierzu gehört auch, daß der Vorgesetzte den zeitlichen Rahmen und die zu besprechenden Themen vorschlägt. Er kann das Gespräch positiv beeinflussen, wenn er dem Mitarbeiter sein Interesse bekundet, auf seine Argumente eingeht, ihn ausreden läßt, aufmerksam zuhört und auch für persönliche Belange offen ist. Damit schafft er die Bedingungen für einen offenen und konstruktiven Meinungsaustausch über die anstehenden Themen.

☞ Entsprechend ihrer Vorbereitung bewerten beide Seiten, ob die Arbeitsergebnisse den Zielsetzungen entsprechen und legen neue Ziele und Aufgaben für den nächsten Zeitraum fest. Sie vergleichen ihre Einschätzungen über die erbrachten Leistungen des Mitarbeiters, heben seine Stärken hervor und stellen fest, wo Entwicklungsbedarf besteht. Daraus lassen sich in Frage kommende Weiterbildungs- und Qualifizierungsmaßnahmen für den Mitarbeiter ableiten und vereinbaren, auch im Hinblick auf seine berufliche Karriereplanung. Nicht zuletzt bewerten beide Seiten ihre Zusammenarbeit sowie die Kooperationsbereitschaft des Mitarbeiters im Team und im Betrieb und einigen sich, falls notwendig, auf Verbesserungsmöglichkeiten.

☞ Am Ende des Gesprächs empfiehlt sich, daß beide Seiten die Ergebnisse des Gesprächs aus ihrer Sicht zusammenfassen, um unterschiedlichen Auffassungen vorzubeugen. Abschließend sollte der Vorgesetze noch einen Ausblick über die Gestaltung der weiteren Gespräche geben und dem Mitarbeiter seine Wertschätzung aussprechen.

Mehr zu diesem Thema

Farr, J. L.: »Leistungsfeedback und Arbeitsverhalten«, in Schuler H. (Hrsg): *Beurteilung und Förderung beruflicher Leistung*, Göttingen 1991.

Goleman, D.: *Emotionale Intelligenz*, München 1996.

Neuberger, O.: *Das Mitarbeitergespräch. Praktische Grundlagen für erfolgreiche Führungsarbeit*, Leonberg 1998.

Sahm, A.: »Das Mitarbeitergespräch als Mittel der Personalentwicklung – Wie läßt sich Gesprächsführung üben?«, in Wunderer, R. (Hrsg.): *Humane Personal- und Organisationsentwicklung*, Berlin 1979.

Saul, S.: *Führen durch Kommunikation. Gespräche mit Mitarbeiterinnen und Mitarbeitern*, Weinheim u. Basel 1993.

Schuler, H. (Hrsg.): *Beurteilung und Förderung beruflicher Leistung*, Göttingen 1991.

5 Bedeutung der Kommunikation im Mitarbeitergespräch

Darum geht es …

Die Kommunikation beschränkt sich nicht allein auf den Austausch von verbalen Aussagen, sie wird auch bestimmt von Emotionen, nichtsprachlichen Signalen und anderen Einflußfaktoren.

Wie lassen sich die Erkenntnisse aus der Kommunikationsforschung auf das Mitarbeitergespräch übertragen?

Dieses Kapitel beschreibt:

- Grundlegende psychologische Erkenntnisse über die Kommunikation,
- die Bedeutung der Kommunikation für das Mitarbeitergespräch,
- Ursachen für Störungen in der Kommunikation,
- die kommunikativen Aspekte, die es im Mitarbeitergespräch zu berücksichtigen gilt, wenn es optimal verlaufen soll.

Sie merken, daß das heutige Gespräch mit Ihrem Mitarbeiter Klaus Schumacher Sie immer noch beschäftigt. Eigentlich wollten Sie mit ihm nur abklären, wie er mit seinem Projekt vorankommt, nachdem die von ihm verursachte »Panne« zwischenzeitlich behoben wurde. Herr Schumacher, der seine Aufgaben normalerweise gründlich erfüllt, hatte versehentlich bei einem Zulieferer falsche Halbfertigteile für ein neues Produkt bestellt und dadurch beinahe den Zeitplan für die Fertigstellung durcheinandergebracht. Kurz vor dem Gespräch erfuhren Sie von einer Mitarbeiterin, daß es ihm doch gelingen wird, den ursprünglichen Terminplan einzuhalten.
Als Sie ihn mit den Worten »Das haben Sie aber gut gemacht!« begrüßten, wirkte er plötzlich, entgegen seiner Gewohnheit, sehr verunsichert. Im Verlauf des Gesprächs wich er Ihren Blicken aus und ging nicht auf Ihre Fragen ein. Er versuchte immer wieder zu erklären, wie es dazu kam, daß er versehentlich die falschen Halbfertigteile bestellt hatte. Obwohl Sie ihm wiederholt versicherten, daß es Ihnen gar nicht darum geht, auf Fehlern »herumzureiten«, war ein normales Gespräch nicht möglich, weil er Ihnen nicht zu glauben schien.

5.1 Was ist Kommunikation?

Prinzipiell glaubt jeder zu wissen, was unter Kommunikation zu verstehen ist. In Lexika wird dieser Begriff beschrieben als »Verständigung«, »Übermittlung von Information«, »Mitteilung«, »Verbindung« oder »Bildung sozialer Einheiten durch die Verwendung von Zeichen und Sprache«.
Das Kommunizieren ist ein grundlegendes Bedürfnis des Menschen, ohne das ein gesellschaftliches Leben nicht vorstellbar ist. Menschen kommunizieren täglich miteinander, ob zu Hause oder in der Arbeit, indem sie miteinander reden, zu zweit, in Gruppen oder durch schriftliche Übermittlung, wie per Brief, Fax oder E-Mail. Sie tun dies, um Gedanken auszutauschen, bildhaft Vorstellungen zu vermitteln, Wünsche zu äußern oder ihre Anliegen vorzubringen. Mit Hilfe der Kommunikation werden Entscheidungen getroffen, neue Erkenntnisse gewonnen, Probleme gelöst und anderes mehr.
Im Unterschied zum Monolog treten Menschen durch die Kommunikation miteinander in Beziehung und richten ihre Botschaften an einen bestimmten Empfängerkreis.

Zur Kommunikation gehören mindestens zwei Partner

Zur Kommunikation gehören mindestens zwei Partner: ein Sender, der eine Botschaft mitteilt und ein Empfänger, der die Botschaft aufnimmt.
Sie beschränkt sich nicht allein auf die Sprache. Auch Mimik, Gestik, Haltungen und Einstellungen, Ausdrucksweisen, Laute, Töne und sogar unwillkürliche Kör-

pervorgänge wie Schwitzen oder Erröten zählen zur Kommunikation, weil sie Informationen über emotionale Zustände weitergeben. Des weiteren wird die Kommunikation maßgeblich bestimmt durch Motive, Erfahrungen, Einstellungen oder Interessen der beteiligten Kommunikationspartner.
»Management ist Kommunikation« behauptet der Managementberater Peter F. Drucker. Überlegen Sie, wieviel Zeit Sie als Führungskraft täglich der Kommunikation widmen. Ein Großteil der Schwierigkeiten und Fehler im beruflichen Alltag sind nach Drucker auf Kommunikationsprobleme zurückzuführen. Unklar definierte Zielvereinbarungen oder unpräzise formulierte Aufträge führen zu Mißverständnissen und damit zu unerwünschten Arbeitsergebnissen, Problemen und Konflikten.
Eine Führungskraft, die das Mitarbeitergespräch ängstlich und verunsichert führt, stellt andere Fragen oder verhandelt anders als eine Führungskraft, die selbstbewußt und überzeugt mit dem Mitarbeiter von ihren Vorstellungen spricht.
Ein Mitarbeiter wiederum, der klar und strukturiert, mit fester Stimme und unterstreichender Gestik seine Vorstellungen beschreibt, findet bei seinem Vorgesetzten eine größere Akzeptanz, als ein Mitarbeiter, der die gleichen Ziele und Inhalte vorbringt, aber nuschelnd, fahrig, unsystematisch und in ehrergebener, geduckter Haltung.
Im Gespräch wirken die Gesprächspartner aufeinander ein, unabhängig davon, ob sie miteinander sprechen. Der Kommunikationsforscher Paul Watzlawik bemerkte richtig, daß es Menschen unmöglich ist, ohne Kommunikation zu leben.

Man kann nicht »nicht kommunizieren«

Ein Mitarbeiter, der Ihnen schweigend gegenübersitzt, redet zwar nicht mit Ihnen, drückt aber allein durch sein Schweigen einiges über sein aktuelles Befinden oder über seine Beziehung zu Ihnen aus. Mit seiner Haltung gibt er Informationen über sich preis, z. B. seine geringe Diskussionsbereitschaft, Abwehrhaltung, Wartestellung oder Verärgerung. Solche nonverbalen Signale werden nicht nur vom Gesprächspartner registriert, sie beeinflussen unmittelbar auch dessen Rückmeldungen.
Wenn Sie jemanden mit einem offenen, freundlichen Lächeln begrüßen, wird er in den meisten Fällen gelöster in das Gespräch gehen und Ihnen dieselbe Freundlichkeit entgegenbringen. Die Kommunikation ist zu definieren als Prozeß, der aus

- Aussenden von Informationen und Vermittlung von Inhalten durch einen Sender und
- entsprechenden Reaktionen bzw. Antworten eines Empfängers nach Maßgabe seiner Wahrnehmung dieser Informationen

besteht.

Die gegenseitige Beeinflussung der am Gespräch Beteiligten wird als Interaktion bezeichnet. Der Sender nimmt mit seinem Verhalten direkt Einfluß auf die Re-

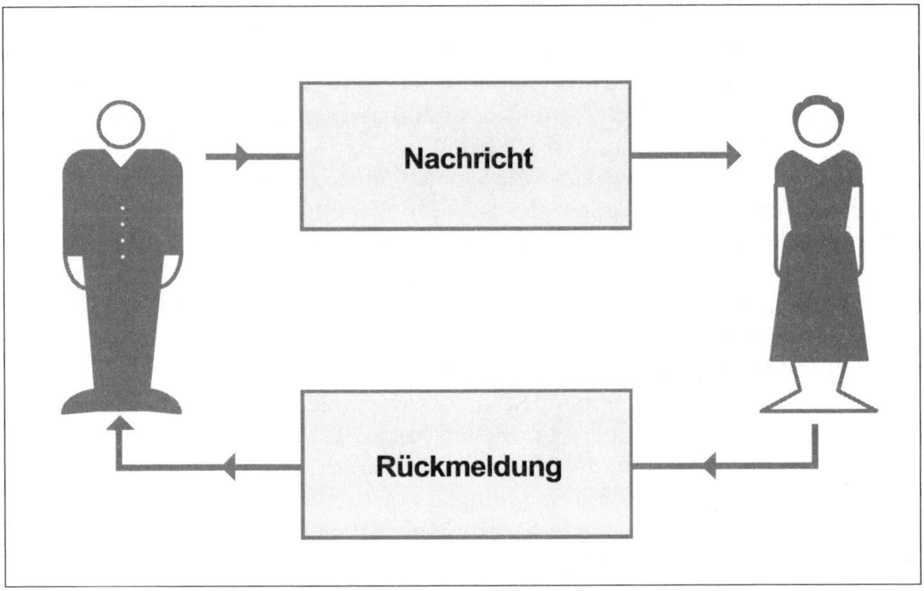

Abb. 5: Modell Sender – Empfänger

aktionen des Empfängers. Übertragen auf das Mitarbeitergespräch heißt dies, daß die Führungskraft und der Mitarbeiter sich wechselseitig in ihrem Gesprächsverhalten beeinflußen.

Die Kommunikation bildet demnach einen Kreislauf, der aus Sender, Nachricht, Empfänger und Rückmeldung besteht (vgl. Abb. 5).

Sie als Vorgesetzter können somit nicht vermeiden, daß Sie Einfluß ausüben, auch wenn Sie es nicht beabsichtigen. Indem Sie auf eine Handlung oder Anmerkung Ihres Mitarbeiters nicht reagieren, signalisieren Sie ihm etwas. Sie senden Botschaften, daß Sie an ihm nicht interessiert sind, Ihnen seine Anmerkung mißfällt oder auch gleichgültig ist.

Rückmeldungen geben Auskunft darüber, wie der Gesprächspartner die empfangene Nachricht verstanden hat. Um sich zu vergewissern, daß der Gesprächspartner auch alles richtig verstanden hat, sind Zuhören und Nachfragen im Gespräch enorm wichtig.

Inhalt und Deutung von Aussagen

Die Abteilungsleiterin Gerlinde Wahl sitzt mit einem Mitarbeiter im Gespräch zusammen und vereinbart mit ihm die Ziele und die Arbeitsschwerpunkte für das nächste Quartal. Am Ende des Mitarbeitergesprächs gibt sie ihm noch die Botschaft mit: »Aber daß Sie sich dieses Mal auch richtig anstrengen!«

Die Abteilungsleiterin hatte eigentlich beabsichtigt, ihrem Mitarbeiter eine eher spaßhafte Aufmunterung mit auf den Weg zu geben. Er aber deutete dies als massive Kritik an seinen Leistungen und machte sich seine Gedanken: »Schätzt sie mich als faul ein? Warum ist Sie mit mir unzufrieden, ich habe mich doch so engagiert? Ich kann tun, was ich will, ihr kann man es sowieso nicht recht machen.« Diese Botschaft wurde ganz anders verstanden, als sie gemeint war.
Ähnlich liegt der Fall im oben aufgeführten Eingangsbeispiel. Herr Schumacher hat die Aussage »Das haben Sie aber gut gemacht!« völlig falsch aufgenommen. Er meinte, Sie wüßten noch nicht, daß er den Terminplan trotz seines Fehlers einhalten kann und interpretierte Ihre ernstgemeinte Anerkennung als hämische Kritik. Damit war für ihn die Basis für ein ernsthaftes Gespräch zerstört.
Die wahre Nachricht wird in der Kommunikation einerseits durch das bestimmt, was der Sender mitteilen will, zum anderen durch das, was der Empfänger aufnimmt. Kommt es zu Mißverständnissen, können verschiedene Komponenten der Kommunikation dafür verantwortlich sein:

- Die Führungskraft hat etwas mitgeteilt, der Mitarbeiter die Aussage aber mißverstanden.
- Die Führungskraft hat etwas übermittelt, der Mitarbeiter die Nachricht aber gar nicht wahrgenommen.
- Die Führungskraft hat ihre Botschaft unklar übermittelt, diese wurde deshalb vom Mitarbeiter nicht verstanden.
- Die Nachricht ist verzerrt angekommen, z. B. wegen Lärms im Hintergrund oder schlechten Empfangs am Telefon, und konnte deshalb nicht vollständig empfangen werden.

Es gibt somit viele Ursachen für Mißverständnisse. Wenn Sie Ihr Mitarbeitergespräch erfolgreich durchführen und sicherstellen wollen, daß Ihr Gesprächspartner dieselben Ziele anstrebt wie Sie, achten Sie auf eine klare und eindeutige Kommunikation. In diesem Kapitel und im Abschnitt »Methoden« werden verschiedene Impulse und Techniken im einzelnen vorgestellt.

5.2 Ebenen der Kommunikation

Kommunikation ist ein vielschichtiges Phänomen. Sie findet auf mehreren Ebenen statt. Wichtig für das Mitarbeitergespräch ist die Unterscheidung von zwei Ebenen: Der sachlichen und der emotionalen Ebene.
Wenn Sie das Wort ergreifen, sprechen Sie mit Ihrem Gesprächspartner über ein bestimmtes Thema oder eine bestimmte Sachlage. Sie befinden sich in dieser Phase auf der inhaltlichen, sachlichen Ebene der Kommunikation.
Ihr emotionaler Zustand und Ihre Haltung zum Gesprächspartner wirken sich ebenfalls auf Ihre Wahrnehmung und Bewertung der Gesprächsinhalte aus. Zugleich äußern sich Ihre Gefühle durch Signale wie Stirnrunzeln, Lächeln, zuge-

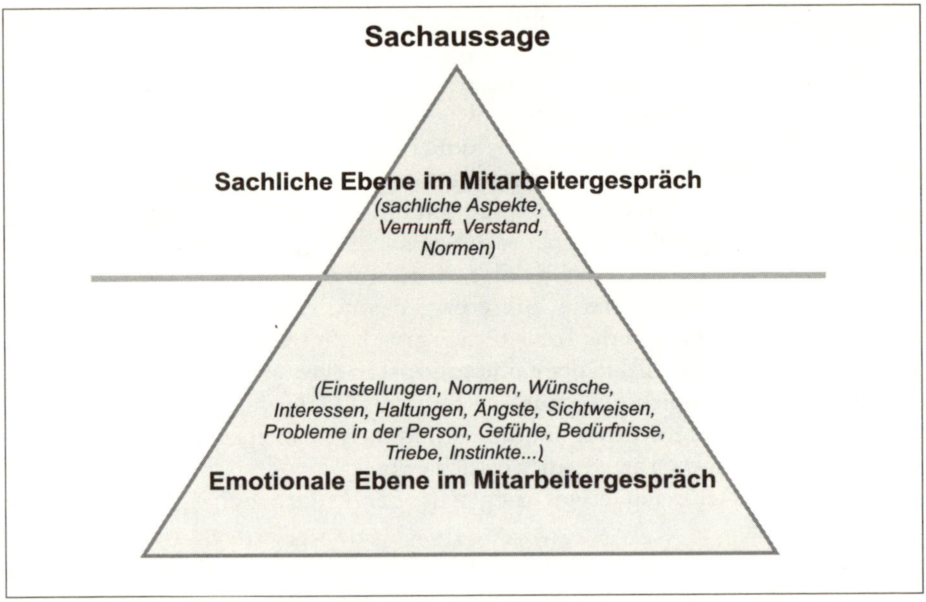

Abb. 6: Ebenen im Mitarbeitergespräch

wandte Haltung oder abwehrende Gestik. Ihre Empfindungen veranlassen Sie, ohne daß Sie sich dessen immer bewußt sind, zu bestimmten Verhaltensweisen. Dieser emotionale, häufig unbewußte Bereich, ist die zweite Ebene der Kommunikation, er wird auch emotionale oder Beziehungsebene genannt. Dieser Ebene wird in der Kommunikation eine größere Bedeutung beigemessen, weil sie auch die sachliche Ebene prägt.
Die Kommunikation findet bei jedem Gespräch auf diesen beiden Ebenen gleichzeitig statt, bewußt und reflektiert auf der sachlichen Ebene, weniger bewußt auf der emotionalen Ebene, die von Gefühlen, Ängsten, Meinungen und Einstellungen bestimmt ist.

Auf der Sachebene geht es im Mitarbeitergespräch beispielsweise um
Ziele, Rahmenbedingungen, Fakten, Arbeitsergebnisse, Zeitvorgaben, Ressourcen, Vorgehensweisen, Anwendungen, Investitionen, Maßnahmen, neue Techniken, Qualifizierungsmaßnahmen usw.

Auf der emotionalen Ebene kommen Empfindungen zum Tragen wie
Mißtrauen, persönliche Vorlieben, Motivation, Freude, Wut, Sympathie, Antipathie, Unsicherheit, gegenseitige Akzeptanz, Vertrauen, Zufriedenheit, Enttäuschung, Frustration, Erwartungen, Ärger, Aggression usw.

Der Verlauf und die Ergebnisse der Kommunikation hängen somit im Mitarbeitergespräch wesentlich von der Beziehung zwischen den Gesprächspartnern ab. Die Begrüßung »Einen schönen guten Tag!« kann, je nachdem, wie sie ausgesprochen wurde, als warm und herzlich aufgenommen werden, ebenso aber als sachlich und kalt oder gar drohend und aggressiv. Entsprechend wird sie unterschiedliche Reaktionen hervorrufen, von herzlicher Erwiderung bis zur offenen Ablehnung. Nicht allein der Inhalt, sondern die Art und Weise, wie die Aussage interpretiert wird, macht den Unterschied aus.

Die Art und Weise, wie der Gesprächspartner Ihre Aussage bewertet und interpretiert, hängt unmittelbar von seiner Beziehung zu Ihnen ab und umgekehrt, von Ihrer Beziehung zu ihm. Besteht ein gutes, vertrauensvolles Verhältnis zwischen Ihnen und Ihrem Mitarbeiter, können Sie meist effektiver auf der Sachebene diskutieren, weil die emotionalen Botschaften, die ihre beiderseitige Beziehung definieren, bereits geklärt sind und nicht weiter beachtet werden müssen.

Der Vorgesetzte kann aus der Reaktion des Mitarbeiters auf seine Fragen erkennen, ob er sicher oder unsicher ist, ob er frei oder gehemmt, emotional oder rational, entspannt oder bedrängt, dankbar oder unwillig, aufgeschlossen oder »zugeknöpft« ist, ob er interessiert oder eher gleichgültig das Mitarbeitergespräch führt. Diese Signale zeigen, in welchem Maße der Gesprächspartner bereit ist, sich auf das Gespräch einzulassen.

Im Mitarbeitergespräch spielen beide Kommunikationsebenen eine wichtige Rolle. Kommunikationsforscher wie Paul Watzlawik gehen davon aus, daß die Beziehungsebene die Inhaltsebene bestimmt. Mißtraut ein Mitarbeiter seinem Vorgesetzten, wird er das Gespräch verhalten führen und kaum bereit sein, offen zu sagen, wie er die Aussagen des Vorgesetzten wirklich bewertet. Die Bedeutung von Aussagen zeigt sich an den Reaktionen, die sie beim Gesprächspartner auslösen.

Der Aufbau einer Beziehung im Gespräch

Jeder Mensch und somit auch jeder Ihrer Mitarbeiter hat das Bedürfnis, daß der andere auf ihn eingeht und ihn individuell behandelt. Für Sie als Führungskraft ist nicht allein entscheidend, was Sie über Ihren Mitarbeiter wissen, sondern wie Sie auf ihn persönlich eingehen und wie Sie sich in ihn einfühlen können. Wenn Sie das berücksichtigen, werden Ihre Mitarbeitergespräche geprägt sein von menschlicher Wärme, echter Akzeptanz und gegenseitiger Wertschätzung. Diese Eigenschaften werden den weiteren Verlauf der Gespräche und damit auch ihre Qualität und schließlich das Ergebnis bestimmen.

Deshalb sollten Sie im Mitarbeitergespräch nicht nur darauf achten, *was* Sie sagen, sondern auch, *wie* Sie es sagen. Widmen Sie dem Mitarbeiter mindestens genauso viel Aufmerksamkeit wie dem Inhalt des Gesprächs.

Viele Führungskräfte neigen dazu, gleich zur Sache, zum Wesentlichen zu kommen. Aber Menschen wollen, ob bewußt oder unbewußt, im Gespräch erst einmal wissen, wie z. B. die Stimmungslage ist, wie es dem anderen geht oder ob Vorsicht geboten ist. Wird diese Phase des Abtastens, des Aufwärmens übergangen, kann es passieren, daß der Mitarbeiter seine vorsichtige Haltung beibehält, diese das ganze Gespräch prägt und damit auch das Ergebnis beeinflußt. Von der Beziehungsebene im Gespräch hängt ab, ob ihr Mitarbeiter

- die Atmosphäre angenehm findet,
- sich im Gespräch sicher fühlt,
- Vertrauen zu Ihnen entwickelt,
- Sie sympathisch findet,
- sich auf die Inhalte einlassen kann,
- motiviert aus dem Gespräch kommt und
- das Gespräch positiv bewertet.

Wenn zwei Menschen sich begegnen, »tasten« sie sich zunächst einmal ab, um zu erfahren, was bei dem anderen erlaubt ist oder nicht, oder um zu erkunden, wie weit sie bei dem anderen gehen können. Aus den vielen Möglichkeiten des gegenseitigen Umgangs kristallisieren sich bestimmte »akzeptierte« Verhaltensweisen heraus. Die von den beiden Personen bewußt und unbewußt aufgenommenen Signale der Zustimmung oder Ablehnung führen zu einer bestimmten, von beiden Seiten akzeptierten Form des Umgangs.

Gerade dann, wenn beide Kommunikationspartner sich noch nicht lange kennen oder eine schwierige Beziehung zueinander haben, ist der Umgang unklar und oft umstritten. Deshalb findet im Gespräch unterschwellig ein »Kampf« darüber statt, wer sich dem anderen gegenüber behauptet und welchen Platz er in der internen Rangordnung einnimmt. Eine schwierige Beziehung kann somit zur Kommunikationsbarriere werden.

Ist die Hierarchie zwischen beiden Gesprächspartnern dagegen geklärt, dann ist das Gespräch »im Fluß« und läßt sich für beide Seiten angenehm führen. Ähnliches gilt für die Gefühlsebene. Sind die Gesprächspartner auf der gleichen »Wellenlänge« und die Sympathien gleichermaßen verteilt, verläuft das Gespräch für beide Seiten viel befriedigender als im umgekehrten Fall. Denn Differenzen lassen sich leichter austragen, wenn die Beziehung tragfähig ist. Der Austausch von Argumenten gestaltet sich einfacher, ebenso die Bewertung der Aussagen und die Konsensfindung. Für beide Seiten wird es leichter, das Gespräch zu strukturieren und zu steuern.

Kommt es zu Schwierigkeiten im emotionalen Bereich, können die meisten Menschen mit dieser Situation nur schwer umgehen oder sind nur bedingt handlungsfähig. Dennoch läßt sich nicht sagen: »Entweder stimmt die Chemie oder nicht.« Sie können in Ihrer Eigenschaft als Führungskraft die spontane Entstehung von Gefühlen im Gespräch nicht planen oder steuern, weil die Entwicklung Ihrer Emotionen nicht Ihrem Willen unterliegt. Ihre Reaktionen und Ihr Vorgehen lassen sich jedoch steuern, wenn Sie Ihre Gefühle bewußt wahrnehmen.

Der Aufbau einer positiven Atmosphäre

Ist die Bedeutung der emotionalen Ebene für die Kommunikation erkannt, stellt sich die Frage, wie sie positiv beeinflußt werden kann. Führungskräfte können eine angenehme Gesprächsatmosphäre schaffen, wenn sie

- dem Gesprächspartner zu Beginn etwas anbieten, z. B. Getränke,
- einen positiven Bezug herstellen, Themen ansprechen, die vom Gesprächspartner positiv bewertet werden oder über die er gerne spricht, beispielsweise seine Erfolge, besonders gut erfüllte Aufgaben usw.,
- einen persönlichen Bezug zum Gesprächspartner herstellen, indem sie sich zum Beispiel nach dem Befinden seiner Kinder erkundigen oder ihn nach seinen Hobbies fragen,
- durch Zuhören und Nachfragen Interesse an seinen Ausführungen zeigen,
- den Gesprächspartner öfters mit seinem Namen ansprechen,
- zu ihm Kontakt halten, z. B. durch Blickwechsel,
- durch Zustimmung und Anerkennung dem anderen ihre Akzeptanz vermitteln.

Bei diesen Empfehlungen ist zu beachten, daß sie nicht schematisch angewandt werden sollten. Achten Sie auf echtes, authentisches und glaubwürdiges Verhalten. Andernfalls entsteht beim Gesprächspartner das Gefühl, daß Sie ihn manipulieren wollen. Er wird dann mißtrauisch und vorsichtig.
Entscheidend für den Verlauf des Gesprächs ist der Beginn. Gönnen Sie sich in dieser Phase die nötige Zeit, um eine angenehme Gesprächsatmosphäre zu schaffen (siehe auch »Gesprächseinstieg« in Kapitel 4). Hilfreich sind hierfür Kenntnisse aus der Kommunikationspsychologie über Kompetenzen, Fähigkeiten und Methoden (vgl. Kapitel 8).

5.3 Verbale und nonverbale Kommunikation

Die Bedeutung der Sprache

Viele Menschen gehen im Gespräch davon aus, daß ihre Überzeugung die richtige ist. Vor allen Dingen sind sie davon überzeugt, die Bedeutung ihrer Worte zu kennen. Sie glauben ebenso, daß die Gesprächspartner denselben sprachlichen Kode verwenden wie sie. Dabei wird aber übersehen, daß Wörter unterschiedliche Bedeutungen haben bzw. der Sprecher ihnen seine eigene, spezifische Bedeutung beimißt.
Bei der Frage: »Was bedeutet für Sie, viel Geld zu besitzen?« wird jeder Befragte eine ihm eigene Definition von »viel Geld« formulieren. Aus diesem Grund ist es notwendig, bestimmte Grundregeln zu beachten, um die Sprache angemessen einzusetzen und Mißverständnisse zu vermeiden.

Eine genaue Wortwahl hilft, Aussagen besser zu verstehen und schneller aufzunehmen. Beispiele und bildhafte Schilderungen erleichtern ebenfalls das Verständnis.
Die sprachliche Formulierung wird durch Satzbau und Wortwahl bestimmt. Die Angleichung an die Diktion des Gesprächspartners kann ein Gefühl von Gemeinsamkeit und Gleichwertigkeit erzeugen und das beiderseitige Vertrauensverhältnis fördern. Ein gleicher Dialekt beispielsweise kann Verbundenheit erzeugen und somit den Kontakt und einen offenen Meinungsaustausch erleichtern.
Auch für die Verwendung der Sprache gilt die Aussage: »Weniger ist oft mehr.« Versuchen Sie bei Ihren Ausführungen nicht auszuschweifen, bemühen Sie sich um eine kurze und präzise Ausdrucksweise.
Ein Satz wird mit zunehmender Länge unverständlicher. Achten Sie deshalb bei Ihren Aussagen auf kurze, leicht verständliche Sätze. Zwischen den einzelnen Sätzen sollte ein »roter Faden« erkennbar bleiben, damit ihr logischer Bezug nicht verlorengeht. Die Logik einer einzelnen Aussage sollte nicht im Widerspruch zur Gesamtaussage stehen. Zusätzlich erleichtern Zusammenfassungen und strukturierende Elemente (»Jetzt kommen wir zum dritten Punkt meines Anliegens«) dem Gesprächspartner, die wesentlichen Zusammenhänge zu erkennen.
Die Verwendung von Pausen, verschiedener Betonung und Modulation der Stimme erzeugt nicht nur Aufmerksamkeit, Dynamik und Spannung, sondern hilft, das Gespräch zu steuern, weil dadurch der Blick des Gesprächspartners auf das Wesentliche gelenkt wird. So haben auch der Tonfall, die Stimme und die Lautstärke einen starken Einfluß auf die Wirkung und Überzeugungskraft Ihrer Argumente. Welche Gesprächstechniken sich dafür eignen und wie sie eingesetzt werden können, beschreibt Kapitel 8.
Insbesondere tragen humorvolle Formulierungen, rhetorische Fragen und bildhafte Schilderungen dazu bei, die Aufmerksamkeit und das Interesse des Zuhörers zu wecken und zu halten.

Die Bedeutung nonverbaler Signale

Viele Informationen im Mitarbeitergespräch sind nicht-sprachlicher Natur. Sie können die Sprache ersetzen oder unterstützen und geben der Aussage ihre eigentliche Bedeutung. Körperhaltung, Gestik, Mimik und Sprechweise transportieren Aspekte wie Vertrauen, Überzeugung, Bereitschaft oder Motivation.

Herr Mayer, Abteilungsleiter in einem Elektrounternehmen, fordert im Mitarbeitergespräch seinen Mitarbeiter Huber auf, einen neuen Verantwortungsbereich zu übernehmen. Während er Herrn Huber die neuen Aufgaben schildert, wird seine Stimme verhaltener und zögerlicher, und seine Handbewegungen werden fahriger. Dieses Verhalten seines Vorgesetzten irritiert und verunsichert Herrn Huber. Er vermutet, daß bei diesem neuen Auftrag etwas »faul« sein könnte oder daß sein Chef ihm offenbar diese Aufgabe nicht zutraut. Herr Huber geht verunsichert an diese Aufgabe heran und steht ihr skeptisch bzw. ablehnend gegenüber.

Diese Haltung des Mitarbeiters ist die Folge der widersprüchlichen Informationen, die der Vorgesetzte mit dem Gesagten und seiner Gestik sowie Sprechweise vermittelte. Bestehen zwischen dem Gesprochenen und den nonverbalen Signalen Widersprüche, so treten Unsicherheit und Mißverständnisse auf.
Da viele Menschen einerseits dazu neigen, ihre wahren Gefühle ganz oder zumindest in Teilen zu verbergen oder sich andererseits ihrer Empfindungen oft selbst nicht bewußt sind, lassen sich ihre Aussagen besser verstehen, wenn der Körpersprache mehr Aufmerksamkeit gewidmet wird. Diese Informationen sind meist ehrlicher, weil sich die Reaktionen des Körpers weitaus weniger kontrollieren lassen als die Sprache. Sie geben Hinweise darauf, wie die verbalen Aussagen tatsächlich zu verstehen sind. So können eine zurückgelehnte Sitzhaltung, eine zuweisende Gestik, eine Pause oder ein Blick auf die Uhr dem Gesprächspartner signalisieren, daß ein Themenwechsel im Gespräch ansteht oder erwünscht ist.
Gängige Begriffe wie »Den Kopf verlieren«, »Ein saures Gesicht machen«, »Die Stirn bieten«, »Die Ohren steif halten«, »Die Nase rümpfen« oder »Rückgrat haben« verdeutlichen, wie seit ehedem Empfindungen nonverbal ausgedrückt werden. Auch die Reaktionen auf solche Signale erfolgen häufig unbewußt oder ohne genauer darüber nachzudenken. Wenn zwei Menschen auf einem engen Bürgersteig aufeinander zugehen, denkt keiner der beiden darüber nach, in welche Richtung er dem anderen ausweichen muß. Sie informieren sich automatisch gegenseitig durch körpersprachliche Signale.

Die Sprache des Körpers

Die Körpersprache ist eine Symbolsprache: Gesten und Bewegungen geben Aufschlüsse über Gefühle. Doch bei der Interpretation dieser Gefühle ist Vorsicht geboten, denn auch für die Deutung von Emotionen wird die Umgebung nicht objektiv, sondern subjektiv wahrgenommen. Die Körpersprache läßt sich nach folgenden Kriterien differenzieren:

Mimik
Die Physiognomie eines Menschen weist drei wichtige Bereiche aus: die Stirn, die Augen und den Mund. Die Gesichtsmuskeln drücken die Stimmungslage aus. So können z. B. Stirnfalten eine innere Anspannung ausdrücken, fest zusammengepreßte Lippen lassen auf Abwehr und Verschlossenheit schließen. Die Mimik eines Menschen ist mit einem Spiegelbild vergleichbar, das seinen inneren Gemütszustand wiedergibt und über sein Befinden aussagt.
Dabei sollten Sie aber besonders darauf achten, die Mimik des anderen nur im

Kontext des Gesprächs zu interpretieren! Denn viele Personen runzeln beispielsweise auch die Stirn, wenn sie knifflige Probleme lösen. Es wäre demnach falsch, Stirnrunzeln automatisch als unfreundliches Verhalten zu interpretieren. Prüfen Sie deshalb, ob sich die Körpersprache des anderen auf die Situation bezieht. Runzelt er z. B. bei der Begrüßung die Stirn, könnte dies darauf hindeuten, daß er Sie nicht sofort wiedererkennt, über Sie verärgert ist oder über etwas nachdenkt, das sich auf Sie bezieht. Den Grund für dieses Stirnrunzeln können Sie nur durch Nachfragen erfahren.

Gestik
Mit Ihrer Gestik »zeigen« Sie, was Sie zu sagen haben. Die Hände und Arme als Hilfsmittel unterstreichen und betonen Ihre Aussagen und verstärken ihre Wirkung auf den Gesprächspartner. Das kann bewußt oder unbewußt geschehen. Ein Signal für Ratlosigkeit ist beispielsweise, wenn die Schultern nach oben gezogen oder die Handflächen gedreht werden.

Körperhaltung
Die Körperhaltung kann Aufschlüsse über die Aufmerksamkeit, das Interesse oder Desinteresse des Gesprächspartners am Gespräch geben. Sie kann signalisieren, ob ihm das Gespräch gleichgültig ist oder ob er konzentriert bei der Sache ist.
Ein Gesprächspartner mit einer aufrechten Körperhaltung, einem geraden Rücken und straffen Schultern wirkt sicherer, interessierter und überzeugender als jemand, der krumm vor Ihnen sitzt und mit nach vorne geneigten Schultern und vorgebeugtem Kopf seine Argumente vorbringt.

Blickkontakt
Der Blickkontakt signalisiert Offenheit und Interesse. Er dient häufig als Aufforderung zum Sprechen und hat einen verstärkenden Effekt für die Intensität der Kommunikation.
Wenn Sie Ihrem Gesprächspartner in die Augen schauen, kann dieser Blickkontakt Offenheit, Aufmerksamkeit und persönliches Interesse signalisieren.

Distanz und Nähe
Menschen drücken durch Distanz oder Nähe ihre Bedürfnisse nach Kontakt aus. Die typischen, für Gesprächssituationen relevanten Distanzen sind von Person zu Person unterschiedlich ausgeprägt. Die Zone der »persönlichen Distanz« beträgt erfahrungsgemäß zwischen 80 und 120 Zentimetern.
Körperliche Nähe und manchmal auch körperliche Berührung können ein Bedürfnis nach Nähe ausdrücken oder auf Vertrautheit hindeuten. Hat ein Gesprächspartner aber das Gefühl, daß der andere ihm zu nahe rückt, fühlt er sich schnell unwohl oder gar bedroht. Jeder besitzt seinen persönlichen Idealabstand. Dieser kann abhängen von der Stellung der Person in der Unternehmenshierarchie, von persönlichen Beziehungen, von der augenblicklichen Tagesform und

anderen Einflußfaktoren, wie zum Beispiel der Nationalität. Es ist wichtig, diese Grenze nicht zu überschreiten.
Wenn Sie im Mitarbeitergespräch Signale wie ein leichtes Zurückrücken des Stuhles oder ein starkes Zurückweichen des Kopfes feststellen, kann dieses Verhalten darauf hindeuten, daß Sie in das »Territorium« des anderen eingedrungen sind.
An der Art, wie mit Distanzzonen umgegangen wird, läßt sich der Rang eines Menschen ablesen. Ein Vorgesetzter, der sich weit über den Schreibtisch seines Angestellten beugt, zeigt damit deutlich: »Ich bin hier der Boß! Ich bestimme den Kontakt.«
Als Führungskraft sollten Sie in der Lage sein, im Gespräch mit Ihren Mitarbeitern auch solche Botschaften oder Absichten zu erfahren, die Ihre Mitarbeiter vielleicht nicht direkt vermitteln können oder wollen. Gerade in Situationen, die eine offene Kommunikation nicht zulassen oder wo sie nur erschwert möglich ist, spielen solche indirekten, nonverbalen Botschaften eine wichtige Rolle. Die wichtigsten werden im folgenden vorgestellt und beschrieben. Versuchen Sie nicht, Ihre Körpersprache an vorgefertigten Konzepten oder selbstauferlegten Regeln zu orientieren. Seien Sie authentisch. Dann stimmen Inhalt, Sprechweise und Körpersprache überein, sie wirken stimmig und glaubwürdig. Die körpersprachlichen Signale sollen Ihre innere Haltung und Überzeugung ausdrücken. Sind dagegen Brüche festzustellen, kann dies beim Gesprächspartner zu Irritationen und Verunsicherung führen.

Die Sprechweise

Auch die Art, wie jemand etwas sagt, seine Stimmlage und Lautstärke, sein Dialekt, das Sprechtempo, die Modulation und die eingesetzten Pausen beeinflussen die Wahrnehmung des Gesprächspartners. Spricht ein Vorgesetzter monoton in der gleichen Tonlage, verzichtet er auf Betonungen und wechselt dabei auch seine Lautstärke nicht, wirken seine Aussagen auf die Dauer ermüdend.
Eine dunne, leise Stimme transportiert den Inhalt weniger überzeugend als eine kräftige, voluminöse Stimme, die gut zu verstehen ist. Dagegen kann ein zu lautes Sprechen wiederum bedrohlich wirken.
Eine abgehackte, stakkatoartige Sprechweise schafft im Gespräch eher Distanz, anders dagegen ist die Wirkung einer warmen Stimme und einer modulierten Ausdrucksweise.
Sprachstörungen können auf Hemmungen oder Ängste des Sprechers zurückzuführen sein. Mitarbeiter, die plötzlich zu stottern beginnen, ihre Sätze unvollständig formulieren, Silben oder ganze Wörter auslassen, geben damit Aufschlüsse über ihre momentane seelische Verfassung. Sie sind möglicherweise verunsichert, haben ein »schlechtes Gewissen«, Schuldgefühle oder leiden unter der Angst zu versagen. Solche nichtsprachlichen Signale werden vorwiegend und unbewußt gesendet, sind aber ein wesentlicher Bestandteil der Kommunikation.

Die Sprechweise drückt Empfindungen und Überzeugungen aus. Wenn Sie auf diese Signale achten, können Sie mehr über Ihre Mitarbeiter, deren Stimmungen, Interessen und Motivationslagen erfahren als bisher.

Bedeutung der Körpersprache und der Sprechweise im Mitarbeitergespräch

Nichtsprachliche Signale helfen, die empfangenen sprachlichen Informationen besser zuzuordnen und zu verstehen. Sie können die Akzeptanz von Aussagen verstärken oder schmälern, Vertrauen fördern oder Mißtrauen schaffen.
Wenn Sie körpersprachliche Signale deuten, interpretieren Sie die Gestik und Mimik Ihres Gesprächspartners nicht isoliert. Betrachten Sie vielmehr die Situation, in der diese Signale entstanden sind, als Ganzes.
Da die Körpersprache in der Regel spontan und nicht vom Willen gesteuert ist, ermöglicht sie, die sprachlich-inhaltlichen Botschaften mit den »wahren« Signalen des Körpers zu vergleichen. Je mehr man versucht, die eigene Persönlichkeit zu verstecken, desto unnatürlicher wirkt man auf den anderen. Sie können davon ausgehen, daß, wann immer Sie unaufrichtig oder nicht vollständig informieren, Ihr Gesprächspartner es merken wird. Selbst wenn er nicht feststellen sollte, daß Sie ihm Informationen vorenthalten, wird er doch ein Unwohlsein verspüren, das sein Vertrauensverhältnis zu Ihnen einschränken kann. Deshalb sollten Sie darauf achten, Ihre Aussagen wahrheitsgetreu zu vermitteln. Gibt es dagegen berechtigte Gründe dafür, Ihrem Gesprächspartner nicht alles zu sagen, schweigen Sie lieber, bevor Sie mit Halbwahrheiten herausrücken. Am besten ist, mit »offenen Karten zu spielen« und dem anderen klar zu sagen, daß man ihm aus bestimmten Gründen nicht alle Informationen geben kann.
Ähnliches gilt für die Beurteilung ihres Mitarbeiters. Loben Sie ihn nur der Form halber, ohne es wirklich ernst zu meinen, dann wird es Ihnen schwer fallen, diese positive Aussage mit Ihrer Körpersprache zu unterstreichen. Er wird an Ihrem Tonfall, Blickkontakt oder an Ihrer Stimme merken, daß Sie Ihr Lob nicht ernst meinen. Ist Ihr Verhalten dagegen spontan und ehrlich, steht es im Einklang mit Ihrer Aussage. Seien Sie deshalb authentisch. Nicht nur, *was* Sie sagen ist für den Eindruck verantwortlich, den Sie bei Ihrem Gesprächspartner hinterlassen, sondern auch, *wie* Sie es ihm sagen.

5.4 Vom Umgang mit Gefühlen

Sind sich Führungskräfte über die Ursachen ihrer Gefühle bewußt, können sie deren Einfluß auf ihre Entscheidungen und ihr Handeln erkennen. Wer mit seinen Emotionen umzugehen weiß, kann auch die Gefühle anderer besser erkennen und leichter Beziehungen zu Menschen aufbauen. Wer dagegen die eigenen

Emotionen nur in Teilen wahrnimmt oder sie begrenzt zuläßt, neigt dazu, die Gefühle anderer zu übersehen oder falsch zu deuten.
Achten Sie deshalb darauf, welche Gefühle bei Ihnen aufkommen, wenn Sie etwas wahrnehmen, beispielsweise Freude, Staunen, Ärger, Verwunderung oder Unverständnis. Je besser Sie solche Gefühle erkennen, um so leichter werden Sie Ihre eigenen Reaktionen verstehen. Das hilft Ihnen, Ihre Entscheidungen in Übereinstimmung mit Ihren Empfindungen zu treffen und überzeugender und selbstsicherer auf andere zu wirken.

Emotionale Intelligenz

Daniel Goleman hat den Umgang mit Gefühlen im Gespräch wissenschaftlich untersucht und kam zu dem Schluß, daß erfolgreiche Führungskräfte eines gemeinsam haben: Sie verfügen über ein hohes Maß an emotionaler Intelligenz. Diese befähigt sie, ihre eigenen Emotionen zu erkennen, ihre Gefühle zu managen, sich selbst zu motivieren und sich in andere hineinzuversetzen. Sie zeichnen sich durch fünf Fähigkeiten aus (Goleman, 1995):

1. Selbstreflexion
Führungskräfte mit dieser Eigenschaft erkennen und verstehen ihre eigenen Gefühle und Stimmungen sowie ihre Wirkung auf andere. Sie sind in der Lage, ihre eigenen Fähigkeiten realistisch einzuschätzen, des weiteren verfügen sie nicht nur über Selbstvertrauen, sondern haben auch einen Sinn für Selbstironie. Auf diese Weise neigen sie nicht zur Selbstüberschätzung oder zu mangelndem Selbstvertrauen. Sie setzen sich realistische Ziele und scheuen sich nicht, auch anspruchsvolle Projekte anzugehen.

2. Selbstkontrolle
Es ist die Fähigkeit, erst zu denken und dann zu handeln. Solche Vorgesetzten sind weder impulsiv noch launisch, sie wirken auf andere aufgrund ihrer Besonnenheit und Aufrichtigkeit vertrauenswürdig. Für ihre Mitarbeiter sind sie berechenbar, weil sie keine negativen Gefühle an anderen auslassen oder Stimmungsschwankungen unterliegen.

3. Motivation
Motivierte Führungskräfte fallen durch einen starken Willen, hohes Engagement und eine hohe Frustrationstoleranz bei Rückschlägen auf. Sie erzielen langfristig Erfolge, weil sie ihre Ziele mit Energie und Ausdauer verfolgen, Herausforderungen suchen und ihre Mitarbeiter animieren, kreative Lösungen zu entwickeln.

4. Empathie
Es ist die Fähigkeit, sich in die Gefühlswelt anderer Menschen hineinzuversetzen und Rücksicht auf ihre Gefühle zu nehmen. Solche Führungskräfte fördern ihre

Mitarbeiter, weil sie ihre Interessen mit berücksichtigen und auf ihre Gefühle und ihre Zielsetzungen eingehen.

5. Soziale Kompetenz
Führungskräfte, die diese Kompetenz aufweisen, können Beziehungen unterhalten und Netzwerke aufbauen. Als erfahrene Teamleiter können sie ihr Team zum Erfolg führen. Für Daniel Goleman ist die emotionale Intelligenz eine Metafähigkeit, die darüber entscheidet, wie man seine sonstigen Fähigkeiten zu nutzen versteht (Goleman 1999).

Direkte und indirekte Botschaften

Ein Mitarbeiter, der es als beschämend empfindet, im Mitarbeitergespräch seinem Vorgesetzten eingestehen zu müssen, daß die gestellte Aufgabe ihn überfordert, wird in der Regel nicht zu seiner Rechtfertigung anführen, daß er nicht über die erforderlichen Fähigkeiten verfügt. Er wird beispielsweise versuchen, die zu knapp bemessenen zeitlichen Ressourcen oder andere Faktoren als Ursachen für sein Problem anzuführen. Seine direkten Botschaften, die Gründe, die er vorbringt, treffen in diesem Fall aber nicht zu. Er setzt sie lediglich ein, um etwas anderes zu bezwecken, z. B. um von seiner eigenen Unsicherheit abzulenken.
Eine Führungskraft, die zwischen direkten und indirekten Botschaften unterscheiden kann, wird versuchen, gemeinsam mit dem Mitarbeiter die Ursachen für aufgetretene Probleme zu finden und durch Nachfragen die Hintergründe für die nicht erfüllte Aufgabe zu erfahren, um anschließend konstruktiv nach Lösungsmöglichkeiten zu suchen.

Typische Fehler beim Sprechen und Zuhören

Gegenseitiges Verstehen, Verständnis und Wertschätzung des anderen sind die Grundlage für jedes Gespräch. Weil Menschen aber nur eine begrenzte Aufnahmefähigkeit besitzen und die Welt überwiegend aus ihrem eigenen Blickwinkel betrachten, empfehlen sich folgende Verhaltensweisen.

Positives Verhalten beim Sprechen:
- eine präzise und genaue Ausdrucksweise benutzen,
- einen in sich logischen Aufbau der Gesprächsinhalte gewährleisten,
- Aussagen machen, die nicht zuviele Aspekte und Gedanken beinhalten, weil kurze Botschaften verständlicher und prägnanter sind,
- auf Weiterreden verzichten, wenn Unsicherheit auftritt,
- die Aufnahmekapazität des Zuhörers berücksichtigen,
- die eigenen Aussagen auf die Sichtweisen und Argumente des Gesprächspartners beziehen,
- angemessene Sprechzeiten für den Gesprächspartner einrichten.

Positives Verhalten beim Zuhören:
- alles anhören, was der Gesprächspartner sagt,
- Zwischenfragen stellen, die den anderen zum Sprechen veranlassen,
- aufmunternde Signale senden, die den anderen animieren, aktiver am Gespräch teilzunehmen,
- Aufmerksamkeit schenken,
- Geduldig zuhören. Lassen Sie den anderen seine Aussagen zu Ende führen, bis Sie sich Ihr Urteil über seine Ausführungen gemacht haben (Der Gesprächspartner hat oft noch mehr mitzuteilen, als Sie glauben).

Meta-Kommunikation

Herr Meier führte wieder ein Mitarbeitergespräch mit Herrn Huber. Er verspürte im Verlauf allmählich ein Unbehagen, weil das Gespräch sich schwierig gestaltete. Die Antworten von Herrn Huber wurden einsilbiger und inhaltlich gehaltloser. Herr Meier konnte nicht ergründen, was genau seinen Mitarbeiter störte, und war auch nicht mehr gewillt, das Gespräch auf diese Art und Weise weiterzuführen. Er überlegte, wie er diese Situation auflösen könnte.

In Gesprächen kann es notwendig werden, daß die Gesprächspartner sich über den Verlauf der Kommunikation an sich auseinandersetzen. Wenn Menschen darüber reden, wie sie miteinander reden, spricht man von Meta-Kommunikation. Typisch dafür sind Aussagen wie »Ich habe den Eindruck, so wie wir miteinander reden, kommen wir nicht weiter« oder »Lassen Sie uns darüber reden, woran es liegen könnte, daß wir nicht weiterkommen, und wie wir wieder vernünftig weitermachen können«.
Kommunikationsstörungen können geklärt und beseitigt werden, wenn die Kommunikationspartner sie offen ansprechen und auf diese Weise wieder zu einem offenen und konstruktiven Dialog finden. Die Meta-Kommunikation hilft, Kommunikationsschwierigkeiten zu beseitigen und wieder ins Gespräch zu kommen (vgl. Kapitel 8).

Warnsignale im Mitarbeitergespräch

Wenn Sie Mitarbeitergespräche erfolgreich führen wollen, achten Sie darauf, frühzeitig zu erkennen, wenn Mitarbeiter Widerstände zeigen, Verständnisschwierigkeiten haben oder in einen emotionalen Zustand geraten, der das Gespräch beeinträchtigt. Anzeichen dafür lassen sich an sprachlichen und besonders an nonverbalen Signalen erkennen.
Zu den sprachlichen Warnsignalen zählen beispielsweise Gegenargumentationen, Vorwürfe, Polemik, Bagatellisieren, Sachverhalte ins Lächerliche ziehen oder Abschweifen zu belanglosen Themen.

Nonverbale Warnsignale lassen sich z. B. erkennen an Unruhe, Unaufmerksamkeit, Unpünktlichkeit, innerer Emigration, Müdigkeit, Schweigen, geringem oder keinem Blickkontakt sowie unübersehbarem Desinteresse.
Auch bestimmte Haltungen können im Gespräch auf Widerstände und Schwierigkeiten hindeuten, wie Rechthaberei, übertriebene (»schleimige«) Freundlichkeit, Verbergen eigener Empfindungen, starke Anpassung, Sturheit oder die Weigerung, etwas einzusehen.
Wichtig für Sie ist es, solche Signale wahrzunehmen, sie zu akzeptieren und adäquat zu reagieren, beispielsweise durch Metakommunikation, indem Sie Ihre Beobachtungen offen ansprechen: »Ich habe den Eindruck, daß Sie auf meine Einwände nicht eingehen oder sie ironisieren. Woran liegt das? Können Sie diese nicht akzeptieren?«
Widerstände, Schwierigkeiten oder Ängste verhindern eine sachorientierte Kommunikation. Deshalb sollten sie möglichst thematisiert und aufgearbeitet werden.

Gesprächsstörer und Gesprächsförderer

Im folgenden sind die wichtigsten Faktoren, die ein Gespräch positiv oder störend beeinflussen können, aufgeführt:

Gesprächsstörer
Befehlen oder drohen · ungebetene Ratschläge erteilen · ironisieren und spotten · vom Thema ablenken · nur von sich reden · überreden wollen · den Gesprächspartner unterbrechen · abwerten, nicht ernst nehmen · schwierige Sachverhalte herunterspielen · monologisieren · ausfragen · Gegenbehauptungen aufstellen · belehren · nur auf die Sache achten und auf Stimmungen eingehen.

Gesprächsförderer
Akitves zuhören · nachfragen ohne auszufragen · etwas auf den Punkt bringen · Gefühle ansprechen · Anerkennung ausdrücken · Denkanstöße geben · Wertschätzung zeigen · aktive Beteiligung am Gespräch · ausgewogene Gesprächsanteile · Blickkontakt · authentisches Verhalten · gegenseitiger Respekt · ausreden lassen · auf Gefühle und nonverbale Signale achten.

5.5 Grundhaltungen im Gespräch

Das Verhalten der am Gespräch Beteiligten wird von verschiedenen Grundhaltungen bestimmt: Mit welcher Einstellung und inneren Haltung führen sie das Gespräch und pflegen sie die Kommunikation mit dem Gesprächspartner? Thomas A. Harris hat ein Modell entwickelt, das von vier Grundeinstellungen ausgeht, die in einem Gespräch auftreten können (Harris 1975):

Grundeinstellung 1:	Ich bin o. k.	–	Du bist o. k.
Grundeinstellung 2:	Ich bin o. k.	–	Du bist nicht o. k.
Grundeinstellung 3:	Ich bin nicht o. k.	–	Du bist o. k.
Grundeinstellung 4:	Ich bin nicht o. k.	–	Du bist nicht o. k.

Selbstverständlich können je nach gegebenenen Umständen die Einstellungen für ein Gespräch weitere Varianten aufweisen. In kritischen Situationen aber kristallisiert sich in der Regel eine der vier Grundhaltungen heraus.

Ich bin o. k. – Du bist o. k.

Die Grundaussage bei dieser Einstellung lautet: »Ich akzeptiere mich, wie ich bin und auch Dich, so wie Du bist.«

In diesem Fall handelt es sich um eine positive und partnerschaftliche Grundhaltung, die sich außerordentlich vorteilhaft auf die Kommunikation und Zusammenarbeit auswirkt. Ein Vorgesetzter mit dieser Einstellung bringt allen Mitarbeitern die gleiche Wertschätzung und Bedeutung entgegen, fühlt sich entsprechend den anderen gegenüber weder über- noch unterlegen. Er weiß, daß auch er Fehler hat und gesteht anderen ebenfalls Fehler zu. Das bedeutet aber nicht, daß er mit seinem eigenen Verhalten oder den Verhaltensweisen anderer immer einverstanden sein muß!

Diese Grundhaltung ist am besten für das Mitarbeitergespräch geeignet, weil sie ermöglicht, Inhalte und Ziele offen, vertrauensvoll und konstruktiv zu formulieren sowie Vereinbarungen zu treffen. Die Führungskraft orientiert sich an ihren Mitarbeitern, deren Meinung und deren Gespür für die richtige Entscheidung oder Vereinbarung. Auch wenn der Mitarbeiter andere Wertvorstellungen hat und andere Verhaltensweisen zeigt, wird er dennoch als Mensch mit eigenen Bedürfnissen akzeptiert. In Konfliktsituationen werden Meinungsverschiedenheiten möglichst sach- und lösungsorientiert ausgeräumt.

Ich bin o. k. – Du bist nicht o. k.

In diesem Fall lautet die Grundaussage: »Ich akzeptiere mich, wie ich bin, Dich aber nicht.«

Im Gegensatz zur vorangehend erwähnten Grundeinstellung liegt hier ein Überlegenheitsgefühl gegenüber dem Gesprächspartner vor. Diese vermeintliche Überlegenheit wird anderen nicht nur offen gezeigt, sie wird auch durch ungebetene Hilfestellung zum Ausdruck gebracht oder durch Übernahme von zusätzlicher Verantwortung, auch wenn sie nicht in den eigentlichen Zuständigkeitsbereich fällt. Ursachen für Schwierigkeiten werden im Gespräch grundsätzlich beim anderen gesehen.

Eine Führungskraft, die sich überlegen fühlt, glaubt von vornherein zu wissen, was der Mitarbeiter will. Sie versteht es, sich im Gespräch meist sehr vorteilhaft darzustellen. Ein solches Verhalten kann sich jedoch als schädlich erweisen, wenn es darum geht, angemessene Ergebnisse und sachgerechte Lösungen zu ermitteln, weil der Vorgesetzte sein Hauptaugenmerk auf die eigenen Vorstellungen richtet. Er nimmt Aspekte anderer nicht ernst und hat kein Vertrauen in ihre Kompetenzen. Im Sinne der Selbsterfüllenden Prophezeiung (vgl. Kapitel 6) verstärkt diese Verhaltensweise des Vorgesetzten die Unsicherheit bei seinen Mitarbeitern, gleichzeitig sinkt sein Vertrauen in ihre Fähigkeiten. Zwangsläufig fällt es ihm schwer, den Mitarbeitern auch anspruchsvolle Aufgaben zu übertragen, ihre Potentiale zu fördern und damit ihr Selbstvertrauen zu stärken.

Ich bin nicht o. k. – Du bist o. k.

Hier liegt folgende Grundaussage vor: »Ich kann mich nicht so annehmen, wie ich bin, Dich aber akzeptiere ich.«

Menschen mit dieser Einstellung fühlen sich anderen gegenüber unterlegen, in bestimmten Situationen sogar schwach oder hilflos ausgeliefert. Aufgrund ihres mangelnden Selbstvertrauens gehen sie Problemen lieber aus dem Weg oder geben schnell auf, wenn sie mit Schwierigkeiten konfrontiert werden.

Das Gespräch wird von vornherein aus der Position des Unterlegenen heraus geführt. Neigt eine Führungskraft in schwierigen Situationen zu dieser Grundhaltung, ist sie oft zu weitreichenden Zugeständnissen bereit, weil sie die eigene Position zu wenig ernst nimmt. Die Steuerung des Gesprächsverlaufs überläßt sie lieber dem anderen.

Da Menschen mit dieser Grundhaltung ein hohes Bedürfnis nach Anerkennung und Zuwendung besitzen, bemühen sich derart veranlagte Führungskräfte sehr stark um die Gunst ihrer Mitarbeiter, weil sie immer wieder Bestätigung brauchen.

Ich bin nicht o. k. – Du bist nicht o. k.

Die letzte Grundaussage lautet: »Ich kann mich nicht akzeptieren, Dich auch nicht.«

Wer diese Grundeinstellung einnimmt, mißt weder sich noch anderen einen besonderen Wert bei. Er kann dem Leben im Grunde genommen keinen oder nur wenig Sinn abgewinnen. Im Gegenteil, es ist bestimmt von Sinnlosigkeit oder einer Verzweiflung, die meist nicht offen zur Schau getragen wird. Mit dieser negativen Selbsteinschätzung geht ein Minderwertigkeitsgefühl einher. Da solche Personen sich selbst nicht akzeptieren können, von anderen aber auch nichts annehmen wollen, sind Gespräche mit ihnen geprägt von Ablehnung, Abgrenzung und Zurückweisung.

Führungskräfte mit dieser Grundhaltung nehmen ihre eigenen Ziele und Absichten nicht besonders ernst. Von ihnen geführte Mitarbeitergespräche zeichnen sich dadurch aus, daß beide Seiten mit wenig Aufmerksamkeit bei der Sache sind. Konstruktives Feedback oder aufbauende Signale fehlen. Die Gespräche hinterlassen bei den Beteiligten meist ein Gefühl der Leere, die Ergebnisse fallen mäßig aus.

Konsequenz der Grundhaltungen auf das Mitarbeitergespräch

Alle Menschen haben aufgrund ihrer Anlagen, ihrer Sozialisation und Erziehung eine Grundhaltung zum Leben, die auch ihr Verhalten prägt. Trotzdem können sich in bestimmten Situationen diese Grundeinstellungen verändern. Beispielsweise dann, wenn eine selbstbewußte Führungskraft, die sonst eine positive und wertschätzende Haltung gegenüber ihren Mitarbeitern aufweist, bei bestimmten Personen in die Position »Ich bin nicht o. k., Du bist o. k.« verfallen, weil diese Merkmale aufweisen, die unbewußt an Personen aus der Vergangenheit erinnern, zum Beispiel an Lehrer. Diese Erinnerungen können Verhaltensweisen hervorrufen, die von Assoziationen mit den früheren Personen bestimmt sind.
Die Grundhaltung »Ich bin o. k. – Du bist o. k.« ist am besten geeignet für erfolgreiche, positive Mitarbeitergespräche. Achten Sie deshalb vor und während des Gesprächs darauf, welche Einstellung Sie dem Partner gegenüber haben. Überlegen Sie, um Fehleinschätzungen vorzubeugen, welche seiner Eigenschaften und Verhaltensweisen zu dieser Einstellung geführt haben.
Sollten Sie feststellen, daß Ihre Haltung gegenüber einem Mitarbeiter sehr ablehnend ist, überprüfen Sie, inwieweit sie durch eindeutige Fakten definiert ist oder ob die Ursache nicht in einem eher diffusen, persönlichen Unbehagen begründet ist. Sollte letzteres der Fall sein, ist es hilfreich, bei dieser Person für sich allein zunächst einmal eine Bilanz über ihre positiven und negativen Merkmale zu ziehen, um die arbeitsbezogenen Sachverhalte deutlicher herauszustellen.

5.6 Emotionale Erwartungen beim Mitarbeitergespräch

Jeder Mensch hat spezielle Empfindungen, Bedürfnisse, Interessen oder Erwartungen. Deshalb ist im Mitarbeitergespräch die Aufmerksamkeit des Mitarbeiters nur zum Teil auf den inhaltlichen Aspekt gerichtet. Fragen wie »Nimmt mein Chef mich ernst?«, »Werde ich respektiert?«, »Ist er mit mir zufrieden?« oder »Wie schätzt er mich ein?« beschäftigen ihn und wirken sich auf die Qualität und den Ablauf des Gesprächs aus.
Solche Erwartungen lassen sich in zwei Gruppen unterteilen:

Auf die eigene Person bezogene Erwartungen
Der Mitarbeiter möchte fair und gerecht behandelt, in seiner Individualität respektiert und geachtet werden, Anerkennung erhalten und im Gespräch angemessen zu Wort kommen.

Auf die Arbeitsleistung bezogene Erwartungen
Hier will der Mitarbeiter wissen, wie der Vorgesetzte seine Leistung und sein Verhalten beurteilt und welche Fähigkeiten, Kompetenzen und Kenntnisse er in Zu-

kunft erwartet. Der Mitarbeiter möchte spüren, daß er ein wichtiger Bestandteil des Unternehmens ist, der seinen Teil zum Gesamterfolg beiträgt.

Konsequenzen für das Mitarbeitergespräch

Welche Konsequenzen können Führungskräfte aus den bisher beschriebenen Erkenntnissen der Kommunikationsforschung für das Mitarbeitergespräch ziehen? Neben inhaltlichen Aspekten, wie der Besprechung von Zielen oder Aufgaben, hat das Mitarbeitergespräch auch die Funktion, den Kontakt mit dem Mitarbeiter zu pflegen und ein offenes, vertrauensvolles Verhältnis aufzubauen. Dadurch wird eine ehrliche und konstruktive Zusammenarbeit möglich. Führen Sie deshalb Ihre Gespräche nicht nur aufgaben- und zielorientiert, sondern auch mitarbeiterorientiert.

Nehmen Sie sich ausreichend Zeit für das Gespräch. Vorgesetzte glauben häufig, daß sie lange genug mit ihren Mitarbeitern sprechen, diese wiederum bemängeln oft, daß genau das Gegenteil der Fall sei.

Voraussetzung für eine erfolgreiche Kommunikation ist, daß Führungskräfte

- sich verantwortlich für die Inhalte des Gesprächs, seine Struktur und den Ablauf fühlen,
- Signale des Gesprächspartners wahrnehmen und ansprechen,
- mit Mißverständnissen umgehen können,
- sich in den Gesprächspartner hineinversetzen,
- Kontakt herstellen und halten können.

Signale für eine gelungene Kommunikation

Die oben beschriebenen Faktoren helfen, die Kommunikation positiv zu beinflussen. Wenn sie im Gespräch berücksichtigt werden, stellt sich folgendes Szenario ein:

- Die Gesprächspartner sprechen Probleme und Konflikte direkt an und können ihre Meinung offen vertreten.
- Die Gesprächspartner gestehen sich Pausen und Bedenkzeit zu, ihre Umgangsweise ist locker und entspannt.
- Gefühle werden angesprochen, man nimmt sich Zeit füreinander.
- Kritik wird akzeptiert und nicht abgewehrt.
- Beide Parteien übernehmen die Verantwortung für das Gespräch und die Ergebnisse.
- Beide Gesprächspartner spielen mit »offenen Karten« und pflegen einen ehrlichen und authentischen Umgang.

Tips für das Mitarbeitergespräch

Folgende Tips helfen Ihnen, die Erkenntnisse der Kommunikationsforschung auf das Mitarbeitergespräch zu übertragen:

- Sorgen Sie zu Beginn des Gesprächs für eine angenehme Gesprächsatmosphäre, indem Sie sich beispielsweise beim Mitarbeiter dafür bedanken, daß er sich die Zeit für Sie genommen hat, indem Sie ihm ein Getränk anbieten oder sich nach seinem Wohlbefinden erkundigen. Sind Sie über ihn verärgert oder müssen mit ihm ein fälliges Kritikgespräch führen, kommen Sie besser gleich zur Sache. Es würde den Mitarbeiter eher verwirren, wenn Sie zunächst »um den heißen Brei herumreden«, denn er spürt Ihre Stimmungslage.
- Beginnen Sie das Mitarbeitergespräch, indem Sie den inhaltlichen und zeitlichen Rahmen festlegen und die zu besprechenden Themen definieren.
- Pflegen Sie intensiven Blickkontakt.
- Zeigen Sie insbesondere dann Ihr persönliches Interesse, wenn Probleme Ihres Mitarbeiters angesprochen werden.
- Bekunden Sie Ihr Interesse, Respekt und Wertschätzung, indem Sie sich mit den Argumenten des Gesprächspartners auseinandersetzen, sich für seine Anliegen Zeit nehmen und ihn spüren lassen, daß Ihnen seine Anliegen wichtig sind.
- Seien Sie ein guter Zuhörer. Zuhören bedeutet Zuwendung. Lassen Sie den anderen spüren, daß Sie für ihn ein »offenes Ohr« haben.
- Beobachten Sie die nonverbalen Signale Ihres Gesprächspartners. Sie geben Aufschlüsse über seine Empfindungen, die für das Gespräch wichtig sein können.
- Stellen Sie sich auf Verhaltensweisen ein, die Sie beim Gesprächspartner erkennen. Eine »gleiche Wellenlänge« erzeugt gegenseitige Sympathie.
- Lassen Sie sich durch irritierende Verhaltensweisen nicht verunsichern, nutzen Sie diese als nützliche und wertvolle Informationen.
- Stellen Sie, wenn nötig, Gegenfragen. Oft erhalten Sie nur auf diese Weise hinlängliche Antworten.
- Fassen Sie Gemeinsamkeiten zusammen.

Haben Sie keine Scheu, sich mit Ihrer ganzen Person in das Gespräch einzubringen, indem Sie auch Ihre Gefühle und Wünsche ansprechen und gleichermaßen auf die Emotionen Ihres Gesprächspartners eingehen. Sie müssen sich nicht als perfekt darstellen, gestehen Sie sich ruhig ein, daß Sie sich auch einmal irren können.

Das Wichtigste in Kürze

☞ Der Managementberater Peter F. Drucker stellt fest: »Management ist Kommunikation« und führt einen Großteil der Schwierigkeiten und Fehler im beruflichen Alltag auf Kommunikationsprobleme zurück.
Solche Störungen können verschiedene Ursachen haben. Da die Kommunikation beispielsweise auf verschiedenen Ebenen stattfindet, kann eine Diskussion

durch die Gefühlslage der Gesprächspartner bestimmt werden, die sachliche Ebene wird von der emotionalen Ebene überlagert. Aus diesem Grunde empfiehlt es sich, im Gespräch die Stimmungslage des anderen zu berücksichtigen und auf sie einzugehen.

☞ Jede Aussage kann unterschiedlich interpretiert werden. Mißverständnisse sind zu erwarten, wenn die Gesprächspartner nicht auf eine klare und eindeutige Kommunikation achten. Denn in der Regel geht jeder davon aus, daß der andere seine Worte so deutet und versteht, wie er sie gemeint hat.

☞ Hinzu kommt, daß im Gespräch viele Informationen nichtsprachlicher Natur sind. Auch die Körpersprache wie Gestik, Mimik, Haltung, Blickkontakt usw. sendet Signale, die vom Gesprächspartner gleichermaßen wahrgenommen und interpretiert werden. Eine positive Aussage kann durch eine gleichzeitige abwertenden Geste einen ganz anderen Sinn bekommen und zu Irritationen führen. Da die Körpersprache in der Regel spontan und nicht vom Willen gesteuert ist, erlaubt sie einen Vergleich der sprachlich-inhaltlichen Botschaften mit den »wahren« emotionalen Botschaften.

☞ Im Gegensatz zur Körpersprache, die häufig unbewußt geschieht, werden indirekte Botschaften bewußt eingesetzt, um beispielsweise von den eigentlichen Ursachen für aufgetretene Probleme abzulenken. Sie dienen sozusagen als »Ausweichmanöver«, um vom Thema abzulenken.

☞ Eine Führungskraft, die weiß, welche Einflußfaktoren die Kommunikation mitbestimmen, kann im Mitarbeitergespräch die verbalen und nonverbalen Signale deuten und adäquat auf den Mitarbeiter eingehen. Eine bewährte Methode, aufgetretene Kommunikationsstörungen zu beseitigen, ist die Verlagerung des Gesprächs auf die Meta-Ebene. Hier unterhalten sich die Gesprächspartner darüber, wie sie ihren Dialog bewerten und ihn verbessern können.

☞ Es gibt verschiedene Signale, die auf einen erfolgreichen Gesprächsverlauf hindeuten. Zu diesen zählen beispielsweise, daß Gefühle angesprochen werden, die Atmosphäre und die Umgangsweise angenehm und locker sind, Ergebnisse schnell erreicht und Probleme direkt angesprochen werden.

Mehr zu diesem Thema

Bußmann, N.: *Störfall Kommunikation*, in: Manager Seminare 29/1997.

Cooper, R. K./Sawaf, A.: *Emotionale Intelligenz für Manager*, München 1997.

Gehm, T.: *Kommunikation im Beruf. Hintergründe, Hilfen, Strategien*, Weinheim und Basel 1997.

Goleman, D.: *Emotionale Intelligenz*, München 1996.

Goleman, D.: »Emotionale Intelligenz – zum Führen unerläßlich«, in: *Harvard Business Manager* 3/1999.

Harris, T. A.: *Ich bin o. k. Du bist o. k. Wie wir uns selbst besser verstehen und unsere Einstellung zu anderen verändern können. Eine Einführung in die Transaktionsanalyse*, Hamburg 1975.

O'Connor, J./Seymour, J.: *Neurolinguistisches Programmieren: Gelungene Kommunikation und persönliche Entfaltung*, Freiburg 1996.
Saul, S.: *Führen durch Kommunikation. Gespräche mit Mitarbeiterinnen und Mitarbeitern*, Weinheim und Basel 1993.
Schulz von Thun, F.: *Miteinander reden 1. Störungen und Klärungen*, Reinbek bei Hamburg 1981.
Schulz von Thun, F.: *Miteinander reden 2. Stile, Werte und Persönlichkeitsentwicklung*, Reinbek bei Hamburg 1989.
Watzlawik, P./Beavin, J. H./Jackson, D. D.: *Menschliche Kommunikation*, Bern/Stuttgart 1990.

6 Wahrnehmung und Bewertung

Darum geht es ...

Wie kommt es, daß zwei Menschen ein- und denselben Vorgang vollkommen unterschiedich beschreiben oder bewerten?

Wodurch wird ihre Wahrnehmung beeinflußt?

Wie wirkt sich die unterschiedliche Wahrnehmung auf den Berufsalltag aus?

Wie können sich Führungskräfte im Mitarbeitergespräch gegen negative Folgen der subjektiven Wahrnehmungsmuster wappnen?

Dieses Kapitel beschreibt:

- die Funktionsweise der Wahrnehmung,
- warum im betrieblichen Alltag unterschiedliche Sichtweisen aufkommen,
- die häufigsten Wahrnehmungsverzerrungen,
- Möglichkeiten, die eigene Wahrnehmung zu verbessern.

Für heute haben Sie ein Gespräch mit Ihrem Mitarbeiter Klaus Barthel vorgemerkt. Sie hatten Herrn Barthel beauftragt, die neueingestellte Mitarbeiterin Karin Baumann einzuarbeiten und in ihrer Probezeit zu betreuen, weil sie auch künftig ihm unterstellt sein soll. Nun wollen Sie von ihm erfahren, wie er die Leistungen von Frau Baumann einschätzt und ob sie ihre Probezeit erfolgreich absolvieren wird.

Bislang hatten Sie einen guten Eindruck von der neuen Mitarbeiterin. Sie hat ihre Aufgaben nicht nur pünktlich und sorgfältig erledigt, Ihnen fiel auch auf, daß sie viele neue Ideen einbrachte. Ihre Vorgehensweise war zwar manchmal unkonventionell, aber die Ergebnisse sprachen für sich. Zudem gab es keine Kundenbeschwerden, und auch ihre Kollegen haben sich anerkennend über sie geäußert. Ihrer Meinung nach sprach alles dafür, Frau Baumann nach der Probezeit zu übernehmen.

Um so erstaunter sind Sie, als Herr Barthel Ihnen mitteilt, daß er mit Frau Baumann Schwierigkeiten hat. Sicher sei an ihren Leistungen nichts auszusetzen, aber er könne sich eine Zusammenarbeit mit ihr nur schwer vorstellen. Als Sie ihn nach den Gründen fragen, beschwert er sich darüber, daß ihr Arbeitsplatz ein »reines Chaos« sei und sie offenbar nichts von Ordnung halte. Sie würde alles durcheinanderbringen, weil ihre Art zu arbeiten unstrukturiert sei. Auch ihre Pünktlichkeit ließe zu wünschen übrig. Mal ginge sie früher, wenn ihre Arbeit erledigt ist, andere Male bliebe sie bis zum Abend. Er habe sie zum wiederholten Male darauf angesprochen, aber offenbar nehme sie ihn nicht ernst. Typisch Frau eben.

Sie wundern sich, daß Herr Barthel und Sie Frau Baumann unterschiedlich wahrnehmen. Sie fragen sich, wie Sie nun entscheiden sollen. Ihrer Meinung nach ist Frau Baumann eine Bereicherung für Ihre Abteilung, Herr Barthel sieht das aber anders.

6.1 Wie wird die Wirklichkeit wahrgenommen?

Sie haben sicher auch schon Gespräche erlebt, die sich durch gegenseitiges Unverständnis zwischen Ihnen und Ihrem Gesprächspartner auszeichneten. In solchen Situationen ist man erstaunt, vielleicht sogar entrüstet über die vermeintliche Andersartigkeit des anderen, weil sich seine Wahrnehmungen von den eigenen erheblich unterscheiden.

Jeder Mensch nimmt die Wirklichkeit subjektiv wahr. Er mißt den vielen gewonnenen Eindrücken und Beobachtungen unterschiedliche Bedeutung bei und ordnet sie in sein persönliches Wertesystem ein. Mit anderen Worten: Er konstruiert seine eigene, individuelle Realität.

Ein Landwirt beispielsweise nimmt in der Natur andere Dinge wahr als ein Erholungssuchender, der seinen Urlaub auf dem Bauernhof verbringt. Verhaltensweisen der eigenen Kinder werden meist anders gesehen und bewertet als die von Kindern anderer.

Sowohl die eigenen Empfindungen als auch Geschehnisse um uns herum werden gefiltert aufgenommen. Ähnlich wie beim Fotografieren blendet der Betrachter nach seinem individuellen Wahrnehmungsmuster Teile ein und aus, vergrößert oder verkleinert den Winkel, variiert die Schärfe der Farben oder wechselt seinen Standort. Die derart vorgefilterten Eindrücke nimmt er auf und interpretiert sie anschließend. Als erstes ordnet er die wahrgenommenen Informationen in ein bekanntes Raster aus vertrauten Mustern und Erfahrungen ein und paßt sie seinem Weltbild an. Stimmt das Wahrgenommene nicht mit diesem Weltbild überein, behilft er sich mit leichten Ergänzungen und Veränderungen an den empfangenen Informationen. Verwirrung kommt dagegen auf, wenn diese neuen Informationen mit den eigenen Wertvorstellungen und Erfahrungen überhaupt nicht mehr übereinstimmen. Die Konfrontation mit Neuem und Ungewohntem führt zwangsläufig zu einem Lern- und Veränderungsprozeß, weil neue Erklärungen und Handlungsmuster für diese bis dahin unbekannte und neue Situation entwickelt werden müssen. Diese subjektive und selektive Wahrnehmung der Umwelt beeinflußt direkt auch das menschliche Verhalten.
Führungskräfte müssen sich, da sie Verantwortung für andere tragen, darüber bewußt sein, daß ihr Wirklichkeitsbild und damit auch ihre Meinung über ihre Mitarbeiter und die geleistete Arbeit nur begrenzt gültig sind.

Verschiedene Blickwinkel

Wenn Sie als Führungskraft einvernehmlich mit Ihren Mitarbeitern zusammenarbeiten wollen, z. B. bei gemeinsam zu treffenden Zielvereinbarungen, kommen Sie nicht daran vorbei, sich auch mit den Bildern und Vorstellungen über die Arbeitswirklichkeit aus ihrem Blickwinkel auseinanderzusetzen. Die aus unterschiedlichen Betrachtungsweisen gewonnenen Annahmen, Ansichten und Vorurteile prägen das Verhalten und die Handlungsweise jedes einzelnen und wirken sich somit auch auf Sie, Ihre Mitarbeiter und das gesamte Unternehmen aus. Die jeweiligen Vorstellungen über die Wirklichkeit stehen in einer ständigen Wechselbeziehung zueinander und beeinflussen sich gegenseitig.
Je nach Interpretation der aufgenommenen Informationen fallen die Reaktionen auf Beobachtungen oder Ereignisse unterschiedlich aus. Ein Beispiel: Zwei Mitarbeiter stellen ihrem Vorgesetzten die gleiche Verständnisfrage zu einem bestimmten Sachverhalt. Die Führungskraft hält einen der beiden für sehr qualifiziert und kompetent, die Fähigkeiten und das Potential des anderen dagegen schätzt sie eher gering ein. Tendenziell nimmt der Vorgesetzte die Frage des in seinen Augen kompetenteren Mitarbeiters positiv auf. Er interpretiert sie als Nachfrage zum besseren Verständnis oder als Beitrag für neue Anregungen. Bei dem anderen Mitarbeiter deutet er dieselbe Frage dagegen eher so: »Er hat es wieder einmal nicht verstanden«. Je nach subjektiver Bewertung wird der Vorgesetzte auf ein und dieselbe Frage unterschiedlich reagieren und antworten.

Das menschliche Verhalten und Handeln ist geprägt von Vorstellungen und Assoziationen, die jeder einzelne zu einer Sicht der Welt verbindet. Wohin sich die Aufmerksamkeit des einzelnen richtet, hängt ab von den individuellen Interessen, Gefühlen, Vorurteilen, Wertesystemen und Einstellungen. Da nicht alle Eindrücke auf einmal verarbeitet werden können, reduziert sich der Blickwinkel auf besondere Merkmale und Eigenschaften, die eine Bewertung ermöglichen und die Einordnung des Wahrgenommenen in ein Gesamtbild erleichtern. So nimmt jeder die Umwelt durch seine »persönliche Brille« wahr und stellt die so vorgefilterten Informationen seinen bisherigen Erfahrungen, Überzeugungen und Maßstäben gegenüber. Die daraus resultierenden Bewertungen und Gefühle steuern, regeln und bestimmen die Entscheidungen und das Verhalten im täglichen Leben und somit auch die Verhaltensweisen von Vorgesetzten im Führungsalltag.

Eine gemeinsame Sicht der Dinge: Die Voraussetzung für gemeinsames Handeln

Viele Konflikte entstehen, weil die eigene Sicht der Dinge zur absoluten Wirklichkeit erhoben wird. Ein einvernehmliches Handeln und Vorgehen kann deshalb nur erreicht werden, wenn sich die Beteiligten auf eine gemeinsame Sicht der Dinge einigen. Nur so kann es gelingen, die vorhandene Mehrdeutigkeit in Eindeutigkeit umzuformen.

Eine gemeinsame Betrachtungsweise und ein besseres gegenseitiges Verständnis im Berufsleben können nur unter der Voraussetzung erreicht werden, daß die Beteiligten ihrem Gegenüber zuhören und gezielt Fragen stellen. Je offener und unvoreingenommener Sie im beruflichen Alltag mit Ihren Mitarbeitern diskutieren, um so leichter werden Sie mit ihnen eine Einigung erzielen.

Wenn Sie als Vorgesetzter im Gespräch Sachverhalte nur aus Ihrer Sicht bewerten und Entscheidungen treffen, ohne die Meinung des Mitarbeiters in Ihre Überlegungen mit einzubeziehen, wird er, auch wenn er anderer Meinung ist, Ihre Entscheidungen möglicherweise zunächst einmal hinnehmen und ausführen. Sie müssen aber damit rechnen, daß er, ob bewußt oder unbewußt, Ihre Anweisungen halbherzig umsetzen oder möglicherweise sogar blockieren wird, weil er von der ihm übertragenen Aufgabe nicht überzeugt ist. Es kann passieren, daß er seine Arbeit demotiviert verrichtet, »Trotzverhalten« an den Tag legt, Anweisungen verweigert oder Informationen nicht weiterleitet. Somit haben Sie nicht nur den Arbeitsablauf erschwert, sondern auch die Chance vertan, aus der Meinung des Gesprächspartners neue Erkenntnisse zu erlangen und eine alternative Sicht der Dinge zu entwickeln.

Funktionsweise der Wahrnehmung

Der Begriff »Wahrnehmen« drückt bereits in der wörtlichen Bedeutung aus, daß es darum geht, etwas für »wahr«, also richtig zu »nehmen«. Es handelt sich hierbei um einen Prozeß, in dem der Wahrnehmende Reize aus der Außenwelt aufnimmt, selektiert, interpretiert und bewertet. Wahrnehmung ist somit eine aktive Handlung, ein Vorgang, mit dem Menschen ihre eigene Wirklichkeit konstruieren.
Jeder kann lediglich aus seiner Perspektive Aussagen über die Bedeutung dessen, was er wahrnimmt, machen. Seine Wahrnehmung teilt ihm mit, was für ihn Realität ist oder ihm als solche erscheint.
Anders ausgedrückt, er erfährt durch seine Wahrnehmung nicht nur etwas über das betrachtete Objekt, sondern erhält gleichzeitig Informationen über sich und seine eigenen Deutungsmuster.
Daraus ergibt sich, daß ein und dasselbe Ereignis von verschiedenen Menschen unterschiedlich wahrgenommen wird. Dies läßt sich allein schon daran erkennen, daß zwei Menschen denselben Gegenstand unterschiedlich beschreiben, wenn sie getrennt voneinander befragt werden. Der eine legt bei seiner Beobachtung beispielsweise mehr Wert auf Farbe und Form, der andere dagegen auf die Größe und Funktion. Beide nehmen selektiv das wahr, was ihnen wichtig erscheint. Einigen sie sich jedoch auf bestimmte Wahrnehmungskriterien, haben sie gute Chancen, ähnliche Wahrnehmungen zu erreichen, beispielsweise durch die Vorgabe, zuerst die Farbe, dann die Form, Funktion usw. zu beschreiben.

Begrenzte Sichtweisen

Anatomisch betrachtet bilden die fünf Sinne (Sehen, Hören, Riechen, Schmecken, Fühlen) die Schnittstelle zwischen der Innen- und der Außenwelt des Menschen. Sie ermöglichen ihm aber nur eine eingeschränkte Wahrnehmung der Wirklichkeit. Zu diesem natürlichen Filtersystem der Sinne kommt noch ein weiteres hinzu, der sogenannte psychologische bzw. gesellschaftliche Filter. Er selektiert unter anderem die Werte und Normen, die im Laufe der persönlichen Entwicklung gelernt und akzeptiert werden. Dieser Filter ist abhängig von den Einflüssen des direkten sozialen Umfelds, wie dem Elternhaus, der Erziehung, den Umgangsformen oder der Kultur. Solche Einflußfaktoren prägen die Wahrnehmung des Menschen entscheidend. Sie sind beispielsweise ausschlaggebend dafür, daß man auf unterschiedliche Merkmale achtet, wenn man einen Menschen kennenlernt. Wen kann man »riechen«, wen nicht? Gleiches gilt für die Wahrnehmung der Aussagen eines Gesprächspartners: Sind es Wahrnehmungen, die von Fakten oder von Empfindungen beeinflußt sind? Sind die Aussagen des anderen nachvollziehbar oder erscheinen sie zunächst so fremdartig, daß eine Fortsetzung des Gesprächs abgelehnt wird? Viele dieser Mechanismen laufen automatisch ab, so daß ihr Einfluß auf die Wahrnehmung überhaupt nicht registriert wird.

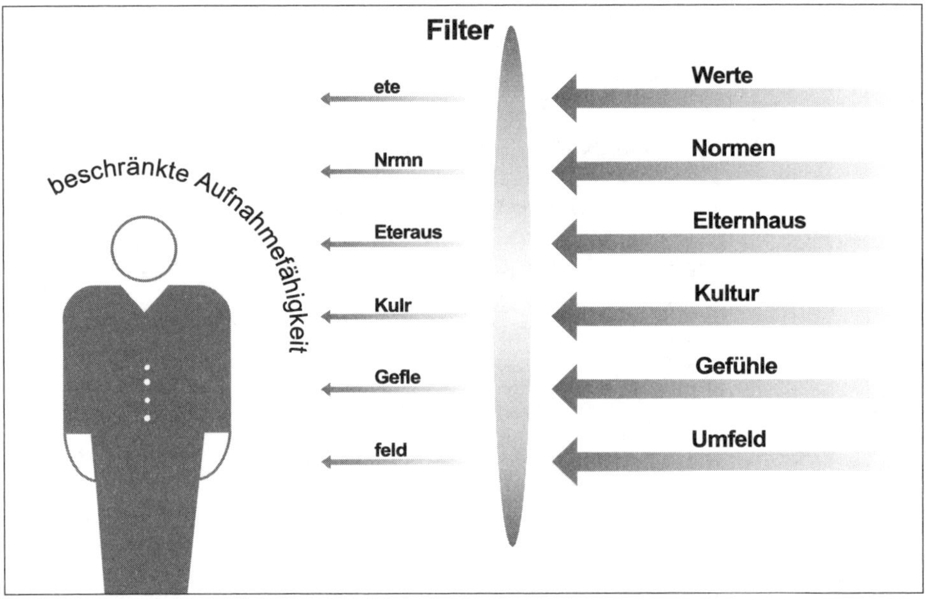

Abb. 7: Filter der Wahrnehmung

Neben dem natürlichen und dem psychologischen, gesellschaftlichen Filter beeinflussen auch Gefühle wie Angst, Freude, Euphorie, Liebe oder Haß die menschliche Wahrnehmung. Verliebte beispielsweise sehen ihren Partner durch eine »rosarote Brille«, Haß dagegen lenkt das Hauptaugenmerk überwiegend auf negative Eigenschaften und führt zu Generalisierungen sowie Verallgemeinerungen von beobachteten Verhaltensweisen.
Ein zusätzlicher Filter entsteht durch die Selektion der Reize (vgl. Abb. 7). Menschen sind nicht in der Lage, alle Reize, die aus ihrer Umgebung auf sie einwirken, aufzunehmen. Sie nehmen eine Auswahl vor, die nicht allein bestimmt ist durch persönliche Erfahrungen, eigene Bedürfnisse und Motive, sondern auch durch die Intensität der Reize. Je häufiger, intensiver und auffälliger ein Reiz ist, um so wahrscheinlicher wird er wahrgenommen.
Auch Organisationen unterscheiden sich voneinander, beispielsweise aufgrund unterschiedlicher interner »Spielregeln«, eigener Wertesysteme, Aufgaben, Strukturen oder Arbeitsweisen. So kann beispielsweise in einem Unternehmen die heterogen zusammengesetzte Belegschaft eine wichtige Rolle spielen, weil sich diese durch Innovation und Kreativität auszeichnet. Ein anderes Unternehmen wird Werte wie lange Anwesenheit am Arbeitsplatz, Fleiß oder Pünktlichkeit über Kreativität und Ideenreichtum stellen, weil es letztgenannte Eigenschaften eher als störend erachtet. Solche Werte und »Spielregeln« prägen natürlich auch die dort beschäftigten Menschen. Führungskräfte benutzen für die Beurteilung von Verhaltensweisen und Fähigkeiten ihrer Mitarbeiter die unternehmensspezifi-

schen Werte und Regeln. Sie laufen jedoch dadurch Gefahr, »betriebsblind« zu werden, wenn es ihnen nicht gelingt, die Dinge auch einmal von außen zu betrachten und die »Unternehmensbrille« abzulegen.
Führungskräfte sollten sich der verschiedenen Ursachen für die Begrenztheit ihrer Wahrnehmung bewußt sein und erkennen, daß die Urteile und Bewertungen, die sie über ihre Mitarbeiter bilden, immer im Zusammenhang mit den jeweiligen Rahmenbedingungen und den eigenen Wertvorstellungen stehen und nicht losgelöst von ihnen vorgenommen werden können. Deshalb sollten Sie als Führungskraft Ihre Wahrnehmungen und Urteile überprüfen, eine Sensibilität gegenüber den eigenen Vorurteilen entwickeln und versuchen, im Zweifel durch Nachfragen, Reflexion und Offenheit den anderen gerecht zu werden.

Subjektive und abgesprochene Wirklichkeit: »Der Sinn von Vereinbarungen«

Unterschiedliche subjektive Wirklichkeiten führen, wie folgendes Beispiel zeigt, zu verschiedenen Empfindungen von gleichen Situationen:

Herr Huber übergab seiner Mitarbeiterin Frau Berger einen Auftrag und bat sie bei dieser Gelegenheit um baldige Abwicklung einer Kundennachfrage mit den Worten: »Erledigen Sie dies bitte baldigst.« Frau Berger verließ beruhigt das Zimmer. Da sie noch sehr dringende Aufgaben erledigen mußte, interpretierte sie die Dringlichkeit als »bald« bzw. »nicht sofort« und ließ sich mit dieser Nachfrage noch etwas Zeit. Umso überraschter war sie, als Herr Huber am nächsten Tag die Abwicklung des Auftrags verärgert anmahnte.

Eine der größten Störungsquellen in der menschlichen Kommunikation ist die unterschiedliche Wahrnehmung und Interpretation von gleichen Situationen. Besteht dagegen eine Grundakzeptanz der unterschiedlichen Sichtweisen, Einsichten oder Emotionen, können Sachverhalte so gesehen und Aufgaben so umgesetzt werden wie vereinbart. Eine »abgesprochene Wirklichkeit« betrachtet die Dinge als sicher und eindeutig. Ein Stuhl bleibt ein Stuhl, hier gibt es keine Mißverständnisse. Hier herrscht eine Übereinkunft, die gesellschaftlich und kulturell abgesprochen und vereinbart ist: »Basis für konstruktives Zusammenarbeiten ist daher die abgesprochene Wirklichkeit« (Pechtl 1989). Angaben wie »baldigst«, »eilig« oder »dringend« verwässern die abgesprochene Wirklichkeit, weil sie für jeden ein anderes Zeitmaß bedeuten können.
Je präziser und genauer Sie daher im Mitarbeitergespräch dafür sorgen, daß die beabsichtigten Ergebnisse und Zeiträume klar definiert werden (»Bis zum Quartalsende ist das Projekt abgewickelt«) und durch verbindliche Vereinbarungen unmißverständlich festlegen, wie das Ergebnis eines Projektes konkret aussehen soll, um so höher ist die Wahrscheinlichkeit, daß Ihr Handeln eine »gemeinsame« Richtung hat. Auf diese Weise erreichen Sie eine abgesprochene Wirklichkeit zwischen Ihnen und Ihren Mitarbeitern.

Diese Vorgehensweise erzeugt nicht nur Verbindlichkeit, sie gibt den Gesprächspartnern auch die Rahmenbedingungen vor, die sie für ein einheitliches Handeln benötigen. Es empfiehlt sich, getroffene Vereinbarungen schriftlich zu fixieren, weil sie sonst im Laufe der Zeit an Schärfe verlieren und zum Teil vergessen werden können. Folgende Regeln helfen Ihnen, im Mitarbeitergespräch abgesprochene Wirklichkeiten zu erzielen:

- Wertschätzende Akzeptanz und Einhaltung von Absprachen: Respektieren Sie die Meinungen und Überzeugungen Ihrer Mitarbeiter, und nehmen Sie Bezug auf ihre Aussagen. Wenn Sie gemeinsam getroffene Vereinbarungen einhalten, schaffen Sie nicht nur Verbindlichkeit und Sicherheit, sondern vermitteln den Mitarbeitern auch Ihre Wertschätzung.
- Akzeptanz und Respekt vor der subjektiven Wirklichkeit des Gesprächspartners: Bei Beachtung dieser Prämissen werden Sie die Sichtweise des Mitarbeiters verstehen lernen und Ihre Gesprächsinhalte und Argumente auf seine Sicht der Dinge zuschneiden können.
- Erarbeitung gemeinsamer Definitionen und Vereinbarungen: Nehmen Sie sich Zeit für die präzise Formulierung von Zielen und anzustrebenden Ergebnissen. Vergewissern Sie sich durch Rückfragen, ob Ihr Mitarbeiter die getroffene Vereinbarung genauso versteht wie Sie.

Schriftlich fixierte Vereinbarungen sind ein wesentlicher Bestandteil für die kooperative, konstruktive und produktive Zusammenarbeit. Sie schützen vor unterschiedlichen Interpretationen und Auslegungen, Verfälschungen und Abweichungen.

6.2 Wahrnehmungsverzerrungen

Jeder macht sich ein eigenes Bild von seinen Mitmenschen. Er fragt sich, was der andere wohl denken mag, was seine Absichten und Eigenschaften sind, versucht, sich in ihn hineinzuversetzen.
Je besser Sie als Führungskraft Ihre Mitarbeiter einschätzen können, um so leichter gelingt es Ihnen, sich auch auf sie einzustellen. Denn bei der Wahrnehmung von Personen entstehen Verzerrungen, die sich auf ihre Bewertung auswirken und somit auch Einfluß auf das Mitarbeitergespräch haben.
Die folgenden Beispiele zeigen für den beruflichen Alltag typische Wahrnehmungsverzerrungen:

Projektionen (Übertragungen)

Vielleicht ist es Ihnen auch schon so ergangen, daß Sie jemandem begegnet sind, der bei Ihnen in irgendeiner Weise Erinnerungen an Personen geweckt hat, die

Sie in der Vergangenheit im Guten oder im Schlechten prägend beeinflußt haben. Solche Erinnerungen können ausgelöst werden durch äußere oder innere Ähnlichkeiten. Plötzlich werden Erinnerungen, Gefühle und Handlungsmuster aus der Vergangenheit wach und in die Gegenwart übertragen. Der andere wird unbewußt mit der Person aus der Vergangenheit, ob Vater, Mutter, Freund, Bekannter, Verwandter, ehemaliger Partner usw., verglichen. Entsprechend werden auch die Verhaltensweisen sowie Empfindungen, Absichten, Einstellungen aus der Vergangenheit auf diesen Menschen projiziert, gleichzeitig wird von ihm erwartet, daß sein Verhalten dem der Person aus der Vergangenheit entspricht.

Herr Huber leitet die Produktion eines Maschinenherstellers. Er wird von seinen Mitarbeitern respektiert und akzeptiert, sie kennen ihn als zielorientierten und konsequenten Vorgesetzten. Störende Faktoren für den betrieblichen Ablauf spricht er bei seinen Mitarbeitern selbstbewußt, direkt und präzise an. Aber bei einem älteren Meister fällt es ihm schwer, so aufzutreten. Dieser Mitarbeiter gibt immer wieder Anlaß zu Kritik, weil er beispielsweise häufig Zusagen nicht einhält, bei ihm wiederholt Unterlagen verschwinden und anderes mehr. Obwohl Herr Huber weiß, welche Punkte er kritisieren und welche Konsequenzen er aufzeigen will, kann er im direkten Gespräch mit diesem Mitarbeiter seinen Standpunkt und seine Kritikpunkte nicht eindeutig vertreten. Im unmittelbaren Kontakt wird er unklar, unpräzise und sehr vorsichtig.
Als er mit einem Freund über diese Situation spricht, wird ihm bewußt, daß dieser Mitarbeiter ihn in seinem Aussehen und Verhalten an seinen Onkel Hans erinnert. Ihm wird klar, daß er sich bislang bei diesem Mitarbeiter unbewußt einer Respektperson gegenübersah und eine Scheu entwickelt hatte, dem »Onkel« offen seine Meinung zu sagen oder ihm sogar Konsequenzen anzudrohen.

Wie das oben aufgeführte Beispiel zeigt, kann in einem Mitarbeitergespräch der Gesprächspartner unbewußt Erinnerungen an eine verwandte Respektsperson wecken. Je nach der Beziehung, die Sie zu dieser Person hatten, sind verschiedene Reaktionen für den weiteren Verlauf des Gesprächs denkbar.
War das Verhältnis angespannt oder zerrüttet, könnte für das Gespräch folgender Grundtenor gelten: »Dem werde ich mal zeigen, wo es langgeht. Er glaubte schon immer, alles besser zu wissen.«
Dagegen können vermeintlicher Respekt oder Angst dazu führen, daß Kritik nur sehr verhalten oder gar nicht geäußert und die Verantwortung für die Situation abgegeben wird.
Paradoxerweise fallen gerade solche Eigenschaften, die man an sich selbst nicht akzeptiert, bei anderen Menschen besonders auf und werden am wenigsten toleriert.
So kann es passieren, daß Sie im Mitarbeitergespräch Ihrem Gesprächspartner mangelndes Interesse am Gespräch vorwerfen, der eigentliche Grund aber in Ihrer eigenen mangelnden Motivation liegt, die Sie auf ihn übertragen. Sie schieben ihm sozusagen unbewußt den »Schwarzen Peter« zu.

Auch der eigene persönliche Hintergrund beeinflußt die Bewertung von Lösungsalternativen für bestimmte Sachverhalte. Bei gleichen betrieblichen Problemen wird der Geschäftsführer nach Maßgabe seines beruflichen Hintergrunds entscheiden. Ein betriebswirtschaftlich denkender Vorgesetzter wird eher die Kostensenkung präferieren, ein technisch orientierter eher auf die Reorganisierung der Produktion oder die Forcierung der Entwicklung abstellen, der vertriebsorientierte Geschäftsführer dagegen absatzorientierte Maßnahmen vorziehen.

Der erste Eindruck und der Halo-Effekt

Der erste Eindruck von einem Menschen ist ausschlaggebend für seine weitere Einschätzung. Beim ersten Kontakt werden Hinweise und Bezugspunkte gesucht, um den anderen in die bisherigen Erfahrungen einzubauen und dabei Unsicherheiten oder Orientierungslosigkeit zu vermeiden.

Frau Fischer, Führungskraft in einem großen Elektrounternehmen, wurde ein neuer Mitarbeiter zugeteilt. Er ist aufgrund betrieblicher Erfordernisse in ihre Abteilung versetzt worden. Für sie stand von vornherein fest, daß Versetzungen meist mit der Aussage »war in der vorherigen Abteilung nicht tragbar« gleichzusetzen sind.
Als Frau Fischer ihrem zukünftigen Mitarbeiter im Flur begegnete, fielen ihr sofort seine schmalen, zusammengepreßten Lippen und sein etwas linkischer Gang auf. Sie wußte sofort: »Dies ist sicherlich ein schwieriger, unzugänglicher Zeitgenosse, schwer zu integrieren und kompliziert.« Schon bei der Begrüßung überlegte sie, auf welche Weise sie ihn wieder »loswerden« könnte.

Jeder versucht bei der ersten Begegnung, sich innerhalb von wenigen Sekunden ein Bild von dem anderen zu machen. Dieses Bild wird durch folgende Faktoren bestimmt:

- Die Beurteilung hängt von der aktuellen Stimmungslage ab und von der vorhandenen Vorinformation.
- Erfahrungen mit Menschen, die dem anderen ähneln, werden auf ihn übertragen.
- Negative äußere Merkmale werden leichter registriert als positive.
- Ein negatives oder positives Merkmal wird verallgemeinert und überlagert in der Folgezeit alle anderen Eigenschaften (»Halo-Effekt«).
- Ist der Eindruck einmal negativ, besteht die Neigung, Merkmale und Eigenschaften zu suchen, die diesen ersten negativen Eindruck bestätigen.
- Der erste Eindruck stellt die Weichen für das weitere Verhalten gegenüber dieser Person.

Deshalb sollten Sie als Führungskraft, wenn Sie einen neuen Mitarbeiter kennenlernen, besonders auf den ersten Eindruck, den Sie gewonnen haben, achten.

Geben Sie ihm die Möglichkeit, sein »wahres Gesicht« zu zeigen und seine tatsächlichen Fähigkeiten unter Beweis zu stellen, indem Sie Ihren ersten Eindruck von ihm zwar bewußt wahrnehmen, aber nicht werten, und im weiteren Gesprächsverlauf offen bleiben für weitere, auch andersartige Eindrücke.

Bezugssysteme

Unser Urteil über Verhaltensweisen anderer wird stark von Bezugssystemen bestimmt. Die Einschätzung über andere Menschen ist abhängig von den Vergleichen, die zu ihnen gezogen werden. Wenn Sie als Führungskraft einen neuen Mitarbeiter an den Fähigkeiten Ihrer erfahrenen »alten Hasen« messen, wird er Ihnen wahrscheinlich als wenig kompetent erscheinen.
Führen Sie dagegen mit diesem Mitarbeiter eine Potentialanalyse durch, bei der er überdurchschnittlich gut abschneidet, werden Sie ihn von vornherein positiv einschätzen und mit anspruchsvollen Aufgaben und Projekten betrauen.
Auch bestimmte Idealvorstellungen können Ihre Wahrnehmung und Bewertung beeinflussen. Ein neuer Mitarbeiter wird häufig mit seinem Vorgänger verglichen. War dieser aufgrund seiner Fähigkeiten und Eigenschaften sehr erfolgreich, hat der »Neue« einen schweren Stand, weil er an den hohen Maßstäben seines Vorgängers gemessen wird. Andere, vielleicht noch wichtigere Fähigkeiten, die er vorweisen kann, werden dann leicht übersehen.

Vorurteile, Kategorien

Menschen neigen dazu, andere in bestimmte Kategorien einzuordnen. Manchmal genügt schon ein Merkmal, z. B. das Geschlecht, für die Assoziation mit bestimmten Eigenschaften und Fähigkeiten:

Dem Abteilungsleiter Klaus Meiser steht ein Mitarbeitergespräch mit Frau Bauer bevor. Er will mit ihr unter anderem die Aufteilung der zukünftigen Aufgaben besprechen und weiß, daß sie gerne im Projektmanagement verantwortungsvolle Tätigkeiten übernehmen möchte. Obwohl er ihre Arbeit sehr schätzt, insbesondere ihren Umgang mit Kunden, fällt es ihm schwer, ihrem Wunsch zu entsprechen. Seiner Auffassung nach erfordert Projektmanagement viel Verständnis für logische Abläufe und die Fähigkeit, Ziele strukturiert, geplant und konsequent zu realisieren. Diese Fähigkeiten traut er ihr nicht zu, er fürchtet, sie könnte sich als Frau bei wichtigen Entscheidungen zu sehr von Gefühlen leiten lassen, und glaubt daher, diese Aufgabe werde sie überfordern. Er befürchtet auch, die Kollegen würden nicht akzeptieren, daß eine Frau diesen Posten übernimmt.

Weil es nicht möglich ist, den anderen »auf Anhieb« in seiner vollen Komplexität zu erfassen, versucht man, die Zuordnung auf wesentliche Merkmale zu reduzieren. Diese Merkmale unterliegen dem Einfluß der wahrnehmenden Person. Wählen Sie deshalb Ihre Vergleichsmerkmale vorsichtig aus, damit Sie sich und Ihren Mitarbeitern gerecht werden können. Treffen Sie diese Auswahl bewußt und hinterfragen Sie Ihre dabei gewonnenen Eindrücke.

Wertesystem und Weltbild

Jeder besitzt sein eigenes Weltbild und individuelle Wertvorstellungen, die ihn prägen und sein Bild über den Gesprächspartner beeinflussen.

Herr Schmidt kam heute gut zehn Minuten zu spät zur Arbeit. Da er den Tag zuvor wegen der Abwicklung eines wichtigen Auftrags bis spät abends im Büro geblieben war, fand er dieses Zuspätkommen selbstverständlich. Er ging von dem Motto aus: »Komme ich der Firma entgegen, kann sie mir auch ein bißchen entgegenkommen.« Daher überraschte es ihn, daß er kurze Zeit später zu seinem Vorgesetzten zitiert wurde. In einem kurzen Kritikgespräch äußerte dieser nicht nur sein Mißfallen über das Zuspätkommen, sondern stellte bei dieser Gelegenheit die Arbeitsmotivation und Leistungsbereitschaft Herrn Schmidts grundsätzlich in Frage. Herr Schmidt war sehr verärgert darüber und beschloß, künftig nur noch »Dienst nach Vorschrift« zu machen.

Ist z. B. die Eigenschaft »Pünktlichkeit« in der persönlichen Wertehierarchie des Vorgesetzten und des Unternehmens ganz oben angesiedelt, sind die Erwartungen in dieser Beziehung sehr hoch. Verhaltensweisen wie Unpünktlichkeit oder Unzuverlässigkeit werden genau registriert. Wer sich verspätet, wird generell als unzuverlässig und unverbindlich eingeschätzt und für einen Mitarbeiter gehalten, der seine Aufgaben nicht besonders ernst nimmt. Dabei besteht die Gefahr, daß andere Qualitäten dieser Person nicht oder nur in geringem Maße wahrgenommen werden. Es fallen nur solche Eigenschaften auf, die in das eigene Weltbild und Wertesystem passen, sie werden besonders intensiv wahrgenommen und überlagern die anderen Fähigkeiten.

Die »Selbsterfüllende Prophezeiung« und ihr Nutzen

Erfolgreiche Führungskräfte zeichnen sich durch ihr großes Vertrauen in die Leistungsfähigkeit und in das Potential ihrer Mitarbeiter aus. Mit diesem Vertrauensbonus können Vorgesetzte, wie das unten angeführte Beispiel zeigt, hohe Erwartungen an ihre Mitarbeiter stellen und ihnen anspruchsvolle Aufgaben übertragen.

Herr Babel nahm sich viel Zeit für die Einarbeitung seiner neuen Mitarbeiterin Frau Knap. Von Anfang an war ihm bewußt, daß sie eine Bereicherung für seine

Abteilung würde. Er gab ihr in Gesprächen wichtige Ratschläge für ihre neue Aufgabe und übertrug ihr nach kurzer Zeit anspruchsvollere Projekte. Sie erhielt regelmäßig Feedback über ihren Entwicklungsstand, in kurzer Zeit wurde aus ihr eine wertvolle und engagierte Mitarbeiterin.

Eine positive Grundhaltung sendet auch positive nonverbale Signale an die Umgebung aus. Gestik, Mimik und die Sprechweise strahlen eine positive Einstellung aus, die Mitarbeiter spüren, was ihr Vorgesetzter von ihnen hält. Seine Zuwendung, die Art und Weise, wie er Sachverhalte erklärt, die Aufmerksamkeit, die er ihnen widmet, und anderes mehr drücken diese Grundhaltung aus.
Ein Mitarbeiter, der Ihr Vertrauen genießt, geht sicherlich mit mehr Zutrauen an seine Aufgaben heran als ein anderer, der Ihr latentes Mißtrauen spürt. Die Macht der Erwartungen an Ihre Mitarbeiter ist so groß, daß sie sich direkt auf ihr Verhalten auswirkt. Dieser Effekt wird auch als »Selbsterfüllende Prophezeiung« bezeichnet. Sie nimmt Einfluß auf die Wahrnehmung und damit auf das aus Ihrer Bewertung resultierende Verhalten der Mitarbeiter.
Robert Rosenthal, Professor der Harvard University in den USA, untersuchte dieses Phänomen und kam zu folgenden Ergebnissen (Rosenthal 1971):
Personen, die eine positive Erwartung in andere setzen

- verbreiten ein wärmeres emotionales Klima,
- geben mehr Feedback über den Leistungsstand,
- stellen höhere Anforderungen,
- geben mehr Informationen,
- bieten mehr Möglichkeiten für Diskussionen.

Behandeln Sie also die Mitarbeiter nicht nach Maßgabe der Aufgaben, die sie aktuell erfüllen, sondern nach dem Potential, das in ihnen steckt. Dann werden sie sich weiterentwickeln und ihre Möglichkeiten voll entfalten. Die positive Grundhaltung, die Sie ihnen entgegenbringen, fördert ihr Selbstvertrauen und weckt ihren Ehrgeiz. Begegnen Sie Ihren Mitarbeitern im Mitarbeitergespräch mit einer positiven Grundhaltung und geben Sie ihnen einen Vertrauensvorschuß, sie werden dies spüren, Ihnen ihrerseits Vertrauen entgegenbringen und Selbstvertrauen entwickeln. Diese Haltung sollte aber auf keinen Fall vorgetäuscht werden, um den Gesprächspartner zu manipulieren. Er würde Ihre Absicht bemerken und sofort Mißtrauen entwickeln. Vielmehr sollten innere Überzeugung und der Glaube an die Fähigkeiten des Mitarbeiters Leitmotiv für diese Grundhaltung sein.

Steigerung der Wirkung der »Selbsterfüllenden Prophezeiung«
Sinnvollerweise sollten Sie sich vor einem Mitarbeitergespräch mit Hilfe folgender Kriterien die Fähigkeiten und Erfolge des Mitarbeiters vor Augen führen:

- Geben Sie einen Vertrauensvorschuß.
- Behandeln Sie ihn nach seinem Potential.
- Animieren Sie ihn, seine Fähigkeiten auszutesten.

- Seien Sie offen für seine Vorschläge und Ideen.
- Vermitteln Sie, daß Sie eine positive Einstellung zu ihm haben.
- Geben Sie ein angemessenes Feedback.
- Übertragen Sie ihm Aufgaben und Ziele, die etwas anspruchsvoller sind als die bisherigen, das fordert ihn heraus.

Dabei sollten Sie bewußt auch das Risiko in Kauf nehmen, daß Ihr Mitarbeiter eine ihm gestellte Aufgabe einmal nicht bewältigt. Erinnern Sie sich daran, wieviel Sie selbst aus Fehlern gelernt haben.

Weitere häufig vorkommende »Wahrnehmungsbrillen«

Die menschliche Wahrnehmung wird bestimmt durch die Filter von »Wahrnehmungsbrillen«. Die folgenden Beispiele zeigen, wie sich die gefilterte Sichtweise im Alltag auswirken kann (aus einem persönlichen Manuskript von Dr. Gudrun Jakubeit):

Rollen
Die Wahrnehmung hängt unter anderem davon ab, in welchem Maße man am Geschehen selbst beteiligt ist bzw. welche Rolle man spielt. So wird beispielsweise ein Konflikt von einem Außenstehenden anders bewertet als von jemandem, der für die an diesem Konflikt beteiligten Personen Verantwortung trägt.

Bedürfnisse/persönliche Situation
Wer hungrig durch eine Stadt fährt, dem fällt Werbung für Lebensmittel weitaus deutlicher ins Auge als im satten Zustand.

Standpunkte/Blickwinkel
Bei einer Fahrt über die Europabrücke erscheint sie wie jede beliebige Autobahnbrücke, fährt man allerdings unter ihr hindurch, läßt sich das ganze Ausmaß ihrer Höhe und Spannweite ermessen. Ein anderes Beispiel: Verglichen mit der Perspektive von Erwachsenen erscheinen Kindern dieselben Gegenstände in ihren Ausmaßen oder ihrer Bedrohlichkeit viel größer.

Zusammenfassend läßt sich feststellen, daß die eigene Subjektivität um so stärker relativiert werden kann, je besser die persönliche »Wahrnehmungsbrille« erkannt wird. In diesem Fall steigt die Bereitschaft, sich mit anderen über ihre Wahrnehmungen und ihr Weltbild auszutauschen. Solche Dialoge über unterschiedliche Sichtweisen helfen, andere Menschen, ihre Beweggründe und ihre Absichten besser zu verstehen.
Je besser und genauer die Anschauungen, Gefühle und Vorstellungen anderer Personen bekannt sind und verstanden werden, desto angemessener wird die Reaktion auf sie ausfallen.

6.3 Verbesserung der Wahrnehmung und Erkennen der eigenen Muster

Wer viel mit Menschen zu tun hat oder mit Führungsaufgaben betraut ist, sollte sich die Frage stellen, was an den eigenen Wahrnehmungen tatsächlich »wahr« ist. Es macht einen Unterschied, ob die eigene Sichtweise von einer Wahrheit ausgeht, die für alle gültig ist, oder ob sie von vielen unterschiedlichen Wahrheiten geprägt ist, über die erst eine Verständigung erfolgen muß. Daher ist es notwendig, sich mit den eigenen Wahrnehmungsmustern und denen anderer auseinanderzusetzen, um eine gemeinsame Sicht der Dinge zu finden. Dabei ist es hilfreich, das Subjektive der eigenen Wahrnehmungen zu bedenken und sich bewußt zu machen, daß eigene und fremde Sichtweisen gleichermaßen ihren berechtigten Stellenwert haben.
Wollen Sie im Mitarbeitergespräch gemeinsame Lösungen und damit eine gemeinsame Wirklichkeit erreichen, müssen Sie sich von der Vorstellung verabschieden, daß Ihre eigene Sicht der Wirklichkeit die einzig richtige ist.
Die Sensibilisierung der Wahrnehmung kann nicht nur Ihre Lebensqualität bereichern, sie verbessert auch Ihre Sozial- und Führungskompetenz. Sie öffnen Ihr Bewußtsein für Feinheiten, genauso wie ein Maler die feinen Nuancen von Farben, Formen und Wirkungen erkennt oder ein Musiker vermag, feinste akustische Unterschiede herauszuhören.

Um eine größere Sensibilität für die Stimmung und die Vorgänge im Unternehmen zu erlangen und die eigene Wahrnehmung zu intensivieren, sollte eine Führungskraft folgende Fähigkeiten trainieren:

- Aufmerksamkeit bei der Wahrnehmung der verschiedenen Signale.
- Selbstreflexion, um die eigene Wahrnehmung und Sicht der Wirklichkeit zu hinterfragen bzw. zu überprüfen.
- Hineinhören in die eigenen Gefühle, um die Zusammenhänge der Empfindungen bei der Wahrnehmung zu erkennen.
- Flexibilität, um für andere Sicht- und Handlungsweisen offen zu sein.
- Loslassen-Können von der eigenen, vermeintlich richtigen Sicht der Dinge.
- Einfühlungsvermögen, um zu erkennen und nachzuempfinden, wie der andere die Dinge aus seiner Sicht betrachtet.
- Distanz gewinnen zu den eigenen Vorstellungen und Idealen als Voraussetzung, sich für die Einstellungen des anderen zu öffnen.

Erweiterung des Blickwinkels

Es gibt verschiedene Möglichkeiten, die eigene Wahrnehmung zu objektivieren. Die folgenden Beispiele zeigen Techniken auf, die Ihnen im Mitarbeitergespräch helfen, den Gesprächspartner nicht allein nach Ihren subjektiven Gesichtspunkten zu beurteilen:

- Beobachten und beschreiben Sie genau, was Sie sehen. Vermeiden Sie voreilige Interpretationen Ihrer Beobachtungen, sammeln Sie zunächst genügend Eindrücke für Ihre Bewertung. Angenommen, Sie nehmen an einer Präsentation teil: Warten Sie ab, was der Redner zu sagen hat, auch wenn er zu Beginn seines Vortrags versehentlich die Folien verkehrt herum auf den Overhead-Projektor legt, seinen Zeigestab fallenläßt und nervös die ersten Zeilen seines Manuskripts abliest.
- Im ersten Schritt sollten Sie anhand der beobachteten Fakten Ihre Hypothesen formulieren. Weitere Beobachtungen helfen Ihnen, diese Annahmen zu überprüfen. Lautet Ihre erste Hypothese: »Der Redner ist unsicher und wenig kompetent«, beobachten Sie im weiteren Verlauf seines Vortrags, ob Sie mit Ihrer Einschätzung richtig liegen. Sie könnte sich als falsch erweisen, wenn sich der Redner z. B. schon nach kurzer Zeit von seinem Manuskript gelöst hat, frei redend fortfährt, anhand von anschaulichen Beispielen das Thema beschreibt und seinen Vortrag mit einer guten Zusammenfassung abschließt.
- Erst im letzten Schritt sollten Sie eine endgültige Interpretation des beobachteten Verhaltens vornehmen, weil dann genügend Anhaltspunkte vorliegen. Auf das obige Beispiel bezogen, könnten Sie zu dem Schluß kommen, daß der Redner zu Beginn seines Vortrags offensichtlich Anlaufschwierigkeiten hatte. Ihre ursprünglich aufgestellte Hypothese, daß er unsicher und inkompetent sei, könnten Sie allerdings nicht mehr aufrechterhalten.

Dieses Vorgehen bewahrt Sie vor voreiligen Schlüssen und ungerechter Beurteilung anderer. Hätten Sie in dem beschriebenen Beispiel ein vorschnelles Urteil gefällt und definitiv festgestellt, daß der Redner unsicher und inkompetent ist, wäre möglicherweise Ihr Interesse an diesem Vortrag rapide gesunken. Sie hätten seinen weiteren erfolgreichen Verlauf aufgrund der Fixierung Ihrer Wahrnehmung auf die unsicheren und inkompetenten Aspekte des Redners nicht mehr weiterverfolgt.
Übertragen auf eine Situation, in der einer Ihrer Mitarbeiter zu spät zur Arbeit kommt, könnte ein innerer Dialog auf zweierlei Weise stattfinden:

Beispiel 1:
Sie nehmen wahr: Herr Meier kommt zu spät. Ihre Interpretation lautet: »Herr Meier ist unpünktlich.« Sie gehen zu ihm hin und teilen ihm mit, daß dies so nicht geht. Er reagiert unwirsch und sagt, es sei das erste Mal seit einem Jahr, daß er sich um fünfzehn Minuten verspätet habe. Außerdem sei er nicht ohne Grund zu spät gekommen, denn er mußte seine kleine Tochter ins Krankenhaus bringen.

Sie erkennen, daß Sie vorschnell reagiert haben. Es bleibt Ihnen nur eine Möglichkeit, die Situation aufzulösen: Sie müssen einlenken und sich bei ihm entschuldigen.
Vorteilhafter ist, wenn Sie den inneren Dialog folgendermaßen führen:

Beispiel 2:
Sie nehmen wahr: Herr Meier kommt zu spät. Sie überlegen, ob das zum ersten Mal passiert oder schon häufiger vorgekommen ist. Sie erinnern sich, daß Herr Meier Ihnen erzählt hat, seine kleine Tochter sei zur Zeit krank. Außerdem wissen Sie, daß er ein sehr zuverlässiger Mitarbeiter ist, der sich nicht grundlos verspätet.

Nach einem solchen inneren Dialog wird es Ihnen schon schwerer fallen, einfach zu Herrn Meier zu gehen und ihm einen »Rüffel« zu erteilen. Wahrscheinlicher ist, daß Sie ihn nach dem Grund für seine Verspätung fragen und mit ihm ins Gespräch kommen werden. Auf diese Weise wird sich eine Kritik erübrigen, zumal er selbst weiß, daß sein Zuspätkommen einen Ausnahmefall darstellt.

Übung zur Sensibilisierung

Für Führungskräfte mit ihren vollen Terminkalendern und vielen Gesprächsterminen ist es trotz allen Bemühens nicht immer einfach, in jedem Mitarbeitergespräch ihrem Gesprächspartner die gewünschte Aufmerksamkeit und Sensibilität entgegenzubringen.
Die folgende Übung hilft, trotz Zeitdrucks und Terminstreß die vielfältigen Signale, die der Gesprächspartner im Gespräch sendet, bewußter zu empfangen und seine Botschaften richtig zu deuten, um seine Anliegen besser zu erkennen. Die Vorgehensweise ist einfach. Mit Hilfe spezifischer Fragen üben Sie, Ihren Blick für nichtsprachliche Signale zu schärfen und Ihre Wahrnehmung zu sensibilisieren. Beobachten Sie Ihren Gesprächspartner, und stellen Sie sich dabei folgende Fragen:

- Wie ist sein Blickkontakt (z.B. ruhig, direkt, ausweichend, nach unten gerichtet)?
- Wann verändert sich sein Blickkontakt?
- Wie ist sein Gesichtsausdruck (angespannt, entspannt)? Wann verändert er sich?
- Wie ist seine Sprechweise (laut, leise, abgehackt, monoton, lebendig)?
- Stimmen die Inhalte seiner Aussagen mit seiner Sprechweise überein?
- Wie ist seine Gestik (sparsam, ausladend)?
- Wie ist seine Körperhaltung (offen, aktiv, vorgebeugt oder nach hinten gelehnt, abwehrend, verschlossen)?
- Wann ändert sich seine Körperhaltung?

Es empfiehlt sich, diese Übung nur anzuwenden, wenn Sie sich im Gespräch sicher fühlen und einen passiven Part einnehmen können. Wenn Sie diese Übung mehrmals wiederholen, werden Sie feststellen, daß Sie versteckte Botschaften des Gesprächspartners früher erkennen und ihn besser verstehen werden. Fallen Ihnen Unstimmigkeiten auf, fragen Sie nach, um sie aufzulösen.

Verbesserung der Wahrnehmung im Mitarbeitergespräch

Folgende Tips helfen Ihnen, Ihre Wahrnehmung im Mitarbeitergespräch zu verbessern:

- Fragen sie den Mitarbeiter, wie er die Situation einschätzt und interpretiert, damit Sie seine Sichtweise besser verstehen können.
- Führen Sie, sofern es geht, keine Gespräche, wenn Sie emotional stark aufgewühlt sind. Wer beispielsweise sehr verärgert ist, wird Argumente anderer weniger akzeptieren und sie weitaus selektiver aufnehmen als im ausgeglichenen Zustand.
- Achten Sie auf verbale und nonverbale Äußerungen Ihres Gesprächspartners. Runzelt er beispielsweise die Stirn, während Sie ihm etwas erklären, dann fragen Sie nach, ob er Ihre Sichtweise teilt.
- Beobachten Sie, ob der Gesprächspartner Blickkontakt zu Ihnen hält. Wie ist der Blickkontakt zwischen Ihnen beiden? Sucht Ihr Gesprächspartner den Kontakt zu Ihnen oder haben Sie eher den Eindruck, sein Blick schweift ab? Bei abschweifendem Blick achten Sie darauf, ob dies eher generell oder bei bestimmten Punkten stattfindet.
- Achten Sie auf Ihre eigenen Empfindungen. Werden Sie sich der Reaktionen bewußt, die sie bei Ihnen hervorrufen.
- Versetzen Sie sich in die Position des Gesprächspartners.
- Bereiten Sie sich auf jedes Gespräch vor und hinterfragen Sie im Vorfeld kritisch ihre Einstellung zum Mitarbeiter und zu seiner Sicht der Dinge.

Das Wichtigste in Kürze

☞ Jeder Mensch nimmt die Wirklichkeit subjektiv, durch seine persönliche »Brille«, wahr und ordnet die gewonnenen Eindrücke und gemachten Beobachtungen in sein persönliches Wertesystem ein. Auf diese Weise schafft sich jeder seine eigene, individuelle Realität. Die unterschiedlichen Betrachtungsweisen prägen das Verhalten und die Handlungsweise jedes einzelnen und wirken sich somit auch auf das Arbeitsleben aus.

☞ Eine unterschiedliche Wahrnehmung kann sich störend auf die Kommunikation zwischen Führungskräften und Mitarbeitern auswirken. Wird aber eine Grundakzeptanz der unterschiedlichen Sichtweisen erreicht, eine »abgesprochene« Wirklichkeit geschaffen, lassen sich unterschiedliche Betrachtungsweisen einander angleichen und die Handlungen der Beteiligten in eine gemeinsame Richtung lenken. Die Voraussetzung für eine abgesprochene Wirklichkeit kann im Mitarbeitergespräch durch klare, präzise und verbindliche Vereinbarungen geschaffen werden. Je genauer die Rahmenbedingungen für die Realisierung der gesetzten Ziele vorgegeben sind, um so höher ist die Wahrscheinlichkeit, daß alle Beteiligten von den gleichen Voraussetzungen ausgehen und einheitlich handeln.

☞ Erkennen Führungskräfte, welche Faktoren auf ihre Wahrnehmung Einfluß haben, können sie objektiver und unvoreingenommener auf ihre Mitarbeiter eingehen und sich mit ihnen auseinandersetzen. Wahrnehmungsverzerrungen können beispielsweise entstehen durch den ersten Eindruck, den jemand hinterläßt, durch Bezugssysteme, Vorurteile oder unterschiedliche Wertvorstellungen. Erinnert beispielsweise der Gesprächspartner stark an eine Bezugsperson aus der Vergangenheit, besteht die Gefahr, daß er unbewußt frühere Verhaltensweisen oder Erwartungen auslöst. Auch kann der erste Eindruck, den ein neuer Mitarbeiter hinterläßt, die zukünftige Einstellung maßgeblich beeinflussen.
Des weiteren beeinflussen sogenannte »Wahrnehmungsbrillen« die eigene Sicht der Dinge. Ein und dieselbe Beobachtung wird je nach individuellen Bedürfnissen, der persönlichen Situation, dem Standpunkt oder Blickwinkel oder der Rolle, die der Beobachter einnimmt, völlig unterschiedlich bewertet und beurteilt. Wichtig ist, sich dieser Einflußfaktoren auf die eigene Wahrnehmung bewußt zu werden und zu wissen, wie man ihnen entgegensteuern kann.

☞ Es gibt verschiedene Möglichkeiten, die eigene Wahrnehmung zu verbessern und zu objektivieren. Erfahrungsgemäß hängt diese auch sehr stark von der eigenen Grundhaltung gegenüber dem Gesprächspartner ab. Erfolgreiche Führungskräfte zeichnen sich unter anderem dadurch aus, daß sie ihren Mitarbeitern ein hohes Maß an Vertrauen entgegenbringen. Diese positive Grundeinstellung führt dazu, daß die Mitarbeiter mehr Zutrauen in ihre Fähigkeiten entwickeln und entsprechend selbstbewußt ihre Aufgaben angehen.

Mehr zu diesem Thema

Pechtl, W.: *Zwischen Organismus und Organisation. Wegweiser und Modelle für Berater und Führungskräfte*, Linz 1989.

Rosenthal, R./Jacobson, L.: *Pygmalion im Unterricht*, Weinheim 1971.

Watzlawick, P.: *Wie wirklich ist die Wirklichkeit? Wahn, Täuschung, Verstehen*, München 1976.

Whorf, B. L.: *Sprache, Denken, Wirklichkeit*, Hamburg 1963.

7 Feedback

Darum geht es …

Wie können Führungskräfte Rückmeldungen geben, die ihren Mitarbeitern helfen, die Wirkung des eigenen Verhaltens auf andere besser zu verstehen?

Wie sollten diese Feedbacks erfolgen, damit die Mitarbeiter sie annehmen können und positive Verhaltensänderungen gefördert werden?

Dieses Kapitel beschreibt:

- die Bedeutung des Feedbacks,
- die Unterschiede in der Wahrnehmung, die das Feedback erforderlich machen,
- Tips, Feedback richtig zu geben und zu empfangen,
- die Wirkung des Feedbacks auf die Gesprächspartner,
- die Erfolge, die unter Beachtung der Feedback-Regeln beim Mitarbeitergespräch erzielt werden können und
- die Grenzen des Feedbacks.

Sie haben heute ein anstrengendes Gespräch vor sich. Eine Mitarbeiterin, Britta Müller, seit zwei Jahren in Ihrer Abteilung tätig, wurde von Ihnen erstmals mit einem Projekt betraut, das sie eigenständig umsetzen soll. Die ehrgeizige junge Frau wollte schon seit längerem ihre Fähigkeiten unter Beweis stellen. Obwohl sie dieses Projekt bislang insgesamt zufriedenstellend umgesetzt hat, sind einige Defizite festzustellen. Bekanntlich aber reagiert Frau Müller auf Kritik sehr empfindlich und nimmt diese schnell persönlich. Sie nimmt Ihre Aussagen kommentarlos hin, hört schweigend zu und beläßt es dabei. In der Folgezeit wirkt sie verunsichert und zieht sich zurück. Der daraus bei ihr resultierende Zwang, es besonders gut machen zu wollen, führt für einige Tage nicht nur zu einem verkrampften Arbeitsklima, er hindert sie auch daran, ihre eigentlichen Fähigkeiten voll auszuschöpfen. Sie beabsichtigen, ein Gespräch mit Frau Müller zu führen. Wie sollte es sinnvollerweise gestaltet werden? In den bisherigen Gesprächen mit ihr beschränkten Sie sich auf vorsichtige Andeutungen. Diese und andere Versuche blieben bisher aber erfolglos.

7.1 Feedback: Eine Chance zur Veränderung

Würden Sie nicht auch gerne die Gedanken anderer lesen können? Was denken die Mitarbeiter wirklich über Sie, Ihre Leistungen, Ihre Fähigkeiten als Führungskraft, als Chef? Fällt das Urteil über Sie »hinter vorgehaltener Hand« anders aus als in Ihrer Anwesenheit?

Entsprechend möchten Ihre Mitarbeiter auch gerne wissen, wie Sie tatsächlich über sie denken, welche Fehler Ihnen auffallen, wie Sie ihre Leistungen einschätzen oder ob Sie mit ihrer Arbeit zufrieden sind.

Nachdem Führungskräfte und Mitarbeiter über diese Themen gesprochen haben, sind beide Seiten überraschend häufig erleichtert, offen miteinander geredet zu haben, und staunen nicht selten, wieviel Klarheit solche Gespräche in ihre Arbeitsbeziehungen und Aufgabenstellungen bringen können.

Ein wichtiger Grund für dieses Ergebnis sind die Rückmeldungen des Gesprächspartners, seine Feedbacks. Da fast jeder selbst sein schärfster Kritiker ist (oder zu sein glaubt), werden Aussagen zur eigenen Person bzw. zur eigenen Arbeitsleistung als Gesamtbeurteilung aufgenommen. Auch wenn unbequeme Sachverhalte, z. B. die mangelnde Zielerreichung des Mitarbeiters, angesprochen werden und im Gespräch durchaus auch Unsicherheiten und Ängste verursachen können, wird das Feedback, sofern es konstruktiv ist, meist mit großer Erleichterung aufgenommen. Reaktionen wie »Es war ja gar nicht so schlimm, wie ich befürchtet habe« oder »Jetzt weiß ich endlich, was er über mich denkt und wo ich stehe« hat jeder schon einmal erlebt. Viele Befragungen bestätigen: Mitarbeiter wünschen mehr Rückmeldung über ihre Leistungen. Sie wünschen nicht nur die Anerkennung ihrer Leistungen, sondern auch ehrliche, aber konstruktive Kritik in Hinblick auf ihre Defizite.

Obwohl das Bedürfnis nach ehrlicher Einschätzung der eigenen Person und Leistung groß ist, fällt es den meisten Menschen schwer, dem anderen klar, spontan und offen zu sagen, was sie von ihm denken oder für ihn empfinden. Sowohl Führungskräfte als auch Mitarbeiter haben Hemmungen, ihre Wahrnehmungen und Empfindungen mitzuteilen. Hauptgründe dafür sind Ängste, den anderen zu kränken, zu verletzen oder zu verschrecken. Bei Mitarbeitern ist es besonders die Angst vor möglichen negativen Konsequenzen, die sie hindert, ihren Vorgesetzten ehrlich ihre Meinung zu sagen.
Zurück zum obigen Beispiel: Vielleicht liegt hier der Grund in dem eigentümlichen Verhalten von Frau Müller. Sie möchte ihre Arbeit besonders gut machen, vermißt bei Ihnen aber die nötige Anerkennung. Möglicherweise ist sie auch durch Verhaltensweisen verunsichert, derer Sie sich nicht einmal bewußt sind, die anzusprechen sie sich aber nicht traut.

Was bedeutet Feedback?

Feedback heißt Rückmeldung, Rückkoppelung. Es informiert darüber, wie eigene Verhaltensweisen von anderen wahrgenommen, verstanden und erlebt werden. Das Feedback ermöglicht, die Wirkungen der eigenen Verhaltensweisen auf andere besser kennenzulernen und zu prüfen, ob diese Wirkungen wie beabsichtigt eintreten.
Es informiert zudem auch über die eigenen Absichten, Wünsche und Gefühle und verkleinert somit beim Gesprächspartner das Feld der Vermutungen und Phantasien, die er aufgrund mangelnder Informationen und unzureichenden Wissens aufbaut. Damit ist es ein Instrument zur Regulierung sozialen Verhaltens.
Feedback kann Änderungen im Verhalten initiieren bzw. bewirken. Die Verantwortung für diese Veränderungen allerdings muß jeder selbst übernehmen.
Rückmeldungen so zu geben, daß sie aufbauend, aber nicht verletzend sind und positive Verhaltensänderungen bewirken können, erfordert die Kenntnis bestimmter Regeln und Verhaltensweisen, der sogenannten Feedbackregeln. Richtiges Feedback hilft, bei Mitarbeitern positive Verhaltensänderungen zu fördern, sie im Gespräch aufzubauen und macht es ihnen leichter, offen ihre Meinung zu sagen.
Darüber hinaus leistet es einen wichtigen Beitrag zur Verbesserung der Selbst- und Fremdwahrnehmung. Mitarbeiter und Führungskräfte sind immer wieder über die tatsächliche Wirkung ihres Verhaltens auf andere erstaunt. Wer seine Wirkung auf andere kennt, versteht die Reaktionen seiner Mitmenschen besser und kann das eigene Verhalten situativ angepaßter und zielorientierter steuern.
Wenn Sie beispielsweise erkennen, welche Ihrer Verhaltensweisen Frau Müller verunsichern oder irritieren, werden Sie sich leichter auf sie einstellen und ihre Reaktionen besser nachvollziehen können.

Selbst- und Fremdwahrnehmung

Für die Einschätzung, wie wir auf andere wirken, ist nicht nur wichtig, wie wir uns selbst sehen, sondern auch, wie die anderen uns wahrnehmen.
Das Bild, das wir von uns haben, setzt sich zusammen aus dem *Selbstbild*, d. h. wie wir uns selbst sehen und wahrnehmen (»Heute bin ich locker«) und dem *Fremdbild*, d. h. unserem Erscheinungsbild nach außen, den Eindrücken also, die andere von uns haben und uns mitteilen (»Sie wirken heute angespannt«). Da sich niemand ständig selbst im Spiegel beobachten kann, helfen solche Rückmeldungen, unsere Wirkung auf andere besser zu verstehen.
Sie erinnern sich sicher daran, wie es war, als Sie zum ersten Mal Ihre eigene Stimme auf Tonband gehört haben. Fast jeder ist entsetzt, wie unähnlich diese Stimme der eigenen, die man ja täglich hört, zu sein scheint. Dieses Beispiel zeigt, wie sich das Selbstbild vom Fremdbild unterscheidet. Sie haben möglicherweise aber auch feststellen können, daß Ihnen Ihre Tonbandstimme nach häufigerem Hören aber doch vertrauter wurde.
Um sich selbst und die eigene Wirkung auf andere besser zu verstehen, ist es wichtig, das eigene Selbst- und Fremdbild zu kennen.
Das Selbstbild, das Sie von sich haben, ist nur ein Teil Ihrer wirklichen Person. Es wird überlagert durch Ihre Wünsche und Vorstellungen, wie Sie sich selbst gerne sehen würden. Andere Teile sind entweder nicht bekannt oder werden nicht als zur Person zugehörig akzeptiert (wie z. B. eher negativ bewertete Verhaltensweisen wie die Neigung zum Lügen).
Das Fremdbild ist eine Kombination aus Realität und den Eigenschaften, die Ihnen andere aufgrund der Wirkung Ihres Verhaltens auf sie beimessen, beispielsweise durch Vermutungen oder Phantasien.
Ein Feedback bewirkt, daß sich das Selbst- und Fremdbild stärker angleichen. Sie erfahren durch das Feedback, wie Sie auf andere wirken. Nur durch diese Erkenntnis kann eine sinnvolle Verhaltensveränderung eingeleitet werden. Erst wenn Sie erfahren, wie andere Sie wirklich sehen, können Sie überprüfen, ob Sie tatsächlich so sein möchten oder ob nicht eine Veränderung bestimmter Verhaltensweisen sinnvoll wäre. Denn wenn Sie wissen,

- wie andere Sie wahrnehmen, können Sie deren Reaktionen besser verstehen,
- wie Sie auf andere wirken, können Sie Ihr Verhalten besser steuern.

Möglicherweise nimmt Frau Müller, die Mitarbeiterin aus dem Einführungsbeispiel, Ihre Reaktionen anders auf, als Sie beabsichtigen. Ihrem Selbstbild entsprechend meinen Sie es gut mit ihr, weil Sie mit ihrer Leistung zufrieden sind. Sie wollen sie fördern und gehen deshalb besonders auf sie ein. Sie empfindet Ihre Art und Weise aber als oberlehrerhaft, vielleicht fühlt sie sich nicht ernstgenommen oder glaubt, sie könnte es Ihnen nicht recht machen. Genau das Gegenteil von dem, was Sie im Grunde genommen beabsichtigen.

7.2 Was bewirkt Feedback im Mitarbeitergespräch?

Das Feedback im Mitarbeitergespräch ermöglicht nicht nur, sich selbst und seine Wirkung auf die Mitarbeiter besser kennenzulernen und die Diskrepanz zwischen Selbst- und Fremdwahrnehmung zu verringern, es hilft Ihnen auch,

- Beziehungen zu klären und ein besseres Verständnis zu erlangen,
- Verhaltensänderungen zu bewirken, vor allem positive Verhaltensweisen zu stärken und zu fördern,
- das Erreichen der gemeinsamen Ziele zu unterstützen,
- eigene Verhaltensweisen, die von anderen benannt und anerkannt werden, zu stärken,
- solche Verhaltensweisen, die Ihrer eigentlichen Intention nicht entsprechen, zu korrigieren und
- eine Atmosphäre gegenseitigen Vertrauens zu schaffen.

Das Ausmaß und die Wirkung des Feedbacks werden sehr stark davon beeinflußt, wie groß das Vertrauen und die Offenheit zwischen den Gesprächspartnern ist.
Das Johari-Fenster (Das Wort setzt sich zusammen aus den Namensgebern Joe Luft und Harry Ingham) veranschaulicht die Wirkung: In diesem vereinfachten graphischen Modell (Luft 1971) werden die bekannten und unbekannten Verhaltensbereiche des Menschen in vier Felder aufgeteilt (vgl. Abb. 8):

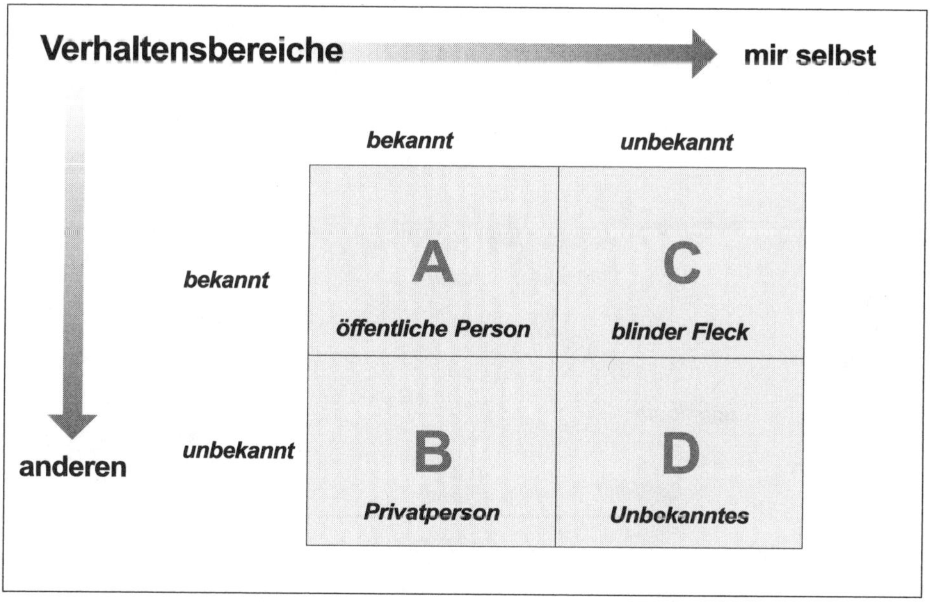

Abb. 8: Das Johari-Fenster

Im Feld A bildet Luft den Bereich der »öffentlichen Person« ab, den Teil der freien Aktivität, der öffentlichen Sachverhalte und Tatsachen, in dem eigene Verhalten und Motivationen sowohl dem Handelnden selbst bekannt als auch für andere wahrnehmbar sind.

Feld B zeigt den Bereich der »privaten Person«. Das eigene Verhalten ist bekannt und bewußt, es wird aber anderen wohlwissentlich nicht gezeigt. Dieser Bereich soll anderen verborgen bleiben und wird ihnen vorenthalten.

Feld C stellt den sogenannten »blinden Fleck« dar. Es handelt sich um den Bereich der Selbstwahrnehmung, in dem das eigene Verhalten für andere sichtbar und erkennbar, dem Betroffenen selbst dagegen nicht bewußt ist.

Im Feld D schließlich verbleibt der Bereich des Unbewußten, der weder dem Betroffenen selbst noch seinen Mitmenschen bekannt ist.

Ziel ist, durch Feedback den Bereich A, in dem Zusammenarbeit stattfindet, zu erweitern. Das sich vertiefende Vertrauen ermöglicht den einzelnen Beteiligten, mehr von ihrer Person (Feld B) zu zeigen und auf diese Weise »blinde Flecken« (Feld C) aufzuhellen bzw. zu verkleinern.
Der Mut, den es erfordert, mehr über sich preiszugeben und anderen ein höheres Maß an Vertrauen entgegenzubringen, fördert zwangsläufig das gegenseitige Vertrauensverhältnis und wirkt etwaigen Spekulationen über die eigene Person und das eigene Handeln entgegen.

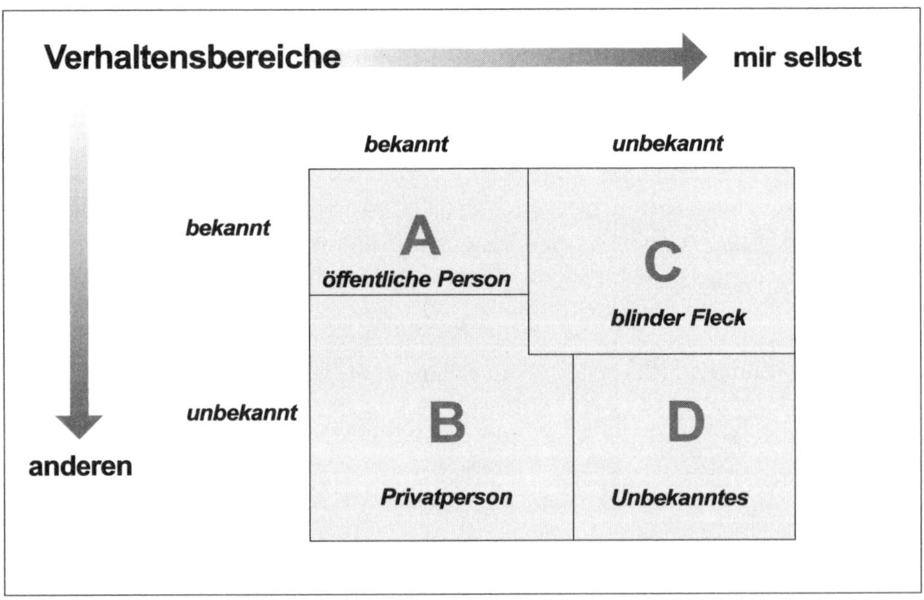

Abb. 9: Situation vor dem Feedback

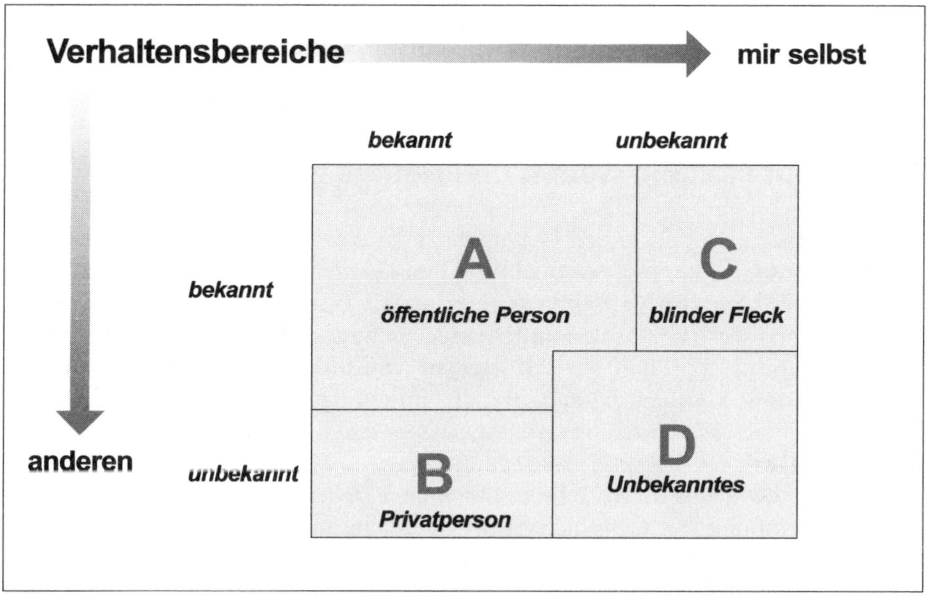

Abb. 10: Situation nach dem Feedback

Möglicherweise liegt hier in Ihrer Zusammenarbeit mit Frau Müller das Problem. Sie haben es bisher vermieden, ihr gegenüber auszusprechen, daß Sie durch ihr Verhalten mindestens genauso verunsichert sind wie es umgekehrt auch der Fall zu sein scheint. Das erfordert zweifelsohne Überwindung, denn schließlich sind Sie ihr Vorgesetzter. Ähnlich mag es Frau Müller im umgekehrten Falle gehen. Sie traut sich nicht, Ihnen zu sagen, warum sie sich durch Ihr Verhalten verunsichert fühlt, weil sie glaubt, dadurch möglicherweise von Ihnen als Mitarbeiterin noch weniger ernstgenommen zu werden.
Der »öffentliche Bereich« A ist vor dem Feedback deutlich kleiner als die übrigen Bereiche (vgl. Abb. 9). In nur sehr geringem Maße wird Einblick in die eigene Person und in die Beweggründe für bestimmte Verhaltensweisen oder Entscheidungen gewährt. Ein Großteil von Ihnen wird der eigenen Privatsphäre zugeordnet und bewußt vor den anderen verborgen. Aufgrund mangelnder Rückmeldungen ist der Bereich der »blinden Flecken«, in dem eigene Verhaltensweisen unbewußt ablaufen, von anderen aber registriert und wahrgenommen werden, sehr stark ausgeprägt. Es verbleibt somit viel Raum für Spekulationen und Vermutungen.
Mit Feedback wird Kommunikation offener geführt, die Diskrepanz zwischen Selbstwahrnehmung und der Wahrnehmung durch andere verringert sich. Der Bereich des »blinden Flecks« ist deutlich kleiner geworden. Mit steigendem gegenseitigen Vertrauen werden viele Dinge nicht mehr für sich behalten, sondern den anderen mitgeteilt, wodurch eine Verlagerung aus dem »privaten Bereich« B hin zum »öffentlichen Bereich« A stattfindet.

Festzustellen ist, daß das Feld A um so größer wird, je mehr eine Person durch Feedback über sich erfährt. Gleichzeitig verkleinern sich die Felder B und C.

7.3 Feedback: Ein Geben und Nehmen

Feedback als Reaktion auf den Gesprächspartner sagt nicht nur etwas über den Empfänger aus, sondern ebensoviel über den Feedbackgeber. Je nach Wahrnehmungsmuster kann das Verhalten anderer positiv oder negativ beurteilt werden. Was den einen stört, ist für den anderen vielleicht gar nicht »der Rede wert«. Es kann also immer sein, daß wir selbst einen Maßstab an das Verhalten anderer anlegen, der stark subjektiv ist und nicht unbedingt von anderen geteilt wird, d. h. es kann sich also auch um Aussagen über eigene, besondere Befindlichkeiten handeln.
Daraus folgt: Wer Feedback gibt, sollte auch bereit sein, den eigenen Anteil an der Wahrnehmung des Gesprächspartners gleichermaßen zum Gegenstand der Reflexion und des Austausches zu machen. Auch dann, wenn nur Nuancen im Verhalten eine Rolle spielen.
Auf diese Weise werden Ihre Anteile als Feedbackgeber am Verlauf des Gesprächs transparent und Ihre Bewertungsmaßstäbe nicht schlichtweg zur absoluten Norm erhoben. Man kann sich vielmehr über diese Maßstäbe unterhalten und sie können damit Gegenstand der Auseinandersetzung werden.

Feedback geben oder nehmen – gar nicht so einfach!

Oft fällt es schwer, dem anderen ad hoc in der Gesprächssituation seine eigenen Wahrnehmungen zu schildern. Gründe dafür können sein:
- eine von Mißtrauen geprägte Atmosphäre
- Normen (z. B. Höflichkeit)
- Unsicherheit über das richtige Vorgehen beim Feedbackgeber
- Angst vor Überforderung des Feedbackempfängers
- Reaktionen des Feedbackempfängers (Abwehrverhalten, z. B. durch Rückzug, Angriffe auf den Feedbackgeber, Bestreiten von Informationen, Begründungen, Unterstellungen)
- Furcht vor Bestrafung bzw. vor Mißverständnissen.

Wird man sich der Gründe für Ängste und Bedenken, die aus eigener Sicht eine offene Gesprächsführung mit Feedbacks behindern, bewußt und setzt sich mit diesen auseinander, stellt man häufig fest, daß sie einer objektiven Überprüfung nicht standhalten. Meist wurden sie überbewertet. Diese Erkenntnis allein reicht aber nicht aus, um Mitarbeitergespräche in Zukunft anders zu führen. Es bedarf vielmehr einer gründlichen Vorbereitung auf jedes einzelne Gespräch.

Bei der Vorbereitung auf ein Feedback im Mitarbeitergespräch und die Reaktion auf das Verhalten und die Aussagen des Gesprächspartners können Sie sich folgende Fragen stellen:

- Was gefällt mir, was schätze ich an ihm?
- Was kann und macht er besonders gut?
- Welche besonderen Stärken hat er? Wodurch zeichnet er sich aus?
- Was kann er nicht so gut?
- Wie ist sein Verhalten gegenüber Kollegen?
- Wie fügt er sich in das Team ein?
- Was irritiert mich manchmal?
- In welchen Punkten steht er sich manchmal selbst im Wege?

Das Erarbeiten dieser Fragen ermöglicht Ihnen eine konkrete Vorstellung über den Gesprächspartner vor Ihrem »inneren Auge« und auch über die Gedanken und Empfindungen positiver und negativer Art, die er bei Ihnen auslöst.

Tips für den Feedbackempfänger

Wer kein Feedback gewohnt ist, bewegt sich anfangs auf »dünnem Eis«, wenn er im Gespräch mit Rückmeldungen konfrontiert wird. Schnell können gewohnte Reaktionen wie sofortige Rechtfertigung, persönliche Betroffenheit oder das Gefühl, mißverstanden zu werden, eintreten. Es ist nicht ratsam, Rückmeldungen zwanghaft annehmen zu wollen. Man sollte sich eine »Einspielzeit« und eine gewisse Gelassenheit gönnen, wenn man nicht geübt ist, mit Reaktionen des Gesprächspartners konfrontiert zu werden:

- Nehmen Sie Feedbacks nur dann an, wenn sie sich dazu in der Lage fühlen bzw. offen dafür sind. Andernfalls besteht die Gefahr, daß Sie nach kurzer Zeit überreagieren oder das Gespräch kontraproduktiv verläuft.
- Versuchen Sie, ruhig zuzuhören und sich nicht sofort zu verteidigen oder zu rechtfertigen. Damit geben Sie dem Gesprächspartner das Gefühl, daß er Ihnen seine Meinung mitteilen kann, ohne daß Sie sich angegriffen oder ungerecht behandelt fühlen.
- Überprüfen Sie durch Nachfragen, ob Sie alles richtig verstanden haben. Sie vermeiden Mißverständnisse und vermitteln, daß Sie die Ausführungen des anderen interessieren.
- »Schlucken« Sie nichts »um des lieben Friedens Willen«, teilen Sie mit, in welchen Punkten Sie warum anderer Ansicht sind. Es wäre doch nur ein scheinbarer Frieden, denn Sie werden, vielleicht zum ungelegenen Zeitpunkt und Anlaß, diesen Punkt wieder zur Sprache bringen.
- Stellen Sie richtig, wo Ihrer Meinung nach Mißverständnisse vorliegen. Bei zukünftigen Gesprächen sollten diese Mißverständnisse keine Irritationen mehr hervorrufen.
- Achten Sie darauf, daß keine Punkte offen bleiben, die nach Beendigung des

Gesprächs bei Ihnen nachwirken, weil sie nicht abgeklärt wurden. Dadurch vermeiden Sie, daß Sie im Nachhinein ins Grübeln kommen und überlegen: »Eigentlich hätte ich das sagen müssen.«

Die Übung macht den Meister. Mit jedem neuen Gespräch wird es leichter, das erhaltene Feedback zu verarbeiten und einzuordnen. Hierbei sollte nicht übersehen werden, daß der Gesprächspartner, der Rückmeldungen gibt, anfangs ähnlich verunsichert sein kann wie der Feedbackempfänger.

Tips für den Feedbackgeber

Auch das Geben von Rückmeldungen ohne die gewohnten Vorsichtsmechanismen entwickelt sich nicht von heute auf morgen. Es empfiehlt sich, die Informationen so weiterzugeben, daß sie hilfreich und aufbauend sind. Feedback ist keine »objektive Wahrheit«, sondern die Beschreibung einer persönlichen und subjektiven Wahrnehmung. Ein und dasselbe Verhalten kann von zwei Personen vollkommen unterschiedlich wahrgenommen und erlebt werden. Das gilt für alle Beteiligten an einem Gespräch. Gestehen Sie sich und dem Gesprächspartner zu, daß man auch einmal irren kann. Folgende Tips helfen, Rückmeldungen so zu geben, daß sie vom Gesprächspartner wie gewünscht aufgenommen werden:

- Versuchen Sie, positive und negative Gefühle und Wahrnehmungen gleichermaßen zu äußern. Feedback soll nach Möglichkeit aufbauend sein; ist es einseitig negativ, kann es verunsichernd und demotivierend wirken.
- Bieten Sie Ihre Informationen dem Gesprächspartner an, zwingen und drängen Sie ihm nichts auf. Nur wenn jemand für ein Feedback offen ist, ist er bereit, Ihre Aussagen auf- und anzunehmen.
- Versuchen Sie, das Verhalten des Gegenübers zu beschreiben, nicht zu interpretieren. Interpretationen führen zu Bewertungen und Zuschreibungen, die Folge ist »Schubladen-Denken«.
- Teilen Sie dem Gesprächspartner Ihre Gefühle und Reaktionen auf sein Verhalten mit. Damit schaffen Sie mehr Vertrauen und Offenheit, animieren ihn gleichzeitig, seinerseits offener zu reagieren.
- Versuchen Sie, möglichst konkret zu bleiben. Charakterisierungen und Verallgemeinerungen sollten vermieden werden.
- Sprechen Sie in der Ich-Form, vermeiden Sie die Man-Form. Das wirkt präziser, Sie beziehen eine klare Position, Ihr Gesprächspartner kann sich leichter auf Sie einstellen.
- Seien Sie offen und ehrlich. Man muß nicht alles sagen, was man denkt, aber das, was man sagt, sollte stimmen.

Bei Beachtung dieser Regeln werden Sie feststellen, daß nach zunehmender Anzahl von Gesprächen Sie und Ihre Gesprächspartner sich immer mehr aufeinander einstellen, der gegenseitige Umgang unkomplizierter und offener wird.

Feedback geben – konkrete Beispiele

Feedback erfolgt automatisch in allen sozialen Situationen, weil jedes Verhalten wahrnehmbare Reaktionen hervorruft. Es ist unmöglich, kein Feedback zu geben. Im Mitarbeitergespräch kann Ihr Gesprächspartner beispielsweise gähnen, unaufmerksam sein, angespannt zuhören, zustimmend nicken, sich Notizen machen, zum Fenster hinausschauen usw. Solche Reaktionen können sowohl unbewußt als auch mehr oder weniger beabsichtigt oder als eindeutige Rückmeldungen erfolgen. Bewußte Rückmeldungen sind Aussagen über:

- die eigene Selbsteinschätzung (»Ich denke, hier habe ich einen Fehler gemacht.«)
- die eigene Empfindung (»Ich fühle mich in dieser Situation jetzt sehr wohl.«)
- die Einschätzung anderer Personen (»Ich denke, Sie brauchen noch einige Wochen, um diese Aufgabe sicher bewältigen zu können.«)
- die Empfindung für andere Personen (»Ich fühle mich wohl in der Zusammenarbeit mit Ihnen.«)

Da sich diese Aussagen auf die eigenen Gefühle und Einschätzungen beziehen, spricht man auch von »Ich-Botschaften«.
Es ist hilfreich, bei Rückmeldungen in drei Schritten vorzugehen:

1. Schritt: Beschreibung:
(»Ich nehme an Ihnen wahr ...«, »ich beobachte, ...«). Jedes Feedback sollte nach Möglichkeit mit einer konkreten Beschreibung bzw. Beobachtung eingeleitet werden.

Schlecht:
»Sie hören mir nie zu!« Auf solche Generalisierungen folgen meist Widerstand und Abwehr.

Besser:
»In den letzten zehn Minuten haben Sie mich mehrmals unterbrochen, Sie haben sich auch nicht zu meinen beiden Vorschlägen geäußert.«

2. Schritt: Auswirkung:
(»Das wirkt auf mich ...«, »Das löst in mir aus ...«). Da aus der Beschreibung der Tatsachen nicht hervorgeht, wie der andere innerlich reagiert, ist es notwendig, auch seine Empfindungen zu beschreiben.

Schlecht:
»Sie hören mir nie zu! Ich finde Ihr Verhalten unmöglich!« Menschen neigen dazu, andere für die eigenen Gefühle verantwortlich zu machen. Solche Zuschreibungen bzw. Abwertungen erzeugen ebenfalls Abwehr. Damit besteht kaum eine Chance zur Veränderung.

Besser:
»In den letzten zehn Minuten haben Sie mich mehrmals unterbrochen, und ich

konnte nicht feststellen, daß Sie auf meine beiden Vorschläge eingegangen sind. Ich fühle mich von Ihnen nicht ernstgenommen.«

3. Schritt: Wunsch:
(»Ich wünsche mir ...«, »Für mich wäre wichtig ...«) oder Konsequenz (»Dies hat folgende mögliche Auswirkungen ...«, »Dies hat folgende Konsequenzen ...«). Die Äußerung konkreter Wünsche und Ziele vermittelt dem Gesprächspartner, mit welcher Handlung er reagieren und auf den anderen eingehen kann. Durch die Äußerung als Wunsch erlebt er die Verhaltensaufforderung als Wahlmöglichkeit und nicht als Zwang. Er kann seine eigenen Konsequenzen ziehen.

Schlecht:
»Sie hören mir nie zu! Ich finde Ihr Verhalten unmöglich. Hören Sie mir gefälligst zu!«

Besser:
»In den letzten zehn Minuten haben Sie mich immer wieder unterbrochen, und ich konnte nicht feststellen, daß Sie auf meine beiden Vorschläge eingegangen sind. Ich fühle mich von Ihnen nicht ernstgenommen. Ich wünsche mir von Ihnen, daß Sie mich ausreden lassen und zu meinen Vorschlägen Stellung beziehen.«

Weitere Beispiele:
1. Der Mitarbeiter überzieht in letzter Zeit die Mittagspause bis in den Nachmittag hinein.

Schlecht:
»Gehen Sie gefälligst dann Essen, wenn die anderen auch zur Mittagspause gehen!«

Besser:
»Ich beobachte seit einigen Tagen, daß Sie erst nach 14.00 Uhr zu Tisch gehen.« (Beschreibung)
»Unter dem Gesichtspunkt der Kundenorientierung fällt es mir schwer, dies zu akzeptieren (Gefühl), da Ihr Telefon zu lange nicht besetzt ist und uns die Kunden nicht erreichen können.« (Konsequenz)

2. Der Mitarbeiter stellt überzogene Forderungen hinsichtlich zeitlicher und finanzieller Ressourcen.

Schlecht:
»Wollen Sie uns in den Ruin treiben. Mit Ihren Vorschlägen liegen Sie jenseits von Gut und Böse!«

Besser:
»Ich sehe, daß unsere Vorschläge hinsichtlich der zeitlichen und finanziellen Rahmenbedingungen des Projekts weit auseinanderklaffen.« (Beschreibung).

»Ich kann als Führungskraft aber nur solche Bedingungen akzeptieren, bei denen der Aufwand und der Ertrag in einem vernünftigen Verhältnis stehen.« (Gefühl).
»Damit ich Ihre Vorschläge akzeptieren kann, würde ich von Ihnen eine präzise Aufstellung sowohl über Zeit, Kosten aber auch über die erwarteten mittel- und langfristigen Erlöse benötigen.« (Konsequenz).

Wenn Feedback bewußt gegeben wird, sollten die Aussagen zur Steigerung seiner Wirkung und Akzeptanz wie folgt sein (vgl. Antons 1996):

- *Beschreibend*

Bei wertfreien Reaktionen bleibt es Ihrem Gesprächspartner überlassen, ob er die Informationen annimmt oder nicht. Durch den Verzicht auf Werturteile, Moralisierungen und Vorwürfe ist er nicht gezwungen, sich zu rechtfertigen.

- *Konkret*

Da Verallgemeinerungen dem Gesprächspartner bei Feedbacks nicht weiterhelfen, sollten Rückmeldungen konkret und nachvollziehbar sein. Beschreiben Sie erlebte Ereignisse und Verhaltensweisen konkret.

- *Angemessen*

Das Feedback soll nicht nur Ihre eigenen Bedürfnisse berücksichtigen, sondern auch die Aufnahmefähigkeit Ihres Gesprächspartners. Diesem muß Ihr Hauptaugenmerk gelten. Eine Überforderung kann verletzend wirken und zum Gegenteil Ihres gewünschten Ziels führen.

- *Prompt*

Es sollte möglichst wenig Zeit zwischen dem Verhalten Ihres Gesprächspartners und Ihrer Rückmeldung liegen, vorausgesetzt, daß er aufnahmebereit ist.

- *Klar, kurz und präzise*

Formulieren Sie Ihre Aussagen verständlich und genau, vermeiden Sie sehr lange oder diffuse Äußerungen. Wichtig ist, daß Sie prüfen, ob der Gesprächspartner Ihre Aussagen auch so verstanden hat, wie Sie es gemeint haben (»Ich weiß nicht, was ich gesagt habe, solange ich nicht die Antwort darauf gehört habe«, Norbert Wiener).

- *Vertraulich*

Alles, was im Rahmen des persönlichen Feedbacks geäußert wurde, wird nicht nach außen getragen.

- *Positiv wertschätzend*

Respektieren und achten Sie die Persönlichkeit Ihres Gesprächspartners ohne Vorleistungen. Das bedeutet aber nicht, daß Sie alles bedingungslos gutheißen müssen.

7.4 Feedback im Mitarbeitergespräch – was bringt's?

Das Feedback stützt und fördert positive, erwünschte Verhaltensweisen, da diese erkannt und anerkannt werden (»Durch Ihre persönliche und glaubwürdige Art, Kunden anzusprechen, schaffen Sie eine hohe Kundenbindung an unser Unternehmen.«).
Es korrigiert Verhaltensweisen, die dem Mitarbeiter (oder Ihnen selbst) nicht weiterhelfen oder kontraproduktiv sind (»Wenn Sie mich früher über die Konflikte im Projekt A informiert hätten, wäre es möglich gewesen, noch rechtzeitig gegenzusteuern.«).
Es klärt die Beziehungen zwischen Ihnen und dem Mitarbeiter und hilft zum besseren gegenseitigen Verständnis (»Seit unserer letzten Aussprache zu diesem Thema macht mir die Zusammenarbeit mit Ihnen wieder richtig Spaß.«).

Schlüssel für offenen Umgang und gegenseitiges Verständnis

Das Feedback im Mitarbeitergespräch ist ein wesentlicher Bestandteil für den offenen Umgang miteinander und für gegenseitiges Verständnis. Denn Offenheit fördert sowohl das Zusammenwirken und die Zusammenarbeit im Arbeitsbereich als auch die betriebliche Effektivität.
Das Feedback unterstützt zudem die Weiterentwicklung der sozialen Kompetenz und der Persönlichkeitsentwicklung. Es schafft Vertrauen und Sicherheit im gegenseitigen Umgang und bildet damit die Voraussetzung für ein ausgeglichenes, emotionales Gefüge in den Beziehungen zwischen Vorgesetzten und Mitarbeitern.
Wenn Sie Ihren Mitarbeitern Rückmeldungen unter Beachtung der Feedbackregeln geben, wird es am Anfang für alle Beteiligten möglicherweise ungewöhnlich erscheinen, aber nach einer bestimmten Zeit der Anwendung ein Teil Ihres Alltagshandelns.

Mögliche Konsequenzen des Feedbacks

Nicht alle Menschen nehmen Feedback sofort an oder sind in der Lage, es als wichtige Lernmöglichkeit zu nützen. Den meisten bereitet es eher Schwierigkeiten, mit Feedback bzw. Kritik konstruktiv umzugehen. Im folgenden sind mögliche Reaktionen beschrieben:

- Manche Menschen sind übermäßig selbstkritisch und sehen, wenn sie mit Kritik konfrontiert werden, nur noch Ihre Schwächen.
  In diesem Fall sollten Sie besonders darauf achten, die Stärken des anderen zu betonen, um durch Ihre Aussagen keine übertriebene Fokussierung auf Schwächen zu provozieren. Gerade bei Personen, die sehr leicht an sich zweifeln, hat eine zu große Überbetonung ihrer Schwächen den Effekt, daß sie sich

anschließend noch weniger zutrauen. Sie werden nicht in der Lage sein, Ihr Feedback zur Abstellung ihrer Schwächen zu nutzen.

- Viele akzeptieren andere Meinungen zunächst nicht, sie bezweifeln die Stichhaltigkeit der Aussagen und reagieren auf ein Feedback aggressiv.
  Hier sollten Sie anhand von konkreten Beispielen argumentieren, damit Ihr Feedback nachvollziehbar wird. Rechnen Sie aber nicht damit, den anderen schon im ersten Feedbackgespräch überzeugen zu können. Darum geht es in diesem Gespräch auch nicht. Es soll vielmehr die Basis dafür schaffen, daß sich Ihr Mitarbeiter anschließend über das Gesagte Gedanken macht und möglicherweise, mit einer gewissen Zeitverzögerung, Ihr Feedback annehmen und für positive Verhaltensveränderungen nutzen kann.
- Wieder andere ziehen sich, nachdem sie ein Feedback bekommen, zurück, werden nachdenklich und wortkarg.
  Sie sollten jedes Feedbackgespräch so führen, daß der Gesprächspartner Ihr Feedback auch verarbeiten kann. Hier kann es sinnvoll sein, nochmals nachzufragen, wie Ihre Aussagen verstanden wurden und was der Grund für die zu beobachtende Nachdenklichkeit ist. Auch in solchen Fällen sollten Sie nicht davon ausgehen, daß Ihr Feedback bereits im ersten Gespräch vollständig angenommen werden kann. Achten Sie bei solchen Gesprächspartnern aber darauf, daß Ihre Aussagen von einem Klima der persönlichen Wertschätzung begleitet werden. Ihr Ziel ist doch, daß der Mitarbeiter durch Feedback lernt.

7.5 Feedback und seine Grenzen

Feedback muß nicht unmittelbar zu einer Leistungsverbesserung führen. Sie dürfen nicht erwarten, daß die Leistung Ihres Mitarbeiters unmittelbar nach einem Feedbackgespräch steigen wird. Eine Studie über die Wirkung von Feedback-Interventionen auf die Leistung von Mitarbeitern führte zu dem Ergebnis, daß in über einem Drittel der publizierten Fälle zunächst eine Reduzierung der Leistungen festzustellen war (Kluger/De Nisi 1996).

Eine mögliche Interpretation dafür könnte sein, daß nach Feedbacks zunächst die Aufmerksamkeit schwerpunktmäßig auf bestimmte Verhaltensweisen gerichtet wird. Was vorher »unbewußt« und nach einer bestimmten Routine erfolgte, wird durch das Feedback neu beleuchtet und bewußt gemacht. Die durch das Feedback veranlaßte Verhaltensveränderung muß allmählich in das Handeln integriert, zu einer »automatischen« Handlungsabfolge werden.

Auch ist das Feedback im Gespräch kein Allheilmittel gegen Irritationen bei zwischenmenschlichen Beziehungen im Berufsalltag. Die Praxis zeigt, daß in bestimmten Situationen dieses hilfreiche Instrument an seine Grenzen stößt. So erreicht man mit Feedback nichts oder nur sehr wenig, wenn der Gesprächspartner

- keinen Grund zur Veränderung seines Verhaltens sieht oder ein großes Interesse bzw. Nutzen davon hat, das bestehende Verhältnis aufrechtzuerhalten,
- kein Interesse an einer besseren Zusammenarbeit hat,
- den Feedbackgeber nicht akzeptiert und damit auch dessen Rückmeldung nicht ernst nimmt,
- den Nutzen einer gewünschten Verhaltensänderung nicht erkennt oder einsieht,
- das Feedback zwar versteht, aber nicht in der Lage ist, sein Verhalten zu ändern,
- unfähig ist, sein Verhalten selbstkritisch zu hinterfragen und daraus auch seine Konsequenzen zu ziehen,
- selbstgerecht, d.h. zutiefst davon überzeugt ist, daß seine Sicht der Dinge und sein Verhalten die allein richtigen sind.

Als Führungskraft können Sie in Situationen geraten, in welchen Sie verärgert oder wütend sind und eine sachliche, überlegte Kommunikation im Sinne der Feedbackregeln Ihnen kaum mehr möglich ist. Akzeptieren Sie es. Wenn Sie krampfhaft versuchen, Ihren Ärger zu verbergen und mit Ihrem Gesprächspartner im Sinne der oben beschriebenen Rückmeldungen zu kommunizieren, wird er in der Regel auch Ihren Ärger wahrnehmen. Auf diese Weise senden Sie zwei unterschiedliche Aussagen gleichzeitig. Das kann zu Irritationen und zur Verunsicherung führen. Und wenn der Gesprächspartner registriert, daß Sie nicht mehr zu Ihren Gefühlen stehen, sinkt seine Akzeptanz Ihnen gegenüber.
Sprechen Sie über Ihren Ärger und Ihre Enttäuschung. Vermeiden Sie dabei, sich lautstark, verärgert zu äußern, sprechen Sie über Ihren Ärger ruhig und ernst. Das wirkt authentischer und glaubwürdiger, kann Respekt schaffen und auch Grenzen aufzeigen. So vermeiden Sie, aus einem spontanen Impuls den anderen ungerecht zu behandeln oder »in die Pfanne zu hauen«.
In solchen Situationen sollten Sie versuchen aufzuzeigen, was der Grund für Ihren Ärger war und wodurch er ausgelöst wurde.

Das Wichtigste in Kürze

☞ Feedback ist eine Rückmeldung, die besagt, wie Verhaltensweisen von anderen wahrgenommen, verstanden und erlebt werden. Es ermöglicht, die Wirkung des eigenen Verhaltens zu erfahren. Beim Mitarbeitergespräch ist das Feedback ein wesentlicher Faktor für offenen Umgang und für gegenseitiges Verständnis. Führungskräfte können bei Kenntnis der Regeln und Vorgehensweisen des Feedbacks bei ihren Mitarbeitern positive Verhaltensveränderungen fördern, sie im Gespräch aufbauen und ihnen erleichtern, ihre Meinung offen mitzuteilen.
☞ Darüber hinaus bewirkt das Feedback, daß sich das Selbst- und Fremdbild einer Person stärker angleichen. Wer seine Wirkung auf andere kennt, kann ihre Reaktionen besser verstehen und zuordnen.

Die Wirkung des Feedbacks wird sehr stark davon beeinflußt, wie groß das Vertrauen und die Offenheit zwischen den Gesprächspartnern sind.

☞ Empfehlenswert ist, Rückmeldungen in drei Schritten vorzunehmen. Die Einleitung sollte nach Möglichkeit mit einer konkreten Beschreibung bzw. Beobachtung erfolgen. Hierbei ist es hilfreich, im zweiten Schritt auch die eigenen Empfindungen und Wirkungen zu beschreiben, um dem Gesprächspartner eine Einschätzung der eigenen Sicht der Dinge zu ermöglichen. Im dritten Schritt können konkrete Wünsche und Ziele geäußert werden, die mitteilen, welche Konsequenzen zu erwarten sind.

☞ Die Rückmeldung gibt auch Aufschluß über den Feedbackgeber. Je nach Wahrnehmungsmuster kann ein und dasselbe Verhalten anderer unterschiedlich bewertet werden. Wer Feedback gibt, sollte deshalb auch bereit sein, seine eigene Wahrnehmung gleichermaßen zum Gegenstand des Gesprächs zu machen.

☞ Eine gute Gesprächsvorbereitung, die auch mögliche Reaktionen des Gesprächspartners auf das eigene Verhalten und die eigenen Aussagen berücksichtigt, hilft, sich ein genaueres Bild von ihm zu machen und seine Gedanken und Empfindungen besser nachvollziehen zu können.

Mehr zu diesem Thema

Antons, K.: *Praxis der Gruppendynamik, Übungen und Techniken*, Göttingen 1996.

Kluger, A. N./DeNisi, A.: »Effects of Feedback Interventions on Performance: Historical Review, a Meta-Analysis and a Preliminary Feedback Intervention Theory», in: *Psychological Bulletin* 119/1996.

Luft, J.: *Einführung in die Gruppendynamik*, Stuttgart 1971.

8 Methoden für eine erfolgreiche Gesprächsführung

Darum geht es ...

Von Führungskräften wird erwartet, daß sie Gespräche führen und steuern können.

Welche Möglichkeiten bieten sich, mit allen denkbaren Gesprächssituationen angemessen umzugehen?

Wie kann der Gesprächspartner zur aktiven Teilnahme angeregt werden?

Wie lassen sich schwierige Situationen oder Konflikte bewältigen?

Dieses Kapitel beschreibt Techniken und Instrumente

- zur Lenkung und Steuerung des Mitarbeitergesprächs,
- zur Aktivierung des Gesprächspartners,
- zur Informationsgewinnung,
- für den Umgang mit schwierigen Situationen.

Sie haben Ihre ersten Mitarbeitergespräche geführt und festgestellt, daß sie sich mit den bisherigen Gesprächen nicht vergleichen lassen. Sie haben erfahren, was es heißt, genügend Zeit für die Besprechung der einzelnen Gesprächsinhalte zu haben und wie es ist, wenn sich auch Ihre Mitarbeiter auf das Gespräch vorbereitet haben. Allerdings mußten Sie auch feststellen, daß einige Ihrer Mitarbeiter noch unsicher reagieren und sich nicht recht trauen, so offen mit Ihnen zu reden, wie Sie es gerne hätten.
Einer Ihrer Kollegen teilte Ihnen in der Mittagspause mit, er habe ein Seminar besucht, in dem verschiedene Techniken und Methoden zur Gesprächsführung trainiert wurden. Diese Techniken seien auch geeignet, Gesprächspartner aus der »Reserve zu locken« und sie aktiv in das Gespräch einzubeziehen. Leider reichte die Zeit nicht mehr aus, um Ihnen erklären zu können, was es genau mit diesen »Werkzeugen«, wie er sie nannte, auf sich hatte.

8.1 Die Bedeutung von Techniken, Methoden und systematischen Vorgehensweisen im Mitarbeitergespräch

In Kapitel 5 wird beschrieben, wie die Kommunikation von unterschiedlichen Einflußfaktoren bestimmt wird. Es kommt nicht nur darauf an, was gesagt wird, sondern auch, wie es gesagt wird. Ihre Aussagen können durch die vielen nonverbalen Signale unterschiedlich verstanden werden.
Wie Sie die Informationen, die auf Sie einströmen, aufnehmen und verarbeiten, hängt von Ihrer Wahrnehmung ab, von Ihrer Empfindung und von der Stimmung, in der Sie sind. Die Bedeutung einer Aussage wird demnach nicht objektiv und logisch, sondern subjektiv verarbeitet.
Ihre Sympathie für den Gesprächspartner, Ihre Haltung und Ihre Gefühle haben einen entscheidenden Einfluß darauf, wie Sie seine Botschaften aufnehmen und auf sie reagieren.
Bei Führungskräften kommt hinzu, daß Sie häufig unter Zeitdruck stehen und Streß ausgesetzt sind. Das erschwert ihnen, die vielen Informationen und Eindrücke, die sie im Gespräch erhalten, offen und unvoreingenommen aufzunehmen und zu verarbeiten. Nicht selten kommen dabei auch Respekt und Wertschätzung dem anderen gegenüber zu kurz.
Wie alle Gespräche, setzen sich auch Mitarbeitergespräche aus wiederkehrenden Bestandteilen zusammen und werden nach bestimmten Regeln geführt, unabhängig davon, worauf sie abzielen, welchen Inhalt sie haben und von wem sie geführt werden. Es gibt Gesprächstechniken, die auf diesen kommunikativen Prinzipien aufbauen.
Deshalb sollten Führungskräfte mit den Grundzügen der verschiedenen Gesprächstechniken und Vorgehensweisen, die ein bewußtes Senden und Empfangen von Informationen gewährleisten, vertraut sein. Das befähigt sie, auf einer

gleichberechtigten Ebene zu kommunizieren und eindeutige Botschaften auszusenden.
Die im folgenden vorgestellten »Kommunikationswerkzeuge« bzw. -techniken zeigen Ihnen Möglichkeiten auf, Gespräche erfolgreich, eindeutig und mit positivem Ergebnis zu führen. Diese Werkzeuge sind nicht als Patentrezepte zu verstehen, sondern als Anregung zur Erweiterung Ihrer Fähigkeiten und Sensibilität. Versuchen Sie nicht, diese Methoden bis zur Perfektion anzuwenden, denn lehrbuchhaftes Verhalten wirkt im Gespräch unecht und aufgesetzt. Gestehen Sie sich durchaus auch Schwächen zu. Das erleichtert Ihnen die Gesprächsführung und macht Sie auch sympathischer. Lassen Sie sich bei der Anwendung dieser Methoden Zeit, und wählen Sie zum Lernen oder Üben passende Situationen aus, damit Sie diese Fähigkeiten routiniert dann einsetzen können, wenn Sie sie brauchen. Benutzen Sie diese jedoch nicht, um Ihren Gesprächspartner zu manipulieren. Er wird es schnell bemerken, wird mißtrauisch und befremdet auf Sie reagieren. Treten Sie dem anderen gegenüber authentisch und ehrlich auf.

8.2 Methoden der Gesprächslenkung

Sie sollten als Führungskraft in der Lage sein, Mitarbeitergespräche so zu steuern, daß konkrete Gesprächsergebnisse erzielt werden. Im Gegensatz zu Ihren Mitarbeitern sind Sie dafür verantwortlich, die Rahmenbedingungen für das Gespräch vorzugeben, es zu strukturieren und seinen Verlauf zu bestimmen.
Es gibt verschiedene Methoden zur Gesprächslenkung, die Ihnen helfen, Ihre Mitarbeiter aktiv am Gespräch zu beteiligen und ihr Interesse zu steigern. Diese Methoden können offen oder auch versteckt greifen, so daß sie von dem anderen nicht wahrgenommen werden. Wenn Sie Ihrem Gesprächspartner beispielsweise häufig zustimmen, indem Sie seine Aussagen mit Gesten begleiten, ihm zwischendurch Fragen stellen und bestätigend mit dem Kopf nicken, können Sie seine Bereitschaft, am Gespräch teilzunehmen und sich mitzuteilen, erhöhen. Gleichzeitig aber laufen Sie Gefahr, ihn zu manipulieren, weil er kaum bemerken würde, wenn Sie ihn mit Ihrer zustimmenden Haltung lediglich in eine von Ihnen gewünschte Richtung lenken wollten.
Sie wissen aus eigener Erfahrung, daß Menschen im allgemeinen sehr sensibel reagieren, wenn sie das Gefühl beschleicht, manipuliert zu werden. Typische Reaktionen auf eine vermutete Manipulation sind Mißtrauen gegenüber dem anderen, Widerstand gegen seine Vorschläge, manchmal auch Aggression oder Rückzugsverhalten. Das Vertrauen nimmt Schaden und es bedarf in der Regel längerer Zeit und etlicher Vertrauensbeweise, bis es wieder aufgebaut werden kann. Manchmal ist der Vertrauensbruch auch nicht mehr zu »kitten«.
Wenn Sie versuchen, Ihren Gesprächspartner in eine von ihm nicht gewollte Richtung zu lenken, wird er, wenn er Sie durchschaut oder eine Absicht vermutet, Unbehagen verspüren, mißtrauisch werden und Ihnen gegenüber in Zukunft

nur noch Vorsicht walten lassen. Achten Sie deshalb darauf, mit welchen Absichten Sie in ein Gespräch gehen. Sind Sie noch offen genug, sich überzeugen zu lassen oder haben Sie eine feste Meinung und besprechen Sie sich nur noch »pro Forma«?
Zu den wichtigsten Lenkungstechniken zählen:

- Verstärken
- Zusammenfassen
- Interpretieren
- Konkretisieren (Verbalisieren)
- Sprechpausen
- Vorgehensweisen aufzeigen
- Fragen

Wenden Sie die im folgenden vorgestellten Methoden im Interesse des Mitarbeiters und der Qualität des Gesprächs an, auf keinen Fall aber, um ihn mit »guten Techniken« gekonnt zu manipulieren (in Anlehnung an Neuberger 1994).

Verstärken

Verstärken bedeutet, interessante Aussagen des Gesprächspartners mit positiven, zustimmenden Signalen zu beantworten. Das kann durch Körpersignale oder sprachliche Signale erfolgen. Die eingesetzten Verstärkungsmechanismen stellen für den anderen eine »Belohnung« dar, sie animieren ihn, über diesen Sachverhalt weiterzusprechen. Typisch sind Signale wie Kopfnicken, aufmerksame Körperhaltung, Worte wie »ja«, »genau«, »gut« oder auch ein zustimmendes, erstauntes oder interessiertes »hmm«. Sie machen Ihrem Mitarbeiter auf diese Weise deutlich, daß Sie ihn verstehen und akzeptieren und wünschen, daß er weiterspricht. Nehmen diese Signale ab, geben Sie ihm die Botschaft, daß Ihr Interesse abnimmt oder Ihre Zustimmung nachläßt.

Zusammenfassen

»Wie können wir miteinander reden, ohne uns zu vergewissern, ob wir überhaupt verstanden haben.« (Carl Rogers). Da Sie für das Gespräch verantwortlich sind, gehört es zu Ihren Aufgaben, die Aussagen zu ordnen, zu strukturieren und zusammenzufassen. Sie müssen das Gesagte »auf den Punkt bringen«, den roten Faden sichtbar machen, das Wesentliche hervorheben und darauf achten, daß nicht plötzlich am Thema vorbeigeredet wird.
Eine Zusammenfassung deutet auf den bevorstehenden Abschluß eines zu erörternden Sachverhalts oder des Gesprächs selbst hin. Sie ermöglicht, es auf seine wesentlichen Inhalte zu reduzieren, eine Verständigung ohne größeren Informationsverlust zu gewährleisten oder sachbezogene Aspekte zu ordnen und mitein-

ander zu verknüpfen. Somit bietet eine Zusammenfassung die Möglichkeit, neue Akzente zu setzen und dem Gesprächspartner die eigenen Argumente erneut vorzutragen.
Diese Technik eignet sich besonders, wenn das Gespräch unübersichtlich und ein Überblick notwendig wird, oder es einer Struktur bedarf, um die Gesprächsinhalte zu ordnen. Sie wird auch eingesetzt, wenn die Zeit knapp geworden oder die Aufnahmekapazität erschöpft ist.
Wichtig hierbei ist, den Sachverhalt mit eigenen Worten zusammenzufassen, um nicht den Eindruck eines »Nachplapperns« entstehen zu lassen. Beispiele für die Überleitung zu einer Zusammenfassung sind:

- »Ich fasse mal mit eigenen Worten Ihren Vorschlag kurz zusammen, ...«,
- »Habe ich Sie so richtig verstanden, ...«,
- »Wenn ich zusammenfassen darf ...«,
- »Nach dem, was wir bis jetzt besprochen haben ...«.

Auf diese Weise gewinnt das Mitarbeitergespräch an Zielklarheit, man verliert den Anlaß und die gewünschten Ergebnisse nicht aus den Augen. Mit dieser Technik zeigen Sie ihrem Mitarbeiter Ihre Wertschätzung und können überprüfen, ob Sie seine Aussagen richtig verstanden haben. Die Zusammenfassung gibt Ihnen die Möglichkeit, den Gesprächsverlauf zu beeinflussen und auf das »Timing« zu achten.
Jedes Gespräch und auch jede Gesprächseinheit sollte mit einer Zusammenfassung der wichtigsten Besprechungspunkte enden. So läßt sich überprüfen, ob alle Aspekte berücksichtigt wurden. Häufig fallen den Beteiligten nachträglich noch Ergänzungen oder Zusätze ein, die sie im Gespräch nicht angesprochen haben.

Interpretieren

Aussagen lassen sich verschieden auslegen und interpretieren, wodurch Unsicherheiten und Irritationen entstehen können. Das läßt sich verhindern, indem eine gemeinsame Interpretation vorgeschlagen wird. Diese Vorgabe reduziert die Vielzahl an Deutungsmöglichkeiten und beugt somit auch etwaigen Verunsicherungen vor.
Wird eine Äußerung des Gesprächspartners aufgegriffen, gedeutet und zur Diskussion gestellt, wird er im Gegenzug indirekt aufgefordert, diese Deutung zu bestätigen oder zu korrigieren. Interpretationen tragen dazu bei, entstandene Mißverständnisse zu klären, weil sie dem anderen die Möglichkeit zur Richtigstellung seiner Aussagen geben und somit Mißdeutungen vorbeugen. Interpretationen können beispielsweise folgendermaßen eingeleitet werden:

- »Sie vermuten also, daß ...«,
- »Ich verstehe Ihre Äußerung so, daß es Ihnen auf folgendes ankommt ...«,
- »Wenn ich Sie richtig verstehe, wollen Sie ...«.

Bei dieser Methode ist allerdings Vorsicht angebracht, weil der Gesprächspartner sie als Versuch, ihn zu beeinflussen, mißverstehen könnte. Achten Sie darauf, wie Sie Ihre Interpretation vorbringen. Je neutraler sie vorgetragen wird, um so geringer wird die Wahrscheinlicheit, daß sie als Manipulationsversuch gedeutet wird.

Konkretisieren (Verbalisieren)

Konkretisierungen bzw. Verbalisierungen verlagern die Kommunikation von einer abstrakten auf eine für den Gesprächspartner nachvollziehbare Ebene, indem veranschaulichende Beispiele gegeben werden.
Ein Schwachpunkt in vielen Mitarbeitergesprächen ist, daß über weite Strecken hinweg abstrakte, gegenstandsferne und allgemeine Probleme zur Sprache kommen. Die Schilderung konkreter Sachverhalte dagegen macht ein Gespräch präziser und inhaltlich nachvollziehbarer. Hier kann der Gesprächspartner konkret zu seinen Ansichten, Gefühlen oder Lösungsvorschlägen Stellung nehmen. Diese Technik eignet sich besonders dazu, Verständigung zu fördern, Verständnis zu entwickeln und auf diese Weise Probleme aufzudecken.
So kann sich ein Mitarbeiter sehr lange in allgemein gehaltener Form über den wahrscheinlichen Mißerfolg eines von ihm betreuten Projektes auslassen. Wenn Sie ihn aber nach konkreten Gründen für seine Einschätzung fragen, werden Sie womöglich feststellen, daß letztlich wenig auf ein Mißlingen hindeutet. In diesem Fall ist zu prüfen, ob er seine negative Einschätzung nicht nur »vorschiebt«, um von anderen Problemen, beispielsweise von seinen Zweifeln über seine Fähigkeiten und Kompetenzen für dieses Projekt, abzulenken, oder um seine Unsicherheit zu überspielen. Beispiele für konkretisierende Fragen:

- »Dies würde also in der Praxis bedeuten, daß ...«,
- »Konkret ergibt sich daraus doch folgendes: ...«,
- »Können Sie konkrete Gründe nennen?«,
- »Haben Sie Beispiele?«.

Sprechpausen

Pausen sind eine wichtige Voraussetzungen für genaues Zuhören und bieten die Chance, etwas Neues zu erfahren. Gleichzeitig geben sie dem Gesprächspartner die Möglichkeit, selbst im Gespräch aktiv zu werden.
Eine bewußt eingeschobene Pause fördert die Kommunikation, weil sie den anderen in »Zugzwang« bringt oder einlädt weiterzusprechen. Der Informationsfluß wird angeregt, weitere Details können in Erfahrung gebracht werden. Zusätzlich gewinnt man Zeit zum Nachdenken, Informationen zu verarbeiten, den Gesprächsverlauf gedanklich zu strukturieren und sich so der jeweiligen Situation anzupassen.

Mit Sprechpause ist in diesem Zusammenhang nicht die Zeitspanne zwischen einzelnen Sätzen gemeint, sondern eine bewußte Unterbrechung, die dem Gesprächspartner zeigt, daß er genügend Zeit hat, seine Überlegungen in das Gespräch einzubringen. Die Pause dient als Impuls, der dem anderen signalisiert, daß er »an der Reihe ist«.
Achten Sie aber darauf, daß Ihre Pausen insbesondere, nachdem Sie etwas gefragt haben, nicht zu lang werden. Sie können sonst zu Anspannung und Unbehagen führen.
Versuchen Sie, Pausen, die durch Betroffenheit oder intensives Nachdenken entstehen, wahrzunehmen und nicht zu übergehen oder zu überspielen. Sie müssen solche Pausen aushalten können. Es bringt nichts, wenn Sie sich bemühen, jede Pause mit Worten zu füllen, um möglichem Unbehagen aus dem Weg zu gehen.

Vorgehensweisen aufzeigen

Ein wichtiges Instrument zur Strukturierung eines Mitarbeitergesprächs ist die Bekanntgabe und anschließende gemeinsame Absprache des weiteren Vorgehens. Sie dient nicht nur der Orientierung, sondern verbessert auch die Effektivität und Effizienz des Gesprächs, weil die Aufmerksamkeit der Beteiligten auf die wesentlichen Inhalte gelenkt wird.

Fragen

Zu dieser Methode siehe unter »Methoden der Informationsgewinnung und Gesprächsaktivierung«.

8.3 Methoden der Informationsgewinnung und Gesprächsaktivierung

Die Fragetechniken: Wer fragt, der führt?

Manfred Gerber führte ein Gespräch mit seinem Mitarbeiter Hans Krause. Obwohl er wußte, daß es wichtig ist, seinem Mitarbeiter ausreichend Zeit zum Sprechen einzuräumen, wunderte er sich darüber, daß dieser wie üblich kurz angebunden war und auch diese Unterredung nicht länger als zehn Minuten dauerte. Ein Kollege gab Herrn Gerber den Tip: »Stell doch mal mehr Fragen!« Er befolgte diesen Rat und stellte dem wortkargen Mitarbeiter im nächsten Gespräch viele Fragen. Es waren Fragen wie: »Stimmen Sie mir in diesem Punkt zu?«, »Sind Sie mit diesen Konditionen einverstanden?«, »Können Sie diese Ziele akzeptieren?« oder »Brauchen Sie noch Informationen?« Der Erfolg war dürftig, denn Herr Krause antwortete nur mit Ja und Nein, so daß auch dieses Gespräch sehr einsilbig verlief und schon nach kurzer Zeit beendet war. Herr Gerber war enttäuscht darüber, daß die Tips seines Kollegen auch nichts bewirkt hatten. Der Grund für die fortgesetzte Einsilbigkeit des Mitarbeiters lag nicht darin, daß ihm Fragen gestellt wurden, sondern daß sie falsch gestellt waren.

Fragen sind die Grundlage für die Beschaffung von Informationen, um planen und entscheiden zu können. Sie sind das einfachste Mittel, die Sichtweise des Gesprächspartners kennenzulernen und zu verstehen. Je nach Zielsetzung, Situation und Gesprächspartner gibt es unterschiedliche Möglichkeiten, Fragen zu stellen. Um gezielt die richtigen Fragen stellen zu können, ist es hilfreich, zwischen unterschiedlichen Fragetypen und deren Charakter zu unterscheiden. Denn die Wirkung einer Frage und die Qualität der Antworten hängen davon ab, welche Frage in welcher Situation und mit welcher Absicht gestellt wird. Wer beispielsweise eine Aussage seines Gesprächspartners hinterfragt, stellt eine gleichberechtigte Kommunikation her und kann auf diese Weise Sachverhalte erörtern und klären. Denn er veranlaßt den anderen, seine Probleme und Schwierigkeiten auszudrücken, über seine Wünsche und Bedürfnisse zu sprechen und sich in das Gespräch einzubringen. Dieser muß, um qualifiziert antworten zu können, seine Gedanken ordnen und in klare Aussagen fassen.
Fragen sind zudem ein probates Mittel, im Gespräch Zeit zu gewinnen, den eigenen Standpunkt zu reflektieren und die nächsten Gedanken zu formulieren. Setzen Sie hinter eine Frage eine Pause, verstärken Sie diesen Effekt.
Wenn Sie eine Frage richtig stellen wollen, müssen Sie sich darüber im klaren sein, was Sie mit dieser Frage tatsächlich beabsichtigen. Erst dann sind Sie in der Lage, das Gespräch zu steuern, zu gestalten und zu führen.

Mit Fragen kann man:
- Informationen einholen
- Das Gespräch steuern
- Klarheit erreichen
- Probleme lösen
- Dialoge herstellen
- Fehler vermeiden
- Kooperation herbeiführen
- Ängste abbauen
- Zum Nachdenken anregen
- Den Gesprächspartner zum Sprechen bewegen

Zu den wichtigsten Fragearten im Mitarbeitergespräch zählen:
- Offene Fragen
- Geschlossene Fragen
- Präzisionsfragen

Offene Fragen

Was sind offene Fragen?
Bei diesem Fragetyp werden Informationen indirekt erfragt. Es gibt keine Hinweise auf mögliche Antworten, so daß die Antwort beispielsweise nicht »Ja« oder »Nein« lauten kann. Offene Fragen können nicht in ein oder zwei Worten beantwortet, sondern müssen ausführlicher erläutert werden.

Wozu dienen offene Fragen?
Diese Fragen helfen das Gleichgewicht im Gespräch zu halten bzw. wiederherzustellen. Sie ermöglichen, den Partner zum Nachdenken anzuregen, wenn seine Aufmerksamkeit nachläßt. Mit offenen Fragen werden Informationen über die Sichtweise, Situation bzw. Ausgangslage des Gesprächspartners eingeholt.
Mit offenen Fragen aktivieren Führungskräfte die Kreativität, die Ideen und das Wissen des Gesprächspartners.

Wie stellt man offene Fragen?
Für die Formulierung offener Fragen eignen sich besonders die sogenannten W-Fragen: »Was?«, »Warum?«, »Wer?«, »Wie?«, »Wann?« und »Wozu?«. Diese Fragewörter haben unterschiedliche Zielrichtungen:

Was?	Sache
Warum?	Grund
Wer?	Person
Wie?	Vorgehensweise
Wann?	Zeitraum
Wozu?	Zweck

Wann stellt man offene Fragen?
Führungskräfte können mit offenen Fragen Sachverhalte klären, Informationsverluste ausgleichen und die Aufmerksamkeit des Gesprächspartners steigern. Diese Fragen eignen sich besonders, die Einschätzungen des Mitarbeiters und seine Beweggründe zu hinterfragen und seine Sicht der Dinge besser nachzuvollziehen. Hier einige Beispiele:
- »Welche Meinung haben Sie dazu?«
- »Worin sehen Sie die Ursachen für dieses Problem?«
- »Welches Vorgehen würden Sie vorschlagen?«

Nutzen für das Mitarbeitergespräch
Offene Fragen bewirken eine aktive Beteiligung des Mitarbeiters, so können seine Ideen und Potentiale in die Planung zukünftiger Maßnahmen und zu treffender Entscheidungen mit einfließen. Das Ergebnis des Gesprächs wird vom Mitarbeiter mit getragen, da seine Vorstellungen Gehör finden und mit berücksichtigt werden. Somit fördern offene Fragen eine partnerschaftliche Gesprächsführung.

Tip
Wichtig ist, offene Fragen nur dann zu stellen, wenn ein echtes Interesse an den Antworten besteht! Es empfiehlt sich, diese Fragen zu Beginn des Gesprächs oder eines neuen Themas zu stellen, da sie in der Regel die Besprechung ausweiten.

Geschlossene Fragen

Was sind geschlossene Fragen?
Geschlossene Fragen lassen sich in den meisten Fällen mit »Ja« oder »Nein« oder mit einer kurzen, präzisen Information beantworten.
Antworten auf diese Fragen bringen nur die Information, nach der gefragt wurde, und zwingen den Antwortenden zu einer eindeutigen Stellungnahme.

Wozu dienen geschlossene Fragen?
Mit Hilfe dieser Fragen können im Gespräch Entscheidungen schneller herbeigeführt oder Klarheit über Standpunkte und Sichtweisen des Gesprächspartners gewonnen werden. Geschlossene Fragen sorgen für Transparenz.

Wie stellt man geschlossene Fragen?
Geschlossene Fragen beginnen meist mit einem Verb. Hier einige Beispiele:
- »Sind Sie damit einverstanden?«
- »Haben wir genug Informationen dazu?«
- »Welchen Termin schlagen Sie vor?«
- »Können Sie mir dies bestätigen?«
- »Können wir diesen Punkt als geklärt betrachten?«

Wann stellt man geschlossene Fragen?
Dieser Fragetyp eignet sich besonders, um
- Entscheidungen herbeizuführen
- Gesprächseinheiten, Teilaspekte zu beenden
- Strukturen zu schaffen
- eindeutige Stellungnahmen von Mitarbeitern einzuholen
- Vielredner zu bremsen

Nutzen für das Mitarbeitergespräch
Mit diesen Fragen läßt sich das Gespräch sehr gut steuern. Sie ermöglichen, klare Vereinbarungen und Beschlüsse zu treffen, Fakten zusammenzutragen und den Zeitplan einzuhalten.

Tip
Geschlossene Fragen sollten sparsam eingesetzt werden, weil sie dem Gesprächspartner wenig Möglichkeiten bieten, sich mitzuteilen. Werden sie zu häufig gestellt, behindern sie einen offenen Meinungsaustausch.

Umwandlung geschlossener Fragen in offene Fragen

Geschlossene Fragen können in den meisten Fällen, wie folgende Beispiele zeigen, durch eine einfache Umformulierung in offene Fragen umgewandelt werden:

Geschlossen:
»Können Sie mit diesem Sofware-Programm umgehen?«
Offen:
»In welchem Ausmaß verwenden Sie dieses Software-Programm?«

Geschlossen:
»Kann dieses Projekt verbessert werden?«
Offen:
»Was kann getan werden, um dieses Projekt zu verbessern?«

Geschlossen:
»Brauchen Sie Unterstützung?«
Offen:
»Wie können wir Sie am besten unterstützen?«

Präzisionsfragen

Was sind Präzisionsfragen?
Diese Fragen helfen, einen Sachverhalt zu präzisieren. Sie werden insbesondere dann eingesetzt, wenn im Gespräch folgende Situationen auftauchen:
- Übertreibungen (»irre«, »wahnsinnig«, »galaktisch«)
- Verallgemeinerungen (»immer«, »nie«, »normalerweise«)
- Konjunktiva (»würde«, »müßte«)
- Substantivierungen: (»es gab Ärger«, »da kam Freude auf«)
- Löschungen (»besser«, »größer«)
- Verzerrungen (»ein wenig«, »ein bißchen«, »etwas«, »irgendwie«)

Wozu dienen Präzisionsfragen?
Im Gespräch kann es vorkommen, daß wichtige Aussagen fehlen oder die Beteiligten den Überblick darüber verlieren, worum es geht. Präzisionsfragen helfen, den roten Faden wiederzufinden und Informationslücken zu schließen.

Wann stellt man Präzisionsfragen?
Präzisionsfragen werden gestellt, um Informationen zu sammeln, Bedeutungen zu klären, »blinde Flecken« zu entdecken oder etwaige Einschränkungen im Denken des anderen zu erkennen. Sie eignen sich insbesondere zum
- Herstellen von Transparenz bei unklaren Sachverhalten
- Vertiefen und Ergänzen von Sachverhalten

- Konkretisieren
- Präzisieren
- Sammeln von Informationen

Wie stellt man Präzisionsfragen?

Bei diesen Fragen geht es nicht darum, nach Gründen und Ursachen zu fragen, sondern Transparenz herzustellen bzw. unklare Sachverhalte zu konkretisieren. Bei der Formulierung ist darauf zu achten, daß keine »Warum-Fragen« gestellt werden.

Beispiele

Ein Mitarbeiter beschwert sich über die Betreuung eines Kunden: »Irgendwie klappt bei uns gar nichts!« Folgende Präzisionsfragen wären in diesem Fall denkbar:

- »Was genau funktioniert nicht?«
- »Was meinen Sie genau damit?«
- »Was genau ist geschehen?«
- »Wie oft ist es passiert?«
- »Können Sie mir ein Beispiel geben?«

Nutzen für das Mitarbeitergespräch

Mit Präzisionsfragen läßt sich prüfen, ob die Aussagen des Mitarbeiters richtig verstanden wurden oder ob wichtige Aspekte seiner Ausführungen zu einem Sachverhalt unberücksichtigt blieben. Diese Fragetechnik unterstützt den Mitarbeiter, seine Aussagen tiefer und grundlegender zu durchdenken und zu beleuchten.

Tip

Um zu verhindern, daß die Antworten eine Flut an irrelevanten Informationen liefern, ist es hilfreich, sich bei der Fragestellung immer wieder das Ziel des Gesprächs zu vergegenwärtigen.
Zudem kann ein zu intensives Hinterfragen den Gesprächspartner überfordern. Es besteht die Gefahr, daß er sich daraufhin verschließt, vielleicht mißtrauisch oder gereizt reagiert.

Sonderformen von Präzisionsfragen

Hypothetische Fragen

Sie sind, wie die im folgenden vorgestellten »klärenden Fragen«, eine Sonderform der Präzisionsfragen und helfen, den Blick des Gesprächspartners auf mögliche Problemlösungen zu richten oder Lösungsalternativen herauszuarbeiten. Typisch sind Formulierungen wie:

- »Stellen Sie sich vor, das Problem wäre gelöst, wie würden Sie weiter verfahren?«

- »Angenommen, Sie würden dieses Produkt verwenden, was würde sich dadurch verändern?«
- »Gesetzt den Fall, wir hätten eine Übereinstimmung, was würde sich dann verändern?«

Klärende Fragen
Dieser Fragetyp bietet sich an, wenn es darum geht, Sichtweisen des anderen zu verstehen oder Veränderungen im Sachverhalt zu erkennen. Typisch sind Fragestellungen wie:
- »Wie erklären Sie sich das?«
- »Wo würden Sie Ihren Anteil am Gesamterfolg sehen?«
- »Wann tritt dieses Problem auf, wann nicht?«
- »Welche Wirkungen haben Sie beobachtet?«

Neben den bereits vorgestellten Fragetechniken gibt es weitere Möglichkeiten, mit bewußt eingesetzten Fragestellungen das Mitarbeitergespräch zu steuern und gezielt Informationen einzuholen.

Suggestivfragen

Mit diesen Fragen versucht die Führungskraft, den Gesprächspartner bewußt zu beeinflussen. Er wird manipuliert, weil der Vorgesetzte nicht an der wahren Meinung interessiert ist, sondern mit seiner Frage eine bestimmte Absicht verfolgt. Versuchen Sie, im Gespräch Fragen zu vermeiden, wie:
- »Sie möchten doch sicher gute Ergebnisse vorweisen?«
- »Sind Sie etwa gegen dieses Vorgehen?«

Bestätigungsfragen

Es handelt sich hierbei um geschlossene Fragen, die gestellt werden, um die eigene Meinung zu bestätigen oder die Richtigkeit eines Sachverhalts zu überprüfen. Hierzu zählen Fragen wie:
- »Können Sie mir das bestätigen?«
- »Stimmen Sie mir in folgenden Überlegungen zu?«
- »Ist dieser Punkt soweit ausreichend geklärt?«

Rhetorische Fragen

Diese Fragen beantwortet der Fragesteller gleich mit. Sie helfen, ein Gespräch zu strukturieren oder Spannung zu erzeugen. Setzen Sie rhetorische Fragen aber vorsichtig und sensibel ein, da sie, wie die Beispiele zeigen, belehrend wirken können.

- »Sie können doch mit meiner Unterstützung zufrieden sein?«
- »Das Problem ist doch sehr gut gelöst worden?«

Gegenfragen

Wenn Sie eine an Sie gerichtete Frage nicht sofort beantworten können oder wollen, stellen Sie eine Gegenfrage. Sie verschaffen sich auf diese Weise »Luft« und gewinnen Zeit für eigene Überlegungen. Beachten Sie aber, daß diese Art der Fragestellung auch als unhöflich empfunden werden kann.

Frage des Mitarbeiters: »Bis wann brauchen Sie denn das Ergebnis?«

Gegenfrage des Vorgesetzten: »Bis wann schaffen Sie es denn?«

Alternativfragen

Diese Fragen eignen sich, den Gesprächspartner zu einer Entscheidung zu führen, indem Sie ihm Alternativen zur Beantwortung anbieten. In der Regel werden zwei Antworten zur Auswahl vorgegeben. Verwenden Sie diese Fragetechnik ebenfalls sparsam, denn Alternativfragen können, wenn sie zu häufig gestellt werden, einengend, bevormundend und manipulierend wirken:

- »Sollten wir einen Termin Anfang März oder Anfang April vereinbaren?«
- »Wollen Sie mit der Realisierung diese Woche oder nächste Woche beginnen?«

Wozu-Fragen

Weil Menschen dazu neigen, in Ihre Überlegungen auch Ursachen und Wirkungszusammenhänge mit einzubeziehen, stellen sie gerne Warum-Fragen. Diese Fragen sind häufig rückwärtsgewandt und problemorientiert und bringen oft eine gewisse Schwere ins Gespräch. Bei Wozu-Fragen dagegen treten die Absichten und Ziele in den Vordergrund. Sie sind »nach vorne gerichtet« und tragen dazu bei, das Gespräch zukunftsgerichtet und lösungsorientiert fortzuführen.

Warum-Frage:	»Warum sind diese Probleme entstanden?«
Wozu-Frage:	»Wozu bräuchten Sie Lösungsvorschläge?«

Was ist beim Fragen zu beachten?

Diese Fragetechniken lassen sich wirkungsvoller zur Gesprächslenkung einsetzen, wenn folgende Hinweise mit berücksichtigt werden:

- Fragen sollten in Verbindung mit körpersprachlichen Signalen, die Interesse aufzeigen, gestellt werden, beispielsweise mit Blickkontakt und einer offenen, dem Gesprächspartner zugewandten Körperhaltung.
- Es empfiehlt sich, möglichst nur eine Frage und nicht mehrere Fragen auf einmal zu stellen. Das kann den Befragten überfordern und irritieren. Seine Antworten werden dann ungenauer und oberflächlicher.

Beispiel 1:
»Herr Bähr, mich interessiert Ihre Meinung zu unserem neuen Projekt. Können wir den neuen Kunden enger an uns binden? Welche Probleme können dabei auftreten und wie würden Sie ihnen begegnen? Bis wann werden Sie, wenn alles gutgeht, dieses Projekt abgeschlossen haben?«

Wenn Sie zuviele Fragen hintereinander stellen, kann beim Gesprächspartner der Eindruck entstehen, daß er ausgefragt wird oder sich in einem Verhör befindet. Stellen Sie deshalb ihre Fragen wohldosiert und begründen Sie zwischendurch, warum Sie bestimmte Sachverhalte wissen wollen. Lassen Sie ihm nach jeder Frage ausreichend Zeit zum Nachdenken und zur Beantwortung.

- Sind Fragen so gestellt, daß der Befragte erkennt, wie die gewünschte Antwort lauten soll, wird er nicht nur vorsichtig und möglicherweise gereizt, er bringt seine Meinung und seine Ideen nicht mehr offen und spontan zum Ausdruck. Er wird so antworten, wie der Fragesteller es seiner Meinung nach hören will: »Wenn Sie wirklich kompetent sind, dann müssen Sie mir doch zustimmen?«
- Achten Sie darauf, daß Sie Ihren Gesprächspartner bei Ihrer Fragestellung wirklich ernst nehmen. Wenn er sich ernstgenommen und respektiert fühlt, wird er auf Ihre Frage offen und ehrlich antworten.
- Oft ist es angebracht, dem Mitarbeiter zu erklären, warum ihm eine Frage gestellt wird. Eine Frage, verbunden mit einer gleichzeitigen Erklärung des Vorgesetzten, könnte beispielsweise lauten:

Beispiel 2:
»Herr Bähr, Ihren Vorschlag zur Vorgehensweise bei unserem neuen Projekt finde ich sehr interessant. Um Ihnen die notwendigen Ressourcen zur Verfügung zu stellen, ist für mich folgende Frage wichtig: Welche langfristigen Erfolge kann unser Unternehmen damit erzielen?«

- Scheuen Sie sich nicht, die Argumente und Ideen aus den Antworten des Gesprächspartners aufzugreifen und diese Aspekte wieder in neue Fragen einzuflechten.
- Eine sinnvolle Kombination der verschiedenen Fragearten, insbesondere der Wechsel von offenen und geschlossenen Fragen, wirkt sich auf den Gesprächsverlauf positiv aus.
- Es ist nicht allein wichtig, die richtigen Fragen zu stellen, sondern auch, dem anderen aufmerksam zuzuhören und auf seine Antworten einzugehen.

- Formulieren Sie Fragen positiv, vermeiden Sie, wenn möglich, die Verwendung negativ besetzter Begriffe. So kann, wie die folgenden Beispiele zeigen, allein durch die Art der Fragestellung eine völlig unterschiedliche Gesprächsatmosphäre entstehen:
  Negativ: »Haben Sie schon wieder Probleme?«
  Positiv: »In welchen Punkten haben Sie Veränderungsbedarf?«
  Negativ: »Wieso haben Sie dies falsch gemacht?«
  Positiv: »Warum haben Sie es so gemacht?«
- Vermeiden Sie ausschweifende, lange Formulierungen, bilden Sie kurze Fragesätze.

8.4 Aktives Zuhören

Herr Bauer wurde von seinem Vorgesetzten, Herrn Kaps, zum diesjährigen Mitarbeitergespräch eingeladen. Wie schon im Vorjahr ging er mit einem gewissen Unbehagen zu diesem Gespräch. Nach einer kurzen Gesprächseröffnung bat ihn sein Chef, aus seinem Arbeitsbereich zu berichten. Der Vorgesetzte saß ihm gegenüber und folgte den Schilderungen seines Mitarbeiters. Nach kurzer Zeit ging es Herrn Bauer wie im vergangenen Jahr: Sein Redefluß geriet ins Stocken, er wurde von Minute zu Minute unsicherer. Gelegentlich stellte sein Chef ihm Fragen, die er alle beantwortete. Als das Gespräch endlich beendet war, verließ Herr Bauer den Besprechungsraum mit dem Gefühl, einen schlechten Eindruck hinterlassen zu haben. Er ging in sein Büro und ließ dieses Gespräch noch einmal Revue passieren. Allmählich wurde ihm bewußt, was ihn letztlich wieder so verunsichert hatte. Es war sein Chef, der während des gesamten Gesprächs kaum eine Reaktion zeigte, sondern die meiste Zeit in seine Unterlagen blickte, nur selten eine Frage stellte und kaum eine Miene verzog. Herr Bauer konnte nicht einschätzen, woran er bei seinem Chef war, ob dieser ihm zustimmte oder nicht. Diese Ungewißheit war es, die ihn wieder so verunsichert hatte.

Wichtig für die Qualität von Gesprächen ist, wie die Gesprächspartner einander zuhören. Auch beim Zuhören gibt es unterschiedliche Qualitäten. Eine Methode, die wichtige Erkenntnisse der Kommunikationspsychologie, wie aktive Körpersprache und Fragetechnik, integriert, ist das aktive Zuhören. Richtig angewandt hilft es, die Aussagen des Gesprächspartners und ihn als Person besser zu verstehen. Aktives Zuhören sorgt auch für eine wertschätzende, positive Gesprächsatmosphäre. Denn es setzt Verhaltensweisen voraus, die dem anderen Interesse an seinen Ausführungen signalisieren, ebenso den Wunsch, diese auch zu verstehen. Aktives Zuhören bedeutet:
- hören, was der Gesprächspartner sagt,
- überprüfen, ob man seine Aussagen richtig verstanden hat und
- den Gesprächspartner durch das eigene Verhalten zum Weitersprechen ermuntern.

Somit ist aktives Zuhören eher ein Zustand als eine Technik oder Methode. Es impliziert ehrliches Interesse, Neugier und ein ernsthaftes Bemühen, den anderen zu verstehen.

Aktives Zuhören setzt folgende Grundhaltungen voraus:
- Das Bestreben, den Gesprächspartner zu verstehen,
- Interesse für die Gedanken und Gefühle des anderen,
- Akzeptanz und Verzicht auf verfrühte (Vor-)Urteile,
- angemessene Reaktion auf die erhaltenen Aussagen.

Zuhören kann manchmal ziemlich anstrengend sein, denn es besteht ein großer Unterschied zwischen Hören und Zuhören. Letzteres erfordert nicht nur Energie, Konzentration und Interesse am Gesprächspartner, sondern auch die Fähigkeit, sich in den anderen hineinversetzen, hineindenken und einfühlen zu können. Es verlangt, daß man sich um wirkliches Verständnis bemüht und ein Gespür für die Gefühle und Stimmungen des anderen entwickelt. Wertungen, Ratschläge und spontane Reaktionen treten in den Hintergrund.
Aktives Zuhören hilft, sich bewußt auf den Gesprächspartner zu konzentrieren, ihn zu beobachten und ihm durch nonverbale Reaktionen zu zeigen, daß man auf ihn eingeht. Diese Aufmerksamkeit signalisiert ihm, daß er sich für seine Antwort Zeit nehmen kann. So kann er seine Aussagen präziser formulieren, wodurch sich die Zuverlässigkeit seiner Informationen erhöht.

Folgende Verhaltensweisen sind beim aktiven Zuhören typisch:

Blickkontakt
Am Blickkontakt läßt sich erkennen, daß sich der Zuhörer dem Gesprächspartner »ungeteilt« zuwendet. Die auf den Sprecher gerichteten Augen deuten auf Interesse und Aufmerksamkeit hin.

Offene und zugewandte Körperhaltung
Eine offene, leicht nach vorne geneigte Haltung signalisiert Aufmerksamkeit und ermutigt den Gesprächspartner, offen über seine Sicht der Dinge zu reden.

Körpersprachliche Signale der Zustimmung und des Interesses
Auch andere nonverbale Signale helfen, den Kontakt zum Gesprächspartner aufrechtzuerhalten und zu intensivieren. Hierzu zählen beispielsweise unterstützendes Kopfnicken, das die Meinung des anderen bestätigt und ihn zu mehr Offenheit ermutigt. Gemeint ist hierbei keinesfalls ein automatisches Vor- und Zurückbewegen des Kopfes. Das würde bedeuten, daß allen Aussagen des anderen programmatisch und vorbehaltlos zugestimmt wird. Das Nicken erfolgt nur dann, wenn man bestimmte Aussagen des Sprechers teilt oder ihn zum Weiterreden ermutigen will.

Gelegentliche Kurzäußerungen
Neben nonverbalen Signalen signalisieren kurze verbale Äußerungen wie »mhmm«, »aha«, »verstehe«, »gut« usw. dem Gesprächspartner, daß ihm aufmerksam und konzentriert zugehört wird.

Fragen stellen
Fragen dienen nicht nur dazu, Informationen einzuholen, sie können auch ein Gespräch aktivieren und dem Gesprächspartner Interesse an weiteren Aussagen vermitteln. Besonders gut eignen sich hierbei offene Fragen.

Zusammenfassungen
Wiederholen Sie hin und wieder zusammengefaßt die Aussagen Ihres Gesprächspartners. Dadurch zeigen Sie, wie seine Argumentation bei Ihnen «angekommen» ist. Erkundigen Sie sich, ob Sie ihn in allen Punkten richtig verstanden haben.

Rückformulierungen
Zum aktiven Zuhören gehört auch das Rückformulieren, das Wiederholen einzelner Aussagen des anderen mit eigenen Worten. Rückformulierungen helfen, das Gespräch in Gang zu halten. Der Zuhörer signalisiert dem Gesprächspartner, daß er mitdenkt und sich mit seinen Themen ernsthaft beschäftigt. Sie ermöglichen auch, Zeit zu gewinnen, auf vorangegangene Punkte zurückzukommen (»Sie sagten vorhin ...«) und Informationen den Zielen entsprechend zu gewichten.
Typisch für Rückformulierung sind Überleitungen wie:
- »Wenn ich Sie richtig verstanden habe, dann sagen Sie ...« oder
- »Ist es das, was Sie sagen wollten?«

Reaktionen in der Ich-Form
Mit verständnisvollen Kommentaren wie »Das kann ich gut verstehen!« unterstreicht der Zuhörer, daß er die Ausführungen interessiert und zustimmend verfolgt.

Typische Fehler beim (aktiven) Zuhören
Aktives Zuhören erfordert Konzentration und ein gewisses Maß an Übung, sonst glaubt man, dem anderen zuzuhören, hört aber doch nicht richtig hin. Das kann passieren, wenn der Zuhörer
- sich mehr auf die eigenen Antworten konzentriert als auf die Aussagen des Gesprächspartners,
- Interesse vortäuscht,
- durch eigene Überlegungen abgelenkt ist,
- zu sehr auf Sachdetails achtet und den roten Faden verliert,
- zu wissen glaubt, was der Sprecher meint und sagen will, bevor dieser zu Ende gesprochen hat,

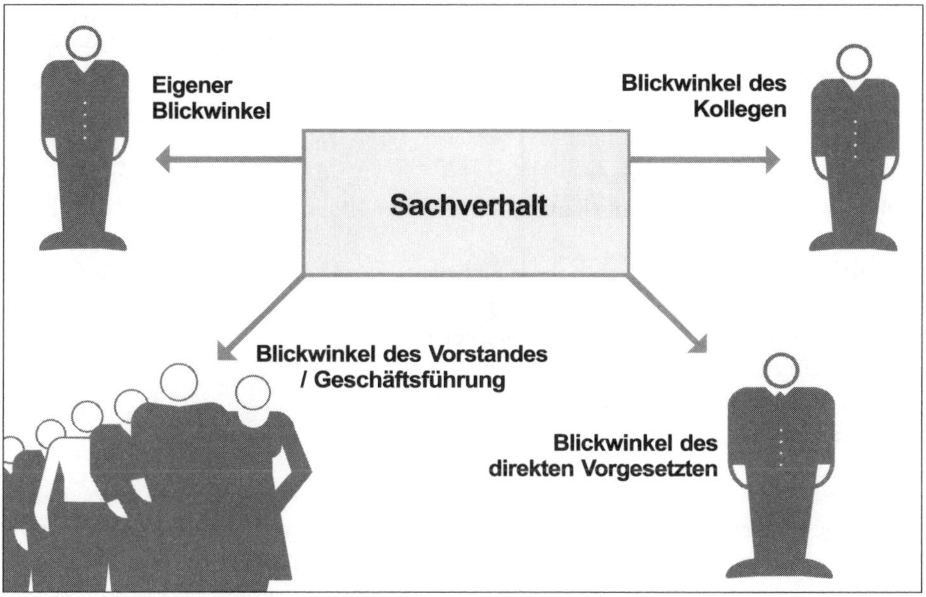

Abb. 11: Unterschiedliche Wahrnehmung eines Sachverhalts

- die Art und Weise, wie der andere spricht, überbewertet und dadurch seine eigentlichen Botschaften zuwenig wahrnimmt,
- sich von Vorinformationen, die er über den Gesprächspartner erhalten hat, beeinflussen läßt, so daß diese seine Aufnahme und Bewertung der Aussagen überlagern.

Unterschiedliche Perspektiven nutzen

Je nach dem Standpunkt der Gesprächspartner kann ein Thema im Mitarbeitergespräch unterschiedlich behandelt werden (vgl. Abb. 11). Sie bewerten und gewichten die Gesprächsinhalte jeweils aus ihrer Perspektive. Verändert sich die Perspektive, so kommen neue Aspekte in die Diskussion hinein, die Dinge erscheinen unter einem anderen Licht. Eine neue Perspektive, z. B. die eines Mitarbeiters oder Außenstehenden, kann ein Problem plötzlich in seiner ganzen Tragweite und Dimension beleuchten. Deshalb erweitern neue Perspektiven nicht nur das Beurteilungsvermögen, sie bringen auch zusätzliche Informationen. Sie leisten einen Beitrag, die Prioritäten richtig zu setzen und Lösungsalternativen zu finden.

Aus diesem Grund empfiehlt es sich, wenn Führungskräfte ihre Mitarbeiter dabei unterstützen, Sachverhalte auch aus einem anderen Blickwinkel heraus zu beurteilen, indem Sie beispielsweise Zwischenfragen stellen oder ihren Standpunkt

erklären. Entsprechend sollten sie auch die Sichtweise des Gesprächspartners berücksichtigen, um die eigene Auffassung auf ihre Richtigkeit hin überprüfen zu können.
Ein Sachverhalt kann z. B. aus folgenden Perspektiven betrachtet werden:
- der eigenen,
- der des Gesprächspartners,
- der von Außenstehenden (Kunden, anderen Mitarbeitern, Vorstand etc.).

Möglich ist auch, im Gespräch neue Sichtweisen zu konstruieren, z. B. durch folgende Fragestellungen:
- »Wie glauben Sie, sehe ich den Sachverhalt?«
- »Wie könnte ein Unbeteiligter die Sache bewerten?«
- »Wie könnte der Kunde dies verstehen?«
- »Was glauben Sie, sagt der Vorstand dazu?«

Verschiedene Sichtweisen ermöglichen nicht nur, neue, zusätzliche Informationen zu gewinnen, sondern auch, sich in den Gesprächspartner und seine Situation hineinzuversetzen. Sie helfen somit, die eigenen empathischen Fähigkeiten zu erweitern und die Führungskompetenz zu erhöhen.
Sie können einen Perspektivwechsel auch einsetzen, um im Gespräch Ihre Empfindungen oder die des Gesprächspartners zu steuern. Ist z. B. ein Mitarbeiter stark emotionalisiert, bringen Sie mit der Frage: »Welche Lösung würde denn der Kunde akzeptieren?« einen neuen Blickwinkel ins Spiel und führen das Gespräch wieder auf eine sachlichere Ebene zurück.

8.5 Schwierige Gesprächssituationen lösen

Ich-Botschaften

Jeder Mensch betrachtet die Dinge aus seinem Blickwinkel, bewertet sie nach seinem Wertesystem und seinen Empfindungen. »Ich-Botschaften« beziehen sich auf die eigene Person und beginnen mit »Ich«: »Ich denke, daß...«, anstatt »Man hat oft den Eindruck, daß...«. Sie heben den Blickwinkel des Sprechers hervor. Ein Vorteil der »Ich-Botschaften« ist, daß der Gesprächspartner sie als subjektive Aussagen in der Regel akzeptiert, weil er ihnen seine eigene Sicht der Dinge entgegensetzen kann und nicht grundsätzlich widersprechen muß.
Gerade in schwierigen Gesprächssituationen sind diese Botschaften äußerst hilfreich, weil sie die eigenen Empfindungen in das Zentrum der Aussage stellen. Im Mitarbeitergespräch lassen diese Botschaften verschiedene Sichtweisen und Meinungen gleichwertig in den Dialog einfließen. Gestaltet sich ein Gespräch schwierig, können Sie Ihren Mitarbeiter mit Ich-Botschaften darüber informieren, wie Sie die Situation sehen und empfinden. Er erfährt auch, welche Gefühle und Ge-

danken er mit seinem Verhalten oder seinen Aussagen bei Ihnen auslöst. Ihm wird bewußt, daß sein Vorgesetzter ein Mensch mit Gefühlen und Bedürfnissen ist. Folgende Kennzeichen sind typisch für Ich-Botschaften:

- Sie sind in der Ich-Form gehalten,
- Sie- oder Du-Formulierungen werden vermieden,
- auf Man-Aussagen wird ebenfalls verzichtet,
- Beobachtungen oder Wünsche werden direkt ausgedrückt.

Der Kern dieser Botschaften ist das eigene Erleben. Sie beschreiben aber auch, wie das Verhalten anderer empfunden wird und welche möglichen Konsequenzen es nach sich ziehen kann.

Formulierung von Ich-Botschaften

Diese Botschaften sind in der Regel so formuliert, daß sie das Pronomen »Ich« enthalten. Wie folgende Beispiele zeigen, informieren sie, wie der Sprecher eine aktuelle Situation erlebt, und liefern oft gleichzeitig eine Begründung mit:

»Ich bin etwas ungeduldig (Erleben), da wir schon seit 15 Minuten über diesen gleichen Punkt sprechen (Ursache).«

»Ich fühle mich von Ihnen unter Druck gesetzt (Erleben), weil Sie mir so knappe Termine setzen (Ursache).«

»Ich freue mich (Erleben), daß Sie diesen Kunden für unser Unternehmen gewonnen haben (Ursache).«

Nutzen von Ich-Botschaften im Mitarbeitergespräch

- Sie stellen sich als Mensch und Führungskraft präsenter und klarer dar.
- Ihr Mitarbeiter erhält einen genaueren Eindruck von Ihnen.
- Sie können störende Aspekte im Gespräch leichter ansprechen.
- Emotionen und Wünsche lassen sich ebenfalls leichter ansprechen.
- Mitarbeiter erhalten eine Rückmeldung darüber, wie ihr Verhalten auf Sie wirkt.
- Kritik und Korrekturen lassen sich behutsamer ansprechen.
- Unterschiedliche Sichtweisen werden im Dialog leichter akzeptiert.
- Der Mitarbeiter kann Ihre Bewertung und Beurteilung seines Verhaltens leichter akzeptieren.

Du-Botschaften

Folgendes Beispiel veranschaulicht den Unterschied zwischen Du- und Ich-Botschaften:

Du-Botschaft: »Sie haben mir überhaupt nicht zugehört.«

Ich-Botschaft: »Ich habe den Eindruck, daß Sie mir überhaupt nicht zugehört haben.«

Du-Botschaften werden als Zuschreibung im Sinne von »Du bist so« erlebt. Der

Gesprächspartner wird diese Behauptung in der Regel von sich weisen. Deshalb sollten solche Botschaften möglichst vermieden werden:
»Ich sehe diesen Sachverhalt anders«, anstatt: »Sie haben unrecht.«
»Ich bin mit Ihrer Aussage nicht einverstanden«, anstatt: »Sie erzählen aber einen Unsinn.«
»Ich favorisiere eine andere Lösung«, anstatt: »Ihre Lösung taugt nichts.«

Meta-Kommunikation – Gefühle widerspiegeln

In Gesprächen treten gelegentlich Störungen auf, deren Ursachen nicht genau beschrieben werden können, die aber den Dialog und die Atmosphäre beeinträchtigen. Aufgrund solcher Irritationen beginnt das Gespräch, richtungslos zu werden, die Beteiligten gehen nicht mehr aufeinander ein, die Stimmung wird angespannt. In dieser Situation sind die Beteiligten für die zu besprechende Sache nicht mehr offen. Wird diese Störung nicht behoben, macht eine Fortsetzung des Gesprächs keinen Sinn. Es sei denn, daß die Gesprächspartner offen ansprechen, wie sie die Situation empfinden und sich konstruktiv mit dem aufgetretenen Problem auseinandersetzen. Wenn das gelingt, können sie ihr Gespräch fortsetzen und sich wieder den eigentlichen Themen und Inhalten widmen. Meta-Kommunikation bedeutet: Man spricht darüber, wie man miteinander spricht.
Das Gespräch wird von der Sach- auf die Beziehungsebene verlagert. Das Hauptaugenmerk richtet sich darauf, *wie* die Kommunikation geführt wird.
Auf Ihr Mitarbeitergespräch übertragen bedeutet dies konkret: Sie teilen Ihrem Gesprächspartner Ihren Eindruck über den Verlauf des Gesprächs mit und sagen ihm, daß Sie mit ihm den zurückliegenden Dialog noch einmal Revue passieren lassen und reflektieren wollen. Ist er damit einverstanden, können Sie gemeinsam klären, warum sich das Gespräch plötzlich so schwierig gestaltet. Im Bedarfsfall können Sie vereinbaren, wie Sie auf der Basis einer konstruktiven Gesprächsatmosphäre Ihre Unterredung fortsetzen wollen.
Die folgenden Beispiele zeigen, wie ein Gespräch auf die Meta-Ebene verlagert werden kann:

»Ich habe den Eindruck, daß wir uns seit längerer Zeit im Kreis drehen und nicht vorankommen.«
»Ich erlebe Sie sehr ungehalten und aggressiv. Ich muß feststellen, daß auch ich allmählich ärgerlich werde. Sollten Sie wirklich über etwas verärgert sein, wäre es gut, wenn wir darüber redeten.«
»Wir sprechen jetzt schon seit längerem über die Schwierigkeiten in Ihrer Gruppe. Ich habe den Eindruck, daß die wirklich wichtigen Punkte bisher aber außen vor blieben. Wir kommen aber nur zu einem befriedigenden Ergebnis, wenn wir offen darüber reden.«

Tips für den Übergang zur Meta-Kommunikation

- Unterbrechen Sie das laufende Gespräch höflich, aber klar.
- Äußern Sie Ihre Wahrnehmung über den Verlauf des Gesprächs, informieren Sie den Gesprächspartner mit Ich-Botschaften, wie Sie die Situation empfinden.
- Fragen Sie ihn, wie er die Situation erlebt.
- Schlagen Sie vor, die Gründe für diese Entwicklung herauszuarbeiten.
- Erarbeiten Sie Vorschläge, wie das Gespräch wieder einen positiven Verlauf erlangen kann.
- Vereinbaren Sie klare Vorgehensweisen für eine konstruktive Fortsetzung des Gesprächs, die für beide akzeptabel ist.
- Setzen Sie das Gespräch mit dem Besprechungspunkt fort, bei dem Sie zuvor aufgehört haben.

Doppeldeutige Botschaften bearbeiten

Zu Irritationen kommt es im Gespräch, wenn verbale Botschaften im Widerspruch zu den nonverbalen Signalen stehen. Der Zuhörer wird verunsichert, er bekommt ein ungutes Gefühl, weil er den Eindruck gewinnt, daß irgend etwas nicht stimmt.
Stellen Sie bei Ihrem Gesprächspartner doppeldeutige Botschaften fest, sprechen Sie ihn, wenn es zur Klärung des Sachverhalts hilft, auf diese Gegensätze seiner verbalen und nonverbalen Informationen an. Beschreiben Sie ihm, wie Sie diese widersprüchlichen Botschaften interpretieren. Um sicher zu gehen, daß Sie keiner Mißdeutung erlegen sind, sollten Sie nachfragen, ob er Ihre Auffassung teilt oder nicht. Die folgenden Beispiele zeigen mögliche Reaktionen auf doppeldeutige Botschaften:

> *»Sie erzählen mir von Ihrem großen Interesse an diesem Projekt. Doch wenn ich Ihnen so zuhöre, habe ich den Eindruck, daß Sie nicht wirklich daran interessiert sind. Kann es sein, daß mich mein Eindruck täuscht?«*
> *»Sie haben mir vorhin erzählt, daß es für Sie vollkommen in Ordnung ist, wenn unser neuer Kunde zukünftig von Ihrer Kollegin betreut wird. Seitdem habe ich den Eindruck, daß Sie etwas verärgert sind und eher widerwillig mit mir über die weiteren Punkte sprechen. Kann es sein, daß Sie nicht doch diesen Kunden lieber selbst betreuen möchten?«*

Einwände behandeln

Gespräche würden sich erübrigen, wenn die Beteiligten immer einer Meinung wären. Es kommt jedoch durchaus häufiger vor, daß ein Gesprächspartner die

Argumente des anderen nicht teilt, Einwände gegen die vorgebrachten Vorschläge erhebt oder mit den Aussagen des anderen überhaupt nicht einverstanden ist. Solche Reaktionen sind als Chance zu sehen. Schon durch seinen Einwand zeigt der Gesprächspartner sein Interesse und seine Bereitschaft, sich mit dem Thema auseinanderzusetzen. Einwände haben eine wichtige Funktion im Mitarbeitergespräch. Wenn Sie den Einwand eines Mitarbeiters nicht übergehen oder abblocken, sondern auf ihn eingehen, können Sie mögliche Widerstände bei ihm abbauen, seine Bedenken ausräumen oder bislang nicht bekannte Argumentationslücken erkennen und schließen. Der Erfolg Ihrer Überzeugungsarbeit hängt sowohl von der Qualität ihrer Ansichten und Standpunkte, als auch von Ihrem Umgang mit den Einwänden des Gesprächspartners ab.
Einwände sollten in der Regel nicht sofort mit einer Gegenargumentation beantwortet werden, weil sich daraus sehr schnell ein Streitgespräch entwickeln kann. Sinnvoller ist es, in drei Schritten vorzugehen:

1. Schritt: Zuhören und Ausreden lassen
Mit seinem Einwand signalisiert der Mitarbeiter zunächst, daß er mit einem Sachverhalt nicht einverstanden ist. Um die Bedenken richtig zu verstehen, ist es wichtig, ihn ausreden zu lassen und zunächst einmal dem zuzuhören, was er zu sagen hat. Zeigen Sie Verständnis für seinen Einwand, hier helfen Aussagen wie:
- »Ich kann Ihre Bedenken verstehen«, oder
- »Aus Ihrer Sicht kann ich dies nachvollziehen.«

2. Schritt: Analysieren des Einwandes
Manche Mitarbeiter drücken Ihre Einwände direkt aus (»Unsere Qualifikation reicht nicht aus, um diesen Kunden optimal zu beraten.«), andere dagegen gehen vorsichtig vor und umschreiben ihr Anliegen (»Wir haben viel zuwenig Zeit, um dieses Projekt fristgemäß zu beenden.«). Antworten Sie, ohne nachzufragen, worum es sich konkret handelt oder ohne die wahren Bedenken Ihres Mitarbeiters zu kennen, so werden Sie ihn nicht überzeugen, sondern an ihm vorbeireden. Eruieren Sie deshalb durch Zusatz- oder Präzisionsfragen, wo die wahren Bedenken liegen:
- »Wie meinen Sie das genau?«
- »Woher haben Sie diese Information?«
- »Wenn Sie mir das noch einmal etwas näher erläutern könnten?«
- »Interessant, erzählen Sie das bitte etwas genauer.«

3. Schritt: Akzeptieren und Reagieren
Nehmen Sie die Bedenken des Mitarbeiters ernst und reagieren Sie darauf. Hier kommen zwei Möglichkeiten, angemessen zu reagieren, in Frage. Sie können entweder neue Aspekte und Argumente vorbringen, welche die Bedenken des Gesprächspartners berücksichtigen. Wenn das nicht möglich ist, ist zu überlegen, wie seine Bedenken anderweitig entkräftet werden können. Beachten Sie hierbei, daß Sie bei ihm Widerstand erzeugen, wenn er das Gefühl bekommt, daß Sie ihm seine Einwände lediglich ausreden wollen.

Fehler beim Umgang mit Einwänden
Oft glaubt man, einen Einwand richtig verstanden zu haben und gibt sofort eine Antwort. Es ist aber auch möglich, daß er nur zum Schein vorgetragen wird, um von einem anderen Problem abzulenken. Dies wäre ein Vorwand. In diesem Fall empfiehlt es sich, die eigentlichen Gründe für die Widerstände und Bedenken des Gesprächspartners zu hinterfragen. Der vorgeschobene Einwand kann nicht ausgeräumt werden, weil der eigentliche Grund ein ganz anderer ist.

Tips für den Umgang mit Einwänden

- Einwände erheben ist keine Sportart. Versuchen Sie nicht, zu »gewinnen« und Ihre Argumente unter allen Umständen durchzusetzen. Sie können zwar aus der Diskussion als Sieger hervorgehen, werden aber die Gesprächsbereitschaft und Offenheit des Mitarbeiters verlieren.
- Führt ein Einwand zu einer verkrampften Atmosphäre, können Sie diese Situation durch eine positiv formulierte Überleitung entspannen. Wenn Sie beispielweise sagen: »Ich kann Ihre Bedenken vestehen, lassen Sie uns gemeinsam eine Lösung finden«, wird sich die Bereitschaft des Gesprächspartners erhöhen, wieder offener am Gespräch teilzunehmen.
- Sollte die Argumentation des Gesprächspartners völlig falsch sein, ist es manchmal sinnvoller, diesen Einwand zurückzustellen oder überhaupt nicht auf ihn einzugehen.
- Interpretieren Sie einen Einwand auf keinen Fall als persönlichen Angriff. Häufig liegen ernstzunehmende Gründe vor, daß er vorgebracht wird. Es kann aber auch sein, daß er nur aus »taktischen« Gründen vorgetragen wird, um etwas anderes zu erreichen. In diesem Fall sollten Sie ihn nicht isoliert betrachten, ohne den Kontext zu berücksichtigen, sonst laufen Sie Gefahr, den eigentlichen Kern der Aussage nicht zu erkennen.

8.6 Die Entstehung von Konflikten

Im Berufsleben können immer wieder unterschiedliche Interessen, Meinungen, Bedürfnisse und Arbeitsweisen zwischen Individuen, Gruppen und Abteilungen aufeinandertreffen. Unterschiede bergen natürlich ein gewisses Konfliktpotential. Dieses läßt sich entschärfen, indem man Kompromisse sucht, sich auf bestimmte Verfahrensweisen einigt oder Meinungen konstruktiv austauscht und gegeneinander abwägt. Unterschiedliche Ansätze können aber dazu beitragen, daß neue Aspekte berücksichtigt oder kreative Problemlösungen erarbeitet werden können.
Auch Sie haben schon erlebt, daß Diskussionen um Sachfragen sehr stark von Emotionen überlagert waren. Bei solchen Diskussionen stehen plötzlich Angriff und Gegenangriff, Siegen und Verlieren im Vordergrund; Vorurteile ersetzen Ar-

gumente, die Akzeptanz des anderen und die Bereitschaft zur konstruktiven Auseinandersetzung ist gering. Der Konflikt eskaliert, eine sachliche Diskussion ist nicht mehr möglich.
Gelingt es, einen solchen Konflikt konstruktiv zu lösen, kann das »Gewitter« durchaus positive Konsequenzen haben. Er fördert die Innovation, löst Veränderungen aus, bringt Unterschwelliges zutage, stimuliert die Kreativität und beschleunigt die Weiterentwicklung. Bleibt der Konflikt aber ungelöst, tritt das Gegenteil ein: Die Arbeitsfähigkeit ist blockiert, das Betriebsklima wird zusehends schlechter, Innovationen und Veränderungen werden behindert. Alle diese Faktoren wirken sich negativ auf die Motivation und Zufriedenheit der Beteiligten aus. Ein solcher Zustand kann das ganze Unternehmen beeinträchtigen und sogar zu finanziellen Einbußen führen.
Um es nicht so weit kommen zu lassen, bedarf es der Fähigkeit, Konfliktsituationen und ihre Ursachen frühzeitig zu erkennen und so zu steuern, daß eine Eskalation vermieden und ein tragbarer Kompromiß gefunden wird.

Ablauf einer unkontrollierten Konfliktbildung

Unkontrollierte Konflikte verlaufen nach Doppler/Lauterburg typischerweise in vier Phasen (Doppler/Lauterburg 1995):

1. Phase: Diskussion
Zu Beginn geht es um eine Sachfrage. Unterschiedliche Meinungen oder Interessen treffen aufeinander, der Streitgegenstand ist »geboren«.

2. Phase: Überlagerung
Akzeptiert eine Seite die Argumente der anderen Partei nicht, entsteht eine kritische Situation. Beide Seiten beginnen, sich des Egoismus, des Taktierens bis hin zur Unaufrichtigkeit zu bezichtigen. Die Diskussion verlagert sich allmählich auf eine moralische Ebene und wird von Werte-, Beziehungs- und Personenfragen überlagert.

3. Phase: Eskalation
Sobald eine Partei glaubt, von der anderen nicht ernstgenommen zu werden, fühlt sie sich angegriffen, reagiert mit Wut und Empörung und geht zum vermeintlich berechtigten Gegenangriff über. Dieselbe Reaktion erfolgt umgehend auch auf der Gegenseite.
Die Emotionen setzen auf beiden Seiten starke Energien frei, die Beteiligten engagieren sich wie sonst nie zuvor. Das Geschehen hat die Ebene der Sachlogik verlassen, der Vorgang entbehrt jeglicher rationalen Kontrolle.
Beide Seiten leiden unter selektiver Wahrnehmung: Sie registrieren nur noch, was ihre Vorurteile über den Konfliktpartner bestätigt. Im Vordergrund steht nicht mehr die ursprüngliche Sachfrage, sondern das aktuelle Verhalten der Gegenseite. Beide Seiten putschen sich gegenseitig auf, der Kampf generiert sich selbst.

4. Phase: Verhärtung
Die heiße Phase des Konflikts kühlt sich irgendwann ab, die Gemüter beruhigen sich, aber es herrscht »kalter Krieg«. Denn der Konflikt bleibt weiterhin bestehen, selbst wenn die ursprüngliche Sachfrage längst entschieden ist, weil beide Parteien das tatsächlich oder vermeintlich erlittene »Unrecht« nicht vergessen. Der Konflikt kann jederzeit und unvermittelt wieder ausbrechen. Die damit einhergehende mangelnde Kommunikation und Kooperation beider Seiten kostet Nerven, Energie, Zeit – und häufig auch Geld.
Werden die Ursachen für Konflikte dagegen früh genug erkannt, ist es in den meisten Fällen möglich, den Konflikt bereits im Keim zu ersticken, bevor er die oben beschriebenen Ausmaße erreicht.

Konfliktursachen

Konflikte können auf verschiedene Weise zustande kommen: Ihre Bezeichnung richtet sich nach dem Entstehungsgrund.

Wertekonflikt
Ein Wertekonflikt entsteht, wenn die Konfliktpartner sich aufgrund verschiedener Wertvorstellungen und Interessen nicht einigen können. (Der Vorgesetzte legt Wert auf Pünktlichkeit und lange Anwesenheit am Arbeitsplatz, sein Mitarbeiter hingegen arbeitet ergebnisorientiert und legt seinen Schwerpunkt auf die Bewältigung seiner Aufgaben, er nimmt sich nach getaner Arbeit die Freiheit, nach Hause zu gehen.)

Sachverhaltskonflikt
Sind die Gesprächspartner zu einem Sachverhalt grundsätzlich anderer Meinung, ist dieser Konflikt vorprogrammiert. (Ein Mitarbeiter schätzt den Erfolg einer Maßnahme hoch ein, sein Kollege hingegen eher niedrig und engagiert sich daher entsprechend wenig.)

Zielkonflikt
Die Ziele von zwei Parteien sind nicht miteinander vereinbar. (Ein Vorstand setzt bei der strategischen Ausrichtung auf Diversifikation, sein Kollege dagegen will sich auf das Kerngeschäft konzentrieren.)

Beurteilungskonflikt
Beide Seiten verfolgen zwar dasselbe Ziel, wollen es aber auf verschiedene Weise erreichen oder schätzen die Wirksamkeit der zu ergreifenden Maßnahmen unterschiedlich ein. (Das Unternehmen muß sparen, ein Vorstand ist für Einstellungsstopp, sein Kollege fordert Zurückhaltung bei Neuinvestitionen.)

Verteilungskonflikt
Eine Partei kann ihr Ziel nur auf Kosten der anderen Partei erreichen. (Zwei Mitarbeiter bewerben sich um die gleiche freigewordene Stelle.)

Rollenkonflikt
Nimmt eine Person gleichzeitig mehrere Rollen ein, können sich die Anforderungen rollenbedingt überschneiden oder widersprechen. (Ein Vorgesetzter wird von einem Mitarbeiter, mit dem er privat befreundet ist, gefragt, ob er sich für eine im Betrieb freigewordene Stelle bewerben könnte. In der Rolle des Freundes müßte er aufgrund seiner internen Informationen dem Mitarbeiter von der Bewerbung abraten, als Vorgesetzter dagegen darin bestärken, diese Stelle anzustreben.)

Beziehungskonflikt
Dieser Konflikt findet auf der emotionalen Ebene statt. Er kann ausgelöst werden durch starke Gefühle, falsche Wahrnehmungen oder mangelnde bzw. gestörte Kommunikation. (Mitarbeiter einer Abteilung sollen gemeinsam eine Lösung für ein Projekt entwickeln. Aufgrund bestehender Differenzen und Abneigungen ist es ihnen nicht möglich, sich auf eine gemeinsame Entscheidung zu einigen.)

Sind die Ursachen für einen Konflikt erkannt, ist zu überlegen, wie er gelöst oder ein für beide Seiten tragbarer Kompromiß gefunden werden kann.

8.7 Wege zur Konfliktlösung

Konflikte können nur dann gelöst werden, wenn man ihnen nicht ausweicht, sondern sie angeht und die Ursachen aufarbeitet. So kann ein Vorgesetzter einen Konflikt mit seinem Mitarbeiter dann beenden, wenn er sich diesem Problem stellt und mit dem Kontrahenten ein Gespräch führt. Es gilt, gemeinsam die Ursachen für den Konflikt zu ergründen und zu versuchen, Lösungen zu erarbeiten. Voraussetzung für ein Gelingen ist, daß beide Parteien ernsthaft daran interessiert sind, ihren Streit aus dem Weg zu räumen. Diese Bereitschaft müssen sie im Vorfeld abklären.
Häufiger als allgemein vermutet leiden Menschen unter Konflikten am Arbeitsplatz, unabhängig davon, ob sie diese mitverschuldet haben oder nicht. Gelingt es, einen schwelenden oder offen ausgetragenen Konflikt zu lösen, ist bei allen Beteiligten in der Regel eine große Erleichterung zu verzeichnen. Deshalb ist es notwendig, daß im Krisenfall ein Gesprächspartner die Initiative ergreift und den Kontrahenten zum Gespräch bittet. Um zu verhindern, daß dieses Gespräch wieder in einen Streit ausartet und eine Lösung unmöglich wird, empfiehlt sich eine strukturierte Vorgehensweise.
Sollte das Zwiegespräch nicht vorankommen, kann auch ein Dritter, ein Außenstehender hinzugezogen werden, der die Rolle des Moderators oder Vermittlers

übernimmt. Diese Maßnahme ist keineswegs als Eingeständnis von Schwäche zu sehen, im Gegenteil, sie erhöht die Wahrscheinlichkeit, daß der Konflikt erfolgreich beendet werden kann, weil der Außenstehende korrigierend auf die selektive Wahrnehmung, die »blinden Flecken« und die eingeschränkte Dialogfähigkeit der Konfliktparteien einwirken kann.
Im folgenden sind die Grundsätze, die Doppler und Lauterburg für die Lösung von Konflikten empfehlen, aufgeführt (Doppler/Lauterburg 1995).

Direkte Kommunikation herstellen
Ein Konflikt kann, wenn überhaupt, nur von den direkt betroffenen Parteien selbst gelöst werden. Die direkte Verständigung zwischen ihnen ist jedoch abgebrochen. Der erste und wichtigste Schritt besteht deshalb darin, den direkten Dialog wiederherzustellen.

Dialog kontrollieren
Ist dies gelungen, sind beide Seiten zunächst noch nicht in der Lage, sich wirklich zu verständigen. Ohne fremde Hilfe würden sie sich aufgrund ihrer nach wie vor vorhandenen selektiven Wahrnehmung innerhalb kürzester Zeit wieder gegenseitig mißverstehen. Eine neutrale Person kann die Interaktion zwischen den beiden Parteien vor allem in der ersten Phase sorgfältig überwachen und sicherstellen, daß die einzelnen Aussagen nicht anders verstanden werden, als sie gemeint sind. Steht keine dritte Person zur Verfügung, sollten Methoden wie aktives Zuhören oder Paraphrasieren besonders intensiv praktiziert werden, um eine gegenseitige Verständigung zu ermöglichen. Es ist Sache des Vorgesetzten, in diesem Fall das Gespräch zu steuern. Das kann dann schwierig werden, wenn er selbst emotional stark in den Konflikt involviert ist.

Emotionen offenlegen
Eine Konfliktlösung wird möglich, wenn die subjektiven Empfindungen, enttäuschten Erwartungen, empfundenen Kränkungen und Verletzungen von beiden Seiten offen ausgesprochen werden können. Nur wenn dies geschieht, läßt sich der Druck der gestauten Emotionen senken und der Konflikt auf seinen Ursprung, nämlich auf die realen Bedürfnisse und Interessen, reduzieren.

Vergangenheit bewältigen
Um einen Konflikt dauerhaft zu lösen, reicht es nicht aus, nur die eigenen Gefühle zum Ausdruck zu bringen. Beide Partner müssen einander verständlich machen können, welche Umstände oder Ereignisse bei ihnen die Frustration, Enttäuschung oder Wut ausgelöst haben und wie es dazu kam. Nur dann kann jeder der beiden seinen – ob gewollten oder ungewollten – Anteil am Konfliktgeschehen erkennen und akzeptieren. Damit wird die Voraussetzung dafür geschaffen, daß sie den anderen nicht weiterhin als den alleinigen Schuldigen für diesen Streit halten.

Beiderseits tragbare Lösung aushandeln

Sind die größten Steine aus dem Weg geräumt, geht es darum, gemeinsam eine dauerhafte Lösung des Problems zu erarbeiten. Entscheidend ist hierbei: Es darf keinen Verlierer geben. Es muß sich für beide Partner wirklich lohnen, über den eigenen Schatten zu springen und in Verhandlungen zu treten. Die Lösung muß die Interessen beider Seiten berücksichtigen. Sie ist aber nur dann kein fauler Kompromiß, wenn sie partnerschaftlich ausgehandelt wird. Der nächste wichtige Schritt für die Verarbeitung des Konflikts ist, daß die »Ex-Kontrahenten« sich wieder in Zusammenarbeit üben. Erst wenn das gelingt, kann der Konflikt als wirklich beendet betrachtet werden. Denn bis zu diesem Zeitpunkt hatte man zwar wieder miteinander geredet, aber von nun an ist eine neue Situation eingetreten: Beide Seiten können wieder zusammenarbeiten.

Modelle menschlichen Konfliktverhaltens

Wie Abbildung 12 zeigt, gibt es nach Doppler und Lauterburg verschiedene Möglichkeiten, Konflikte zwischen Gesprächspartnern zu lösen, allerdings mit unterschiedlichem Erfolg.

Im ersten und vierten Quadranten setzt sich eine Konfliktpartei durch, die andere muß sich der Lösung anpassen. Dieses Ergebnis hat zur Folge, daß eine Seite ihre Interessen und Ziele durchsetzt, die andere dagegen zum Verlierer wird. Es ist damit zu rechnen, daß diese Einigung nicht von Dauer sein wird, weil der »Verlierer« nicht nur weiterhin Kränkung und Wut empfindet, sondern von der Konfliktlösung nicht überzeugt ist. Er wird sich deshalb nicht ernsthaft für die vereinbarten Lösungsvorschläge einsetzen. So entsteht Nährboden für weitere Konflikte.

Der zweite Quadrant stellt eine Situation dar, bei der eine Auseinandersetzung über den Konflikt vermieden, nicht angesprochen wird und dieser dadurch nicht gelöst wird. Die Folge ist, daß beide Seiten Vermeidungs- und Verdrängungsstrategien praktizieren. Sie gehen sich aus dem Weg, pflegen eine Koexistenz, ohne jedoch eine Veränderung der Situation zu erreichen. Muß ein Dritter mit den beiden Konfliktparteien zusammenarbeiten, so wirkt sich ihr Vermeidungsverhalten natürlich negativ auf diese Kooperation aus.

Der dritte Quadrant zeigt die effektivste Art der Konfliktbewältigung. Beide Parteien tauschen in Verhandlungen ihre Interessen, Meinungen und Bedürfnisse aus. Jede achtet darauf, daß sie etwas zur Konfliktlösung beiträgt, damit die Lösung für beide Seiten Vorteile aufweist und tragbar ist. Man spricht in diesem Fall von einer Win/Win-Lösung. Bietet die Lösung beiden Gesprächspartnern einen Nutzen, einen »Gewinn«, ist die Wahrscheinlichkeit hoch, daß jeder sich für die Umsetzung der Problemlösung engagiert und diese wirksam wird.

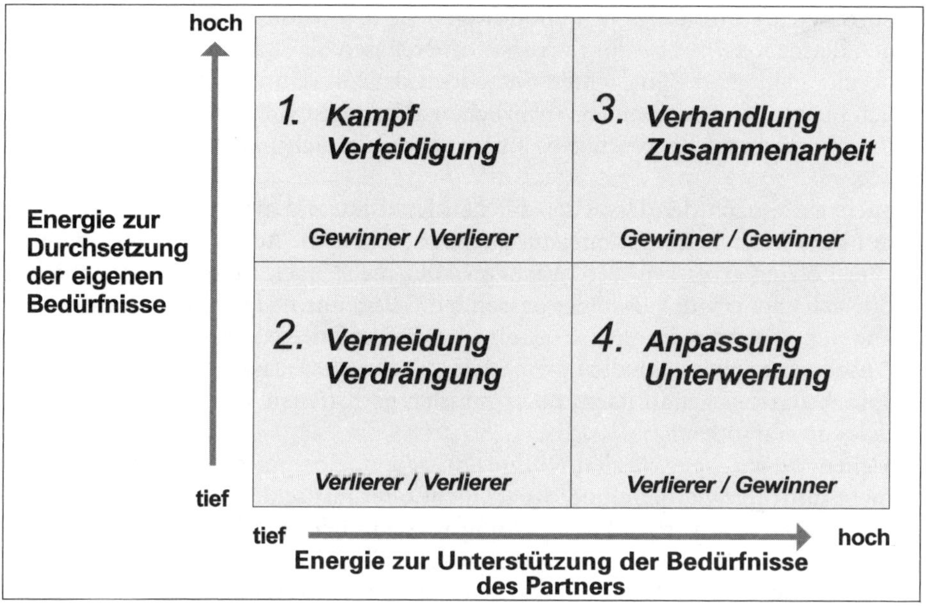

Abb. 12: Modell des menschlichen Konfliktverhaltens

Tips für Führungskräfte zur Konfliktlösung

Bereiten Sie sich gut auf ein Konfliktgespräch vor. Überlegen Sie, ob Sie einen Dritten als Vermittler und Moderator hinzuziehen möchten.

- Überlegen Sie sich, wodurch der Konflikt Ihrer Meinung nach verursacht worden ist. Wie ist er entstanden, welche Maßnahmen haben Sie schon getroffen, um ihn zu beseitigen? Wie geht es Ihnen mit diesem Konflikt? Welchen Anteil haben Sie an seiner Entstehung und seiner Aufrechterhaltung?
- Wie könnte Ihr Mitarbeiter diese Konfliktsituation erleben? Wie sieht diese aus seiner Sicht aus?
- Welche Lösungsmöglichkeiten bieten sich an?
- Legen Sie zu Beginn des Gesprächs »Spielregeln« fest, wonach z. B. jeder zu Wort kommen soll, beide einander zuhören und ausreden lassen und gemeinsam nach Lösungsmöglichkeiten suchen. Achten Sie darauf, daß emotionale Ausbrüche nicht akzeptiert werden, sehr wohl aber das Sprechen über Emotionen.
- Stellen Sie im Gespräch den Konflikt aus Ihrer Sicht dar. Verwenden Sie dabei Ich-Botschaften.
- Fragen Sie den Mitarbeiter, wie er Ihre Sicht zusammenfassen würde. Bitten Sie ihn, im Gegenzug seine Sicht der Dinge zu schildern. Fassen Sie seine Schilderungen zusammen.

- Sprechen Sie Ihre Gefühle an und fragen Sie den Mitarbeiter, welche Emotionen dieser Konflikt bei ihm verursacht. Nehmen Sie sich für die Gefühlsschilderung genügend Zeit, achten Sie jedoch darauf, daß der Umgangston sachlich bleibt. Bei emotionalen Ausbrüchen ist es meist sinnvoll, das Gespräch zu unterbrechen oder zu vertagen, bis sich der Gesprächspartner wieder beruhigt hat.
- Suchen Sie nach den Ursachen für den Konflikt und arbeiten Sie gemeinsam mit dem Mitarbeiter Lösungsmöglichkeiten heraus. Achten Sie darauf, Win/Win-Lösungen zu kreieren. Verlierer sind meist nachtragend. Sie versuchen oft, sich nachträglich bei einer passenden Gelegenheit zu revanchieren oder auf anderen Gebieten Punkte zu sammeln. Beide Parteien sollten deutlich zum Ausdruck bringen, daß die Lösung fair und akzeptabel ist. Fragen Sie beim Gesprächspartner genau nach, ob er mit den getroffenen Vereinbarungen wirklich einverstanden ist.
- Gehen Sie auf keine faulen Kompromisse ein. Ergebnisse, die ein Beteiligter nicht mitträgt, werden in der Regel nicht oder nur schlecht umgesetzt.
- Vereinbaren Sie verbindliche Lösungsmaßnahmen und legen Sie einen Zeitraum fest, in dem diese umzusetzen sind.
- Achten Sie darauf, daß die Lösungen sich nicht nur auf Sachfragen beziehen, sondern auch »Spielregeln« für den weiteren gegenseitigen Umgang, für die Gestaltung der Kommunikation und für vertrauensbildende Maßnahmen aufgestellt werden.
- Vereinbaren Sie einen weiteren Termin in den nächsten vier bis sechs Wochen, um gemeinsam die Umsetzung der Maßnahmen und die erzielten Erfolge nochmals zu besprechen.

Respektieren Sie, daß das Einüben von neuen Verhaltensweisen Zeit braucht. Achten Sie aber darauf, daß Rückfälle in alte Verhaltensmuster vermieden werden, damit eine Normalisierung in der Beziehung zu Ihrem Mitarbeiter möglich wird.

8.8 Techniken und Tips zur Förderung der Kommunikation

Anhand der nachfolgend vorgestellten Techniken und Anregungen können Sie Ihr Gesprächsverhalten überprüfen und möglicherweise Hinweise finden, die Ihnen helfen, die Kommunikation mit Ihren Mitarbeitern zu verbessern.

Bleiben Sie sachlich

Achten Sie darauf, die Sache, um die es geht, in den Mittelpunkt des Gesprächs zu stellen, nicht die eigenen Interessen oder die eigene Person. Das wird gelingen, wenn Sie

- ein Thema für einen gemeinsamen Besprechungspunkt formulieren,
- Probleme analysieren,
- Gründe herausarbeiten,
- Strukturen im Vorgehen anwenden,
- Lösungsvorschläge sammeln,
- Informationen sammeln,
- Meinungen als persönliche Wertungen kennzeichnen,
- einen Soll-Ist-Vergleich durchführen.

Sprechen Sie Gefühle direkt an

Im betrieblichen Arbeitsalltag besteht häufig eine gewisse Scheu davor, Gefühle anzusprechen. Emotionen werden deshalb oft durch nonverbale Signale geäußert, die der Gesprächspartner als Ausdruck von Zuneigung, Abneigung oder Furcht wahrnimmt bzw. interpretiert. Sprechen Sie den Mitarbeiter auf seine Gefühle an, reagieren Sie entsprechend und zeigen Verständnis für seine Emotionen (»Ich merke, daß Sie im Moment sehr nachdenklich sind. Ich nehme Ihren Ärger über diese Maßnahme wahr und kann diesen gut nachvollziehen.«).

Fühlen sich Gesprächspartner in ihren Gefühlen verstanden, können sie ein Vertrauensverhältnis aufbauen und offener miteinander reden. Sie kommen dadurch schneller auf das Wesentliche zu sprechen.

Äußern Sie Ihre eigene Meinung

Scheuen Sie sich nicht, unangenehme Dinge anzusprechen und persönliche Stellungnahmen abzugeben. Dadurch gewinnen Sie nicht nur an Glaubwürdigkeit und Überzeugungskraft, sondern können auch die Zusammenarbeit mit den Mitarbeitern verbessern. Wer seinen Standpunkt vertritt, schafft Klarheit und wird von anderen respektiert.

Legen Sie Ihre Absichten und Ziele offen

Sie können ein Mitarbeitergespräch ehrlicher und effektiver führen, wenn Sie gleich zu Beginn ihre Absichten und Ziele offen mitteilen.

Das beinhaltet die

- Vorstellung der Absichten und Ziele,
- Ansprache von Zielkonflikten,
- Berücksichtigung der verschiedenen Zielebenen (Ziele können nach menschlichen, technischen, finanziellen oder organisatorischen Aspekten gesetzt werden).

Koppeln Sie Ihre Argumentation an den Gesprächspartner

Ihre Argumentation wirkt um so überzeugender, je besser es Ihnen gelingt, an die Vorstellungen, die beruflichen und privaten Hintergründe und die Motive des Mitarbeiters anzuknüpfen.

Beziehen Sie die Erfahrungen und Erwartungen des Mitarbeiters in Ihre Überlegungen mit ein. Versuchen Sie, sich in ihn hineinzuversetzen, seine Interessen,

Anliegen und die Themen, die ihn bewegen, zu ergründen. Auf diese Weise können Sie Aspekte Ihres Mitarbeiters in Ihrer Argumentation mit berücksichtigen.

Lenken Sie fair und offen

Ein Gespräch fair lenken bedeutet, auf manipulative und versteckte Vorgehensweisen in der Gesprächsführung zu verzichten. Je transparenter und offener Sie Ihre Gespräche lenken, um so offener und ehrlicher wird die Gesprächsatmosphäre. Die Voraussetzungen dafür sind geschaffen, wenn Sie

- einleitend Rahmenbedingungen vorschlagen und definieren (Zeit festlegen, Inhalte vorschlagen usw.),
- die Sachverhalte, die zu besprechen sind, formulieren und definieren (z. B. Worum geht es?, Wie ist der Stand der Dinge?),
- Vorschläge zum methodischen Vorgehen unterbreiten,
- die Art der Dokumentation der Ergebnisse festlegen,
- im Gespräch die Inhalte konkretisieren, indem Sie nachfragen, klären, Aussagen auf die Sache beziehen usw.,
- Informationen erfragen und geben,
- regelmäßig zusammenfassen und Schlußfolgerungen ziehen,
- Überleitungen schaffen und
- Entscheidungen herbeiführen und verbindlich festlegen.

Schaffen Sie Aufmerksamkeit

Der Führungskraft kommt die Aufgabe zu, dafür zu sorgen, daß der Gesprächspartner konzentriert ist, zuhört und sich am Dialog beteiligt. Achten Sie deshalb darauf, daß Ihre Art zu kommunizieren Aufmerksamkeit erzeugt, ihre Botschaften Interesse wecken und den Mitarbeiter zum Zuhören animieren. Sein Interesse am Gespräch steigt, wenn Sie:

- abwechslungsreich sprechen (laut, leise, schnell, langsam),
- Beispiele bringen,
- Nutzen aufzeigen (»Dies bedeutet für Sie ...«),
- Schwerpunkte und Akzente setzen (»Jetzt möchte ich zum wesentlichen Punkt kommen.«),
- zwischendurch Pausen einlegen,
- Fragen stellen,
- visualisieren,
- die Inhalte strukturieren (»Ich möchte meine Argumentation in drei Bereiche gliedern.«),
- Orientierung bieten (»Jetzt komme ich auf den dritten Aspekt zu sprechen.«),
- Wichtiges wiederholen,
- zwischendurch zusammenfassen.

Methoden zur Problemlösung

P: *Problem beschreiben*
Was genau ist das Problem?

U: *Ursache analysieren*
Was steckt hinter dem Problem? Wie ist es entstanden? Aus welchen Gründen?

S: *SMARTes Ziel formulieren*
Wie soll die Lösung aussehen? Was ist das Ziel?

T: *Techniken, Tools finden*
Welche Techniken, Vorgehensweisen eignen sich, das Ziel zu erreichen? Welche Fähigkeiten sind erforderlich?

E: *Ergebnisse, Effekte sichern*
Was bringt das Ergebnis?

Abb. 13: Das P.U.S.T.E.-Modell

8.9 Methoden zur Problemlösung

Geht es im Gespräch um die Lösung schwieriger Aufgaben oder Probleme, empfiehlt es sich, die weitere Vorgehensweise klar zu strukturieren. Die im folgenden vorgestellten Methoden helfen, Herausforderungen zu bewältigen.

Das P.U.S.T.E.-Modell

Wollen Sie Ihren Mitarbeiter dabei unterstützen, eine Aufgabe eigenständig zu lösen, bietet sich als einfaches und wirkungsvolles Werkzeug das P.U.S.T.E.-Modell an. Dieses Instrument ermöglicht die Lösung eines umfassenden Problems in kleinen, klar umrissenen Zwischenschritten. Seine Anwendung besitzt einen Coaching-Charakter, weil Sie Ihren Mitarbeiter intensiv bei der Lösung unterstützen.

Schrittweise Problemlösung

Die Vorgehensweise nach dieser Methode ist sinnvoll, wenn Sie Ihren Mitarbeiter nicht bei der eigenständigen Lösung eines Problems unterstützen, sondern mit ihm gemeinsam eine Aufgabe bewältigen wollen. Gehen Sie dabei in folgenden Schritten vor:

- Problem erkennen und definieren
- Ursachen des Problems identifizieren
- Brainstorming (Sammeln gemeinsamer Lösungsvorschläge, ohne dabei sofort zu bewerten)
- Lösungen unter einer konkreten Fragestellung bewerten und beurteilen
- Entscheidungen treffen, Einigung für eine Lösung finden (Wer hat was, wann zu tun?)
- die für die Lösung erforderlichen Maßnahmen umsetzen
- den Erfolg der Maßnahmen kontrollieren und bewerten.

Schrittweise Bewertung von Arbeitsergebnissen

Ist ein Problem gelöst bzw. ein Ziel erreicht, bieten sich folgende Fragestellungen an, gemeinsam mit dem Mitarbeiter die Ergebnisse zu erörtern und zu beurteilen:
- Welches Ziel war vereinbart?
- Welches Ergebnis wurde erreicht?
- Welche Abweichungen sind festzustellen?
- Wie kamen diese Abweichungen zustande?
- Wie können sie in Zukunft vermieden werden?
- Welche Maßnahmen eignen sich dafür?

Durchführung eines Auftrags/Projekts

Mit diesem schrittweisen Vorgehen können Sie gemeinsam mit Ihrem Mitarbeiter geeignete Maßnahmen für die Umsetzung eines Auftrags bzw. eines Projekts erarbeiten:

Phase 1: Genaue Bestimmung der Ziele und Inhalte
- Was genau soll erreicht werden?
- Wie ist die Ausgangslage?
- Welche Störfaktoren sind zu berücksichtigen?
- Welche Vorgaben gibt es?

Phase 2: Suche nach Lösungen
- Wie kann das Ziel erreicht werden?
- Wie soll das Ergebnis aussehen?

Phase 3: Entscheiden und Umsetzen
- Welches sind die besten Lösungen?
- Mit welchen Maßnahmen lassen sie sich erreichen?

Phase 4: Bewerten und Überprüfen
- Ist das Ziel erreicht worden?

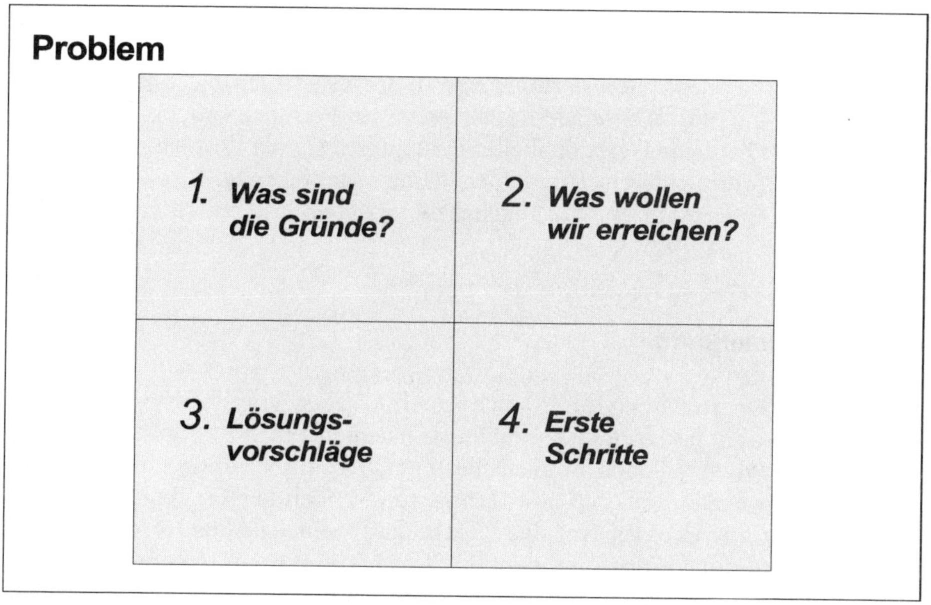

Abb. 14: Fadenkreuz zur Problemlösung

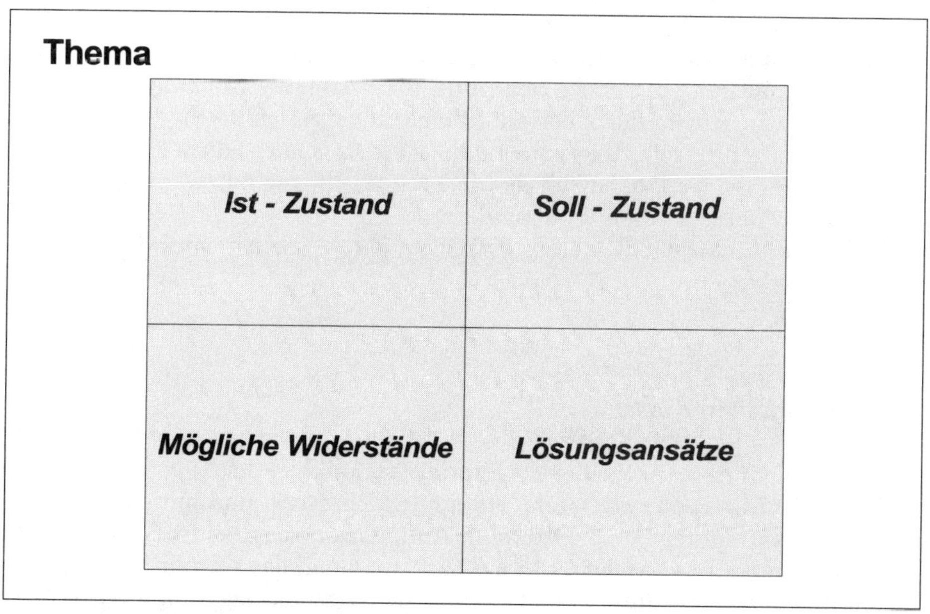

Abb. 15: Fadenkreuz: Ist-Soll-Lösungsansätze

Fadenkreuz

Der Vorteil der Fadenkreuz-Methode liegt in der Visualisierung, z. B. auf Papier oder einem Flip-Chart. Diese Methode bietet zwei Verfahren an, zum einen, um Maßnahmen für Lösungsmöglichkeiten von aufgetretenen Problemen zu finden (vgl. Abb. 14), zum anderen, um mit dem Mitarbeiter einen Soll-Ist-Vergleich bei der Beurteilung erbrachter Leistungen bzw. erzielter Ergebnisse vorzunehmen (vgl. Abb 15).

Abschlußbemerkung

Möglicherweise erscheinen Ihnen solche methodischen Vorgehensweisen im Gespräch ungewohnt und fremd. Wir laden Sie trotzdem ein, die vorgestellten Techniken anzuwenden, danach können Sie feststellen, ob sie Ihnen hilfreich sind oder nicht. Bedenken Sie, daß eine Tennisstunde noch keinen Tennisprofi ausmacht. Deshalb empfehlen wir, diese Techniken mehrmals auszuprobieren und anzuwenden, dann werden sie Ihnen »in Fleisch und Blut« übergehen. Gute Gespräche ergeben sich aus der Verhaltensflexibilität der Beteiligten. Oftmals ist es wichtig, sowohl gut zuhören zu können als auch überzeugende Argumente zu liefern. Sollten Sie trotzdem feststellen, daß Ihnen die vorgestellten Techniken nicht liegen oder zu fremd sind, lassen Sie es darauf beruhen. Denn wenn Sie nicht dahinter stehen, zeigen Sie ein künstliches Verhalten und wirken auf den Gesprächspartner unglaubwürdig und nicht authentisch. Er würde es bemerken – zu Lasten Ihrer Glaubwürdigkeit und Überzeugungskraft.
Bei den Gesprächsführungstechniken geht es nicht darum, den Gesprächspartner zu manipulieren, zu ändern oder ihm eine bestimmte Meinung aufzudrängen. Sie dienen vielmehr dazu, den am Mitarbeitergespräch Beteiligten mehr Zeit und Raum zu geben, sich zu öffnen und besser zu verstehen, einen ehrlichen Dialog zu führen, die Gedankenwelt des anderen zu erkennen bzw. nachzuvollziehen und eine Übereinstimmung zu erzielen.
Die Absicht ist, Möglichkeiten aufzuzeigen, Ihr Verhalten im Mitarbeitergespräch zu bereichern.

Das Wichtigste in Kürze

☞ Die Kenntnis verschiedener Gesprächstechniken erleichtert es Führungskräften, ihre Mitarbeitergespräche erfolgreich, eindeutig und mit einem positiven Ergebnis zu führen. Solche Kommunikationswerkzeuge sind allerdings nicht als Patentrezepte zu verstehen, sondern als Anregung, das Gespür für eine optimale Vorgehensweise im Gespräch weiterzuentwickeln. Allerdings sollen diese Techniken nicht eingesetzt werden, um den Gesprächspartner zu manipulieren.

Erfahrungsgemäß würde ihm dieser Versuch nicht entgehen und statt dessen sein Mißtrauen wecken.

☞ Will man ein Gespräch dahingehend steuern, daß es zu konkreten Ergebnissen führt, bieten sich unterschiedliche Methoden zur Gesprächslenkung an. Zusammenfassungen beispielsweise ermöglichen es, das Gespräch zu strukturieren oder den roten Faden nicht zu verlieren. Bewußt eigesetzte Pausen regen den Gesprächspartner an, seinerseits das Wort zu ergreifen oder zeigen ihm, daß er genug Zeit hat, seine Überlegungen zu formulieren.

☞ Verschiedene Fragetechiken dienen nicht allein der Informationsgewinnung, auch sie eignen sich, das Gespräch zu steuern und zu gestalten. Zudem sind Fragen ein probates Mittel, um Zeit zu gewinnen. Geschlossene Fragen, die in den meisten Fällen mit »Ja« oder »Nein« beantwortet werden, helfen Entscheidungen schneller herbeizuführen. Offene Fragen dagegen ermöglichen, sich in die Gedankenwelt des Gesprächspartners hineinzuversetzen, ihn zu aktivieren und Informationen zu sammeln. Vorsicht geboten ist allerdings bei Suggestivfragen, weil sie gestellt werden, um den anderen bewußt zu manipulieren.

Nicht minder wichtig ist die passive Rolle im Gespräch: die Kunst des Zuhörens. Richtig angewandt, erfordert auch sie Aktivitäten. Denn mit Blickkontakt, Zwischenfragen, zugewandter Körperhaltung oder Signalen der Zustimmung wird dem Gesprächspartner bedeutet, daß er die volle Aufmerksamkeit genießt.

☞ In schwierigen Gesprächssituationen eignen sich die sogenannten Ich-Botschaften, verschiedene Sichtweisen und Meinungen gleichwertig in den Dialog einzubringen und gegenseitiges Verständnis aufzubauen.

☞ Wichtig für Führungskräfte ist zu wissen, wie sich Konfliktsituationen auflösen lassen. Des weiteren müssen beide Konfliktparteien willens sein, ihre Differenzen ernsthaft zu bereinigen. Voraussetzung für einen »dauerhaften Frieden« ist, daß beide Seiten ihren Beitrag am Konflikt erkennen und einsehen und daß sich keine bei der Konfliktbewältigung als »Verlierer« fühlt.

☞ Gilt es, schwierige Aufgaben oder aufgetretene Probleme zu lösen, können Führungskräfte auf verschiedene Techniken zurückgreifen. Die Auswahl hängt davon ab, wieviel Selbständigkeit und Eigenverantwortung sie dem Mitarbeiter bei der Problemlösung übertragen.

Mehr zu diesem Thema

Covey, S. R.: *The Seven Habits of Highly effective people*, Sydney 1992.

Crisand, E./Kiepe, K.: *Das Gespräch in der betrieblichen Praxis*, Heidelberg 1991.

Doppler, K./Lauterburg, C.: *Change Management: den Unternehmenswandel gestalten*, Frankfurt a. M. 1995.

Gehm, T.: *Kommunikation im Beruf. Hintergründe, Hilfen, Strategien*, Weinheim und Basel 1997.

Glasl, F.: *Konfliktmanagement*, Bern 1990.

Gordon, T.: *Managerkonferenz. Effektives Führungstraining*, München 1989.

Kälin, K./Müri, P.: *Führen mit Kopf und Herz. Psychologie für Führungskräfte und Mitarbeiter*, Thun 1988.

Kälin, K./Müri, P.: *Sich und andere führen. Psychologie für Führungskräfte und Mitarbeiter*, Thun 1987.

Neuberger, O.: *Das Mitarbeitergespräch. Praktische Grundlagen für erfolgreiche Führungsarbeit*, Leonberg 1998.

Neuberger, O.: *Miteinander arbeiten – miteinander reden. Vom Gespräch in unserer Arbeitswelt*, Bayerisches Staatsministerium für Arbeit und Soziales (Hrsg.), München 1987.

Saul, S.: *Führen durch Kommunikation. Gespräche mit Mitarbeiterinnen und Mitarbeitern*, Weinheim und Basel 1993.

Weisbach, C.-R.: *Professionelle Gesprächsführung. Ein praxisnahes Lese- und Übungsbuch*, München 1999.

9 Implementierung von Mitarbeitergesprächen

Darum geht es ...

Wie können Mitarbeitergespräche in die Praxis umgesetzt werden?

Welche Schritte sind dabei zu berücksichtigen?

Dieses Kapitel beschreibt:

- wie Mitarbeitergespräche schrittweise eingeführt werden können,
- welche Rolle die Geschäftsleitung, die Mitarbeitervertretung und die Führungskräfte dabei spielen,
- die verschiedenen Varianten von Mitarbeitergesprächen,
- Anregungen für Schulungsmaßnahmen zur Qualifizierung von Mitarbeitern und Führungskräften,
- Tips für die richtige Vorgehensweise.

Die Geschäftsleitung hat Sie damit beauftragt, in Ihrem Unternehmen Mitarbeitergespräche einzuführen. Sie selbst sind davon überzeugt, daß die Einführung dieses Instruments überfällig ist, weil es in der Firma immer wieder Abstimmungsprobleme gibt und die Kommunikation verbessert werden muß. Natürlich hat sich die geplante Maßnahme herumgesprochen und Sie stellen fest, daß nicht alle Führungskräfte und Mitarbeiter Ihre Auffassung teilen.
Zahlreiche Führungskräfte halten dieses Instrument für völlig überflüssig, weil es, wie sie sagen, nur ihre Zeit raubt und sie ja »sowieso mit ihren Mitarbeitern sprechen«. Ein Teil der Mitarbeiter befürchtet, daß es sich hierbei um ein neues Kontrollinstrument handelt. Aus diesem Grund hat auch schon der Betriebsrat signalisiert, daß er über Ihr Vorhaben unterrichtet werden möchte.
Sie überlegen, wie Sie diese Widerstände abbauen können und welche Schritte am besten geeignet sind, das Mitarbeitergespräch erfolgreich zu implementieren.

9.1 Voraussetzungen für eine erfolgreiche Implementierung

Will man das Mitarbeitergespräch als Führungsinstrument erfolgreich implementieren, müssen einige Voraussetzungen erfüllt sein. Zunächst sollte die Geschäftsleitung klar definieren, welche Ziele sie mit diesem Vorhaben verbindet und welche Rahmenbedingungen für das Verfahren gelten sollen. Im Vorfeld sollte Einigkeit darüber bestehen,

- welche Änderungen das Mitarbeitergespräch im Führungsstil und in der Zusammenarbeit im Unternehmen bewirken soll. Will man beispielsweise durch klare Zielvereinbarungen, konkrete Bewertung von Leistungen oder die Beurteilung der Führungsleistung von Vorgesetzten eine höhere Zielorientierung und bessere Kommunikation zwischen Führungskräften und Mitarbeitern erreichen?
- welche thematischen Bestandteile es beinhalten soll. In Frage kämen z. B. Vereinbarungen über aufgaben-, verhaltens-, team- und führungsbezogene Ziele, gemeinsame Beurteilung der erbrachten Leistung, Entwicklungsgespräche oder die Bewertung der Arbeitssituation der Mitarbeiter oder die Zusammenarbeit mit den Vorgesetzten.
- wie jährliche Mitarbeitergespräche und Zielvereinbarungen mit der strategischen Unternehmensplanung zusammenhängen. Nur wenn die Geschäftsleitung vor der Einführung dieses Instruments ihre strategischen Ziele präzise formuliert und mit der nachgelagerten Führungsebene vereinbart, können diese Gespräche nach dem Kaskadenprinzip in allen Mitarbeiterebenen erfolgreich geführt werden.
- nach welchen Kriterien und Meßverfahren der Erfolg zu überprüfen ist.

Darüber hinaus sollte sich die Geschäftsleitung bewußt sein, daß sie selbst eine Vorbildfunktion für die Durchführung von Mitarbeitergesprächen einnehmen

muß, um den gewünschten Erfolg zu erzielen. Dies bedeutet, daß sie mit ihrer direkt berichtenden Führungsebene qualitativ hochwertige Gespräche führen sollte, damit diese motiviert wird, ihrerseits solche Gespräche mit ihren Mitarbeitern zu führen. Geschäftsleitung und Führungskräfte sollten sich darüber im Klaren sein, daß Mitarbeitergespräche nicht »en passant« geführt werden können, sondern ausreichend Zeit erfordern, und deshalb auch im Arbeitsalltag fest einzuplanen sind. Ebenfalls wichtig ist eine transparente Regelung der einzelnen Entscheidungskompetenzen im Unternehmen. Das setzt eine klare Definition der einzelnen Tätigkeitsbereiche mit ihren jeweils zu leistenden Aufgaben und zu erfüllenden Anforderungen voraus.
Zu berücksichtigen ist auch, daß die Geschäftsleitung im Vorfeld die formalen Richtlinien für die Durchführung festlegt. Dazu können beispielsweise die Ablage der Gesprächsformulare in der Personalakte oder die Information des nächsthöheren Vorgesetzten über die erzielten Ergebnisse zählen.

9.2 Praxiserprobte Schritte der Implementierung

1. Definition der Zielsetzung und Rahmenbedingungen durch die Geschäftsführung

Im ersten Schritt definiert die Geschäftsleitung die Ziele und die Rahmenbedingungen für die Einführung des Mitarbeitergesprächs, beispielsweise die Verbesserung der Leistungsfähigkeit und Qualität der Zusammenarbeit, und stellt verbindlich ihre Funktion für die Einführungsphase vor. Die Geschäftsleitung kann eine Vorbildfunktion übernehmen, indem sie bekanntgibt, wann sie ihrerseits das nächste Mitarbeitergespräch führen wird, oder sie kann es in die strategische Planung des Unternehmens einbinden, indem sie festlegt, daß diese Gespräche z. B. jährlich im Januar und Februar stattfinden sollen. In dieser Phase sollte die Geschäftsführung auch entscheiden, ob intern genügend Know-how zur Begleitung der Einführungsphase vorhanden ist oder ob eine externe Beratung hinzugezogen werden muß.

2. Frühzeitige Einbindung der Arbeitnehmervertretung

Um einen Konsens zwischen den Interessen der Mitarbeiter und den Interessen der Geschäftsleitung zu finden, empfiehlt es sich, die gesetztliche Interessenvertretung der Mitarbeiter, beispielsweise den Betriebs- bzw. Personalrat oder die Mitarbeitervertretung (im folgenden der Einfachheit halber »Betriebsrat« genannt) frühzeitig in die Überlegungen und Planungen für das Mitarbeitergespräch einzubinden. Damit sich der Betriebsrat in die Thematik einarbeiten kann, sollten ihm Informationen über die gängige Praxis von Mitarbeiterge-

sprächen in anderen Unternehmen oder Institutionen, Erfahrungsberichte und Fachliteratur zur Verfügung gestellt werden. Es spricht vieles dafür, den Betriebs- oder Personalrat in die strategischen Überlegungen zu diesem Instrument mit einzubeziehen und mit ihm zu vereinbaren, in welchen Schritten die Implementierung erfolgen soll. So erhält er die Möglichkeit, seine Bedingungen und Vorstellungen einzubringen und, falls erforderlich, eine Betriebsvereinbarung vorzubereiten.
Denkbar ist auch, im Rahmen eines Pilotprojekts in ausgewählten Abteilungen erste Mitarbeitergespräche durchzuführen. Die so gewonnenen Erkenntnisse werden ausgewertet und festgestellte Verbesserungsmöglichkeiten in das Umsetzungskonzept für die Implementierung im gesamten Unternehmen aufgenommen.

3. Ausarbeitung von Unterlagen und Kommunikationsmaßnahmen durch ein Projektteam

Im nächsten Schritt werden die erforderlichen Unterlagen ausgearbeitet, z. B. Gesprächsleitfäden, Formulare, Fragebögen oder Broschüren. Gleichzeitig müssen Konzepte für Informations- und Kommunikationsmaßnahmen erstellt werden. Hierzu zählen Informationsveranstaltungen, Info-Hotlines in der Personalabteilung oder Trainingskonzepte für Führungskräfte und, wenn möglich, für die Mitarbeiter. Für diese Aufgaben eignen sich idealerweise Projektteams, deren Leitung meist die Personalentwicklung des Unternehmens übernimmt. Neben diesen organisatorischen Aufgaben sollte sich die Arbeitsgruppe auch damit beschäftigen, wie sie die Einführung der Mitarbeitergespräche evaluieren, d. h. auf den Erfolg oder auf Schwachstellen hin überprüfen kann.
Die Zusammensetzung dieser Projektteams ist nicht festgelegt. Sie kann je nach Unternehmen unterschiedlich ausfallen. Es bietet sich jedoch an, Mitglieder aus der Personalabteilung, der Arbeitnehmervertretung sowie nach bestimmten Kriterien ausgewählte Mitarbeiter und Führungskräfte einzubeziehen. Das Projektteam sollte möglichst eine direkte Anbindung zur Geschäftsführung haben. Damit wird die Bedeutung der Einführung dieses Instruments hervorgehoben und eine erfolgreiche Umsetzung gewährleistet.
Sind die erforderlichen Instrumentarien erstellt, können diejenigen Führungskräfte und Mitarbeiter, die ihre Trainings absolviert haben, erste Mitarbeitergespräche führen.

4. Evaluation des Erfolges und der Qualität von Mitarbeitergesprächen

Nach der Implementierung sollten Erfolg und Qualität der Mitarbeitergespräche überprüft werden, um eventuell noch vorliegende Schwachstellen des Systems zu erkennen und Verbesserungen vorzunehmen.
In der Praxis haben sich insbesondere Führungskräfte- und Mitarbeiterbefra-

gungen sowie Fragebogenaktionen bewährt, um erste Auswertungen der gewonnenen Erfahrungen vorzunehmen. Stichprobenweise Analysen der Qualität von ausgefüllten Gesprächsformularen geben Aufschluß darüber, inwieweit Ziele tatsächlich vereinbart, Ideen für die weitere berufliche Entwicklung und Fortbildung von Mitarbeitern hinreichend entwickelt wurden oder eine differenzierte Leistungsbeurteilung stattfand. Sinnvoll ist auch, die gesetzliche Mitarbeitervertretung im Unternehmen zu befragen, wie sie die Akzeptanz und Qualität der Mitarbeitergespräche beurteilt. Auf Grundlage der gemeinsam gewonnenen Erkenntnisse können erkannte Problemfelder thematisiert und Lösungsvorschläge entwickelt werden. Die Geschäftsleitung ist besonders an der Frage interessiert, ob sich das Mitarbeitergespräch positiv auf die Leistung und die Zufriedenheit der Beschäftigten und vor allem auf die Geschäftsentwicklung der Firma auswirkt. Erkenntnisse darüber lassen sich beispielsweise durch Analysen von Mitarbeiterbefragungen gewinnen oder aus den Geschäftsergebnissen ablesen.
Wer jedoch kurzfristig Verbesserungen erwartet, wird enttäuscht werden, weil sich dieses Instrument erfahrungsgemäß mittelfristig etabliert und somit spürbare Effekte, wie bessere Kooperation oder Leistungssteigerung, erst nach einer angemessenen »Anlaufzeit« erkennbar werden. Im Anhang dieses Buches und auf der beiliegenden Diskette befindet sich ein Muster eines Evaluationsfragebogens.
Im folgenden ist ein Einführungsplan für Mitarbeitergespräche exemplarisch dargestellt.

Einführung von Mitarbeitergesprächen – Ablaufplan

1. Definition der strategischen Zielsetzung und Rahmenbedingungen für die Einführung des Mitarbeitergesprächs durch die Geschäftsführung. Entscheidung über die Einbindung externer Berater.
2. Frühzeitige Einbeziehung der gesetzlich gewählten Mitarbeitervertretung in die Planung.
3. Bildung eines Projektteams aus Vertretern des Personalbereichs, Führungskräften, Mitarbeitern und Arbeitnehmervertretern, mit dem Auftrag, die notwendigen Schritte zur Einführung des Mitarbeitergesprächs auszuarbeiten und diese mit der Geschäftsleitung abzustimmen.
4. Ausgestaltung des Instrumentariums, Ausarbeitung aller wichtigen Unterlagen wie Leitfäden, Broschüren usw.
5. Sicherstellung der Information von Mitarbeitern und Führungskräften, z. B. in Betriebsversammlungen, Veröffentlichungen in der Mitarbeiterzeitschrift, Präsentationen in Teamsitzungen usw.
6. Konzeption und Durchführung von Trainings zu Mitarbeitergesprächen für Führungskräfte und Mitarbeiter.
7. Terminvereinbarung für erste Mitarbeitergespräche, unter Umständen auch für vorab stattfindende Testgespräche oder Pilotphasen.
8. Projektevaluation zur Überprüfung des Erfolgs der Einführung.

Konsequenzen von Mitarbeitergesprächen für Führungskräfte

Mitarbeitergespräche bleiben, wenn sie regelmäßig geführt werden, nicht ohne Wirkung auf das Führungsverständnis und auf das Verhalten von Führungskräften. Diese müssen sich zunächst darauf einstellen, einen erheblichen Teil ihrer verfügbaren Zeit für Gespräche mit Mitarbeitern zu reservieren. Sie müssen sich demnach umstellen und lernen, ihren Bereich zielorientiert zu planen, um mit jedem Mitarbeiter überhaupt Zielvereinbarungsgespräche durchführen zu können. Hierzu gehört auch, die Aufgaben- und Verantwortungsbereiche der Mitarbeiter sowie die Entscheidungskompetenz transparent zu regeln und ihre Fähigkeiten durch Feedback im Mitarbeitergespräch zu optimieren. Durch die Form der Gespräche verändert sich allmählich das Verhältnis zwischen Mitarbeitern und Führungskräften. Die verbesserte Kommunikation und das offene Feedback führen dazu, daß Schwachpunkte im gesamten Aufgabenbereich früher identifiziert und gemeinsam Lösungen erarbeitet werden können.
Auch der Mitarbeiter wird die neuen Möglichkeiten, die ihm das Mitarbeitergespräch für die Umsetzung seiner Aufgaben bietet, kritisch überprüfen. Das setzt aber voraus, daß sein Vorgesetzter in der Lage ist, sich konstruktiver Kritik zu stellen und ihm ein Forum für eigene Ideen und Verbesserungsvorschläge zu schaffen.
Das wird möglich, wenn die Führungskräfte ihr herkömmliches Bild über die Zusammenarbeit mit ihren Mitarbeitern ändern und diese als Partnerschaft begreifen, bei der alle aufeinander angewiesen sind, wenn sie Erfolg haben wollen. Die Führungskraft bekommt ein neues Rollenverständnis und wandelt sich nunmehr, je nach Bedarf, zum Coach, Trainer und kompetenten Vorbild. Der Mitarbeiter erhält im Gegenzug die Möglichkeit, mehr Eigenverantwortung und Initiative zu übernehmen und die Beziehung zu seinem Vorgesetzten aktiv mitzugestalten.
Um ein förderliches, partnerschaftliches Gesprächsklima zu erreichen, müssen Führungskräfte die Bereitschaft entwickeln, sich mit ihren Mitarbeitern konstruktiv auseinanderzusetzen. Andernfalls laufen sie Gefahr, Ideen ihrer Mitarbeiter bereits im Ansatz abzublocken oder das Gespräch überwiegend für die eigene Selbstdarstellung zu nutzen. In diesem Fall würden sich die Mitarbeiter verständlicherweise dem Vorgesetzten gegenüber verschließen und keine konstruktiven Vorschläge mehr einbringen, unter anderem deshalb, weil die Resonanz auf ihre Vorschläge und Ideen unbefriedigend ist (vgl. Wever 1990, Pitcher 1997).
Das Thema »Unterstützung und Förderung der Weiterentwicklung« ist häufig ein Bestandteil von Gesprächsleitfäden. Allein die Tatsache, daß dieser Gesprächsteil bereits schriftlich vorgegeben ist, zwingt Führungskräfte dazu, sich bei der Vorbereitung auf das Mitarbeitergespräch über die berufliche Weiterentwicklung ihrer Mitarbeiter Gedanken zu machen. Auch dadurch verändert sich die einst eher autoritär gestaltete Beziehung zu ihren Mitarbeitern. Denn Aufgabe des Vorgesetzten ist, sich ernsthaft darüber Gedanken zu machen, welche Potentiale beim

Mitarbeiter noch gefördert werden können und wie er sein Leistungspotential optimal entfalten kann.

Konsequenzen von Mitarbeitergesprächen für Mitarbeiter

Mitarbeiter erhalten die Möglichkeit, in einem strukturierten Gespräch die eigene Leistung selbstkritisch zu beurteilen, die Zusammenarbeit mit dem Vorgesetzten kritisch zu bewerten und ihre beruflichen Zielsetzungen bzw. die persönliche Karriereplanung zu erörtern. Dadurch können sie

- sich kritischer mit ihrer persönlichen Arbeitssituation und ihren Leistungen auseinandersetzen,
- konkrete Ziele für den nächsten Zeitraum setzen und damit mehr Transparenz darüber bekommen, was von ihnen erwartet wird,
- mehr Eigenverantwortung für die Optimierung der eigenen Leistung und Arbeitsbedingungen übernehmen.

Je besser und strukturierter sich Mitarbeiter auf diese Gespräche vorbereiten, um so erfolgversprechender wird der Meinungsaustausch mit ihren Vorgesetzten ausfallen. Somit fördert dieses Instrument die Selbstreflexion und die Auseinandersetzung der Mitarbeiter mit ihren Stärken und Schwächen. Es führt zu mehr Eigeninitiative und ermuntert, eigene Verbesserungsvorschläge und Ideen zu entwickeln. Mitarbeiter werden mündiger, weil sie sowohl ihre beruflichen Perspektiven als auch die Entwicklung an ihrem Arbeitsplatz mitbestimmen können.

Konsequenzen von Mitarbeitergesprächen für das Unternehmen

Die Einführung des Mitarbeitergesprächs kann für das Unternehmen zu folgenden Ergebnissen führen:

- Kooperatives Führungsverständnis der Führungskräfte
- Gute Vertrauensbasis zwischen Mitarbeitern und Vorgesetzen
- Bereitschaft von Führungskräften und Mitarbeitern zur Annahme konstruktiver Kritik und zum offenen Informations- und Meinungsaustausch
- Akzeptanz von Fehlern und Pflege einer Unternehmenskultur, in der Fehler, Schwächen und Probleme nicht nur besprochen, sondern auch als Lernchance begriffen werden
- Förderung der Eigenverantwortung der Mitarbeiter, um sie zu ermutigen, Verantwortung zu übernehmen
- Klar definierte Verantwortungsbereiche und Freiräume
- Klare Übertragung von Verantwortung und Kompetenzen

9.3 Qualifizierungsmaßnahmen für Führungskräfte und Mitarbeiter

Wie beschrieben können Mitarbeitergespräche nur dann zum gewünschten Erfolg führen, wenn alle Beteiligten ihr herkömmliches Rollenverständnis grundsätzlich überprüfen und, falls erforderlich, auch ändern. Diese grundlegende Selbstreflexion kann aber nicht in Eigenregie erfolgen. Auch bestens ausgearbeitete schriftliche Unterlagen wie Gesprächsleitfäden oder Checklisten können solche Überlegungen nicht in die richtigen Bahnen lenken. Vielmehr sollten Führungskräfte und Mitarbeiter in persönlichen Qualifizierungsmaßnahmen unter Anleitung von Fachleuten intensiv auf ihre Rolle im Mitarbeitergespräch vorbereitet werden. Die Trainings sollten folgende Bestandteile enthalten:

1. Information über die unternehmensspezifischen Rahmenbedingungen und Ziele von Mitarbeitergesprächen
Führungskräfte und Mitarbeiter werden über die betriebliche Zielsetzung der von Geschäftsleitung, Arbeitnehmervertretung und Personalabteilung beschlossenen Implementierung von Mitarbeitergesprächen informiert.

2. Gesprächsbestandteile des Mitarbeitergesprächs
Die Teilnehmer erfahren, welche inhaltlichen und formalen Aspekte bei der Durchführung von Mitarbeitergesprächen zu beachten sind. Sie werden beispielsweise darüber unterrichtet, welche Gesprächsbestandteile vorgesehen sind oder wie die Dokumentation der Gespräche erfolgen soll.

3. Transparenz über den Prozeß, den Zeitpunkt, die Einbettung in die strategische Planung und den Verbleib der schriftlichen Aufzeichnungen
Dieser Teil informiert über organisatorische Fragen und über den überbetrieblichen Kontext für die geplante Implementierung: Wann und in welchen zeitlichen Abständen sollen die Gespräche stattfinden? Wie hängen sie mit den Unternehmenszielen, der strategischen Planung und den individuellen Zielen zusammen? Welche Unterlagen werden benötigt und wo verbleiben sie?

4. Dokumentation
Die Teilnehmer werden in die Dokumentation von Mitarbeitergesprächen eingewiesen. Sie erfahren, wie sie sich optimal auf diese Gespräche vorbereiten können, wie die Gesprächsleitfäden und -formulare auszufüllen sind und welche Aufzeichnungen angefertigt werden.

5. Rolle und Verantwortung von Führungskraft und Mitarbeiter
In diesem Teil lernen die Beteiligten, sich mit Ihrer Rolle, Verantwortung und Gestaltungsmöglichkeit im Mitarbeitergespräch auseinanderzusetzen. Führungskräfte sollten erkennen,

- welche Haltung und Einstellung sie für eine vertrauensvolle, erfolgreiche Gesprächsführung mitbringen müssen,

- wie sie die Mitarbeiter bei der Erfüllung ihrer Aufgaben unterstützen können,
- welche Maßnahmen geeignet sind, die berufliche Weiterentwicklung und Karriereplanung der Mitarbeiter zu fördern,
- wie sie die Erwartungen, die ihre Mitarbeiter in das Gespräch setzen, erfüllen können,
- was sie tun können, wenn es im Gespräch zu unterschiedlichen Standpunkten kommt,
- wie trotz unterschiedlicher Auffassungen Einigung erzielt werden kann.

In gleichem Maße hilft das Training den Mitarbeitern, ihr bisheriges Rollenverständnis bei Gesprächen mit Vorgesetzten zu verändern. In diesem Trainigsbaustein erfahren sie,
- welche Möglichkeiten sie haben, sich konstruktiv mit der Beurteilung und Bewertung ihres Vorgesetzten auseinanderzusetzen,
- wie sie eigene Stärken und Schwächen mit Hilfe einer Selbstanalyse identifizieren können,
- welche Erwartungen ihr Vorgesetzter in die gemeinsamen Gespräche setzt,
- wie sie Meinungsverschiedenheiten beheben können,
- wie sie ihren Arbeitsbereich konstruktiv mitgestalten können.

6. Zielformulierung und -bewertung
Je präziser Führungskräfte und Mitarbeiter ihre Ziele formulieren, um so leichter wird es ihnen fallen, einen Konsens über Zielvereinbarungen und Aufgabenstellungen zu finden. Bereits bei der Diskussion darüber, nach welchen Meßkriterien zu prüfen ist, inwieweit die vereinbarten Ziele erreicht wurden, steigt die Sensibilität für die Beurteilung der erbrachten Leistungen.
Mitarbeiter wissen häufig nicht, nach welchen Kriterien ihre Arbeit beurteilt wird. Der Vorgesetzte steht nicht ständig an ihrer Seite und schaut Ihnen auch nicht andauernd über die Schulter. Deshalb sollten sich beide Parteien im Vorfeld darüber verständigen, welche Bedingungen erfüllt sein müssen, damit ein Ziel als erreicht gilt und wie das Ergebnis überprüft werden kann.

7. Feedback und konstruktive Kritik
Die wichtigste Funktion des Mitarbeitergesprächs ist, einen Dialog zu ermöglichen, einen offenen Meinungsaustausch, in dem Kritik und Verbesserungsvorschläge erwünscht sind, damit die Zusammenarbeit optimal gelingt. Die besten Lerneffekte lassen sich hierbei durch konstruktive Feedbacks erzielen. Äußern sich die Feedbacks jedoch in Form von ungerechtfertigter oder verletzender Kritik, wird das Gegenteil erreicht. Die Gesprächspartner verschließen sich, weil sie diese Form von Kritik als Anmaßung empfinden. Deshalb sollten zur Vorbereitung auf Mitarbeitergespräche besonders konkrete Feedback- und Kritiksituationen anhand von Rollenspielen unter Anleitung von Fachleuten intensiv trainiert werden. Diese Übungen zeigen den Teilnehmern, wie sie aus Fehlern lernen und den größtmöglichen Nutzen aus solchen Situationen ziehen können.

8. Möglichkeiten zur beruflichen Weiterentwicklung der Mitarbeiter

Diese Trainingseinheit stellt Möglichkeiten zur Förderung der beruflichen Entwicklung der Mitarbeiter vor und zeigt auf, welche Maßnahmen das Unternehmen ihnen anbieten könnte. Es geht nicht allein darum, geeignete Fortbildungs- und Seminarmaßnahmen aufzuführen, sondern Ideen für die Erweiterung des Verantwortungs- und Aufgabenbereichs von Mitarbeitern in der Firma zu sammeln. So wäre beispielsweise denkbar, einen ambitionierten Mitarbeiter mit der Moderation einer Gruppenbesprechung zu beauftragen, ihm eine Stellvertretung anzubieten oder neue Kompetenzen zu übertragen.

Je mehr Ideen zur beruflichen Weiterentwicklung und zum individuellen Qualifizierungsbedarf vorhanden sind, um so konkreter läßt sich die berufliche Zukunftsplanung des Mitarbeiters im Gespräch erörtern.

9. Gesprächsführung und Gesprächstechniken

In diesem Baustein üben die Teilnehmer anhand konkreter Gesprächssituationen, wie sie sich auf Mitarbeitergespräche vorbereiten und diese führen können. In Rollenspielen erhalten sie vom Trainer wichtige Feedbacks über ihre Gesprächsführungskompetenz und können dadurch unmittelbare Lerneffekte verbuchen. Erfahrungsgemäß sind Führungskräfte bei diesen Übungen besonders stark an Tips darüber interessiert, wie sie kritische Gesprächssituationen bewältigen können. Sie wollen beispielsweise wissen, wie sie sich verhalten sollen, wenn ein Mitarbeiter seine Zielvereinbarungen nur in Teilen oder unzureichend erfüllt hat.

In speziellen Trainingseinheiten lernen Mitarbeiter, ihre Vorgesetzten in bezug auf die Zusammenarbeit oder ihr Führungsverhalten konstruktiv zu kritisieren und ihnen Verbesserungsvorschläge zu unterbreiten. Umgekehrt üben Führungskräfte, wie sie ihre Mitarbeiter ermuntern können, Kritik zu äußern. Denn Mitarbeiter scheuen sich häufig, ihren Chef zu kritisieren, weil sie befürchten, ihn damit zu verärgern oder ihm zu nahe zu treten. Sie fürchten, da er am »längeren Hebel sitzt«, daß sich dieses Verhalten negativ auf die Beurteilung auswirken könnte.

10. Kommunikation über die Einführung von Mitarbeitergesprächen im eigenen Bereich

In dieser Trainigseinheit lernen Führungskräfte, wie sie in ihrer Abteilung oder in ihrem Bereich die Einführung dieses Instruments den Mitarbeitern vermitteln und es mit ihnen gestalten können. Sie erhalten konkrete Tips und Unterlagen und erfahren, wie sie ihre Mitarbeiter in Personalversammlungen und Gruppenbesprechungen hinreichend informieren können.

Übersicht: Inhalte von Mitarbeitergesprächstrainings

Im folgenden sind die inhaltlichen Bestandteile von Mitarbeitergesprächstrainings im Überblick aufgeführt. Anzumerken ist, daß in der Praxis die einzelnen Themen nach Maßgabe der Ziele, die mit diesem Führungsinstrument verbunden sind, ausgewählt werden:

- Information über die unternehmensspezifischen Rahmenbedingungen, »Spielregeln« und Ziele von Mitarbeitergesprächen
- Überblick über die einzelnen Gesprächsbestandteile
- Transparenz über den Prozeß, Zeitpunkt, Einbettung in die strategische Planung und Verbleib der Dokumentation
- Rolle und Verantwortung der Beteiligten
- Formulierung und Bewertung von Zielen
- Feedback und konstruktive Kritik
- Möglichkeiten der Mitarbeiterentwicklung
- Gesprächsführung und Gesprächstechniken mit Übung von kritischen Situationen
- Kommunikation der Einführung von Mitarbeitergesprächen im eigenen Bereich

Die Dauer der Trainings hängt von der Intensität des praktischen Ausprobierens und Übens ab. Sie können nach drei Stunden abgeschlossen sein, aber auch drei Tage dauern; z. B. dann, wenn die Gesprächsführung in Rollenspielen anhand konkreter Beispiele intensiv geübt werden soll. Um qualitativ hochwertige Trainings zu gewährleisten, empfiehlt es sich, qualifizierte Mitarbeiter der eigenen Personalabteilung aber auch externe Berater mit der Durchführung zu beauftragen.

9.4 Varianten von Mitarbeitergesprächssystemen

Mitarbeitergespräche können, je nach den Bedürfnissen und der Zielsetzung der Unternehmen, unterschiedliche Formen annehmen. Die Bandbreite reicht vom Verzicht auf jegliche Dokumentation bis hin zur Koppelung des Gesprächs an erfolgsorientierte Vergütungsbestandteile. Jedes Unternehmen, jede Institution sollte genau prüfen, wie dieses Instrument ausgestaltet sein muß, damit es seinen Zweck erfüllt und auch zur gegebenen Kultur des Hauses paßt.

Nachfolgend sind einige mögliche Varianten mit ihren Vor- und Nachteilen aufgeführt:

Dokumentation von Mitarbeitergesprächen

Es gibt Firmen, die auf eine schriftliche Dokumentation von Mitarbeitergesprächen verzichten. Andere dagegen legen großen Wert darauf, daß Führungskraft und Mitarbeiter die Gesprächsinhalte schriftlich festhalten und mit Ihrer Unterschrift auch ihr Einverständnis mit dem dokumentierten Ergebnis bestätigen.

Vorteile
Standardisierte Gesprächsbögen verleihen dem Mitarbeitergespräch vorab eine klare Struktur für die einzelnen Gesprächsbausteine. Sie liefern den Nachweis, daß es tatsächlich stattgefunden hat und dokumentieren mit der Unterschrift der Beteiligten die Verbindlichkeit der getroffenen Aussagen. Die erzielten Ergebnisse, vereinbarten Ziele, Leistungsbewertungen oder Vereinbarungen zur beruflichen Weiterentwicklung werden ebenfalls schriftlich festgehalten und können später für die Erstellung der Zeugnisse herangezogen werden. Es besteht auch die Möglichkeit, sie dem nächsthöheren oder einem anderen Vorgesetzten vorzulegen, wenn beispielsweise eine Entscheidung über eine bevorstehende Beförderung oder Versetzung des Mitarbeiters anliegt.
Bei Verzicht auf die schriftliche Dokumentation kann es leicht zu Mißverständnissen kommen. Denn die Gesprächspartner werden das Gespräch und die einzelnen Aussagen unterschiedlich in Erinnerung behalten oder verschieden interpretieren. So kann es schwierig werden, im Zweifelsfall nachzuvollziehen, welche Vereinbarung letztlich getroffen und wie sie verstanden wurde. Auch wird die Überprüfung der getroffenen Vereinbarungen nach längerer Zeit, z. B. nach einem Jahr, erschwert.

Nachteile
Die schriftliche Dokumentation schränkt die Gestaltung des Gesprächs ein und kann bürokratisch wirken. Ein weiterer Nachteil besteht darin, daß eine absolute Vertraulichkeit nicht mehr gewährleistet ist, da schriftliche Unterlagen existieren, die möglicherweise weitergegeben und von Dritten eingesehen werden können.

Information des nächsthöheren Vorgesetzten über die Ergebnisse der Mitarbeitergespräche

Vorteile
Wird der nächsthöhere Vorgesetzte mündlich oder anhand der Dokumentation schriftlich über die Ergebnisse des Gesprächs informiert, kann er im Bedarfsfall nochmals auf die vereinbarten Zielvorgaben oder die Beurteilung der Leistungen und beruflichen Perspektiven des Mitarbeiters Einfluß nehmen. Er kann überprüfen, ob die ihm nachgelagerte Führungskraft ihren Führungsauftrag tatsächlich ernst nimmt, qualitativ hochwertige Mitarbeitergespräche führt und die Po-

tentiale seiner Mitarbeiter erkennt. Zudem kann er bei aufgetretenen Konflikten zwischen den Gesprächspartnern ausgleichend einwirken und zur Lösung beitragen.

Nachteile
Die Gesprächsinhalte bleiben nicht mehr vertraulich und können gegebenenfalls auch für »negative« Entscheidungen, z. B. die Versetzung an eine Stelle mit geringerer Entscheidungsfreiheit, herangezogen werden.

Ablage der Gesprächsbögen und schriftlichen Zusammenfassungen in der Personalakte

Vorteile
Die Ablage von Gesprächsbögen in der Personalakte ermöglicht es, die Entwicklung der Leistung und des Aufgabenbereichs eines Mitarbeiters kontinuierlich zu erfassen. Diese Unterlagen können als Grundlage für die Ausstellung von Zeugnissen, die Zusammenfassung von bisherigen Tätigkeiten und Aufgaben des Mitarbeiters oder auch für eine »objektive« Leistungsbeurteilung für die Dauer seiner Beschäftigung herangezogen werden.

Nachteile
Die Leistung des Mitarbeiters wird, je nachdem, wie die Einsicht in die Personalakte geregelt ist, transparent. Womöglich können auch zukünftige Vorgesetzte oder Personalspezialisten in die Unterlagen einblicken. Sie erhalten auf diese Weise Informationen über den Leistungsstand und die beruflichen Perspektiven des Mitarbeiters, seine Stärken und Defizite und anderes mehr. Da dieser Personenkreis nicht am Mitarbeitergespräch teilnahm und den Gesprächsverlauf und die Inhalte nicht im Original mitverfolgen konnte, sondern nur die wichtigsten Ergebnisse stark zusammengefaßt vorfindet, besteht die Gefahr, daß beispielsweise Vorgesetzte oder andere Außenstehende diese Unterlagen mißinterpretieren.
Aus diesen Erkenntnissen können sie zwar Handlungsbedarf ableiten, aber auch im negativen Sinne. Hier besteht die Gefahr, daß der Mitarbeiter sich veranlaßt fühlt, im Gespräch primär einen guten Eindruck zu hinterlassen. Dieses Verhalten ginge aber zu Lasten eines ehrlichen und kritisch-konstruktiven Meinungsaustauschs über die zu leistende Arbeit und die erzielten Ergebnisse.
Wenn die Ablage in der Personalakte nicht erwünscht ist, die Beteiligten auf eine schriftliche Vereinbarung aber nicht verzichten wollen, besteht die Möglichkeit, die Gesprächsunterlagen in der persönlichen Ablage der Führungskraft bis zum nächsten Gesprächstermin aufzubewahren und dem Mitarbeiter eine Kopie auszuhändigen.

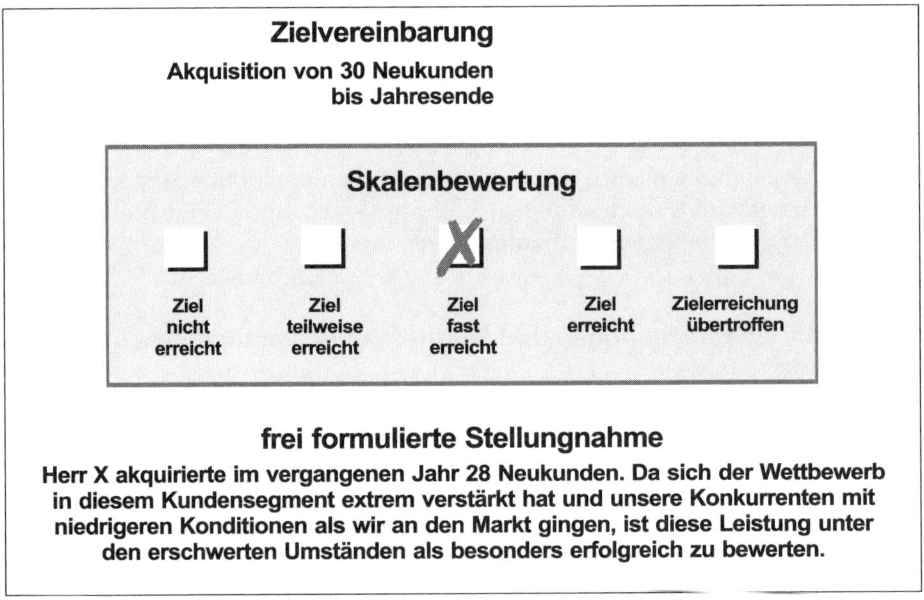

Abb. 16: Beispiel für eine Skalenbewertung in Kombination mit einer frei formulierten Stellungnahme

Skalenbewertung versus frei formulierte Stellungnahme

Eine Skalenbewertung (z. B: Ziel nicht erreicht, Ziel teilweise erreicht, Ziel fast erreicht, Ziel erreicht, Zielerreichung übertroffen) ermöglicht es dem Mitarbeiter, sich ein eigenes Urteil über seine eigenen Leistungen zu bilden, aber auch zu erfahren, wie sein Vorgesetzter sie bewertet. Zudem erlaubt diese Bewertung einen Leistungsvergleich mit anderen Kollegen. So läßt sich leicht feststellen, ob die Zielvorgaben übereinstimmend erreicht wurden oder voneinander abweichen. Frei formulierte Leistungsbeurteilungen unterliegen dagegen keinerlei standardisierten Vorgaben (s. Abb. 16).

Vorteile
Frei formulierte Leistungsbewertungen und Stellungnahmen haben den Vorteil, daß sie auf spezielle Arbeitssituationen, auf komplexe Anforderungen und deren Bewältigung und Einflußfaktoren, die nicht im Verantwortungsbereich des Mitarbeiters liegen, eingehen können. Individuelle Formulierungen gewährleisten die persönliche Note.

Nachteile
Frei formulierte Stellungnahmen können sich in bezug auf ihre Qualität erheblich unterscheiden. Nicht alle Führungskräfte und Mitarbeiter haben das Talent,

Leistungen kurz und knapp zusammenfassend zu beurteilen – was eine für Vergleiche notwendige Standardisierung unmöglich macht. Als Kompromißlösung hat sich die Kombination von Skalenbewertung mit einer Möglichkeit, in frei formulierten Stellungnahmen besondere Rahmenbedingungen, Leistungen usw. zusätzlich zu notieren.

Koppelung von Mitarbeitergesprächen an erfolgsorientierte Gehaltsbestandteile

Unternehmen gehen zunehmend dazu über, die Leistungsbeurteilung mit erfolgsabhängigen Vergütungskomponenten zu verbinden, um die Mitarbeiter für ihre Arbeit leistungsgerecht zu entlohnen. Dementsprechend erhält, wer seine Zielvorgaben erfüllt hat oder durch außergewöhnliche Leistungsbeurteilungen auffiel, mehr Geld als ein Kollege, der seine Aufgaben nur zum Teil erfüllt oder eine schlechte Beurteilung erhalten hat. Diese leistungsorientierte Vergütung verleiht dem Mitarbeitergespräch mehr Gewicht, vor allem dort, wo es die Zielvereinbarung und die Leistungsbeurteilung zum Inhalt hat. Denn beide Gesprächspartner wissen, daß die Beurteilung sich unmittelbar auf den »Geldbeutel« auswirkt. Erfahrungsgemäß werden solche Gespräche mit höherer Aufmerksamkeit, aber auch mit größerer Vorsicht geführt. Bevor der Mitarbeiter ein Ziel ins Auge faßt, wird er zunächst gründlich prüfen, ob es bei realistischer Betrachtung nicht zu hoch gesetzt ist. Denn er weiß genau, daß er ein zu hoch gestecktes Ziel bestenfalls nur in Teilen erreichen wird, was sich negativ auf den erfolgsorientierten Bestandteil seiner Vergütung auswirken kann.

Vorteile
Eingehaltene Zielvorgaben und außergewöhnliche Leistungen werden belohnt und honoriert, verschiedene Leistungsniveaus von Mitarbeitern mit gleichen Aufgaben unterschiedlich vergütet.

Nachteile
Ziele werden zwar realistischer, aber auch vorsichtiger vereinbart, aus der Befürchtung heraus, daß sie womöglich nicht erreicht werden können. Hinzu kommt, daß die Leistung des Mitarbeiters von vielen Faktoren, z. B. von externen Einflüssen, von betrieblichen Rahmenbedingungen, Konditionen oder auch dem Zusammenspiel mit anderen Abteilungen abhängt und deshalb nicht immer nach fairen Gesichtspunkten beurteilt werden kann. Eine weitere Gefahr besteht darin, daß der Mitarbeiter sich unter diesen Umständen schwerpunktmäßig auf seine Aufgaben fixiert und den Blick für Tätigkeiten verliert, die nicht direkt mit den von ihm angestrebten Ergebnissen zu tun haben. Hierzu zählen beispielsweise die Unterstützung und Förderung von Kollegen, Weitergabe von Informationen oder die Entwicklung neuer Ideen und Problemlösungen. Das sind allesamt Aufgaben, die sich zunächst finanziell nicht bemerkbar machen, aber für eine partner-

Wie zufrieden sind Sie insgesamt...

... mit Ihrem derzeitigen Aufgabenbereich?

☐ SEHR ZUFRIEDEN ☐ ZUFRIEDEN ☐ TEILS / TEILS ☐ WENIGER ZUFRIEDEN ☐ NICHT ZUFRIEDEN

... mit Ihrem Handlungs- und Gestaltungsspielraum?

☐ SEHR ZUFRIEDEN ☐ ZUFRIEDEN ☐ TEILS / TEILS ☐ WENIGER ZUFRIEDEN ☐ NICHT ZUFRIEDEN

... mit der Zusammenarbeit mit anderen Abteilungen der Firma?

☐ SEHR ZUFRIEDEN ☐ ZUFRIEDEN ☐ TEILS / TEILS ☐ WENIGER ZUFRIEDEN ☐ NICHT ZUFRIEDEN

... mit der Zusammenarbeit im eigenen Team / in der eigenen Abteilung?

☐ SEHR ZUFRIEDEN ☐ ZUFRIEDEN ☐ TEILS / TEILS ☐ WENIGER ZUFRIEDEN ☐ NICHT ZUFRIEDEN

... mit dem allgemeinen Betriebsklima?

☐ SEHR ZUFRIEDEN ☐ ZUFRIEDEN ☐ TEILS / TEILS ☐ WENIGER ZUFRIEDEN ☐ NICHT ZUFRIEDEN

... mit der Zusammenarbeit mit Ihrem Vorgesetzten?

☐ SEHR ZUFRIEDEN ☐ ZUFRIEDEN ☐ TEILS / TEILS ☐ WENIGER ZUFRIEDEN ☐ NICHT ZUFRIEDEN

... mit der Informationsweitergabe durch Ihren Vorgesetzten?

☐ SEHR ZUFRIEDEN ☐ ZUFRIEDEN ☐ TEILS / TEILS ☐ WENIGER ZUFRIEDEN ☐ NICHT ZUFRIEDEN

... mit der Anerkennung Ihrer Leistung und Fähigkeiten durch den Vorgesetzten?

☐ SEHR ZUFRIEDEN ☐ ZUFRIEDEN ☐ TEILS / TEILS ☐ WENIGER ZUFRIEDEN ☐ NICHT ZUFRIEDEN

... mit der Förderung Ihrer Fähigkeiten und Unterstützung von Entwicklungsmaßnahmen durch Ihren Vorgesetzten?

☐ SEHR ZUFRIEDEN ☐ ZUFRIEDEN ☐ TEILS / TEILS ☐ WENIGER ZUFRIEDEN ☐ NICHT ZUFRIEDEN

schaftliche Zusammenarbeit und Weiterentwicklung der Organisation ebenfalls wichtig sind. Sie könnten aber in den Hintergrund treten, wenn die Bedeutung von an Geld gekoppelter Ziele überhand nimmt.

Beurteilung des Vorgesetzten – Weiterleitung an seinen Chef

Der Mitarbeiter erhält die Möglichkeit, die Führungseigenschaften seines Vorgesetzten zu beurteilen. Dieser Aspekt findet in Unternehmen zunehmend Beachtung, weil er einen optimalen Meinungsaustausch zwischen Mitarbeiter und Führungskraft ermöglicht. Oftmals wird diese Beurteilung anhand von Fragebögen vorbereitet (vgl. Abb. 17).

Vorteile
Nicht nur die Leistung des Mitarbeiters muß sich einer kritischen Prüfung unterziehen lassen, auch die Qualitäten des Vorgesetzten werden auf Verbesserungsmöglichkeiten hin untersucht. Der Mitarbeiter gibt offen sein Urteil über die Führungsqualitäten seines Vorgesetzten ab und zeigt auf, wo seiner Meinung nach Veränderungen angebracht sind. Werden diese Ergebnisse an den nächsthöheren Vorgesetzten weitergeleitet, erhält dieser eine wichtige Rückmeldung über die Führungseigenschaften der ihm nachgelagerten Führungskraft. Das soll einen optimalen Austausch zwischen Mitarbeitern und Führungskräften über mehrere Mitarbeiterebenen hinweg gewährleisten.
Für diesen Fall sehen manche Unternehmen eine erfolgsorientierte Komponente bei der Vergütung ihrer Führungskräfte vor, sie richtet sich nach der Beurteilung durch die Mitarbeiter. Stellen die Mitarbeiter ihrem Vorgesetzten ein gutes Zeugnis aus, erhält dieser einen Aufschlag zum Gehalt, andernfalls kann eine schlechte Beurteilung Abstriche bei der Vergütung zur Folge haben.

Nachteile
Mitarbeiter können in Situationen kommen, in denen sie während des Gesprächs ad hoc entscheiden müssen, ob ihr Chef konstruktive Kritik überhaupt annehmen kann oder sie Repressalien fürchten müssen. Der Vorgesetzte könnte ja im Gegenzug die Leistungen seines Mitarbeiters ebenfalls negativ beurteilen. Um dieser Gefahr vorzubeugen, bietet es sich an, die Bewertung der Leistungen des Mitarbeiters von der Beurteilung des Führungsverhaltens des Vorgesetzten zeitlich zu trennen. Es wäre durchaus kontraproduktiv, wenn der Mitarbeiter berechtigte Kritik an seinem Chef zurückhielte, nur weil dieser ihm zuvor ein gutes Zeugnis ausgestellt hat, oder umgekehrt, er den Chef nur deshalb gut beurteilt, um in Zukunft »bessere Karten« zu haben.

◀ **Abb. 17:** Fragen zur Beurteilung des Vorgesetzten, der Zusammenarbeit und des Aufgabengebiets

Konfliktfall: Nichtübereinstimmung zwischen Führungskraft und Mitarbeiter

In seltenen Fällen kann es vorkommen, daß Mitarbeiter und Führungskräfte völlig unterschiedlicher Auffassung sind, beispielsweise bei der Vereinbarung neuer Zielsetzungen oder der weiteren beruflichen Entwicklung des Mitarbeiters. Viele Unternehmen ziehen in diesen Fällen den nächsthöheren Vorgesetzten als Schlichter hinzu. Er soll helfen, eine einvernehmliche Lösung zwischen den beiden Parteien herbeizuführen. Möglich ist auch, einen Mitarbeiter aus der Personalabteilung oder, wenn der Mitarbeiter dies wünscht, eine Person seines Vertrauens aus dem Betriebsrat hinzuzuziehen, um die Meinungsunterschiede zu klären.

9.5 Exkurs: Einbindung des Betriebsrats

Bei der Implementierung von Mitarbeitergesprächen sollte die Arbeitnehmervertretung (Betriebsrat, Personalrat, Mitarbeitervertretung – je nach den jeweiligen gesetzlichen Bestimmungen – und im folgenden einfach »Betriebsrat« genannt) frühzeitig in die Planung eingebunden werden, um eine Einigung über die erforderlichen Maßnahmen zu erzielen. Häufig wird das Mitarbeitergespräch auf Grundlage einer getroffenen Betriebsvereinbarung eingeführt. Sie regelt die organisatorischen, inhaltlichen und rechtlichen Aspekte dieses Führungsinstruments, legt beispielsweise fest, wie oft die Gespräche stattfinden sollen, bezieht den Datenschutz mit ein und bestimmt die Rechte und Pflichten von Arbeitgebern und Arbeitnehmern. Im folgenden wird speziell auf das Betriebsverfassungsgesetz Bezug genommen, da dieses die weitestgehenden Regelungen aufführt, die für die Einführung dieses Führungsinstruments relevant sind.
Der Vollständigkeit halber sei erwähnt, daß für Unternehmen, Einrichtungen und Organisationen, die nicht dem Geltungsbereich des Betriebsverfassungsgesetzes unterliegen, die Bestimmungen folgender Gesetze und Verordnungen gelten: die des Bundespersonalvertretungsgesetzes, die Personalvertretungsgesetze der jeweiligen Bundesländer, die Mitarbeitervertretungsverordnung(en) im Bereich der katholischen Kirche und der Caritas, das Mitarbeitervertretungsgesetz im Bereich der evangelischen Kirche und des Diakonischen Werkes.
Auch wenn sich die Kommentarliteratur zur Frage des Mitbestimmungsrechts bei Einführung von Mitarbeitergesprächen nicht explizit äußert, ergibt sich die Notwendigkeit der Beteiligung der Arbeitnehmervertretung schon allein aus der Tatsache, daß ihre frühzeitige Partizipation die Akzeptanz von Mitarbeitergesprächen bei den Arbeitnehmern fördert und darüber hinaus die Belange der Arbeitnehmer gewahrt werden.
Aus den im folgenden aufgeführten Paragraphen des Betriebsverfassungsgesetzes lassen sich die Beteiligungsrechte des Betriebsrats ableiten.

BetrVG § 75: Grundsätze für die Behandlung der Betriebsangehörigen

(2) Arbeitgeber und Betriebsrat haben die freie Entfaltung der Persönlichkeit der im Betrieb beschäftigten Arbeitnehmer zu schützen und zu fördern.

Das Mitarbeitergespräch ermöglicht dem Mitarbeiter, mit dem Vorgesetzten regelmäßig Dialoge über die Gestaltung seines Aufgabenbereichs zu führen. Auf diese Weise trägt es dazu bei, daß Mitarbeiter ihren Fähigkeiten entsprechend gefördert werden und frühzeitig zum Ausdruck bringen können, wenn sie sich unter- bzw. überfordert fühlen oder Bedingungen vorfinden, die eine Entfaltung der Persönlichkeit behindern.

BetrVG § 80: Allgemeine Aufgaben

(1) Der Betriebsrat hat folgende allgemeine Aufgaben: (...)
2. Maßnahmen, die dem Betrieb und der Belegschaft dienen, beim Arbeitgeber zu beantragen;
2.a) die Durchsetzung der tatsächlichen Gleichberechtigung von Frauen und Männern, insbesondere bei der Einstellung, Beschäftigung, Aus-, Fort- und Weiterbildung und dem beruflichen Aufstieg, zu fördern.

Das Mitarbeitergespräch unterstützt die Forderung dieser Vorschrift, da es bei Beschäftigten beiderlei Geschlechts gleichermaßen Anwendung findet.

(2) Zur Durchführung seiner Aufgaben nach diesem Gesetz ist der Betriebsrat rechtzeitig und umfassend vom Arbeitgeber zu unterrichten. Ihm sind auf Verlangen jederzeit die zur Durchführung seiner Aufgaben erforderlichen Unterlagen zur Verfügung zu stellen; in diesem Rahmen ist der Betriebsausschuß oder ein nach § 28 gebildeter Ausschuß berechtigt, in die Listen über die Bruttolöhne und -gehälter Einblick zu bekommen.

Es empfiehlt sich, dem Betriebsrat entsprechend dieser Vorschrift möglichst frühzeitig alle Unterlagen, die sich auf die Einführung des Mitarbeitergesprächs beziehen, zur Verfügung zu stellen. Noch besser ist es, gemeinsam mit dem Betriebsrat am »runden Tisch« über die Zielsetzung und die weiteren Schritte für die Implementierung dieses Instruments zu beraten.

BetrVG § 81: Unterrichtungs- und Erörterungspflicht des Arbeitgebers

(1) Der Arbeitgeber hat den Arbeitnehmer über dessen Aufgabe und Verantwortung sowie über die Art seiner Tätigkeit und ihre Einordnung in den Arbeitsablauf des Betriebs zu unterrichten. Er hat den Arbeitnehmer vor Beginn der Beschäftigung über die Unfall- und Gesundheitsgefahren, denen dieser bei der Beschäftigung ausgesetzt ist, sowie

über die Maßnahmen und Einrichtungen zur Abwendung dieser Gefahren und die nach § 10 Abs. 2 des Arbeitsschutzgesetzes getroffenen Maßnahmen zu belehren. (...)
(4) Der Arbeitgeber hat den Arbeitnehmer über die auf Grund einer Planung von technischen Anlagen, von Arbeitsverfahren und Arbeitsabläufen oder der Arbeitsplätze vorgesehenen Maßnahmen und ihre Auswirkungen auf seinen Arbeitsplatz, die Arbeitsumgebung sowie auf Inhalt und Art seiner Tätigkeit zu unterrichten. Sobald feststeht, daß sich die Tätigkeit des Arbeitnehmers ändern wird, und seine beruflichen Kenntnisse und Fähigkeiten zur Erfüllung seiner Aufgaben nicht ausreichen, hat der Arbeitgeber mit dem Arbeitnehmer zu erörtern, wie dessen berufliche Kenntnisse und Fähigkeiten im Rahmen der betrieblichen Möglichkeiten den künftigen Anforderungen angepaßt werden können. Der Arbeitnehmer kann bei der Erörterung ein Mitglied des Betriebsrats hinzuziehen.

Das Mitarbeitergespräch beinhaltet neben der Festlegung von Zielvorgaben auch die Diskussion über die zukünftigen Aufgabenbereiche des Mitarbeiters und über in Frage kommende berufliche Fortbildungsmaßnahmen. Insofern bietet es dem Arbeitnehmer die Möglichkeit, sich regelmäßig mit seinem Vorgesetzten über Veränderungen seiner Tätigkeit und die zukünftige Gestaltung seines Arbeitsplatzes auszutauschen.

BetrVG § 82: Anhörungs- und Erörterungsrecht des Arbeitnehmers

(1) Der Arbeitnehmer hat das Recht, in betrieblichen Angelegenheiten, die seine Person betreffen, von den nach Maßgabe des organisatorischen Aufbaus des Betriebs hierfür zuständigen Personen gehört zu werden. Er ist berechtigt, zu Maßnahmen des Arbeitgebers, die ihn betreffen, Stellung zu nehmen sowie Vorschläge für die Gestaltung des Arbeitsplatzes und des Arbeitsablaufs zu machen.

Das Mitarbeitergespräch ermöglicht es Arbeitnehmern, Vorschläge für die Gestaltung ihres Arbeitsplatzes und des Arbeitsablaufs zu unterbreiten und zu diskutieren. Die Vorstellungen und Wünsche des Arbeitnehmers finden ebenso Gehör wie die Meinung der Führungskraft.

BetrVG § 84: Beschwerderecht

(1) Jeder Arbeitnehmer hat das Recht, sich bei den zuständigen Stellen des Betriebs zu beschweren, wenn er sich vom Arbeitgeber oder von Arbeitnehmern des Betriebs benachteiligt oder ungerecht behandelt oder in sonstiger Weise beeinträchtigt fühlt. Er kann ein Mitglied des Betriebsrats zur Unterstützung oder Vermittlung hinzuziehen.

Finden Mitarbeiter und Führungskraft im Mitarbeitergespräch keine Einigung, kann der Mitarbeiter den Betriebsrat zum Gespräch hinzuziehen. Diese Regelung ist bereits in vielen Betriebsvereinbarungen niedergelegt.

BetrVG § 87: Mitbestimmungsrechte

(1) Der Betriebsrat hat, soweit eine gesetzliche oder tarifliche Regelung nicht besteht, in folgenden Angelegenheiten mitzubestimmen: (...)
2. Fragen der Ordnung des Betriebs und des Verhaltens der Arbeitnehmer im Betrieb. (...).

Diese Vorschrift läßt die Interpretation zu, daß das Mitarbeitergespräch einen Beitrag leistet, die Ordnung des Betriebs und das Verhalten der Mitarbeiter zu regeln.

BetrVG § 94: Personalfragebogen, Beurteilungsgrundsätze

(1) Personalfragebogen bedürfen der Zustimmung des Betriebsrats. Kommt eine Einigung über ihren Inhalt nicht zustande, so entscheidet die Einigungsstelle. Der Spruch der Einigungsstelle ersetzt die Einigung zwischen Arbeitgeber und Betriebsrat.
(2) Absatz 1 gilt entsprechend für persönliche Angaben in schriftlichen Arbeitsverträgen, die allgemein für den Betrieb verwendet werden sollten, sowie für die Aufstellung allgemeiner Beurteilungsgrundsätze.

Da Mitarbeitergespräche in der Regel einen Bestandteil »Beurteilung der vergangenen Leistungen« beinhalten, ergibt sich aus diesen Paragraphen das Mitbestimmungsrecht der Arbeitnehmervertretung bei der Gestaltung des Mitarbeitergesprächs. Auch bei der Durchführung von Qualifizierungsmaßnahmen hat der Betriebsrat ein Mitbestimmungsrecht.

BetrVG § 98: Durchführung betrieblicher Bildungsmaßnahmen

(1) Der Betriebsrat hat bei der Durchführung von Maßnahmen der betrieblichen Berufsausbildung mitzubestimmen.

Es ist notwendig und sinnvoll, mit dem Betriebsrat gemeinsam zu beraten, wie Mitarbeiter und Führungskräfte am besten auf das Führen von Mitarbeitergesprächen vorzubereiten sind.
Sollte der Betriebsrat aber nicht bei der Einführung von Mitarbeitergesprächen mit einbezogen werden, sind die Gründe dafür genau zu untersuchen. Dieses Instrument braucht die Akzeptanz sowohl von Führungskräften als auch von Mitarbeitern. Ein Ausschluß des Betriebsrats verursacht Mißtrauen, was den eigentlichen Zielen dieser Gespräche entgegensteht und die beabsichtigte Offenheit und bessere Kommunikation zwischen Führungskräften und Mitarbeitern behindert. Unter Umständen wäre der Betriebsrat genötigt, seine Beteiligungsrechte vor dem Arbeitsgericht einzuklagen.
Aus den genannten Gründen ist es ratsam, die Arbeitnehmervertretung frühzeitig in die Planung mit einzubeziehen.

Das Wichtigste in Kürze

☞ Voraussetzung für eine erfolgreiche Implementierung des Mitarbeitergesprächs ist, daß die Geschäftsleitung die Ziele dieser Maßnahme klar definiert und die erforderlichen Rahmenbedingungen für das Verfahren festlegt. Ziel ist dabei, eine größtmögliche Einigkeit darüber zu erlangen, wie dieses Instrument in die strategische Unternehmensplanung paßt, welche Änderungen es im Führungsstil und in der Zusammenarbeit im Unternehmen bewirken soll, welche thematischen Bestandteile enthalten sein müssen und nach welchen Kriterien und Meßverfahren der Erfolg zu messen ist. Es empfiehlt sich, in dieser Phase festzulegen, welche formalen Richtlinien für die Durchführung von Mitarbeitergesprächen gelten sollen.

☞ Es kann nur von Vorteil sein, wenn die Geschäftsleitung mit gutem Beispiel vorangeht und mit den nachgelagerten Führungskräften qualitativ hochwertige Mitarbeitergespräche führt, um diese zur Nachahmung zu ermuntern. Wichtig ist auch, frühzeitig die Arbeitnehmervertretung einzubinden, um die Interessen der Arbeitnehmer zu berücksichtigen.

☞ Ein Projektteam, das sich meist aus Vertretern des Personalbereichs, Führungskräften, Mitarbeitern und Arbeitnehmervertretern zusammensetzt, arbeitet die notwendigen Schritte zur Einführung dieses Instruments aus, stimmt sie mit der Geschäftsleitung ab und arbeitet das Instrumentarium sowie die erforderlichen Unterlagen aus. Anschließend werden Führungskräfte und Mitarbeiter über die bevorstehenden Maßnahmen unterrichtet.

☞ In den meisten Fällen durchlaufen die Führungskräfte Qualifizierungsmaßnahmen, wo sie unter Anleitung von Kompetenzberatern intensiv auf ihre Rolle im Mitarbeitergespräch vorbereitet werden. Manche Unternehmen sehen diese Qualifizierungsmaßnahmen auch für die Mitarbeiter vor. Die Dauer der Trainings hängt ab von der Komplexität der Mitarbeitergespräche und der Intensität, mit der das Know-how zur Gesprächsführung vermittelt werden soll. Sind die Trainings absolviert, können erste Mitarbeitergespräche vereinbart und geführt werden. Die abschließende Projektevaluation gibt Aufschluß über den Erfolg dieser Gespräche.

☞ Die Dokumentation kann, je nach Bedürfnissen und Zielsetzung der Unternehmen, unterschiedliche Formen annehmen. Manche Unternehmen verzichten völlig auf schriftliche Unterlagen, andere verwenden zur Dokumentation vorgefertigte Gesprächsleitfäden. In manchen Unternehmen wird die Leistungsbeurteilung mit einem erfolgsorientierten Vergütungsbestandteil gekoppelt. Auch der Verbleib der schriftlichen Unterlagen wird unterschiedlich gehandhabt. Jedes Unternehmen muß für sich prüfen, wie es dieses Instrument ausgestalten, damit es seinen Zweck erfüllt und zur Unternehmenskultur paßt.

Mehr zu diesem Thema

Domsch, M./Gerpott, T. J.: (1985). »Verhaltensorientierte Beurteilungsskalen«, in: *Die Betriebswirtschaft*, 45/1985.
Doppler, K.: *Dialektik der Führung. Opfer und Täter*, München 1999.
Doppler, K./Lauterburg, C.: *Change Management: den Unternehmenswandel gestalten*, Frankfurt a. M. 1995.
Gnade, A./Kehrmann, K./Schneider, W./Blanke, H./Klebe, T.: *Betriebsverfassungsgesetz*, Köln 1997.
Pitcher, P.: *Das Führungsdrama*, Stuttgart 1997.
Pümpin, C./Kobi, J.-M./Wüthrich, A.: »Unternehmenskultur, Basis strategischer Profilierung erfolgreicher Unternehmen«, in: *Die Orientierung*, Schweizerische Volksbank 85/1985.
Sonntag, K. (Hrsg.): *Personalentwicklung in Organisationen*, Göttingen 1992.
Wever, U.: *Unternehmenskultur in der Praxis*, Frankfurt/New York 1990.

10 Der Leitfaden zum Thema Mitarbeitergespräch

Darum geht es ...

Dem Gesprächsleitfaden kommt bei der Einführung von Mitarbeitergesprächen eine zentrale Bedeutung zu.

Wozu dient er?

Welche inhaltlichen und formalen Voraussetzungen sind zu berücksichtigen, damit er seinen Zweck erfüllt?

Dieses Kapitel beschreibt:

- was ein Gesprächsleitfaden ist,
- welche Funktion er erfüllt,
- seinen inhaltlichen Aufbau,
- wie Unternehmen Leitfäden verwenden und
- Musterformulare für Gesprächsleitfäden.

10.1 Was ist ein Leitfaden und welche Funktion erfüllt er?

Der Gesprächsleitfaden zur Durchführung eines Mitarbeitergesprächs ist vergleichbar mit einer Informationsbroschüre, die beschreibt, wie dieses Gespräch im Unternehmen zu führen ist. Er enthält alle für das Gespräch wichtigen Informationen und Anleitungen, um eine erfolgreiche Umsetzung zu gewährleisten. Des weiteren dient der Gesprächsleitfaden der Entwicklung einer firmenspezifischen Mitarbeitergesprächskultur und professionellen Gesprächsführung. Er informiert die Beteiligten über den Sinn und Zweck des Mitarbeitergesprächs. Die meisten Unternehmen entwickeln spezielle Leitfäden für Führungskräfte und Mitarbeiter.
Dieses Kapitel beschreibt die Rahmenbedingungen für die Erstellung von Gesprächsleitfäden und stellt Musterformulare vor, die zusätzlich auf der beiliegenden Diskette gespeichert sind. Sie lassen sich auf Ihre Bedürfnisse hin modifizieren und sollen Ihnen die Implementierung und Durchführung des Mitarbeitergesprächs erleichtern sowie bei der Entwicklung und Erstellung eigener Formulare Arbeit und Zeit sparen helfen.

Zur Anregung befinden sich auch Auszüge von Leitfäden, die uns ausgewählte Firmen freundlicherweise zur Verfügung gestellt haben. Für diese Unterstützung richtet sich der Dank an folgende Unternehmen und Institutionen:

- Bayerische HypoVereinsbank AG
- Bertelsmann AG, Gütersloh
- Goethe-Institut, Zentralverwaltung, München
- IZB SOFT GmbH & Co. KG, München
- Quelle Schickedanz AG & Co., Fürth
- Siemens AG, München

10.2 Inhalte von Leitfäden

In der Regel beinhaltet ein Leitfaden zum Mitarbeitergespräch folgende Punkte:

- Botschaft des Vorstands bzw. der Geschäftsleitung an die Führungskräfte und Mitarbeiter über den Zweck der Implementierung des Mitarbeitergesprächs mit einer motivierenden Aufforderung zur Anwendung dieses neuen Instruments
- Ziele des Mitarbeitergesprächs
- Erforderliche Qualifikationen als Voraussetzung für eine erfolgreiche Gesprächsführung
- Informationen über die Inhalte
- Hinweise zur Vorbereitung
  a) für Führungskräfte
  b) für Mitarbeiter
- Überblick über Struktur und Aufbau sowie
- Hinweise zur Durchführung des Mitarbeitergesprächs
- Gesprächsbogen
- Hinweise zur Dokumentation
- Betriebsvereinbarung

Im folgenden werden die einzelnen Punkte ausführlich dargestellt und Beispiele aus verschiedenen Unternehmen aufgezeigt.

»In Diskussionen mit Führungskräften aller Ebenen, wie Führung und Zusammenarbeit im Unternehmen aktiviert werden können, werden immer wieder kritische Punkte der eigenen Arbeitssituation angesprochen, vor allem mangelnde Zielklarheit in der Aufgabenstellung, Beeinträchtigung des Handlungs- und Verantwortungsspielraums und ungenügende Beteiligung an der Ziel- und Entscheidungsfindung. Die Frage, ob hier die Unzulänglichkeiten mehr bei den übergeordneten oder bei den nachgeordneten Führungskräften zu suchen sind, kann dahingestellt bleiben. Abhilfe ist nur zu erwarten, wenn im Einzelfalle beide Seiten über die kritischen Punkte freimütig sprechen. In dem verbreiteten Unbehagen, solche klärenden Gespräche offen und regelmäßig zu führen, scheint das eigentliche Problem zu liegen.

Zur Lösung dieses Problems sollen künftig regelmäßige **Mitarbeitergespräche** beitragen.«

(Dr. Kaske, 02.02.1983)

Abb. 18: Botschaft der Geschäftsleitung im Leitfaden der Siemens AG

Liebe Mitarbeiterinnen,
liebe Mitarbeiter,

der Umgang mit Veränderungen gehört inzwischen zum Alltag in unserem Unternehmen. Das bedeutet, daß auch unsere Mitarbeiter mehr als früher vor die Herausforderung der persönlichen Veränderung gestellt werden. Unsere Führungskräfte können diese Veränderungsprozesse durch den verstärkten Dialog mit ihren Mitarbeitern aktiver gestalten. Schon deshalb ist die Einführung des Mitarbeitergespräches eine wichtige Unterstützung bei der Bewältigung der in unserem Unternehmen anstehenden Veränderungen.

Der Inhalt des Mitarbeitergespräches umfaßt einerseits die Vereinbarung von aufgaben- und personenbezogenen Zielen, andererseits dient es der Ermittlung und Festlegung des Qualifizierungs- und Förderungsbedarfes als Voraussetzung für die Entwicklung der Mitarbeiter. Vor allem wird durch das gegenseitige Feedback zwischen Vorgesetztem und Mitarbeiter das Feld für die künftige Zusammenarbeit bereitet.

Was ist der Nutzen des systematischen Quelle-Mitarbeitergespräches?

- Zeitersparnis und Transparenz durch klare Vereinbarungen
- Planungssicherheit bei der Durchführung von Qualifizierungsmaßnahmen
- Grundlage für ein klares Feedback bezüglich der Zielerreichung
- Beziehungsklärung durch regelmäßigen Dialog zwischen Führungskraft und Mitarbeiter

Durch begleitende Trainingsmaßnahmen werden die Führungskräfte aller Berichtsebenen über die Handhabung des Instrumentes sowie zur Gesprächsführung qualifiziert. Anschließende Zusatztrainings zu speziellen Gesprächssituationen bieten Ihnen die Möglichkeit zum Ausbau Ihrer Gesprächskompetenz.

Für mich ist die regelmäßige und unternehmensweite Durchführung des Mitarbeitergespräches eines der wichtigsten Ziele im Rahmen der Entwicklung der Quelle-Führungskultur.

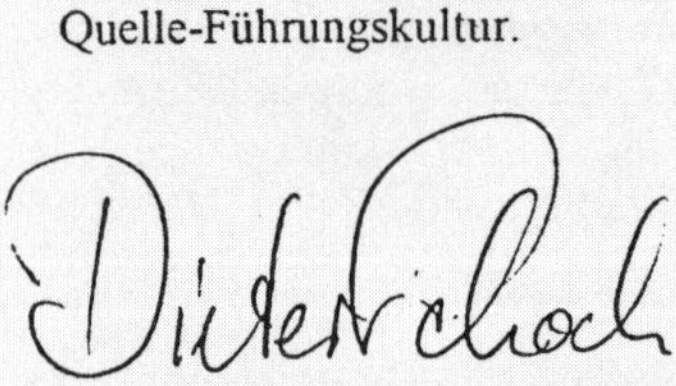

Vorstand
Personal und IKS

Abb. 19: Botschaft der Geschäftsleitung im Leitfaden der Quelle AG

Botschaft vom Vorstand bzw. der Geschäftsleitung an die Führungskräfte und Mitarbeiter und Aufforderung zur Mitwirkung

Der Vorstand bzw. die Geschäftsleitung informiert seine Führungskräfte und Mitarbeiter über die Gründe für die Einführung des Mitarbeitergesprächs, die Bedeutung dieses Instruments für das Führungsverständnis und seinen Beitrag für die Firmenkultur. Allen Beteiligten soll bewußt werden, daß dieses Führungsinstrument für das gesamte Unternehmen Gültigkeit hat und seine Anwendung der Unternehmensführung ein wichtiges und ernstgemeintes Anliegen ist.
Zur Veranschaulichung sind Auszüge aus Leitfäden der Firmen Siemens AG (Abb. 18) und Quelle AG (Abb. 19) aufgeführt.

Ziele und Definition eines Mitarbeitergesprächs

Dieser Teil des Leitfadens beschreibt die Ziele, die das Unternehmen mit der Einführung des Mitarbeitergesprächs verfolgt. Neben diesen Informationen erfahren die Beteiligten, auf welche Aspekte des Führungsalltags sich dieses Instrument schwerpunktmäßg beziehen soll. Als Ziele kommen beispielsweise in Frage:

- Verbesserung der Beziehung zwischen Vorgesetzten und Mitarbeitern
- Steigerung der Arbeitseffektivität
- Systematische gegenseitige Information über den aktuellen Stand der zu verrichtenden Aufgaben
- Entwicklung der Mitarbeiter.

Jedes Unternehmen setzt für das Mitarbeitergespräch seine eigenen, speziellen Akzente. Aus diesem Grunde ist es wichtig, genau festzulegen und zu beschreiben, nach welchen Gesichtspunkten es geführt werden soll. Zu berücksichtigen sind Erläuterungen über den Charakter des Gesprächs, Hinweise auf die zu behandelnden Themen und Inhalte, seine Dauer und Turnus der Durchführung, die Form der Vorbereitung und Dokumentation, Zusicherung der Vertraulichkeit sowie die Zielgruppe der Mitarbeiter, für die Mitarbeitergespräche vorgesehen sind.
Beispielhaft sind Auszüge aus dem Leitfaden der Siemens AG (Abb. 20) und des Goethe-Instituts (Abb. 21) aufgeführt.

Ziele des Mitarbeitergesprächs

Das Gespräch soll dem Mitarbeiter Anstoß und Gelegenheit geben, im Abstand zum Tagesgeschehen Zielvorstellungen zu seinem Aufgabengebiet, Fragen zur Zusammenarbeit mit dem Vorgesetzten und Erwartungen zu seiner weiteren beruflichen Tätigkeit zur Sprache zu bringen. Der Vorgesetzte soll das Gespräch nutzen, die Auffassungen, Probleme und Interessen des Mitarbeiters besser kennenzulernen. Durch einen offenen und vertrauensvollen Gedankenaustausch sollen die Basis für eine fruchtbare Zusammenarbeit verbreitert, eine gemeinsame Linie für die Bewältigung der anstehenden Aufgaben erarbeitet und gegebenenfalls Maßnahmen zur beruflichen Weiterentwicklung des Mitarbeiters geplant werden.
Im einzelnen kann das Mitarbeitergespräch dazu beitragen, daß die Gesprächspartner

- die Aufgaben des Mitarbeiters und ihre Ziele im übergeordneten Funktionszusammenhang unter dem Gesichtspunkt erörtern, wie ein optimaler Beitrag zum Erfolg des Ganzen geleistet werden kann;
- sich über Kriterien für die Beurteilung der Ergebnisse der Arbeit verständigen, damit der Mitarbeiter weiß, was von ihm erwartet wird und worauf er seine Kräfte konzentrieren soll;
- zu gleicher Auffassung über den Handlungs- und Verantwortungsspielraum des Mitarbeiters gelangen, damit der Mitarbeiter diesen Spielraum nutzt und der Vorgesetzte ihn respektiert;
- sich darüber aussprechen, ob und wie die gegenseitige Kommunikation und Information ergiebiger gestaltet werden kann;
- voneinander erfahren, in welchen Punkten das Führungsverhalten des Vorgesetzten vom Mitarbeiter als fördernd oder hemmend erlebt wird, und wie das Verhalten des Mitarbeiters bei der Zusammenarbeit vom Vorgesetzten gesehen wird;
- gemeinsam die Zweckmäßigkeit der Organisation ihrer Arbeit und den Einsatz der Sachmittel unter dem Gesichtspunkt der Wirtschaftlichkeit überprüfen;
- ggf. ihre Auffassung über den Einsatz und die Führung nachgeordneter Mitarbeiter abstimmen;
- gemeinsam den Einsatz und die weitere berufliche Entwicklung des Mitarbeiters im Hinblick auf die Schwerpunkte seiner Befähigung und seiner persönlichen Interessen überdenken und ggf. konkrete Förderungsmaßnahmen vorsehen.

Das Mitarbeitergespräch stellt mit dieser Zielsetzung den Vorgesetzten keine neue Aufgabe. Es verpflichtet lediglich dazu, die eigentliche Führungsaufgabe des Vorgesetzten – wie sie auch in unseren Leitsätzen für Führungskräfte definiert ist – über die täglichen Einzelaktionen hinaus regelmäßig noch einmal in zusammenfassender Form wahrzunehmen. Hieraus erwachsen dann auch Impulse, die das Führen und die Zusammenarbeit im Alltag erleichtern und die Arbeit effektiver machen.
Das Mitarbeitergespräch soll auch kein Ersatz für die im Rahmen der Geschäftsführung notwendigen Zielplanungen sein. Es baut vielmehr darauf auf und zwingt einerseits dazu, solche Planungen für alle Führungsebenen noch mehr zu konkretisieren und transparent zu machen, und andererseits, Ideen und Erfahrungen der Mitarbeiter noch stärker in die Planungen einzubeziehen.

Verbesserung der Kommunikation und Zusammenarbeit

Eine Institution, die auf dem Gebiet der interkulturellen Zusammenarbeit tätig ist, muß der Verbesserung ihrer Unternehmenskultur besondere Aufmerksamkeit widmen. Transparenz von Entscheidungsprozessen, Stärkung der individuellen Qualifikationen, Steigerung der Motivation und die Förderung einer vertrauensvollen konstruktiven Zusammenarbeit bilden die Grundlage erfolgreichen Arbeitens.

Die Erfahrung hat gezeigt, daß das Gespräch und der Austausch von Informationen Grundvoraussetzungen erfolgreicher Arbeit sind. Über die tägliche Kommunikation hinaus ist es sinnvoll, einmal im Jahr ein grundsätzliches, strukturiertes Gespräch zu führen, welches die wichtigsten Themen der Zusammenarbeit und der Planung anspricht. Viele Probleme können dadurch vermieden, ein Vertrauensverhältnis kann aufgebaut werden.

Transparenz und Steuerung der Planungsprozesse

Die vom Vorstand angestrebte Dezentralisierung, d. h. eine Verlagerung von Entscheidungen auf die sachlich zuständige Ebene, muß einhergehen mit der Aufrechterhaltung der Steuerbarkeit des Gesamtinstituts. Das Prinzip der Führung durch Zielvereinbarung ist am ehesten geeignet, die Partizipation der Mitarbeiter und Mitarbeiterinnen an den Zielfindungsprozessen zu gewährleisten und gleichzeitig die Steuerung des Planungsprozesses durch den Vorstand sicherzustellen.

Durch die gemeinsame Vereinbarung von Zielen und die klare Zuordnung von Verantwortlichkeiten wird jährlich die Grundlage für die zukünftige Arbeit an den Instituten und in den verschiedenen Arbeitseinheiten geschaffen. Dieses Verfahren sorgt für eine effektive Steuerung der vielfältigen Aktivitäten des Goethe-Instituts und für eine ständig aktualisierte Ausrichtung der unterschiedlichen Tätigkeiten auf die vom Vorstand formulierten Unternehmensziele.

Die Rahmenziele der Gesamtorganisation müssen den Mitarbeiterinnen und Mitarbeitern durch die Vorgesetzten transparent gemacht werden, damit sich die eigenen Planungsziele sowie die persönlichen Entwicklungs- und Berufsziele daran orientieren können.

Abb. 21: Beschreibung der Ziele des Mitarbeitergesprächs im Leitfaden des Goethe-Instituts

◀ **Abb. 20:** Beschreibung der Ziele und der Durchführung des Mitarbeitergesprächs im Leitfaden der Siemens AG

Verweis auf Qualifikation

Dieser Abschnitt beschreibt Qualifikationsmaßnahmen, die das Unternehmen für eine erfolgreiche Gesprächsführung empfiehlt und seinen Führungskräften und Mitarbeitern anbietet.
Zur Veranschaulichung sind Auszüge aus dem Gesprächsleitfaden der Firma Quelle AG (Abb. 22) vorgestellt.

Seminare

Zu Ihrer optimalen Vorbereitung auf das Quelle-Mitarbeitergespräch und auf weitere Mitarbeitergespräche bieten wir Ihnen eine speziell hierfür konzipierte Seminarreihe mit folgenden Themen an:

- Das Quelle-Mitarbeitergespräch (Basistraining)
- Das Entwicklungsgespräch
- Das schwierige Mitarbeitergespräch
- Das Teamgespräch

Abb. 22: Seminarangebot im Leitfaden der Quelle AG

Vorbereitung auf das Mitarbeitergespräch

Führungskräfte und Mitarbeiter erhalten Hinweise und Empfehlungen für eine sinnvolle Vorbereitung auf das Mitarbeitergespräch. In der Regel werden folgende Aspekte berücksichtigt:
- Kriterien für die Vorbereitung der Führungskraft
- Kriterien für die Vorbereitung des Mitarbeiters
- Empfehlungen für die Terminplanung (mindestens zwei Wochen vor Gesprächstermin)
- Hinweise auf eine angemessene Zeiteinteilung (Festlegung der Dauer, Vermeiden von Zeitdruck usw.)
- Ratschläge für einen störungsfreien Ablauf.

Die Vorbereitung läßt sich optimieren, wenn Führungskräfte und Mitarbeiter zur Anregung vorgefertigte Formulare mit vorgegebenen Fragen erhalten. Die meisten Firmen setzen dieses Hilfsmittel ein. Beispielhaft ist der Auszug zur Vorbereitung aus dem Leitfaden der Quelle AG (Abb. 23) aufgeführt.

Vor dem Mitarbeitergespräch

1. Training
Zu Ihrer optimalen Vorbereitung auf das Quelle-Mitarbeitergespräch und weiterführende Gespräche bieten wir Ihnen eine speziell hierfür konzipierte Seminarreihe an:

- Das Quelle-Mitarbeitergespräch (Basistraining), 1 Tag
- Das Entwicklungsgespräch, 1 Tag
- Das »schwierige Mitarbeitergespräch«, 2 Tage
- Das Teamgespräch, 1 Tag

Wir empfehlen Ihnen zumindest die Teilnahme am Basistraining »Das Quelle-Mitarbeitergespräch«. Ihre Teilnahme an diesen Trainings können Sie buchen, indem Sie die beiliegende Seminarantwort ausgefüllt an Ihren Personalberater faxen. Sie erhalten umgehend Ihre Teilnahmebestätigung.

2. Einladung
Vereinbaren Sie zeitig mit Ihrem Mitarbeiter einen Gesprächstermin, mind. 1 Woche vor dem eigentlichen Gespräch. Erklären Sie dabei, welchen Zweck und welchen Inhalt das Gespräch haben wird. Es geht um den Dialog zwischen Führungskraft und Mitarbeiter – also nicht um Beurteilungen.
Der Dialog beinhaltet neben aufgabenbezogenen Zielen auch maßgeblich personenbezogene Ziele des Mitarbeiters. Stellen Sie diese Aspekte in der Einladung deutlich heraus und zeigen Sie hier schon auf, daß in diesem Gespräch viele Chancen für den Mitarbeiter liegen.

3. Vorbereitungsfragen
Die Einladung zum Gespräch soll durch eine Hausmitteilung geschehen. Sie beinhaltet für Ihren Mitarbeiter diverse Fragen zur Vorbereitung auf das Gespräch. Erklären Sie kurz Sinn und Zweck der Mitarbeitervorbereitung.

4. Gesprächstermin
Der Gesprächstermin sollte ca. 8 Tage nach der Einladung (Ankündigung) stattfinden. Planen Sie für das Mitarbeitergespräch mindestens 60 Minuten ein (mit der Option bei Bedarf erweitern zu können).

Abb. 23: Vorbereitungshinweise im Leitfaden der Quelle AG

Bewertung der Arbeits- und Führungssituation

Viele Firmen nutzen die Gelegenheit, im Mitarbeitergespräch auch die Zufriedenheit des Mitarbeiters mit seiner Arbeitssituation, mit der Unterstützung durch den Vorgesetzten, Kollegen und anderen Abteilungen zu diskutieren. Es ist wichtig, daß der Mitarbeiter sich auf diese Themenstellungen gründlich vorbereitet, um aktiv an der Diskussion im Mitarbeitergespräch teilnehmen und qualifizierte Rückmeldungen geben zu können. Denn es gilt, den Verbesserungsbedarf in der Zusammenarbeit mit der Führungskraft zu identifizieren, gemeinsam nach Lösungen zu suchen und Maßnahmen gegen hemmende oder störende Rahmenbedingungen zu erarbeiten.

Beispielhaft ist nachfolgend ein Bewertungsbogen der HypoVereinsbank zur Einschätzung der Arbeits- und Führungssituation durch den Mitarbeiter im Mitarbeitergespräch dargestellt (Abb. 24).

Weitere Musterformulare zur Vorbereitung des Mitarbeitergesprächs sind im Anhang und auf der beiliegenden Diskette aufgeführt. Unter readme.doc finden Sie eine Aufstellung der Formulare sowie Tips für ihre Anwendung.

Struktur und Aufbau eines Mitarbeitergesprächs

Dieser Teil des Leitfadens beschreibt die von der Unternehmensleitung festgelegten inhaltlichen Bestandteile des Mitarbeitergesprächs, die sich in der Regel auf folgende Themen beziehen:

Bewertung von Arbeitsergebnissen
Besprechung und Bewertung der Ziele, Arbeitsschwerpunkte und Aufgaben, die im vorausgegangenen Mitarbeitergespräch vereinbart wurden.

Zusammenarbeit
Einschätzung der bisherigen Zusammenarbeit und der Kooperation des Mitarbeiters mit seinen Kollegen und anderen Abteilungen, anschließend die Formulierung der Erwartungen an die zukünftige Zusammenarbeit.

Förderung und Entwicklung des Mitarbeiters
Besprechung der beruflichen Erwartungen des Mitarbeiters, seiner Interessen

Abb. 24: Vorbereitungsbogen zur Bewertung der Arbeits- und Führungssituation der HypoVereinsbank AG ▸

V Arbeits- und Führungssituation

Vom Mitarbeiter vor dem Mitarbeitergespräch auszufüllen (Bewertung der Arbeits- und Führungssituation) und von der Führungskraft im Gespräch zu kommentieren.

1. Wie zufrieden sind Sie mit

					Bemerkungen
dem Inhalt und den Anforderungen Ihrer Aufgabe?	☐ ++	☐ +	☐ –	☐ ––	
dem Freiraum für eigenes Handeln und Entscheiden?	☐ ++	☐ +	☐ –	☐ ––	
der Anerkennung Ihrer Leistung?	☐ ++	☐ +	☐ –	☐ ––	

2. Wie beurteilen Sie die Unterstützung durch Ihre Führungskraft hinsichtlich

					Bemerkungen
der Umsetzung der vereinbarten Ziele?	☐ ++	☐ +	☐ –	☐ ––	
Information?	☐ ++	☐ +	☐ –	☐ ––	
Planung, Organisation und Arbeitsablauf?	☐ ++	☐ +	☐ –	☐ ––	
Arbeitsmittel und Arbeitsplatzgestaltung?	☐ ++	☐ +	☐ –	☐ ––	
Durchführung geplanter Entwicklungsmaßnahmen?	☐ ++	☐ +	☐ –	☐ ––	

3. Wie beurteilen Sie die Zusammenarbeit

					Bemerkungen
zwischen Ihnen und Ihrer Führungskraft?	☐ ++	☐ +	☐ –	☐ ––	
innerhalb der Einheit?	☐ ++	☐ +	☐ –	☐ ––	
innerhalb des Bereiches?	☐ ++	☐ +	☐ –	☐ ––	
mit anderen Bereichen?	☐ ++	☐ +	☐ –	☐ ––	

Von der Führungskraft geplante Maßnahmen zur Veränderung (Von der Führungskraft auszufüllen)

Bogen verbleibt bei den Gesprächsteilnehmern

und Perspektiven mit anschließender Vereinbarung von konkreten Maßnahmen für seine Kompetenzentwicklung und -förderung.

Ausblick und Planung neuer Zielvereinbarungen
Vereinbarung von Zielen und Aufgaben, die der Mitarbeiter auf Grundlage der übergeordneten Unternehmens- und Abteilungsziele für den kommenden Zeitraum zu erfüllen hat.

Stellungnahme des Mitarbeiters
Bei unterschiedlichen Auffassungen sollte der Mitarbeiter hier die Möglichkeit haben, seine Ansicht zu äußern und darzustellen.
Zur Veranschaulichung der zu behandelnden Gesprächsinhalte sind Auszüge aus den Leitfäden der Siemens AG (Abb. 25) und des Goethe-Instituts (Abb. 26) aufgeführt.

Zur Struktur

Teil A des Bogens zum Mitarbeitergespräch

Von der Abfolge und von der Gestaltung der Fragen her ist das Mitarbeitergespräch so strukturiert, daß es einen sukzessiven Gesprächsaufbau

- von der völlig spannungsfreien Frage nach dem Verantwortungsbereich
- über die Frage nach den hauptsächlichen Aufgaben und Zielen (Die Betonung liegt hier auf »hauptsächlich«!)
- über die nach den erzielten Ergebnissen
- bis hin zu der kritischen Frage nach den Ursachen von Erfolg und Mißerfolg vorschlägt.

Natürlich ist die Reihenfolge der Fragen prinzipiell beliebig variierbar oder kann auch der Gesprächsdynamik überlassen werden, solange nur alle wesentlichen Aspekte behandelt werden!
Aber gerade für noch mit dem Instrument und in der Gesprächsführung ungeübte Vorgesetzte ist es empfehlenswert, sich weitgehend an dem Gesprächsleitfaden zu orientieren.

Abb. 25: Empfehlung für die Strukturierung des Gesprächs der Siemens AG

Die beiden Teile des Jahresgespräches

Das Jahresgespräch besteht aus zwei Teilen mit jeweils verschiedenen Inhalten.

1. Planungsgespräch:
- Einschätzung der erreichten Arbeitsergebnisse
- Gewichtung der Aufgaben
- Vereinbarung von Arbeitszielen für das kommende Jahr

2. Zufriedenheitsgespräch:
- Zufriedenheit
- Arbeitssituation/Arbeitsumfeld
- Kommunikation und Zusammenarbeit
- Führungsverhalten
- Förderung der Qualifikation und Entwicklung des Mitarbeiters

Der Anteil der beiden Teile »Planungsgespräch« und »Zufriedenheitsgespräch« ist abhängig vom jeweiligen Verantwortungsbereich der Gesprächspartner. In der Hierarchie aufsteigend wird das Planungsgespräch an Umfang zunehmen - beispielsweise wird es das Jahresgespräch zwischen einer bzw. einem Regionalbeauftragten und einem Mitglied des Vorstandes wesentlich bestimmen. Im Vergleich dazu wird der Schwerpunkt des Gesprächs z. B. zwischen Bereichsleitung und Sachbearbeitung in der Zentralverwaltung, d. h. insbesondere bei direktem Arbeitskontakt, hauptsächlich von Themen des »Zufriedenheitsgespräches« bestimmt sein.

Abb. 26: Beschreibung der Inhalte des Jahresgesprächs im Leitfaden des Goethe-Instituts

Durchführung eines Mitarbeitergesprächs

Dieser Abschnitt gibt Führungskräften Tips, Anregungen und Qualitätsstandards für die Durchführung von Mitarbeitergesprächen. Die Empfehlungen werden häufig für die Themenbereiche der Gesprächsführung sowie für die Bewertung der vereinbarten Einzelziele gesondert abgegeben.
Die Tips für die Gesprächsführung zeigen, wie positive Aspekte im Gespräch betont und Arbeitsaufträge realistischer, konkreter und überprüfbarer formuliert werden können. Wichtig ist in diesem Zusammenhang der Hinweis, daß es nicht darum geht, den Gesprächsleitfaden »abzuarbeiten«, sondern einen richtigen Dialog zu führen. Ein Beispiel für die Empfehlung zur Gesprächsführung ist aus dem Leitfaden der Siemens AG (Abb. 27) entnommen.

- Beziehen Sie sich auf konkrete Einzelheiten, und vermeiden Sie pauschales Lob oder pauschale Kritik.
- Anerkennen Sie auch Arbeitsergebnisse, die wegen einer Zieländerung nicht umgesetzt wurden.
- Hören Sie zu, und greifen Sie Vorschläge des Mitarbeiters auf. Verstärken Sie positive Ansätze.
- Machen Sie die eigene Sichtweise deutlich, und scheuen Sie sich nicht davor, auch kritische Punkte anzusprechen.
- Nehmen Sie kritische Rückmeldungen von seiten des Mitarbeiters in Ruhe auf und akzeptieren Sie diese als dessen Sichtweise.
- Vermeiden Sie Schuldzuweisungen.
- Gestehen Sie eigene Fehler und Versäumnisse ein.
- Fragen Sie den Mitarbeiter nach offenen Punkten.
- Fassen Sie abschließend die gemeinsam entwickelten Ergebnisse zusammen, und stimmen Sie das weitere Vorgehen ab.

Abb. 27: Tips zur Gesprächsführung im Leitfaden der Siemens AG

Wichtig ist, die Zielsetzung für die einzelnen Gesprächsinhalte, wie etwa Bewertung der Arbeitsergebnisse, die Zusammenarbeit oder Weiterentwicklung des Mitarbeiters, kurz zu beschreiben sowie spezifische Hinweise zu geben, worauf im einzelnen zu achten ist. Folgendes Beispiel veranschaulicht die Empfehlungen für die Bewertung von erzielten Arbeitsergebnissen:

Abb. 28: Hinweise zur Durchführung des Mitarbeitergesprächs im Leitfaden der Siemens AG

Hinweise zur Durchführung der Mitarbeitergespräche

Verantwortlich für das Zustandekommen der Gespräche ist der unmittelbare Vorgesetzte. Dem Mitarbeiter steht das Recht zu, ein Mitarbeitergespräch zu verlangen. Den Zeitpunkt der Durchführung vereinbaren die Gesprächspartner.

Grundlage für das Mitarbeitergespräch sind die vorhandenen Aufgabenstellungen und Zielvereinbarungen. Empfohlen wird, diese als Ausgangs- und ständigen Bezugspunkt des Gesprächs zu wählen. Damit wird am besten gewährleistet, daß das Gespräch sachlich und ergiebig für die Gesprächspartner wird und nicht in allgemeine und unverbindliche Redensarten oder eine Debatte um nicht belegbare subjektive Eindrücke und Meinungen abgleitet. Insbesondere Fragen des persönlichen Verhaltens in der Führung und Zusammenarbeit sind für den Mitarbeiter und für den Vorgesetzten leichter und fruchtbarer von den Auswirkungen auf die Erfüllung bestimmter Sachaufgaben aus anzusprechen als davon losgelöst.

Ein zwangloser Gesprächsablauf ergibt sich, wenn mit einem Rückblick auf die Aufgaben, Arbeitsziele und -ergebnisse der letzten ein bis zwei Jahre begonnen wird. Aus einer Analyse der Faktoren, die dazu beigetragen haben, Ziele zu erreichen, hinter anderen Zielen zurückzubleiben oder sie zu verfehlen, können dann einerseits praktische Folgerungen für das persönliche Arbeitsverhalten sowie für die Gestaltung der Führung und Zusammenarbeit gezogen werden; andererseits lassen sich daraus Erfahrungen für die neben den Mitarbeitergesprächen laufende Planung künftiger Aufgaben und Arbeitsziele gewinnen. Auf diese Weise wird durch regelmäßige Mitarbeitergespräche ein Erfahrungsprozeß eingeleitet, der dauerhaft zu einer Steigerung der Effektivität der Arbeit der Gesprächspartner führt.

Voraussetzung hierfür ist, daß die Gespräche offen geführt werden. Jeder Gesprächspartner sollte seine Situation und seine Eindrücke klar darlegen und dem anderen Gelegenheit geben, dasselbe zu tun. Jeder sollte um Verständnis des anderen bemüht und auch für Anregungen und Kritik empfänglich sein. Mit Offenheit sollte auch den Themenwünschen und Anfragen des Gesprächspartners begegnet werden. Es ist zu erwarten, daß Vorgesetzter und Mitarbeiter mit unterschiedlichen Erwartungen und Zielsetzungen in das Gespräch gehen. Beide müssen, um das ihnen Wichtige zum Ausdruck bringen zu können, ihre Themen ansprechen und Schwerpunkte setzen können.

Aus diesem Grunde wird auch kein standardisierter Gesprächsleitfaden vorgegeben. Die in der Anlage 1 beigefügte Themenliste ist als Hilfe zur Vorbereitung des Gesprächs gedacht. Sie kann vom Vorgesetzten wie vom Mitarbeiter ergänzt oder nur in Auswahl benutzt werden.

Bei den Mitarbeitergesprächen im Führungskreis tragen die Mitarbeiter von Ebene zu Ebene in zunehmendem Maße selbst Verantwortung für die Gestaltung ihrer Aufgaben, für die Zielfindung und für die Ergebnisse ihrer Arbeit bzw. der Arbeit ihnen zugeordneter Mitarbeiter. Zum Erfolg der Gespräche haben daher Vorgesetzte und Mitarbeiter gleichermaßen aktiv beizutragen.

Ausgehend von den übergeordneten Zielen der Abteilung ist zu bewerten, in welchem Umfang der Mitarbeiter seine Ziele erreicht und mit seinen Ergebnissen zum Gesamterfolg beigetragen hat. Im Vordergrund steht, seinen persönlichen Beitrag herauszuarbeiten. Achten Sie als Vorgesetzter besonders auf folgende Punkte:

- Erörtern Sie gemeinsam die Ursachen für den Erfolg oder Mißerfolg.
- Vergleichen Sie die Einschätzung des Mitarbeiters mit Ihrer eigenen.
- Veranschaulichen Sie Ihre Einschätzung anhand konkreter Beispiele.

Wir haben die Tips und Anmerkungen nur an einem Beispiel aufgezeigt. Jedes Unternehmen vermittelt über seine Empfehlungen und Leitlinien sein Führungsverständnis an die Führungskräfte und damit auch an die Mitarbeiter weiter. Deshalb empfehlen wir den Erstellern eines solchen Leitfadens, nichts von anderen zu übernehmen, sondern einen eigenen, firmenspezifischen Leitfaden zu erarbeiten. Berücksichtigen Sie auch den Grundsatz: »Soviel wie nötig, so wenig wie möglich.«

Zum Vergleich sind Auszüge aus dem Leitfaden der Siemens AG (Abb. 28) vorgestellt.

Qualitätsstandards
In diesem Abschnitt sind kurz und knapp die wesentlichen Standards formuliert, die dazu beitragen sollen, daß das Mitarbeitergespräch seinen Zweck erfüllt. Voraussetzungen für ein erfolgreiches Mitarbeitergespräch sind:
- Die Beteiligten betrachten die besprochenen Vereinbarungen als verbindlich.
- Die Gesprächspartner bereiten sich eigenständig auf das Gespräch vor.
- Die Beteiligten besitzen die erforderliche Qualifikation für das Mitarbeitergespräch.

10.3 Gesprächsbögen / Musterformulare

Zusätzlich zum Leitfaden erhalten die Führungskräfte einen Gesprächsbogen, der die einzelnen Punkte des Gesprächsaufbaus enthält, ebenso ausgewählte Fragestellungen und Platz für die Dokumentation der wichtigsten Ergebnisse der einzelnen Gesprächspunkte.Er dient gleichzeitig der schriftlichen Dokumentation des Mitarbeitergesprächs.

Als Beispiele sind Auszüge aus den Gesprächsleitfäden der Firmen IZB SOFT, Quelle AG, Bertelsmann AG, Bayerische Hypotheken- und Wechselbank und der Siemens AG aufgeführt (siehe auch Musterformulare).

Weitere Musterformulare finden Sie im Anhang. Sie sind auch auf der beiliegenden Diskette gespeichert. Unter »readme.doc« finden Sie eine Aufstellung der Formulare sowie Tips für ihre Anwendung.

Analyse und Bewertung von Leistung und Erfolg

Selbsteinschätzung	**Feedback der Führungskraft**
Leistung (Ergebnisse) z.B. quantitativ, qualitativ, vollständig, termingerecht, Nutzen für Kunden, Beitrag zum Unternehmenserfolg, was waren die Erfolgs- bzw. Hemmfaktoren	
Qualifikation (-sentwicklung)	
Werte und Verhalten z.B. Wirtschaftlichkeit, Qualitätsbewusstsein, Verantwortungsbewusstsein, Eigenständigkeit, Kooperationsfähigkeit, Zuverlässigkeit, Teamfähigkeit	
Verhältnis Leistung, Arbeitszeit, Vergütung	

Abb. 29: Bewertungsbogen aus dem Leitfaden der Firma IZB SOFT

Das Quelle - Mitarbeitergespräch

Quelle

Entwicklungs-/Qualifizierungsplan

Berufliche Optionen	
1. Wo liegen die Interessenschwerpunkte?	2. Welche Einsatzmöglichkeiten sind für die weitere berufliche Entwicklung geplant / gewünscht?

3. Entwicklungsfelder persönlich/ fachlich	4. Maßnahmen / Unterstützung	5. Bis wann?	6. Woran ist die Veränderung erkennbar?	7. Verantwortlich für den Start der Maßnahme

Abb. 30: Entwicklungs- und Qualifizierungsplan aus dem Leitfaden der Quelle AG

Zielvereinbarung und Beurteilung der Zielerreichung
Zu Beginn des Beurteilungszeitraumes werden die Ziele beschrieben; sie sollen konkret, nachvollziehbar und motivierend sein. Im Beurteilungsgespräch wird dann der Grad der Zielerreichung festgehalten und kommentiert.

Wichtig! Neben dem Ankreuzen in der Skala ist eine verbale Formulierung der Zielerreichung zwingend erforderlich.

3.1. Aufgabenbezogene Arbeitsziele

Ziel	Termin	Ziel nicht erreicht	Ziel teilweise erreicht	Ziel in vollem Umfang erreicht	Ziel besonders gut erreicht
		☐	☐	☐	☐
Stärken/Entwicklungsbedarf bzw. Anmerkung					

Ziel	Termin				
		☐	☐	☐	☐
Stärken/Entwicklungsbedarf bzw. Anmerkung					

Ziel	Termin				
		☐	☐	☐	☐
Stärken/Entwicklungsbedarf bzw. Anmerkung					

Ziel	Termin				
		☐	☐	☐	☐
Stärken/Entwicklungsbedarf bzw. Anmerkung					

Wichtig! Neben dem Ankreuzen in der Skala ist eine verbale Formulierung der Zielerreichung zwingend erforderlich.

Ziel nicht erreicht	Ziel teilweise erreicht	Ziel in vollem Umfang erreicht	Ziel besonders gut erreicht

3.3. Führungskompetenz (nur für Führungskräfte)
Mitarbeiter fördern, motivieren und entwickeln

Ziel	Termin				
		☐	☐	☐	☐
Stärken/Entwicklungsbedarf bzw. Anmerkung					

Mitarbeiter coachen und unterstützen (nur für Führungskräfte)
z. B. formuliert Ziele und Erwartungen, überträgt Verantwortung und bietet Hilfe an

Ziel	Termin				
		☐	☐	☐	☐
Stärken/Entwicklungsbedarf bzw. Anmerkung					

4. Gewünschte Unterstützung durch den Vorgesetzten
Wird bei der Zielvereinbarung festgehalten, z. B. Durchführung von regelmäßigen Feedbackgesprächen, Begleitung beim Kundengespräch, Supervision von Verkaufsgesprächen

	Termin

Datum und Unterschrift des Mitarbeiters nur zur Zielvereinbarung

Datum und Unterschrift des Beurteilers nur zur Zielvereinbarung

Abb. 31: Formular für Zielvereinbarungsgespräche im Leitfaden der Bayerischen Hypotheken- und Wechselbank AG

SIEMENS

Anlage 2
Vertraulich (verschlossen zu versenden)

Aufzeichnungen zum Mitarbeitergespräch im Tarifkreis

Mitarbeiter:			**Vorgesetzter:**	
Zuname, Vorname			Zuname, Vorname	
Geburtsdatum	Organisationseinheit		Organisationseinheit	
Funktionsbezeichnung		Tarifgruppe	Funktionsbezeichnung	Rangstufe/Tarifgruppe

Der Mitarbeiter ist dem Vorgesetzten zugeordnet seit:

A Durchsprache der Aufgaben, Arbeitsziele und -ergebnisse

I. Wofür ist der Mitarbeiter verantwortlich?

II. An welchen Aufgaben und Zielen hat der Mitarbeiter in dem Zeitraum von ________ bis ________ hauptsächlich gearbeitet?

III. Welche Arbeitsergebnisse wurden dabei erzielt? Worauf sind besonders gute oder weniger befriedigende Ergebnisse zurückzuführen?

Abb. 32: Aufzeichnungsbogen aus dem Leitfaden der Siemens AG

IV. Welche Folgerungen für die weitere Arbeit und Zusammenarbeit können daraus gezogen werden?

B Hinweise zum weiteren Einsatz des Mitarbeiters (Nur ausfüllen, wenn sich gegenüber früheren Aufzeichnungen neue Gesichtspunkte ergeben.)

I. Welche besonderen Fähigkeiten und Interessen des Mitarbeiters können für Überlegungen zum weiteren Einsatz ins Gewicht fallen?

II. Welche konkreten Maßnahmen (Aufgabenänderung, Versetzung, Weiterbildung) werden für die nächsten zwei bis vier Jahre empfohlen, um die Fähigkeiten des Mitarbeiters besser zu nutzen oder zu erweitern?

Mitarbeiter:	Vorgesetzter:	Vom nächsthöheren Vorgesetzten zur Kenntnis genommen:
		Zuname
Unterschrift und Datum	Unterschrift und Datum	Unterschrift und Datum

Wird von dem Mitarbeiter eine gesonderte schriftliche Erklärung zu diesen Aufzeichnungen abgegeben? ja *) ☐ nein *) ☐

*) bitte die zutreffende Antwort ankreuzen

Leistungsprofil

1. Fachwissen
Vorhandensein der erforderlichen theoretischen und praktischen Fachkenntnisse für die derzeitigen Aufgaben

2. Führungswirkung
Durchsetzung der Ziele im übertragenen Verantwortungsbereich unter Beachtung der Effizienz und der Motivation der Mitarbeiter/innen

3. Persönlicher Einsatz
Verantwortungsübernahme, Engagement, Zeiteinsatz, Produktivität, Selbständigkeit, Verläßlichkeit, Loyalität, Identifikation

4. Kooperationsverhalten
Engagement für übergreifende Aufgaben, Zusammenarbeit mit anderen Abteilungen und dem Betriebsrat, persönliche Verhaltensweise

5. Personalentwicklung
Förderung der Mitarbeiter und Mitarbeiterinnen, Nachwuchsarbeit, Einsatz der Mitarbeitergespräche

Abb. 33: Leistungsprofil aus dem Leitfaden der Bertelsmann AG

Hinweise zur Dokumentation

Hier geht es darum, der Führungskraft und dem Mitarbeiter aufzuzeigen, wie und in welcher Form das Unternehmen die Dokumentation wünscht. Hilfreich ist in diesem Zusammenhang auch, den Sinn und Zweck der schriftlichen Dokumentation zu beschreiben.
Die Spannweite der schriftlichen Dokumentation kann vom bloßen Festhalten der Zielvereinbarungen bis hin zum ausführlichen Gesprächsprotokoll reichen. Einblick in die Aufzeichnungen haben in der Regel nur die Gesprächsteilnehmer. In manchen Unternehmen wird das Original über den nächsthöheren Vorgesetzten an die Personalabteilung weitergeleitet.
Als Beispiel sind Auszüge aus den Empfehlungen der Siemens AG dargestellt (Abb. 34).

Ergänzungen

Manche Unternehmen nehmen in ihren Gesprächsleitfäden zusätzliche Informationen wie Kriterienübersichten oder Führungsgrundsätze mit auf, um ihren Führungskräften und Mitarbeitern eine unternehmensspezifische Orientierung zu geben.
Als Beispiele finden Sie Auszüge aus den Leitfäden der Bayerischen Hypotheken- und Wechselbank AG (Abb. 35) und der Bertelsmann AG (Abb. 36).
Die Aufnahme der Betriebsvereinbarung in den Gesprächsleitfaden bietet Führungskräften und Mitarbeitern mehr Transparenz und Sicherheit in bezug auf die getroffenen Vereinbarungen. Anbei ein Beispiel aus der Betriebsvereinbarung des Goethe-Instituts (Abb. 37).

Dokumentation und keine Ende?

Strittig unter Vorgesetzten und Mitarbeitern ist, wozu die Stellungnahme zu den Arbeitsergebnissen einschließlich der Ursachenanalyse und die Folgerungen für die weitere Arbeit und Zusammenarbeit aufgezeichnet werden sollen.

- Manche Vorgesetzte weisen darauf hin, daß gerade die Formulierung der Aussagen für diese Abschnitte III und IV erheblich Zeit koste.
- Andere Vorgesetzte und Mitarbeiter äußern die Erfahrungen und Vermutungen, daß die Information des »nächsthöheren« Vorgesetzten über gute Ergebnisse sich bei Einkommenserhöhungen, Ernennungen, Etatzuweisungen u. ä. vorteilhaft ausgewirkt habe.
- Ausschließlich von Vorgesetzten stammen Erfahrungen, daß die bei mehreren Mitarbeitergesprächen dokumentierten **sachlichen** Ursachen von Mißerfolg bzw. mehrmals festgeschriebene **persönliche** Ursachen von Mißerfolg hilfreich gewesen seien. So sei das erste die wesentliche Bedingung eines Verbesserungsprozesses der Arbeitsvoraussetzungen, das Zweite ein entscheidender Faktor im Umgang mit leistungsschwachen Mitarbeitern gewesen.
- Erinnern Sie sich noch daran, was Sie im letzten Mitarbeitergespräch mit Ihrem Vorgesetzten für die weitere Arbeit und Zusammenarbeit vereinbart haben? Wenn »Ja«, dann sind Sie entweder ein Gedächtniskünstler, oder aber die »Folgerungen« wurden dokumentiert, und Sie haben die empfehlenswerte Angewohnheit, ab und zu mal nachzuschauen.
- Schon die alten Römer wußten: »Verba volant, scripta manent« (Frei übersetzt: Worte vergehen, Geschriebenes verbleibt). Wenn Sie mit einem Mitarbeiter eine »Folgerung« verbindlich vereinbaren wollen, dann sollten Sie diese mit ihm gemeinsam schriftlich formulieren. Wenn Sie darauf verzichten, können Sie mit hoher Wahrscheinlichkeit Mißverständnisse und Ärger erwarten (»Ich habe gesagt ...«. »Nein, Sie haben gesagt ...«).

Generell läßt sich die Frage nach der Notwendigkeit einer schriftlichen Dokumentation des Mitarbeitergesprächs wie folgt beantworten:

- Die Erfahrung zeigt, daß ein mündlicher oder schriftlicher Appell allein zur Durchführung nicht ausreicht. Ein formaler Anstoß und die damit verbundene Nachweisbarkeit erhöhen den bindenden Charakter des Mitarbeitergesprächs wesentlich.
- Dem Interesse der Mitarbeiter an der Dokumentation ihrer Erfahrungen und Leistungen wird Rechnung getragen.
- Die Erstellung eines qualifizierten Arbeitszeugnisses wird erleichtert.
- Der Bogen stellt die Grundlage für Überlegungen zur Personenentwicklung für Vorgesetzte und die Personenorganisation dar.
- Der nächsthöhere Vorgesetzte und die Personalbetreuer erhalten in komprimierter Form Aussagen zum Aufgabenprofil und Entwicklungspotential des Mitarbeiters.

Abb. 34: Hinweise zur Dokumentation aus dem Leitfaden der Siemens AG

Abb. 35: Kriterienkatalog aus dem Leitfaden der Bayerischen Hypotheken- und Wechselbank ▶

Kriterienkatalog

Unter Beteiligung von Vertretern der Unternehmensbereiche wurde ein auf alle Unternehmensbereiche zutreffendes Profil erarbeitet, das den Anforderungen der neuen Struktur seit Projekt '91 entspricht. Daraus wurden die Kriterien zur Beurteilung abgeleitet. Die vorgeschlagenen Kriterien sind im Sinne einer situations- oder mitarbeiterbezogenen Prioritätensetzung und damit als konkretes Führungsinstrument zu verwenden. Wichtig ist, daß diese Kriterien zwischen Vorgesetztem und Mitarbeiter zu Anfang des Beurteilungszeitraumes geklärt werden, um spätere Unstimmigkeiten aufgrund verschiedener Auslegung der Begriffe zu vermeiden.

Kompetenzbereiche	**Kriterien**	**Beispiele**
Soziale Kompetenz	*Eigeninitiative und Begeisterungsfähigkeit*	**Z**eigt Einsatz und Engagement, entwickelt Perspektiven, besitzt positive Grundeinstellung, ist aufgeschlossen gegenüber anderen, deren Ideen und Einstellungen.
	Kontakt- und Teamfähigkeit	**F**ördert die Zusammenarbeit und das Miteinander im Team.
	Selbstsicheres Auftreten und Durchsetzungsfähigkeit	**S**teht zur eigenen Meinung und vertritt diese vor anderen; bleibt in Konfliktsituationen ruhig; kann sich selbst und anderen Fehler zugestehen.
	Konfliktfähigkeit und Kompromißbereitschaft	**E**rkennt Konflikte, spricht diese offen an und leitet daraus Lösungen ab.
	Eingehen auf Gesprächspartner und aktives Zuhören	**S**tellt Fragen, hat Interesse am Gegenüber; erkennt Signale des Gesprächspartners und geht auf diese ein.
Beratungs- und Vertriebskompetenz	*Aktives Zugehen auf andere (interne/externe Kunden)*	**S**pricht Kunden direkt an und bemüht sich aktiv um Kontaktherstellung; ist aufgeschlossen und redegewandt.
	Abschlußsicherheit / Verhandlungsgeschick	**E**rkennt Kundenwünsche und Erwartungen und bringt diese in Einklang mit den Bankinteressen; erarbeitet individuelle, auf Kunden zugeschnittene Lösungen, erkennt den Abschlußzeitpunkt und nützt dies.
	Bei Widerstand nicht aufgeben	**F**ühlt sich bei Widerständen nicht persönlich angegriffen, vertritt ruhig und sachlich seine Meinung: analysiert Ursachen auf Widerstände, geht darauf ein und erarbeitet Lösungen.
	Ertrags- und Kostenorientierung	**S**etzt Arbeitsmittel und Arbeitskräfte effizient ein; plant seine Abschlüsse, erkennt und nutzt weitere Geschäftsmöglichkeiten auch für andere Bereiche.

Leitsätze der Führung »Zehn Gebote«

1. Freiraum

Führungskräfte sollen die verantwortlichen Mitarbeiter in ihren Aufgabenbereichen selbständig handeln und entscheiden lassen, um Initiative und Verantwortungsgefühl zu wecken und die Identifizierung mit der Aufgabe zu fördern.

2. Information

Als Voraussetzung für erfolgreiche Arbeit sind die Mitarbeiter umfassend und rechtzeitig zu informieren. Gelegenheit zur Aussprache ist zu schaffen. Anregungen und Kritik sollen beachtet und gefördert werden.

3. Interessenkoordination

Der Vorgesetzte soll die persönliche Motivation eines jeden seiner Mitarbeiter beachten und zu verstehen suchen. Er muß sich bemühen, die Motivation des einzelnen mit der gemeinsamen Zielsetzung in Einklang zu bringen.

4. Arbeitsziele besprechen

Der Vorgesetzte hat die Arbeitsziele mit seinen Mitarbeitern zu besprechen, ihnen die Zusammenhänge mit übergeordneten Zielen sichtbar zu machen und seine Entscheidung zu begründen.

5. Mitwirkung sichern

Der Vorgesetzte fällt Entscheidungen nach Rücksprache mit seinen Mitarbeitern, wobei er deren Sachkenntnis und Vorstellung im Entscheidungsprozeß berücksichtigen soll.

6. Zwei-Stufen-»Spanne«

Anweisungen erteilt der direkte Vorgesetzte. Ist eine sofortige Entscheidung unerläßlich, so sind im Ausnahmefall auch Anweisungen durch höhere Instanzen möglich. Der direkte Vorgesetzte ist dann umgehend zu informieren.

7. Kontrolle/Unterstützung

Der Vorgesetzte hat die Erfüllung der Arbeitsziele zu überwachen und seine Mitarbeiter mit Hinweisen und Maßnahmen zu unterstützen.

8. Fürsorge

Der Vorgesetzte hat Arbeitsplatz und Arbeitsmittel sowie Arbeits- und Urlaubszeiten der Mitarbeiter unter den Gesichtspunkten seiner Fürsorgepflicht und Erfüllung der Arbeitsziele zu gestalten.

9. Anerkennung

Der Vorgesetzte soll die positiven Möglichkeiten in Menschen und Situationen erfassen und fördern, gute Leistungen anerkennen, konstruktive Kritik üben und gegen Mißstände entschlossen vorgehen. Anerkennung kann öffentlich erfolgen, Kritik ist persönlich und vertraulich auszusprechen.

10. Beurteilung

Jeder Vorgesetzte hat die Pflicht, dem Wunsch seiner Mitarbeiter nach persönlicher Beurteilung und Aussprache nachzukommen. In Konfliktfällen muß er eine Möglichkeit der Aussprache mit dem nächsthöheren Vorgesetzten anbieten.

Abb. 36: Leitsätze aus dem Leitfaden der Bertelsmann AG

**BETRIEBSVEREINBARUNG
ZUM
JAHRESGESPRÄCH**

Zwischen dem Goethe-Institut zur Pflege der deutschen Sprache im Ausland und zur Förderung der internationalen kulturellen Zusammenarbeit e.V.

**vertreten durch den Vorstand
und
dem Gesamtbetriebsrat des Goethe-Instituts
vertreten durch den Vorsitzenden**

wird folgende Betriebsvereinbarung geschlossen.

1. Termin der Einführung, Bedingungen der Einführung

Das Jahresgespräch wird zum 1.März 1999 weltweit eingeführt.

Der Implementierungszeitraum beträgt zwei Jahre (1. März 1999 bis 28. Februar 2001). Ein Implementierungsplan sowie die Ausführungen zur geplanten Evaluation sind Bestandteile dieser Vereinbarung.

Um eine adäquate Durchführung des Jahresgesprächs zu gewährleisten, werden Schulungen veranstaltet, die von eigens dafür ausgebildeten internen Experten/Moderatoren vor erstmaliger Durchführung der Jahresgespräche geleitet werden.

Während des Implementierungszeitraums und nach dessen Abschluß findet eine Evaluation statt, die Anregungen und Verbesserungsvorschläge sammelt, auswertet und im Rahmen des Personalentwicklungsausschusses thematisiert.
Eine Zwischenevaluation findet nach dem ersten Jahr des Implementierungszeitraums in Form einer Fragebogenaktion statt. Diese wird mithilfe eines externen Beraters ausgewertet und den zuständigen Gremien zugeleitet, die daraus erste Rückschlüsse ziehen. Die Abschlußevaluation nach dem Abschluß der Implementierung versucht auf der Grundlage einer detaillierteren Befragung ein Gesamtbild hinsichtlich der Akzeptanz des Jahresgesprächs zu gewinnen, um die gewonnenen Erkenntnisse in die u.U. zu verändernde Gestalt des Jahresgesprächs einfließen zu lassen. Diese Evaluation wird durch die Leitung des Projekts Personalentwicklung (mithilfe externer Berater) durchgeführt. Alle Ergebnisse der Evaluation werden im Rahmen des Personalentwicklungsausschusses thematisiert.

Abb. 37: Auszug aus der Betriebsvereinbarung des Goethe-Instituts

Der Paritätische Steuerungsausschuß wird während und nach Ablauf des Implementierungszeitraums dafür verantwortlich sein, daß Durchführung und Verfahren des Jahresgesprächs im Sinne der Betriebsvereinbarung gewährleistet sind. Über die Ergebnisse dieser Begleitung und Auswertung erfolgt ein regelmäßiger Bericht an die mit Personalentwicklung befaßten Gremien.

Auf der Grundlage der im Rahmen der Evaluation gewonnenen Erkenntnisse während des Implementierungszeitraums besteht die Möglichkeit, Durchführungsbestimmungen und Verfahrensweisen zu verändern resp. anzupassen. Hierüber treffen Vorstand und Gesamtbetriebsrat erforderlichenfalls nach Abschluß der Implementierung eine gesonderte Vereinbarung.

2. Text der Betriebsvereinbarung:

1. *Das Jahresgespräch am Goethe-Institut*
2. *Durchführung des Jahresgesprächs*
3. *Anhang*

Die erwähnten Texte finden sich im Anhang an diese Betriebsvereinbarung.

3. Schlußbestimmungen

Diese Betriebsvereinbarung tritt zum 1. März 1999 in Kraft und gilt zunächst für den Zeitraum von zwei Jahren (1.3.1999 - 28.2.2001); sie entfaltet keine Nachwirkung. Nach Ablauf dieses Zeitraums wird zwischen Vorstand und Gesamtbetriebsrat über die Fortgeltung der Betriebsvereinbarung verhandelt.

München, den 27. Januar 1999

Für den Vorstand des Goethe Instituts

Martin Schumacher
Stellvertretender Generalsekretär

Für den GBR des Goethe-Instituts

Niko Hamm
Vorsitzender des Gesamtbetriebsrats

Abb. 37: Fortsetzung

Das Wichtigste in Kürze

☞ Der Leitfaden für das Mitarbeitergespräch ist vergleichbar mit einer Gebrauchsanweisung, die beschreibt, wie das Gespräch zu führen ist. Er trägt dazu bei, eine firmenspezifische und professionelle Gesprächsführung zu entwickeln, und informiert, aus welchem Grunde dieses Instrument eingeführt wird.

☞ Der Leitfaden kann eine Botschaft des Vorstands bzw. der Geschäftsleitung an die Führungskräfte und Mitarbeiter beinhalten, die erklärt, warum das Mitarbeitergespräch eingeführt wird. Des weiteren werden die Ziele dieses Instruments, die erforderlichen Qualifikationen für eine erfolgreiche Gesprächsführung und die Inhalte beschrieben.

☞ Als Anleitung dienen Hinweise über die Vorbereitung auf das Gespräch, seine Struktur und seinen Aufbau sowie die Durchführung. In manchen Unternehmen enthält der Gesprächsleitfaden auch Gesprächsbögen und die Betriebsvereinbarung.

☞ Der abschließende Teil des Leitfadens beschreibt, wie die Dokumentation erfolgen soll. Ist eine schriftliche Form vorgesehen, wird beschrieben, warum sie gewünscht wird und wie sie zu erstellen ist.

11 Leistungsorientierte Vergütung

Darum geht es ...

Immer mehr Unternehmen führen leistungsorientierte Vergütungsmodelle als Anreizsysteme für Mitarbeiter und Führungskräfte ein.

Wie können diese gestaltet werden?

Wie kann man variable Vergütungssysteme an das Mitarbeitergespräch koppeln?

Wie kann im Mitarbeitergespräch eine Entscheidung über die Höhe des Leistungsbonus getroffen werden?

Was ist bei der Einführung von Mitarbeitergesprächen in Verbindung mit leistungs- und erfolgsorientierten Vergütungsbestandteilen zu beachten?

Dieses Kapitel beschreibt:

- welche Möglichkeiten der Gestaltung von Anreizsystemen es gibt,
- die verschiedenen Varianten variabler Vergütungsmodelle,
- wie im Mitarbeitergespräch die Leistung und deren Vergütung besprochen werden können,
- Tips für die Gestaltung des Bonusgespräches,
- Schwierigkeiten, die bei leistungsorientierten Vergütungssystemen auftreten können,
- Anregungen für die Qualifizierung von Mitarbeitern und Führungskräften,
- wie ein erfolgsorientiertes Vergütungsmodell schrittweise eingeführt werden kann,
- wie die Balanced Scorecard bei der Formulierung unternehmensweiter Ziele helfen kann.

Ihre Geschäftsleitung ist davon überzeugt, daß ein leistungsorientiertes Vergütungssystem erheblich dazu beitragen kann, Mitarbeiter fair und gerecht zu bezahlen. So soll Motivation entstehen, die Unternehmensziele zu erreichen. Sie haben den Auftrag bekommen, ein leistungsorientiertes Vergütungssystem auszuarbeiten und im Unternehmen in allen Bereichen einzuführen. Sie haben dazu eine Projektgruppe aus Arbeitnehmervertretern, Führungskräften und Mitarbeitern ins Leben gerufen.
Die Stimmung der ersten Sitzung war gespalten: Einerseits begrüßten viele, daß sich Leistung jetzt endlich lohnen könne. Doch wurden auch Zweifel laut, ob Führungskräfte wirklich in der Lage seien, Leistung zu erkennen und gerecht zu honorieren. Und vergrößert man nicht dadurch die Abhängigkeit vom Urteil des eigenen Vorgesetzten? Die Projektgruppe stellte unter anderem Fragen nach der Höhe des leistungsorientierten, variablen Anteils am Gesamtgehalt und auch nach den Kriterien, anhand derer die Leistung eines Mitarbeiters beurteilt werden solle. Ferner wollte sie wissen, wie denn sichergestellt wird, daß unterschiedliche Vorgesetzte bei der Beurteilung ihrer Mitarbeiter den gleichen Maßstab anlegen, und wie überhaupt die Höhe des variablen Vergütungsanteils von der Geschäftsleitung bestimmt werden würde. Diese Fragen konnten Sie noch nicht detailliert beantworten.
Sie überlegen, wie Sie diese Fragen beantworten können und welche Schritte am besten geeignet sind, ein leistungsorientiertes Vergütungssystem erfolgreich ins Leben zu rufen.

11.1 Vergütung als Anreizsystem

Unternehmen gehen zunehmend dazu über, erfolgs- und leistungsorientierte Vergütungssysteme einzuführen. Dahinter steht der Wunsch, erreichte Ziele und außergewöhnliche Leistungen zu honorieren, um die Einsatzbereitschaft und Motivation der Mitarbeiter zu stärken. Häufig geschieht das in Verbindung mit einer Beurteilung, in der die Leistung des einzelnen Mitarbeiters vom Vorgesetzten, z. B. im Rahmen eines jährlichen Mitarbeitergesprächs, beurteilt wird. Grundlage für die Leistungsbeurteilung sind häufig im Vorfeld (z. B. am Anfang des Jahres) festgelegte Ziele, deren Zielerreichungsgrad die Basis für die Bewertung der Leistung darstellt. In vielen Organisationen werden jedoch auch zusätzlich qualitative Kriterien herangezogen (wie z. B. die Beurteilung des bestehenden Fachwissens, der Kundenorientierung oder auch der Teamfähigkeit, von Engagement und von Initiative), um die Gesamtleistung des Mitarbeiters zu beurteilen. Die Diskussion der Ziele und die Beurteilung der Leistung, gekoppelt an eine leistungsorientierte Bezahlung, schaffen für Mitarbeiter eine hohe Transparenz: Sie werden sich über die an sie gestellten Erwartungen sowie über die Bewertung ihrer Leistung klar. Ist das System nachvollziehbar, wirkt sich das unmittelbar auf dessen Akzeptanz aus.

Ziele von Anreizsystemen

Anreizsysteme, wie z.B. eine erfolgs- und leistungsorientierte Vergütung (oft auch variable Vergütung genannt), sollen direkt oder indirekt Mitarbeiter motivieren, ein bestimmtes leistungsrelevantes Verhalten zu zeigen. Dabei wird erwünschtes Verhalten verstärkt (beispielsweise die Realisierung vereinbarter Ziele) und die Wahrscheinlichkeit anderen Verhaltens (z.B. Konzentration auf weniger wichtige Aufgaben) gemindert. Das Anreizsystem besitzt dadurch eine Steuerungs- und auch eine Informationsfunktion, die deutlich macht, welches Verhalten im Unternehmen anerkannt ist. Bei größeren Veränderungen im Unternehmen ist es wichtig, das Anreizsystem anzupassen, um notwendige Verhaltensveränderungen zu erreichen.
Die Anreiz-Beitragstheorie besagt, daß Mitarbeiter, sofern sie ihren Arbeitsplatz frei wählen können, dann leistungsorientiertes Verhalten in einem Betrieb beibehalten, beziehungsweise steigern werden, wenn die erwarteten Belohnungen (Anreiznutzen) die Kosten ihrer Beiträge (Leistung, Einsatz) im Vergleich zu einer anderen oder weniger intensiven Tätigkeit übersteigen.
Betriebe müssen demnach, um konkurrenzfähig zu bleiben, ein Anreizangebot schaffen, das sich von anderen konkurrierenden Organisationen unterscheidet und positiv abhebt. So, wie sich das Leistungsverhalten verschiedener Mitarbeiter unterscheidet, so bevorzugen unterschiedliche Mitarbeiter auch unterschiedliche Anreize. Für den einen ist Geld wichtig, für den anderen sind es die beruflichen Perspektiven. Deshalb ist für eine individuelle Verhaltensbeeinflussung auch ein differenziertes Anreizmodell notwendig. Um den verschiedenen Bedürfnissen in den Motivstrukturen der Mitarbeiter gerecht zu werden, führen Unternehmen sogenannte Cafeteria-Systeme ein, in denen Mitarbeiter zwischen verschiedenen Anreizelementen wählen können (z.B. Rentenbaustein versus Dienstwagen oder eine Bonusbarauszahlung etc.).

Formen von Anreizsystemen

Motive sind Verhaltensbereitschaften oder Triebfedern, die durch Anreize aktiviert werden können. Man unterscheidet intrinsisch und extrinsisch motiviertes Verhalten. Als *intrinsisch motiviert* wird Verhalten angesehen, wenn es um seiner selbst willen – sozusagen aus der unmittelbaren Aufgabe heraus – angestrebt wird (z.B. Selbstverwirklichungsmotiv). Als *extrinsisch motiviert* wird Verhalten angesehen, wenn es durch Belohnungen von außen getragen wird, z.B. durch Provisionen oder auch Karriereentwicklungsmöglichkeiten.

Daraus ergeben sich verschiedene Anreizformen:
- materielle bzw. finanzielle Anreize durch fixe und variable Entgelte, Erfolgs- und Kapitalbeteiligung, Zulagen, Werkswohnungen und ähnliches,
- immaterielle Anreize, wie vor allem soziale Anreize (durch Kontakte mit Kollegen, Vorgesetzten und Mitarbeitern, angenehmes soziales Klima), Anreize

durch die Arbeit selbst (Arbeitsinhalte, Autonomie, Partizipation, mitarbeiterorientiertes Vorgesetztenverhalten), Karriereanreize (Möglichkeiten zur Qualifizierung, zum betrieblichen Aufstieg, zu interessanten Positionen), Informationssystem (regelmäßige, rechtzeitige und umfassende Information über aufgaben- und betriebsrelevante Entwicklungen) sowie
- Anreize des organisatorischen Umfeldes (beispielsweise durch unternehmenspolitische Rahmenbedingungen, wie z. B. Unternehmenskultur, Identität, Image, Ausstattung des Arbeitsplatzes).

Arbeitsaufgaben, die nach den Kriterien Anforderungsvielfalt, Ganzheitlichkeit der Aufgabe, Bedeutsamkeit der Aufgabe, Autonomie und Feedback gestaltet sind, fördern die Entstehung intrinsischer Motivation und Zufriedenheit. Darüber hinaus bieten derartig gestaltete Aufgaben die Möglichkeit, für die jeweilige Tätigkeit selbständig Ziele zu setzen und zu verfolgen. In der Arbeitsaufgabe selbst liegt somit ein (Motivations)mechanismus, der einen Einfluß auf die allgemeine Zufriedenheit des Mitarbeiters hat.

Der Effekt von direkten und indirekten Belohnungen

Die Wissenschaftler E. A. Locke und G. P. Latham unterscheiden zwei Arten von Belohnungen, die Auswirkungen auf die Zufriedenheit des Mitarbeiters haben. Direkte Belohnungen werden als Konsequenz der Zielerreichung gegeben, während indirekte Belohnungen nur indirekt mit der Zielerreichung in Zusammenhang stehen.

Direkte Belohnungen:
E. A. Locke und G. P. Latham zeigen in ihren Untersuchungen, daß direkte finanzielle Belohnungen leistungssteigernd wirken. Diese Wirkung wird allerdings durch spezifische Situations- und Persönlichkeitsvariablen beeinflußt, wie z. B. den Vergleich mit anderen, bisherigen Lernprozessen und Erfahrungen des Mitarbeiters. Eine wichtige Voraussetzung ist, daß die finanzielle Belohnung für den Mitarbeiter einen Motivator darstellt. Der finanzielle »Belohnungsteil« wird dann unwichtiger, wenn das Gefühl entsteht, daß wichtige Dinge auf der Strecke geblieben sind, z. B., das Ziel konnte nur durch übermäßige Arbeitsbelastung erreicht werden. Hier wird wahrscheinlich die Möglichkeit, Freizeitausgleich zu bekommen, wichtiger als eine rein finanzielle Honorierung des Einsatzes. Eine flexible Auswahl der »Belohnungen« ist hier für den Vorgesetzten hilfreich, um den Einsatz des Mitarbeiters individuell passend zu dessen Motivstruktur honorieren zu können.
Die größte Wirkung geht von Belohnungen aus, die proportional zur Zielerreichung erfolgen, weil dann eine Bezahlung der tatsächlichen Leistung und nicht der Zielerreichung in einer dichotomen Weise (Ziel erreicht/Ziel nicht erreicht) erfolgt. Bei einer Kombination von Zielen mit Belohnungen können sich nach

den Untersuchungen von E. A. Locke und G. P. Latham Leistungssteigerungen von über 40 Prozent ergeben. Ein gutes Beispiel für diese Art von direkter Belohnung ist z.B. die Provision pro abgeschlossenem Geschäft oder auch pro Stückzahl, wie z.B. beim Akkordlohn. Der Schwierigkeitsgrad des Zieles wird vom Mitarbeiter so gewählt, daß eine möglichst hohe Stückzahl bzw. möglichst viele Abschlüsse erreicht werden. Ohne finanziellen Anreiz wäre das eher die Ausnahme. Ein finanzieller Anreiz kann die Zielbindung erhöhen und damit zu Leistungssteigerungen führen. Das heißt, Geld führt zu einer höheren Bereitschaft, sich anzustrengen. Erst ab einem leistungs- und erfolgsabhängigen Anteil von 15 Prozent und mehr entsteht nach einer Studie von F. G. Becker und M. Kramarsch bei Führungskräften Zufriedenheit mit dem Vergütungssystem.
Auch führen Anreize dazu, daß mehr selbstgewählte und spontane Ziele gesetzt werden. Dabei ist eine schnelle Entlohnung effektiver, die auf eine Leistung folgt, als eine einmalige Bonusausschüttung, die sich zeitverzögert nicht mehr auf Einzelleistungen bezieht, sondern auf die Gesamtleistung und an einem bestimmten Termin ausgeschüttet wird.
Ferner wurde festgestellt, daß die individuelle Entlohnung, die an Ziele gekoppelt ist, zu einer stärkeren Leistungsverbesserung führte als die Gruppenentlohnung. Das ist sicher damit zu erklären, daß der einzelne mehr Kontrolle über sein individuelles Leistungsverhalten hat als über das des gesamten Arbeitsteams. Teamprämien können dann wichtig werden, wenn die Zusammenarbeit aller gefordert ist, um eine bestimmte Aufgabe zu erfüllen, oder wenn man das gegenseitige Verantwortungsgefühl füreinander für die Ergebniserreichung steigern möchte (wie z.B. bei Gruppenarbeit).
Bei einer leistungsbezogenen Entlohnung sollte gewährleistet sein, daß die Mitarbeiter ihre Leistung selbst kontrollieren können und für sie das Entlohnungssystem verständlich und transparent ist. Neben finanziellen Belohnungen können auch Anerkennung und Beförderung erfolgen. Schon allein das Gefühl, eine herausragende Leistung erbracht zu haben, ist ein starker immaterieller Anreiz und motiviert.

Indirekte Belohnungen:
Belohnungen sind jedoch nicht nur direkt an den Grad der Zielerreichung gekoppelt, sondern können auch indirekter Art sein. Beispiele sind betriebliche Sozialleistungen, Alterszuschläge, Firmenrenten, flexible Arbeitszeitregelungen, Firmenwagen etc.. Derartige Belohnungen tragen jedoch weniger dazu bei, Mitarbeiter zu höheren Leistungen zu motivieren, sondern bestärken sie eher darin, sich stärker an das Unternehmen zu binden und sich keinen anderen Arbeitsplatz zu suchen. Sie beeinflussen ebenfalls neben den an die Leistung gekoppelten direkten Belohnungen die Zufriedenheit der Mitarbeiter.
Hohe Zufriedenheit ist das Ergebnis hoher Leistung, wenn direkte, *internale* und *externale* Belohnungen in einem angemessenen Verhältnis dazu stehen, das heißt, wenn es zu einer positiven Bewertung der Arbeitsleistung des Mitarbeiters gegenüber seinen Leistungsmaßstäben kommt. So erhöht es die Zufriedenheit

des Mitarbeiters, wenn er auf eine Leistung stolz ist, weil er eine Herausforderung und wichtige Aufgabe positiv bewältigt hat (internale Belohnung), aber auch von seinem Vorgesetzten dafür anerkannt und finanziell belohnt wird (externale Belohnung).
Jede Leistung ist davon bestimmt, ob der Mitarbeiter die Leistung erbringen will und kann. Können und Wollen bestimmen das Leistungsverhalten in Intensität und Güte. Individuelles Ergebnis eines Leistungsverhaltens ist die Belohnung immaterieller oder materieller Art. Die Zufriedenheit mit dieser Anerkennung hängt davon ab, wie diese Belohnung im Vergleich zum eigenen Anspruchsniveau oder zu den Belohnungen anderer Personen wahrgenommen wird. Weiterhin ist für die Akzeptanz von Anerkennung wichtig, ob man sich die Leistung selbst zuschreibt (*Selbstattribution*) oder andere Faktoren, die nicht in der eigenen Person liegen, wie z. B. Glück, dafür verantwortlich macht (*Fremdattribution*).

11.2 Kriterien für die Gestaltung von Vergütungssystemen

Aus diesen Erkenntnissen und Vorüberlegungen zu Anreizsystemen ergeben sich folgende Kriterien und Konsequenzen für die Gestaltung von variablen erfolgs- und leistungsorientierten Vergütungssystemen:

- Das finanzielle Anreizsystem muß im Vergleich zu anderen Unternehmen und Referenzpersonen attraktiv sein.
- Anreizsysteme sollen sowohl einen größeren Personenkreis ansprechen als auch auf individuelle Bedürfnisse eingehen.
- Die tarifvertraglichen Vereinbarungen müssen berücksichtigt werden.
- Technokratische und mathematische Modelle der Leistungsbeurteilung sollten ergänzt werden um Bestandteile, die die Komplexität der menschlichen Motivstruktur berücksichtigen.
- Aufgrund individuell unterschiedlicher Motivstrukturen sollte das gesamte Anreizsystem sowohl materielle als auch immaterielle Bestandteile vorsehen.
- Um eine leistungsorientierte Kultur zu schaffen, braucht man zu einem attraktiven Fixgehalt variable Vergütungsbestandteile, die eine leistungsorientierte Vergütung möglich machen.
- Direkte Belohnungsmodelle, die proportional zur Leistung sind, haben die besten Möglichkeiten, Leistung zu steigern. Deshalb sind – wo möglich – diese Formen der Belohnung vorzuziehen. Leistungsorientiert ist ein Vergütungssystem dann, wenn es eine klare und eindeutige Beziehung zwischen der erbrachten Leistung und der erhaltenen Leistungsprämie gibt.
- Das Erreichen von Zwischenzielen sollte belohnt werden, um den Prozeß der Zielerreichung zu fördern. Regelmäßige Feedbacks und Zielreviews sind dazu notwendig, um den Stand von Zielen widerzuspiegeln.

- Werden die individuellen Leistungen von Mitarbeitern beurteilt, so muß gewährleistet sein, daß diese über ihre Leistungserbringung Kontrolle haben.
- Eine alleinige Beurteilung der Zielvereinbarung berücksichtigt nicht das gesamte Leistungsspektrum des Mitarbeiters, wie z.B. die Erfüllung von Routineaufgaben, für die nicht explizit Zielvereinbarungen bestehen. Deshalb sollte diesem Thema bei der Beurteilung ein besonderes Gewicht verliehen werden.
- Fair ist ein leistungsabhängiges Vergütungssystem dann, wenn die Leistungsziele so definiert sind, daß sie objektiv meßbar sind und die Beziehung zwischen der Leistungsausprägung und deren Auswirkung auf die Prämienhöhe eindeutig geregelt ist.
- Eine Leistungsprämie soll einen angemessenen Anreiz zur erwarteten Mehrleistung darstellen.
- Eine Leistungsprämie sollte so gestaffelt sein, daß auch geringere Ausprägungen der Zielerreichung proportional belohnt werden, da die Motivationswirkung der Ziele stark beeinträchtigt wird, wenn man im Extremfall für ein zu „nur" 99 Prozent erreichtes Ziel am Ende nichts bekommt.
- Anreizsysteme müssen bei strategischen Veränderungen immer wieder angepaßt werden, um die erwünschten Verhaltensweisen verstärken zu können.
- Ein internes Marketing für die gebotenen Anreize für die Mitarbeiter ist notwendig, damit die Anreize und die gewünschten Verhaltensweisen bewußt gemacht werden.

Bestandteile und Ausgestaltungsmöglichkeiten eines Vergütungssystems

Viele Unternehmen entwickeln mit großer Sorgfalt ihr eigenes Vergütungssystem. Deshalb gibt es auch eine Vielzahl unterschiedlicher Modelle und Systematiken.

Nachfolgend werden die wichtigsten Überlegungen und Prototypen für Vergütungssysteme und deren Verknüpfung mit Mitarbeitergesprächen dargestellt. Anschließend wird eine Auswahl von unterschiedlichen Modellen mit verschiedenen Merkmalen vorgestellt. Weil es enorm viele Modelle gibt, ist die Darstellung nicht vollständig. Am Ende des Kapitels folgt zur Vertiefung eine umfangreiche Literaturliste.

Für alle Mitarbeitergruppen werden bei Vergütungssystemen der *obligatorische* Teil, bestehend aus Lohn/Gehalt, Sozial- und Zusatzleistungen, sowie der *fakultative* Teil, bestehend aus einer Beteiligung des Mitarbeiters am ökonomischen Erfolg des Betriebes oder des eigenen Verantwortungsbereiches, unterschieden.

Vergütung nach Tarif bezahlter Mitarbeiter

Nach Tarif bezahlte Mitarbeiter werden entlohnt, wie es Arbeitgeber und Gewerkschaften vertraglich festgehalten haben. Motivierend wirkt diese Vereinheitlichung nur begrenzt. Neben dem Arbeitsentgelt in verschiedenen Grundformen (z.B. Zeit-, Akkordlohn), Sozialleistungen (Urlaubs-, Weihnachtsgeld) und sonstigen Lohnkomponenten (z.B. Zulagen) erfolgt zunehmend auch bei tariflich bezahlten Mitarbeitern eine Erfolgs- oder Kapitalbeteiligung. Per Tarifvertrag und/oder ergänzenden Betriebsvereinbarungen werden Zielvereinbarungen zum verbindlichen Bestandteil für einzelne Beschäftigtengruppen oder für alle Beschäftigten eines Unternehmens. Die Koppelung des Leistungsergebnisses an das Entgelt kann auf zwei Wegen erfolgen:
- über eine Bonusregelung – zumeist »on top« auf das tarifliche Gehalt – oder
- eingebunden im Rahmen des tariflichen Leistungsentgelts.

Vergütung von Führungskräften und außertariflich bezahlten Mitarbeitern

Bei Führungskräften und außertariflich bezahlten Mitarbeitern findet man folgende Hauptkomponenten ihrer Vergütung:
- Grundentgelt
- Variable Entgelte (z.B. erfolgsbezogene oder leistungsbezogene Entgelte)
- Zusatzleistungen (Dienstwagen, Altersversorgung, Kredite)

Erfolgsbezogene Entgeltsysteme beteiligen Führungskräfte am Erfolg der Entwicklung der Unternehmung oder eines Geschäftsbereiches z.B. durch Aktienoptionspläne (nur bei börsennotierten Unternehmen möglich) oder über eine Bewertung des fiktiven Kaufpreises eines Unternehmens oder auch Kapitalbeteiligungen und Genußscheine.
Leistungsbezogene Entgeltsysteme sind unabhängig von der Wertentwicklung eines Unternehmens, sie belohnen die individuelle Leistung eines Mitarbeiters. Voraussetzung hierfür sind Zielvereinbarungen.

Die variablen, leistungsbezogenen Entgelte ermöglichen es, zwischen der Leistung verschiedener Führungskräfte zu unterscheiden, ohne gleich die Kosten im Fixgehalt in die Höhe zu treiben.
Als Daumenregel für die Anteile der jeweiligen Vergütungsbestandteile kann man die Formel 70-20-10 benennen. Das bedeutet, daß rund 70 Prozent der Gesamtvergütung das Grundgehalt ausmachen sollten, 20 Prozent durch individuelle Leistung bestimmt werden und 10 Prozent durch die Unternehmensleistung beeinflußt werden. Das prozentuale Verhältnis zwischen fixer und variabler

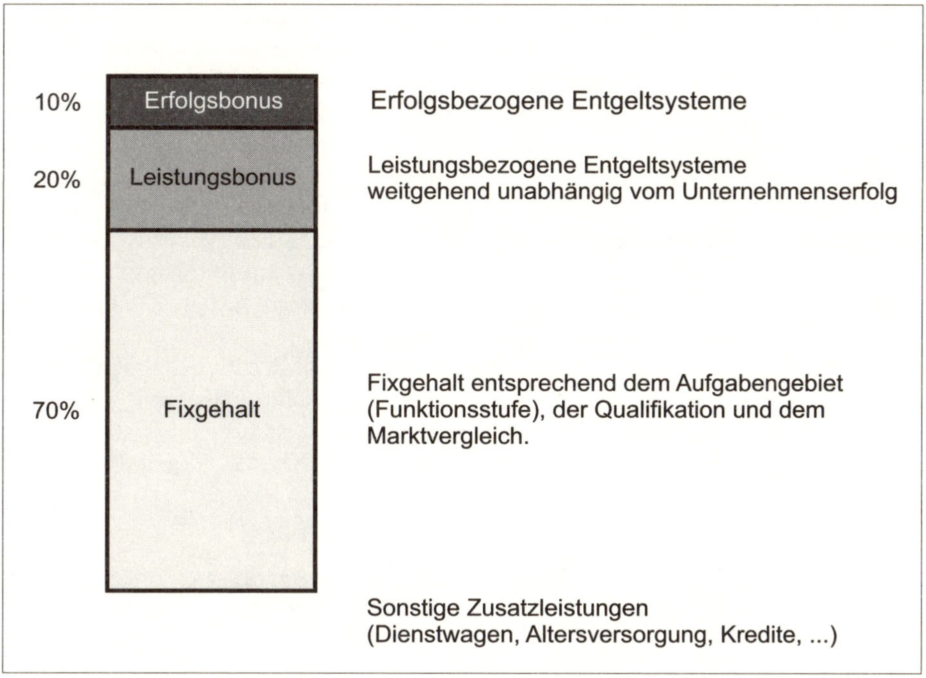

Abb. 38: Vergütungsbestandteile

Bezahlung hängt sehr stark von der Ebene der Führungskraft ab. Bei Vorständen ist es nicht unüblich, mindestens die Hälfte der Bezüge an das Erreichen von Leistungskriterien zu knüpfen, z. B. an den Unternehmenswert.

Ausgestaltungsmöglichkeiten dieser Vergütungsvarianten

Fixgehalt

Im tariflichen Bereich ist das Fixgehalt an die Tarifstufen gekoppelt. Im außertariflichen Bereich sollte man zur Festlegung des Fixgehaltes den Verantwortungsrahmen der Stelle betrachten, aber auch die Person und Qualifikation des Stelleninhabers.

Der Verantwortungsrahmen der Stelle sollte anhand von Referenzgehältern und Marktvergleichen im Rahmen einer definierten Bandbreite bestimmt werden. Jedoch sollte die Erfahrung der jeweiligen Person ebenfalls in die Festlegung des Fixgehaltes mit einfließen. So kann es z. B. sein, daß ein langjähriger, erfahrener Mitarbeiter für den gleichen Job besser bezahlt wird als ein Neuling, der jedoch im Prinzip die gleiche Aufgabe erfüllt. Viele Organisationen gehen den Weg einer

Arbeitsplatzbewertung. Anhand bestimmter Bewertungskriterien, wie z.B. Verantwortung für Sachwerte, Komplexitätsgrad der Aufgabe etc., werden Funktionsklassen gebildet und diesen Gehaltsstufen zugeordnet. Diese Gehaltsstufen, die auch häufig Funktionsstufen oder Verantwortungsgruppen genannt werden, können jedoch durchaus eine größere Bandbreite haben und sich auch überlappen: So kann z.B. Gehaltsstufe 1 zwischen 45.000 und 60.000 Euro liegen, Gehaltsstufe 2 zwischen 55.000 und 70.000 Euro usw.. Dadurch wird es möglich, einem erfahreneren Mitarbeiter ein anderes Festgehalt zu geben als z.B. einem neuen Mitarbeiter in der gleichen Verantwortungsgruppe, der eben erst die Stelle angetreten hat. Im Tarifbereich entsprechen diese Gehaltsstufen den jeweiligen Gehaltsstufen des Tarifvertrages.
Je mehr Spielraum bezüglich der Gehaltsfestlegung in der Fixgehaltsbandbreite vorhanden ist, um so mehr kann die tatsächliche Ausfüllung der Stelle z.B. durch Anhebung des Fixgehaltes honoriert werden. Sinnvoll ist auf jeden Fall, mit dem Mitarbeiter jährlich im Rahmen des Gehaltsgespräches die Fixgehaltsentwick-

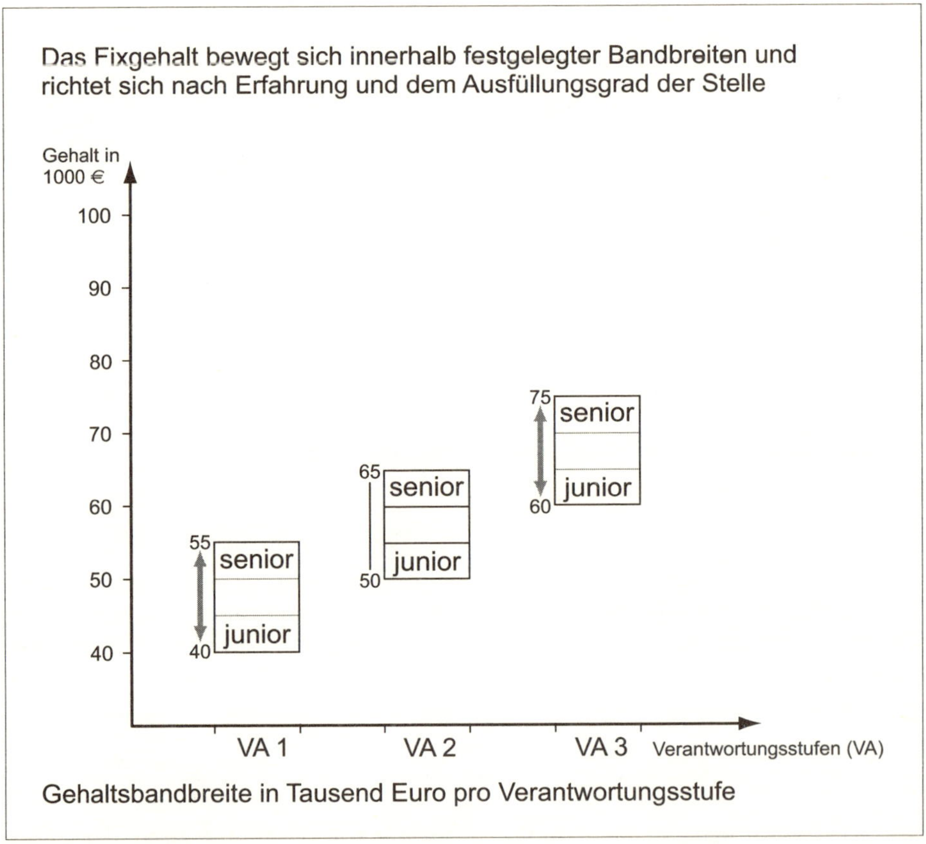

Abb. 39: Bandbreiten im Fixgehalt

lung zu besprechen und die Beurteilungskriterien für etwaige Anhebungen transparent zu machen. Für Mitarbeiter muß nachvollziehbar sein, wie z. B. ein Wechsel von einer zur anderen Gehaltsstufe möglich ist.

Leistungsorientierter variabler Gehaltsbestandteil

Je geringer die Grundvergütung (z. B. bei Vertriebsmitarbeitern) ist, desto größer muß die Chance sein, bei sehr guter Leistung überproportional zu profitieren. Dieser leistungsorientierte, variable Anteil wird meist mit Hilfe des Mitarbeitergesprächs und durch Beurteilung der Zielvorgaben und -vereinbarungen ermittelt. Aufgrund der direkten Verbindung zum Mitarbeitergespräch wird auf dieses Thema nachfolgend intensiver eingegangen.

Gerade bei der Einführung von leistungsorientierten Bezahlungsmodellen ist die Skepsis sowohl auf der Arbeitgeber- als auch auf der Arbeitnehmerseite meist groß. Die Arbeitgeber befürchten einen Anstieg ihrer Lohnkosten durch den meist zusätzlichen Bonusbetrag, der zum Fixgehalt ausgezahlt werden muß. Oft stellt man das Budget für den leistungsorientierten Bonus aus dem bestehenden Budget für freiwillige Sonder- oder auch Sozialleistungen zusammen, um einen gravierenden Anstieg der Vergütungskosten zu vermeiden. Die Arbeitnehmer befürchten eine Streichung von Sozialleistungen oder auch Sonderzahlungen, damit der leistungsorientierte Topf gespeist werden kann. Der leistungsorientierte Gehaltsbestandteil, der zusätzlich zum Fixgehalt gezahlt wird, kann von Jahr zu Jahr variieren. Der Mitarbeiter kann mit dieser Summe nicht fest rechenen.

Der Ausgestaltung von variablen Vergütungssystemen ist keine Grenze gesetzt. Es gibt jedoch Prototypen, die nachfolgend dargestellt sind.

Eine gängige Methode ist die Koppelung des Bonusses an das Fixgehalt in Form eines Prozentwertes (z. B.: Bei 50.000 Euro Fixgehalt beträgt der Bonusrahmen 20 Prozent, also 10.000 Euro). Dabei wird der Zielbonus festgelegt, der bei voller Leistung und Zielerreichung ausgeschüttet wird. Meist wird dieser Zielbonus im Arbeitsvertrag festgehalten. Der Zielbonus kann ebenso wie das Fixgehalt wachsen. Erhöht man das Fixgehalt, so erhöht sich bei einer direkten Koppelung des Zielbonusses an das Fixgehalt automatisch der Zielbonus. Es ist jedoch auch das Modell möglich, den Zielbonus unabhängig vom Fixgehalt festzulegen und in einem festen Turnus (z. B. alle zwei Jahre) zu überprüfen und eventuell anzuheben.

Die Bonusbandbreite um den Zielbonus herum ergibt sich aus den von der Geschäftsleitung definierten »*Caps*« und »*Floors*«. Unter einem Cap versteht man die höchstmögliche prozentuale Bonusausschüttung. Um einen Anreiz zu schaffen, sollte es der Mitarbeiter in der Hand haben, seinen Zielbonus deutlich zu erhöhen. Manche Firmen weiten den Spielraum bis zur Verdoppelung des Bonusses aus: Bei unserem Beispiel wären dann bis zu 40 Prozent Einkommenssteigerung möglich, also bis zu 20.000 Euro Bonusausschüttung bei außergewöhnlicher Leistung.

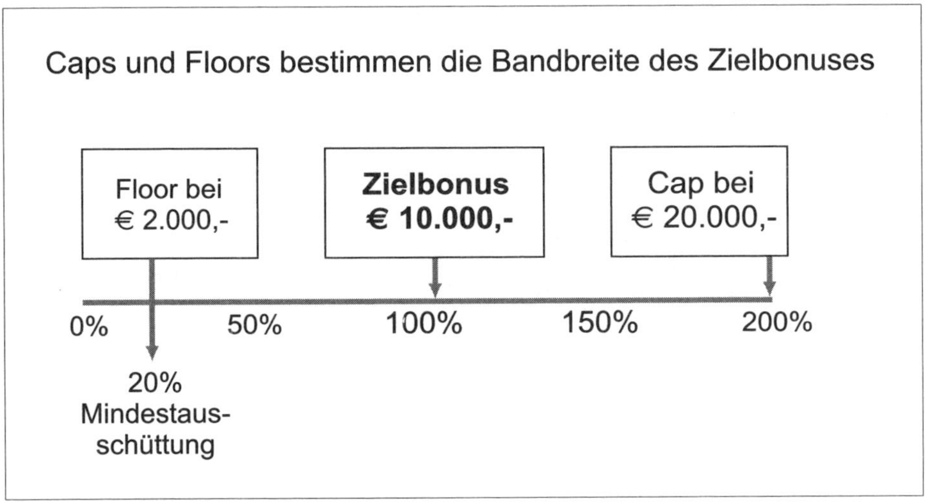

Abb. 40: Zielbonus und relative Abweichungsmöglichkeiten (»Caps« und »Floors«)

Diese Bonusbandbreite kann jedoch auch nach unten schwanken und bei einer schlechten Aufgaben- und Zielerreichung deutlich unterhalb des Zielbonusses liegen. Hier kann die Geschäftsleitung wiederum einen Floor (z.B. eine Mindestausschüttung) definieren, selbst bei schlechterer Leistung. Anlaß für die Definition eines Floors kann sein, daß man Mitarbeiter nicht zu sehr durch eine Nullausschüttung demotivieren und ihnen eine gewisse Sicherheit bezüglich des jährlichen Einkommens – auch im variablen Teil – zugestehen möchte, mit dem Risiko, daß daraus Anspruchsdenken resultieren kann. In unserem Beispiel könnte die Geschäftsleitung definieren, daß 20 Prozent des Zielbonusses auf jeden Fall ausgeschüttet werden müssen. Je nach Bewertung der Gesamtleistung kann ein Mitarbeiter innerhalb dieser Bandbreite sein Einkommen vermehren oder auch nicht.

Ermittlung des leistungsorientierten Bonusbetrages für die gesamte Organisation

Die Ermittlung des leistungsorientierten Bonusses kann durch folgende Verfahrensweisen strukturiert werden:

Festlegung des Budgets für die leistungsorientierte Vergütung durch die Geschäftsleitung mittels einer Topflogik

Die »Topflogik« repräsentiert ein klares Top-down-System. Hier bestimmt die Geschäftsleitung – unter Berücksichtigung der erbrachten Leistungen und Zielerreichungen im Geschäftsjahr – die Größe des Unternehmens-»Budget-Topfes«, der ausgeschüttet wird. Grundlage der Berechnung für den Gesamtbudgettopf ist

der jeweilige Zielbonus, der für jeden betroffenen Mitarbeiter definiert ist. Die Geschäftsleitung hat so die Möglichkeit, zu errechnen, wie hoch die Bonusausschüttung bei 100 Prozent Zielerreichung wäre. Außerdem sollte sie beurteilen, wie die Zielerreichung und Leistung insgesamt im Unternehmen oder auch in einzelnen Ressorts war. Ist sie der Meinung, daß mehr als eine hundertprozentige Leistung erbracht wurde, erhöht sie den Budgettopf um x Prozent. Bei negativerer Einschätzung der erbrachten Leistung verringert sie den Budgettopf um x Prozent.
Anschließend werden verschiedene Ressort- oder Bereichstöpfe in ihrer Summe festgesetzt. Hier besteht entweder die Möglichkeit, daß jedes Ressort den gleichen Anteil relativ zur Summe ihrer Zielboni erhält. Es ist jedoch auch möglich, daß schon hier die Entscheidung für Unterschiede in der Ausstattung der verschiedenen Bonustöpfe fällt. Das kann davon abhängig gemacht werden, inwieweit es Unternehmenseinheiten gab, die erfolgreicher waren als andere. Kaskadenförmig werden dann die Bonustöpfe von den jeweiligen Vorgesetzten weiter nach unten verteilt und kommen über den »Abteilungsbudgettopf« zum Mitarbeiter. Der jeweilige Bereichsleiter hat die Aufgabe, zu entscheiden, welche Abteilung welchen Anteil am Bereichsbudgettopf und welcher Abteilungsleiter welchen Bonus bekommt. Der Abteilungsleiter setzt dann fest, wie er das Bonusbudget seiner Abteilung unter den Mitarbeitern leistungsorientiert ausschüttet.

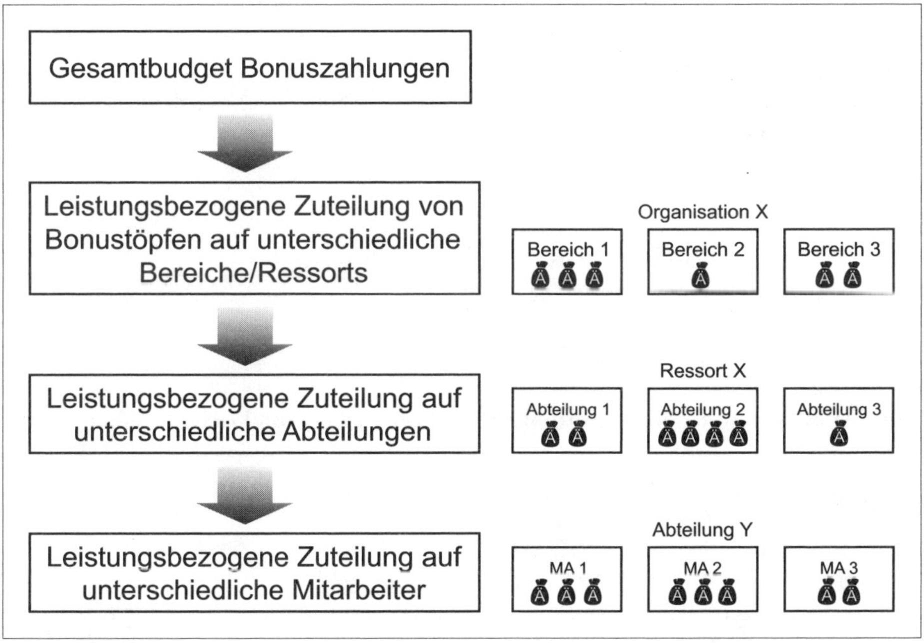

Abb. 41: Topflogik

Eine bessere Planung der Bonusvergabe wird möglich, wenn im Vorfeld die Führungskräfte befragt werden, welche Bonusgrößen sie ihren Mitarbeitern innerhalb der Bonusbandbreite und in Relation zum Zielbonus geben werden. Die Unternehmensleitung erhält dadurch Feedback über die zu erwartenden Bonuszahlungen, kann sie berechnen und in Relation zur Zielerreichung des Unternehmens setzen. Außerdem kann sie im Vorfeld einen Abgleich zwischen unterschiedlichen Unternehmensteilen vornehmen und feststellen, ob es Bereiche gibt, die wesentlich mehr Bonus ausschütten möchten als andere, und dieses mit der tatsächlichen Leistung vergleichen.
Übersteigen die geplanten Bonuszahlungen den Betrag, den das Unternehmen zahlen kann, oder entspricht die Einschätzung der Leistungen der Mitarbeiter durch die Führungskräfte nicht den tatsächlichen Unternehmensergebnissen, so wird wiederum Feedback an die Führungskräfte gegeben. Dadurch kann das Management seine Bonusentscheidungen nochmals verändern, bevor sie den Mitarbeitern mitgeteilt werden.
Botschaften über die Höhe der Bonuszahlungen und Bonustöpfe sollten mit Fingerspitzengefühl an die Führungskräfte vermittelt werden. Ist diese Entscheidung nur bedingt nachvollziehbar und wird sie von den Führungskräften nur teilweise akzeptiert, kann der Geschäftsleitung bei weiteren Ankündigungen von Boni Mißtrauen und Skepsis entgegengebracht werden. Auch das Timing ist von großer Bedeutung. Manche Führungskräfte lassen sich verführen, frühzeitig Andeutungen über Boni zu geben. Werden Bonusentscheidungen nach solchen Gerüchten revidiert, kann hierzu Widerstand bei den Mitarbeitern gegen dieses System und gegenüber dem Management entstehen. Das Mißtrauen der Mitarbeiter gegen das Gesamtsystem leistungsorientierte Vergütung erhöht sich dann insgesamt. Dies hat zur Folge, daß die bezweckten leistungsorientierten Anreize nur eingeschränkt wirken.

11.3 Ermittlung der individuellen Leistung und des Bonusbetrages

Beurteilung von Leistung

Für die Beurteilung von Leistung ist es notwendig, im Vorfeld genau zu definieren, was Leistung für den jeweiligen Arbeitsplatz überhaupt bedeutet. Übertragen auf den Arbeitsalltag setzt sich eine erbrachte Leistung zusammen aus

- der Erfüllung von täglich anfallenden Routineaufgaben oder auch Sonderaufgaben, die z. B. in der Stellenbeschreibung aufgeführt sind,
- der individuellen Leistungsfähigkeit: Fähigkeiten und Verhaltensweisen (wie z. B. Teamfähigkeit, Fachwissen, die praktizierte Kundenorientierung, Projektmanagementfähigkeiten etc.),

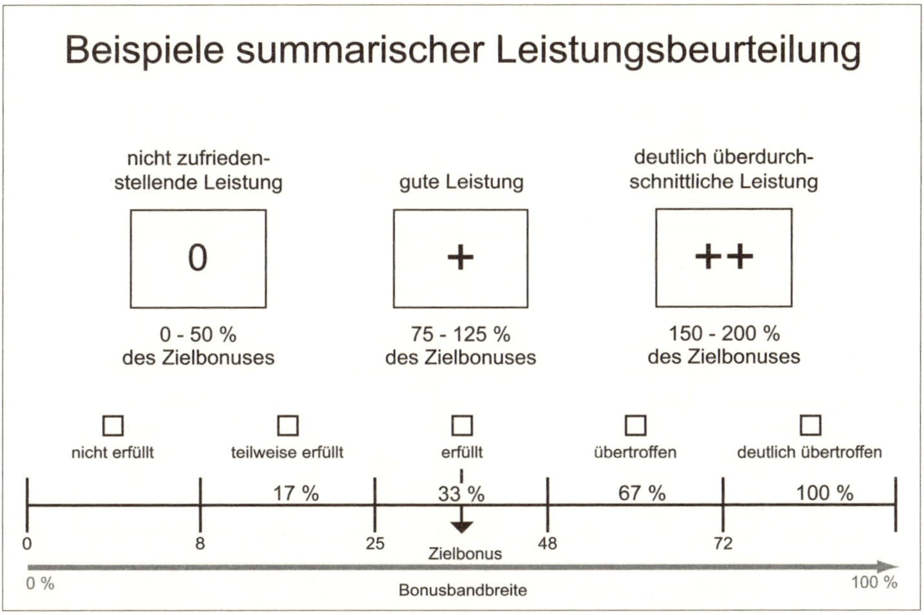

Abb. 42a: Beispiele für die Bonusermittlung bei summarischer Beurteilung der Gesamtleistung

- der Leistungsbereitschaft des einzelnen und
- dem Grad der Zielerreichung

und ist abhängig von den jeweils bestehenden Rahmenbedingungen und Einflußfaktoren, die die Leistung erleichtern oder auch erschweren können. Zu diesen Rahmenfaktoren gehören z. B. externe Einflußfaktoren, wie etwa die Marktentwicklung und externe Wettbewerber, aber auch interne Einflußfaktoren, wie z. B. der Handlungsspielraum und selbständiges Arbeiten, damit sich Leistung überhaupt entfalten kann. Diese Faktoren sollten bei der Definition und Beurteilung von Leistung explizit berücksichtigt und besprochen werden.
Obwohl sich Leistung nicht nur aus dem Grad der Zielerreichung ableiten läßt, beziehen sich viele erfolgsorientierte Boni nur auf das Maß der Zielerreichung. Man geht davon aus, daß Routineaufgaben sowieso übernommen werden, und nicht eine extra Beurteilung benötigen. Die Zielerreichung ist jedoch nur ein Parameter, der die Gesamtleistung bestimmt.
Nachfolgend werden Möglichkeiten der bonusrelevanten Beurteilung der Gesamtleistung dargestellt.

Beispiel einer verbalisierten Beurteilungsskala

teilweise erreicht	überwiegend erreicht	voll erreicht	übererfüllt
☐	☐	☐	☐
0 - 50 %	50 - 85 %	85 - 110 %	110 % ++
ZB	ZB	ZB	ZB

ZB = Zielbonus

Bedeutung der Beurteilungsskala

→ **»teilweise erreicht«:**
Das Ziel wurde nur ansatzweise über den gesamten Beurteilungszeitraum erfüllt bzw. nur in Teilen und nicht über den gesamten Beurteilungszeitraum. Insgesamt handelt es sich um eine noch nicht zufriedenstellende Leistung.

→ **»überwiegend erreicht«:**
Das Ziel wurde zum größten Teil über den gesamten Beurteilungszeitraum erreicht bzw. auch voll erfüllt, dann aber nicht über den gesamten Beurteilungszeitraum. Insgesamt handelt es sich bereits um eine gute Leistung.

→ **»voll erreicht«:**
Das Ziel wurde in vollem Umfang über den gesamten Beurteilungszeitraum erreicht. Insgesamt handelt es sich um eine sehr gute Leistung.

→ **»übererfüllt«:**
Das Ziel wurde kontinuierlich über den gesamten Beurteilungszeitraum übererfüllt. Insgesamt handelt es sich um eine hervorragende Leistung.

Abb. 42b: Beispiel für die Verbalisierung einer Beurteilungsskala bei summarischer Beurteilung der Gesamtleistung

Mögliche Varianten der Bonusermittlung

Summarische Beurteilung der Gesamtleistung des Mitarbeiters

Dies ist die Variante mit dem größten Spielraum der Einschätzung durch den Vorgesetzten. Im Mitarbeitergespräch werden der Zielerreichungsgrad, die Erfüllung von Routine- und Sonderaufgaben, die externen Einflußfaktoren und Rahmenbedingungen und die vorhandenen Kompetenzen des Mitarbeiters eingeschätzt und besprochen. Der Vorgesetzte gibt eine Gesamteinschätzung der durch den Mitarbeiter erbrachten Leistung nach einem bestimmten Schema (z. B. 0, +, ++; vgl. in Abbildung 42a die möglichen Schemata). Dieses Bewertungs-Schema ist unterlegt mit dem prozentualen Anteil des Zielbonusses, der im jeweiligen Bereich ausgeschüttet werden kann. Der Vorgesetzte hat dann die Möglichkeit, innerhalb dieser prozentualen Bandbreite den individuellen Bonus des Mitarbeiters zu bestimmen.

Vorteile dieser Beurteilung:
Die Beurteilung der Gesamtleistung des Mitarbeiters unter Berücksichtigung des gesamten Aufgaben-, Ziel- und Kompetenzspektrums, aber auch der speziellen externen Einflußfaktoren wird hier möglich. Der Vorgesetzte erhält mehr Flexibilität, er wird nicht gezwungen, sich einer Beurteilungsmechanik zu unterwerfen und starr nach einer Rechenmechanik den Bonus zu errechnen, sondern wird aufgefordert und darin gestärkt, ein faires, leistungsorientiertes Gesamturteil und dementsprechende leistungsorientierte Vergütung für jeden seiner Mitarbeiter zu ermitteln.

Nachteile dieser Beurteilung:
Da der Maßstab zur Beurteilung der Leistung sehr frei gestaltet ist, kann es auch zu Beurteilungsverzerrungen kommen. So ist es bei diesem Modell leicht möglich, daß eine Führungskraft die Leistungen in ihrer Abteilung strenger beurteilt als ein anderer Vorgesetzter, und es dadurch zu unterschiedlichen Leistungsmaßstäben im gleichen Unternehmen kommt.
Ebenso ist für den Mitarbeiter nicht transparent, wie eine Beurteilung der Gesamtleistung vom Vorgesetzten vorgenommen wird. Hier sollte der Vorgesetzte darauf achten, daß er verbal dem Mitarbeiter begründen kann, aufgrund welcher Gewichtung der Aufgaben- und Zielerfüllung sein Urteil zustande kommt.

Beurteilung der Leistung des Mitarbeiters durch die Bestimmung des Zielerreichungsgrades
Bei diesem Modell geht man davon aus, daß der erfolgsorientierte Bonusanteil durch die Zielerreichung von herausfordernden Zielen ausbezahlt und bemessen werden soll (vgl. auch Kapitel 3).
Dabei werden für jeden von der variablen Vergütung betroffenen Mitarbeiter zu Anfang des Jahres ca. vier bis sieben Ziele vereinbart, Bewertungskriterien definiert und die prozentuale Gewichtung des Zieles im Vorfeld festgelegt. Der Zielerreichungsgrad wird dann pro Ziel beurteilt. Aus den Zielerreichungsgraden und den Gewichtungen der Ziele läßt sich dann mathematisch der absolute Zielerreichungsgrad errechnen (z. B. 90, 100 oder 110 Prozent). Multipliziert man diese Prozentzahl mit dem Zielbonus, so erhält man den absoluten Bonus, der dem Mitarbeiter ausgeschüttet wird. Der Mitarbeiter erhält so schon im Verlauf des Jahres klare Transparenz, mit welchem Bonus er rechnen kann, sobald er ein Ziel erfüllt hat.

Vorteile:
Durch die Gewichtungen der Ziele wird für den Mitarbeiter transparent, welches Ziel welche Bedeutung hat. Dadurch entsteht eine Fokussierung auf die wesentlichen Zielerreichungen. Er kann sich ebenfalls im Laufe des Jahres dadurch motivieren, daß er sich bei Zielerreichung eines Zieles schon einen bestimmten Anteil am Bonus ausrechnen kann. Manche Firmen gehen dazu über, nach erfolgter Zielerreichung gleich einen Teil des Bonusses auszuschütten, um

Beispiel für gewichtete Ziele

	Gewichtung Ziel		Ziel - erreichung	Prozentpunkte Zielerreichung x Gewichtung
Ziel 1	0,3	Steigerung des Umsatzes auf 2 Mio Umsatz bis 31.12.01	100 %	30
Ziel 2	0,1	Reduktion der Lagerbestände um X Prozent bis 31.12.01	110 %	11
Ziel 3	0,2	Akqusition von 10 % Neukunden der Zielgruppe Y bis 31.12.01	85 %	17
Ziel 4	0,2	Aufbau einer Kundendatei bis 31.12.01	90 %	18
Ziel 5	0,2	Qualifizierungspläne anhand des vorgebenen Rasters für jeden Mitarbeiter erstellen bis 31.12.01	100 %	20
Summe	1,0			96 %

Die Summe aller Zielgewichtungen muss 1 ergeben

Die Leistungsbonusausschüttung beträgt 96% vom Zielbonus

Abb. 43: Beispiel für eine Ermittlung des Bonusses aus dem gewichteten Zielerreichungsgrad

die Mitarbeiter für die weitere Zielerreichung zu motivieren. Die Orientierung der Mitarbeiter und der einzelnen Abteilungen an klar definierten Zielen wird durch dieses System sehr verstärkt.

Nachteile:
Die Ausrichtung auf die reine Zielerreichung hat den Nachteil, daß der Mitarbeiter sich stark auf die Ziele fokussiert und für die Erfüllung von Routineaufgaben oder auch Sonderaufgaben wenig Anreiz besteht. Dies birgt die Gefahr in sich, daß die Mitarbeiter sich sehr stark auf die Zielerreichung konzentrieren und möglicherweise andere wichtige Aufgaben vernachlässigen. Auch ist es wichtig, daß bei der Zielvereinbarung die für das Unternehmen bedeutsamen Ziele vereinbart werden. Sonst richtet der Mitarbeiter seine Aktivitäten möglicherweise in die falsche Richtung aus. Die reine Zielerreichung spiegelt sicher nicht das gesamte Leistungsspektrum eines Mitarbeiters wider. Das mechanistische Modell, das der Zielerreichungsbewertung unterliegt, gibt nicht genügend Raum, um z.B. hohes Engagement trotz schlechter Zielerreichung zu berücksichtigen. Manchmal kann ein Ziel aufgrund von äußeren Rahmenbedingungen (z.B. Konkurs eines Kunden, Währungskursschwankungen etc.) nicht erreicht werden, obwohl sich der Mitarbeiter sehr stark engagiert hat.

Erfolgsorientierter Bonus

Vergütungsbestandteile, die mit dem Unternehmenserfolg verbunden sind, werden meist mit einer festen Rechensystematik verknüpft. Diese errechnet nach bestimmten Erfolgsparametern, wie z. B. Eigenkapitalrendite oder Börsenwert, einen bestimmten Anteil an erfolgsorientierten Vergütungsbestandteilen, der ausgeschüttet werden soll (wie z. B. Aktienoptionen). Der Unternehmenserfolg ist vom einzelnen Mitarbeiter weniger steuerbar als seine individuelle Leistung. Dieses Modell der Koppelung der erfolgsorientierten Vergütungsanteile an den Unternehmenserfolg eignet sich deshalb besser für Personen, die aufgrund ihrer Verantwortung den Unternehmenserfolg auch maßgeblich beeinflussen können. Trotzdem ist der Wunsch von Unternehmen verständlich, den Mitarbeiter durch direkte Beteiligung am Unternehmenserfolg zu mehr unternehmerischem Denken und Handeln zu veranlassen. Dies bedeutet, daß er von einer positiven Geschäftsentwicklung profitiert, auch wenn sein Beitrag an dieser Entwicklung nicht maßgeblich war. Bei rückgängiger Entwicklung muß sich der Mitarbeiter darauf einstellen, daß er auf erfolgsorientierte Bestandteile seines Gehalts verzichten muß, obwohl er sich möglicherweise gerade in diesem Jahr besonders eingesetzt hat.
Eine reine Erfolgsbeteiligung der Mitarbeiter wird meist dem geleisteten Einsatz nicht gerecht und birgt auch zu große Gefahren der Ungerechtigkeit in sich. Als Ergänzung oder in Kombination zu einem leistungsorientierten System sind erfolgsabhängige Komponenten jedoch sehr sinnvoll.

Vorteile:
Die Ziele der Erfolgsbeteiligung sind eine Verbesserung der Identifikation des einzelnen mit dem Unternehmen, aber auch ein besseres Verständnis für die Unternehmensentwicklung und Geschäftssituation. Außerdem werden dadurch Anreize für übergreifenden Einsatz geschaffen. Auch hier ist es wichtig, daß Erfolgsparameter, wie z. B. Eigenkapitalrendite, Gewinn etc., im Vorfeld vereinbart werden, und daraus die erfolgsorientierte Ausschüttung errechnet wird.

Nachteile:
Erfolgsorientierte Vergütungsbestandteile sind vom einzelnen Mitarbeiter meist nicht steuerbar. Der direkte Bezug zum eigenen Beitrag für den Unternehmenserfolg (außer bei sehr hochrangigen Managern) ist häufig nicht klar herstellbar. Damit wird der Unternehmenserfolg vom einzelnen als nicht beeinflußbar wahrgenommen.

Shortterm vs. Longterm Bonus

Im Gegensatz zu Bonussystemen, bei denen die kurzfristige (z. B. jährliche) Leistung beurteilt wird (*Shortterm Bonus*), versucht man mit einem *Longterm Bonus* die über Jahre erbrachte Leistung oder auch den Unternehmenserfolg zu

beurteilen. Dies kann Sinn machen, wenn man die Erfolge eines Mitarbeiters erst mit den Jahren beurteilen kann; z. B. stellt sich bei risikoreichen Kreditgeschäften erst über Jahre heraus, wer bei der Vergabe von Krediten darauf geachtet hat, daß die Rückzahlung gewährleistet wird und ein Portfolio mit geringem Risiko angelegt wurde. Würde man nur die kurzfristige Leistung beurteilen wollen, so könnte man an der Anzahl der Abschlüsse nach bestimmten Kriterien ersehen, wer der Mitarbeiter mit den meisten Abschlüssen ist. Damit hätte man jedoch die Qualität des eingekauften Kreditrisikos noch nicht honoriert. Dieses stellt sich erst viel später heraus.
Bei ähnlichen Problemlagen gehen Unternehmen dazu über, einen Bonus erst nach z. B. drei bis vier Jahren auszuschütten. Dies führt einerseits dazu, daß ein zusätzlicher Anreiz für den Mitarbeiter entsteht, im Unternehmen zu bleiben. Andererseits werden verantwortungsbewußtes Verhalten und konstante Leistung über Jahre hinweg honoriert, wenn im *Longterm Bonus* auch die individuelle Leistung berücksichtigt wird.
Ähnlich wie beim *Shortterm Bonus* muß auch hier im Vorfeld festgelegt werden, welche Parameter für die Beurteilung herangezogen werden sollen.

Verknüpfung von leistungsorientierten Vergütungsmodellen mit dem Unternehmenserfolg

Im nachfolgenden Beispiel der Deutschen Bank von M. Svoboda wird deutlich, wie eine Kombination aus erfolgs- und leistungsorientierten Vergütungsbestandteilen gestaltet werden kann (vgl. hierzu M. Svoboda, 2000).

In der jährlichen Zielvereinbarung werden drei bis fünf quantitative und qualitative Ziele vereinbart. Dabei muß mindestens ein Ziel aus jeweils jedem der drei Zielbereiche

1. operative Ziele für das laufende Geschäft,
2. organisatorische und strategische Ziele und
3. Personalentwicklungs- und Führungsziele

formuliert werden. Jedes Ziel wird mit einem Gewichtungsfaktor versehen.

Im Bewertungsgespräch wird der Zielerreichungsgrad vom Vorgesetzten für jedes Ziel im Rahmen der pro Zielerreichungsstufe definierten Spannweite bewertet. Dabei werden Einflußfaktoren und gegebenenfalls veränderte Rahmenbedingungen ebenfalls berücksichtigt.
Bei jedem Ziel wird der Gewichtungsfaktor mit dem Zielerreichungsgrad multipliziert. Die einzelnen Ergebnisse werden addiert, was den Zielerreichungswert ergibt. Um die Bewältigung der Routineaufgaben ebenfalls mit einzubeziehen, besteht für den Vorgesetzten hier noch die Möglichkeit, einen Wert zu vergeben, die sogenannte Ermessensanpassung, die zwischen + und – 0,2 schwanken kann.

Ziel Nr.	Gewichtungs-faktor* (Summe =1)	Ziel verfehlt 0 - 0,4	Ziel teilweise erreicht 0,5 - 0,9	Ziel erreicht 1,0	Ziel übertroffen 1,1 - 1,5	Ziel deutlich übertroffen 1,6 - 2,0	Gewicht- x Zielerreich-ungsgrad
1	0,3				1,3		0,39
2	0,1					2,0	0,2
3	0,2		0,7				0,14
4	0,2			1,0			0,2
5	0,2			1,0			0,2

Summe	1,13
Ermessungsanpassung ** (maximal +/- 0,2)	+0,07
Leistungs - Faktor	1,2

* fakultativ zum Zeitpunkt der Zielvereinbarung festzulegen

** kann zur angemessenen Bewertung des gesammten Leistungs-, Kommunikations- und Kooperations- bzw. Teamverhaltens vorgenommen werden

Abb. 44: Bewertung der Zielerreichung anhand des Leistungsfaktors (nach M. Svoboda, 2000)

Aus dem Zielerreichungswert und der Ermessensanpassung entsteht ein sogenannter Leistungsfaktor, er kann zwischen 0 und 2 schwanken. Dieser Leistungsfaktor wird dann wiederum mit dem Zielbonus multipliziert.
Der Zielbonus kann je nach Verantwortungsstufe 10 bis 55 Prozent der Gesamtvergütung bei Zielerreichung bedeuten. Je höher die Verantwortungsstufe, desto höher ist auch der Anteil des Zielbonusses an der Gesamtvergütung.
Ein erfolgsorientierter Faktor, der Ergebnisfaktor, richtet sich nach den tatsächlichen Geschäftsergebnissen. Die Spannweite des Ergebnisfaktors ist mit 0,5 bis 1,5 begrenzt. Dabei stehen zur Bemessung Kennzahlen der Ergebnis- und Unternehmensbereichsrechnung zur Verfügung. Der Vorstand legt den Ergebnisfaktor jedes Jahr neu fest. Über den Ergebnisfaktor ist der einzelne an den wirtschaftlichen Erfolg der Bereichs- und Konzernebene gebunden.
Abbildung 45 zeigt, daß durch die Verknüpfung von Ergebnis- und Leistungsfaktor ein hervorragender Mitarbeiter auch bei schlechter Geschäftslage seinen Zielbonus übertreffen kann. Andererseits ist sichergestellt, daß bei gutem Geschäftsverlauf schwache Mitarbeiter nicht als Trittbrettfahrer einen Bonus aus einem Ergebnis erhalten, das andere erwirtschaftet haben.

Schritte der Bonusermittlung bei diesem Modell:

1. Planung der Zielboni (Z) im Rahmen der jährlichen Budgetierung durch die Führungskräfte;
2. Verabschiedung des Zielbonusbudgets nach Ergebnisprüfung durch den Vorstand; Festlegung der Meßlatte des Ergebnisfaktors durch den Vorstand;
3. Festlegung des Ergebnisfaktors (E) pro Bereich am Ende eines Geschäftsjahres;

Beispiel: Mitarbeiter A, Leiter eines Anlage-Zentrums,
Grundgehalt Euro 70.000, Zielbonus Euro 25.000

Verbesserungsbedürftige individuelle Leistung, überdurchschnittliches Geschäftsjahr

Z x L x E

25.000 x 0,6 x 1,2 = 18.000 Euro Bonusauszahlung

Hervorragende individuelle Leistung, weniger gutes Geschäftsjahr

Z x L x E

25.000 x 2,0 x 0,8 = 40.000 Euro Bonusauszahlung

Abb. 45: Beispiel einer Bonusermittlung (nach M. Svoboda, 2000)

4. Festlegung des Leistungsfaktors (L) eines jeden Mitarbeiters je nach Zielerreichungsgrad (Voraussetzung: bestehende Zielvereinbarungen);
5. Errechnung des auszuschüttenden Bonus.

11.4 Schwierigkeiten bei leistungsorientierten Vergütungssystemen

Messung der Leistung – summarisches versus analytisches Beurteilungsmodell

Mit einem leistungsorientierten Vergütungssystem ist eine wesentliche Schwierigkeit verbunden: die Messung der Leistung. Entscheidet man sich für ein analytisches Beurteilungsmodell, in dem z.B. durch klar definierte Punktwerte für Zielerreichungen der Bonus automatisch berechnet werden kann, so hat dies den Vorteil, daß für die Mitarbeiter transparent wird, wie ihre Leistung berechnet wird. Nachteilig ist, daß man situative Einflußfaktoren oder auch Veränderungen in den Zielvereinbarungen im laufenden Jahr nicht genügend berücksichtigen kann. Eine summarische Bewertung hat den Nachteil, daß Maßstabsverzerrungen sehr leicht eintreten können.

Uneinheitlicher Bewertungsmaßstab der Führungskräfte

Entscheidet man sich für ein summarisch orientiertes Beurteilungsmodell der Leistung, in dem der Vorgesetzte die Gesamtleistung seines Mitarbeiters beurteilt, so trifft man auf das Problem des unterschiedlichen Bewertungsmaßstabes durch unterschiedliche Vorgesetzte. Ein Vorgesetzter kann dazu neigen, die gleiche Leistung strenger oder auch weniger streng zu beurteilen als sein Kollege. Dies hat zur Folge, daß Mitarbeiter sich benachteiligt fühlen, wenn sie möglicherweise bei einer Führungskraft angesiedelt sind, bei der insgesamt der variable Vergütungsanteil aller Mitarbeiter schlechter ausfällt, weil dieser strenger beurteilt. Je besser die Führungskräfte im Unternehmen einheitliche Bewertungskriterien anwenden und je qualifizierter beurteilt wird, desto geringer sind die Abweichungen. Neben dem gelebten Beispiel durch den direkten Vorgesetzten und die Geschäftsleitung sind Qualifizierungen und Workshops, in denen ein gemeinsamer Maßstab für Beurteilungen erarbeitet wird, hilfreich. Auch sollte im Quervergleich über die einzelnen Abteilungen hinweg überprüft werden, ob z.B. ein Abteilungsleiter seine Mitarbeiter im Durchschnitt strenger beurteilt als andere.

Man spricht primär über Geld und nicht über Leistung

Führungskräfte, die ein Mitarbeitergesprächssystem anwenden, das in Verbindung mit einem leistungsorientierten Bonus steht, kritisieren, daß sich die Gespräche mit dem Mitarbeiter letztlich vor allem um eines drehen: die Diskussion über den zu erwartenden variablen Anteil. Selbst bei wohlgemeinten Mitarbeitergesprächskonzeptionen, die Entwicklungsplanung, Führungsfeedback und Verhaltensfeedback als Gesprächsbestandteile beinhalten, ist festzustellen, daß den meisten Raum und die meiste Brisanz das Thema »Wie beurteilt mein Chef meine Leistung?« einnimmt, sowie die Frage: »Wie muß ich mich verhalten, damit ich eine möglichst hohe Chance auf zusätzliche Vergütung bekomme?«

Das Gespräch verfolgt dadurch auch zwei sich widersprechende Ziele: Einerseits will der Mitarbeiter sich und seine Leistung optimal darstellen, um eine gute Beurteilung zu bekommen, andererseits werden gerade beim Thema Entwicklungsplanung Schwächen in den Vordergrund gerückt, da ja Qualifizierungsnotwendigkeiten von Mitarbeiter und Führungskraft hier identifiziert werden sollen. Es besteht die Gefahr, daß das Gespräch von seiten des Mitarbeiters zum »Verkaufsgespräch« gerät. »Je besser ich mich darstelle, desto höher sind meine Chancen auf Boni oder Prämien.« Eigene Defizite, kritische Aspekte und ähnlich wunde Punkte werden aus diesem Grund zurückgehalten.

Da dieser Überstrahlungseffekt dem Gespräch teilweise die Qualität nimmt, wünschen sich viele Führungskräfte, das Mitarbeitergespräch von jeglicher Form der Bonusbewertung zu bereinigen. Zu einem späteren Zeitpunkt kann dann das Ergebnis des Mitarbeitergesprächs hergenommen werden, um eine Bonusentscheidung zu treffen, z. B. auch in Verbindung mit einem Gespräch über das Fixgehalt. Es scheint so, als ob Führungskräfte und Mitarbeiter insgesamt qualitativ bessere Mitarbeitergespräche führen, wenn sie diese ohne Geldbezug führen müssen.

Die prozentuale Abweichung zum Zielbonus bestimmt das Selbstwertgefühl

Der Zielbonus wird häufig schon im Arbeitsvertrag festgelegt. Er kommt zur Ausschüttung, wenn der Mitarbeiter seine Leistungsziele voll erreicht. Wegen der Festschreibung des Zielbonusses im Arbeitsvertrag erwartet der Mitarbeiter, daß ihm der Bonus auch ausbezahlt wird. Durch die schriftliche Fixierung des Zielbonusses entsteht beim Mitarbeiter automatisch ein Anspruch. Ist mein Zielbonus 10.000 Euro bei hundertprozentiger Zielerreichung, so erwarte ich auch diese 10.000. Wurde mein Zielbonus im Arbeitsvertrag auf 8.000 Euro festgelegt, erwarte ich 8.000. Die Zielboni sollten so gestaltet sein, daß bei »normaler, engagierter« Leistung das Ziel erreicht werden kann, und daß 100 Prozent im Normalfall ausgeschüttet werden. Dies bedeutet, daß für ca. 80 Prozent der Mitarbeiter 100 Prozent Zielerreichung und Bonusausschüttung möglich werden sollten. Dadurch wird das Bonussystem zum Motivationssystem. Werden die 100 Prozent Leistungsbeurteilung nur in selteneren Fällen gegeben, weil z. B. die Organisation schon hohe Zielboni festgelegt hat und jetzt ihr Budget nur ungern ausdehnt, wird das System sehr schnell zum Demotivationsinstrument, weil die Mitarbeiter glauben: »Keiner von uns ist gut genug und schafft eine hundertprozentige Leistung.«
Es ist für den Mitarbeiter motivierender, das Gefühl zu haben, der Vorgesetzte bewertet seine Leistung mit 110 Prozent (z. B.: Bei einem Zielbonus von 8.000 Euro wären das 8.800) und nicht mit 90 Prozent (z. B.: Bei einem Zielbonus von 10.000 Euro würden das 9.000 Euro betragen). In den beiden Fällen würde die Ausschüttung 8.800 bzw. 9.000 Euro betragen. Nur wurde beim ersten Mitarbeiter ein Zielbonus von 8.000 Euro festgelegt und beim zweiten Mitarbeiter ein Zielbonus von 10.000. Der zweite Mitarbeiter kann zwar theoretisch seinen Bonus auf 20.000 erhöhen, der erste Mitarbeiter auf nur 16.000. Die Wahrscheinlichkeit dieser Verdoppelungsmöglichkeit des Zielbonusses ist in vielen Firmen nur in Ausnahmefällen möglich und deshalb nicht sehr wahrscheinlich. Obwohl Mitarbeiter 2 insgesamt 200 Euro mehr ausgeschüttet bekommt (9.000 Euro), wird er demotivierter aus dem Gespräch gehen als der Mitarbeiter 1, der nur 8.800 Euro ausgezahlt bekommt. Mitarbeiter 1 geht aus dem Gespräch mit dem Gefühl, die Leistungserwartung übertroffen zu haben. Mitarbeiter 2 fühlt sich wahrscheinlich durch die Aussage, nur 90 Prozent der Leistungsanforderungen erfüllt zu haben, demotiviert, obwohl er effektiv einen höheren Geldbetrag ausbezahlt bekommt.

Obwohl der Zielbonus bei 90 oder 100 Prozent ein meist durchaus attraktiver Geldbetrag ist, entsteht mit der Zeit bei den Mitarbeitern der Eindruck, »nur« 100 Prozent geleistet zu haben, und eine negative Stimmung, vor allem, wenn der Bonus nach oben hin noch z. B. auf 200 Prozent vergrößert werden kann. Hier ist es sinnvoll, die Zielboni so zu gestalten, daß mit einer normalen, engagierten Leistung 80 Prozent aller Mitarbeiter den Zielbonus erreichen können, und es eine realistische Chance gibt, auch über die 100 Prozent Bonus zu kommen. Die »Caps« sollten keine falschen Erwartungen wecken. So sind 200 Prozent Zielerreichung selbst in vertriebsorientierten Arbeitsfeldern extrem unwahrscheinlich, da ja oft schon herausfordernde Ziele vereinbart wurden.

Begrenztes Budget bei der Vergabe der verschiedenen variablen Vergütungsteile

Meist ist das Budget für leistungsorientierte Vergütung begrenzt. Dies bedeutet in der Regel, daß die Führungskraft, wenn sie jemandem mehr geben möchte, jemand anderem etwas wegnehmen muß. Die Führungskraft muß dann oftmals zwischen der Leistung der einzelnen Mitarbeiter genau unterscheiden, um in ihrem vorgegebenen Budgetrahmen zu bleiben. Wenn alle Mitarbeiter eine hohe Leistung gezeigt haben, jedoch der Budgetrahmen begrenzt ist, kann das unter Umständen schmerzhaft werden. Für diesen Fall sollten Sonderbonustöpfe zur Verfügung stehen, um sehr gute Leistungen honorieren zu können.

Veränderung der Zusammenarbeit zwischen Führungskraft und Mitarbeiter

Nicht jeder Mitarbeiter ist der Situation gewachsen, Ziele, Standards und seinen Bonus mit dem Vorgesetzten auszuhandeln. Dazu sind Kompetenzen wichtig wie:

- realistische Einschätzung der eigenen Fähigkeiten und des persönlichen Leistungsniveaus,
- die Fähigkeit zur Selbstreflexion,
- wirkungsvolle Verhandlungstechniken und Durchsetzungsstrategien,
- organisatorische und strategische Planungskompetenz sowie
- Selbstbewußtsein und Eigeninitiative.

Während Führungskräfte häufig während der Implementierungsphase durch Seminare auf die neuen Aushandlungssituationen zumindest vorbereitet werden, werden Mitarbeiter in der Regel dafür weniger ausführlich vorbereitet. Es erfordert vom Mitarbeiter gute Gesprächsvorbereitung, Gesprächsführungskompetenzen und Verhandlungsgeschick, um ein gutes Mitarbeitergespräch zu führen.

Etliche Aufgaben, die zuvor kollektiv von betrieblichen Interessensvertretern oder Gewerkschaften übernommen wurden, sind jetzt den einzelnen in eigener Regie übertragen. Damit ist durch die Isolation der Verhandlungspartner eine Vergleichbarkeit der Verhandlungsergebnisse nicht möglich. Betriebsräte sind nicht in der Lage, jede Zielvereinbarung zu kontrollieren. Vielmehr sollten sie eine Kontrolle und Steuerung der Leistungsprozesse übernehmen, z. B., indem sie zusammen mit der Personalabteilung den gesamten Zielvereinbarungsprozeß einer Erfolgskontrolle unterziehen (siehe auch Absatz 11.6 Praxiserprobte Schritte zur Einführung).
Die leistungsorientierte Vergütung verleiht dem Mitarbeitergespräch mehr Gewicht. Denn sowohl Mitarbeiter als auch Führungskraft wissen, daß die Beurteilung sich unmittelbar auf den »Geldbeutel« auswirkt. Erfahrungsgemäß werden solche Gespräche mit höherer Aufmerksamkeit, aber auch mit größerer Vorsicht geführt. Bevor der Mitarbeiter ein Ziel ins Auge faßt, wird er in der Regel zunächst gründlich prüfen, ob es bei realistischer Betrachtung nicht zu hoch gesetzt ist. Denn er weiß genau, daß er ein zu hoch gestecktes Ziel bestenfalls nur in Teilen erreichen wird, was sich negativ auf die nächste Beurteilung und somit auch auf die Höhe des Leistungsbonusses auswirken kann.
Motivierend ist eine leistungsorientierte Vergütung nur dann, wenn der Vorgesetzte die Leistung als »erfolgreich« definiert. Ist dies nicht der Fall, so wird der Mitarbeiter erstmal enttäuscht sein. Es besteht die Gefahr, daß dies Auswirkungen auf das Selbstbewußtsein des Mitarbeiters hat, er resigniert oder reagiert mit einer starken Abwehrhaltung auf den Vorgesetzten. Beim Nichterreichen von Zielvereinbarungen sind auf jeden Fall Gespräche zwischen Führungskraft und Mitarbeiter notwendig, in denen herausgearbeitet wird, aufgrund welcher Einschätzungen des Vorgesetzten die Beurteilung zustande kommt, welche Ursachen die reduzierte Leistung des Mitarbeiters hatte und was im nächsten Jahr getan werden kann (z. B. an Fortbildung, Unterstützungsmaßnahmen, Veränderung bestimmter Aufgabenschwerpunkte etc.), damit der Mitarbeiter seine Ziele erreichen kann. Möglicherweise führt dann diese finanzielle Einbuße jedoch längerfristig zu einer Leistungsverbesserung, weil sich der Mitarbeiter im nächsten Jahr noch stärker auf seine Zielerreichung konzentriert.

Schwierigkeit der Meßbarkeit von qualitativen Zielen

Die Zielvereinbarung und -erreichung fallen leichter, wenn quantitative Meßgrößen, wie z. B. Verkaufszahlen, Stückzahlen und Ertrag, verwendet werden können. Schwieriger wird es, wenn Qualitätskriterien für die Beurteilung einer Leistung herangezogen werden müssen, da meist nicht genügend Meßinstrumente zur Verfügung stehen, um diese Qualitätskriterien zu messen. Auch ist der Entwicklungsaufwand, den qualitative Meßsysteme erfordern, wie z. B. jährliche interne Kunden- oder Mitarbeiterbefragungen, sehr hoch. Deshalb wird dann aus reinen Aufwand/Nutzen-Überlegungen entschieden, auf diese objektiven

Meßparameter zu verzichten. Oftmals bleibt als letzte Instanz dann doch die Beurteilung des Vorgesetzten, ob die erledigte Aufgabe seinem Qualitätsstandard genügt oder nicht. Für den Mitarbeiter wirkt das jedoch willkürlich und nicht berechenbar. Dementsprechend hoch ist die Unzufriedenheit, die mit der leistungsbezogenen Beurteilung vor allem in Back-office-Bereichen verbunden ist.

Wenn Ziele durch den Vorgesetzten bestimmt werden

Werden Ziele dem Mitarbeiter »aufgedrückt« und hat er nicht genügend Möglichkeiten, das Ziel zu beeinflussen, so entsteht beim Mitarbeiter häufig Demotivation. Dadurch wird jedoch die eigentliche Absicht, nämlich Motivation durch Zielvereinbarungen und Anreizsysteme zu stiften, durchkreuzt. Menschen wünschen sich in der Regel eine hohe Eigenverantwortung und die Möglichkeit, das eigene Tun in einem hohen Maße selbst zu steuern. Führungskräfte und Mitarbeiter fordern deshalb individuelle und selbst beeinflußbare Erfolgsgrößen. Sie möchten an der Zielfindung beteiligt werden, damit sie sich auch mit den Zielen identifizieren können (vgl. Ziele und Zielvereinbarungen, Kapitel 3).

11.5 Tips für die Gestaltung des Bonusgespräches

Die in Kapitel 4 und 8 formulierten Gesprächsführungstips gelten natürlich auch für das Mitarbeitergespräch, in dem die bonusrelevante Beurteilung stattfindet. Zusätzlich sollten Sie jedoch auf folgende Punkte achten:

- Informieren Sie sich im Vorfeld darüber, wie die Leistung Ihres Verantwortungsbereichs von Ihrem Vorgesetzten gesehen wird. Tragen Sie alle Informationen zusammen, die Ihnen einen Hinweis auf die Größe des leistungsorientierten Vergütungstopfes geben könnten. Sammeln Sie Zahlen, Daten und Fakten, um die Gefahr der Fehleinschätzung Ihrer Leistung und der Ihrer Abteilung durch Ihren Vorgesetzten möglichst gering zu halten.
- Bereiten Sie sich auf das Gespräch ausführlich vor.
- Führen Sie sich die Leistungen Ihrer einzelnen Mitarbeiter vor Augen und errechnen Sie eine faire Bonusvergabe in Relation zu deren Zielbonus.
- Verteilen Sie Ihr Budget leistungsorientiert. Es nützt weder Ihnen noch Ihren Mitarbeitern, wenn Sie nach der Rasenmähermethode das Geld gleichmäßig verteilen. Ihre Mitarbeiter erwarten von Ihnen eine gerechte, leistungsorientierte Verteilung des Topfes.
- Begründen Sie Ihrem Mitarbeiter ausführlich, wie Sie zur Einschätzung seiner Leistung kommen, und wie Sie dazu eine Relation zum Bonus herstellen können. Haben Sie den Mut, unzureichende Leistungen anzusprechen und diesen auch im leistungsorientierten Bonus Rechnung zu tragen.

- Zeigen Sie dem Mitarbeiter auf, was er im nächsten Jahr tun müßte, um seinen Bonus wieder zu steigern.
- Feilschen Sie mit dem Mitarbeiter nicht um Prozentwerte. Es ist Ihre Aufgabe, den Bonus zu bestimmen. Allerdings haben Sie im Sinne der Wahrung des Betriebsfriedens auch die Aufgabe, Ihre Entscheidung nachvollziehbar zu machen. Bemerken Sie im Gespräch, daß Sie wichtige Leistungen Ihres Mitarbeiters bei der Vorbereitung vergessen haben, so sollten Sie im Gespräch flexibel Ihre ursprüngliche Einschätzung revidieren und das auch bei der Bonusermittlung berücksichtigen.
- Sollte sich zwischen Ihnen und Ihrem Mitarbeiter keine Einigkeit finden lassen, so ziehen Sie andere Stellen mit hinzu, z. B. den nächsthöheren Vorgesetzten, die Personalabteilung und/oder den Betriebsrat.
- Trennen Sie nach Möglichkeit das Leistungsbeurteilungsgespräch vom Bonusgespräch. Um an einen möglichst hohen Bonus zu kommen, wird der Mitarbeiter verständlicherweise seine Leistung optimal darstellen. Möglicherweise ist es deshalb für den Mitarbeiter und für Sie zuviel, über beide Bestandteile in einem Gespräch zu diskutieren. Sollten Sie trotzdem Leistung und Bonus in einem Gespräch behandeln, achten Sie darauf, daß Sie immer anhand der Leistung des Mitarbeiters argumentieren und nicht: »Ich kann Ihnen leider nicht mehr geben ...«, denn dadurch wird das Instrument unglaubwürdig.

11.6 Praxiserprobte Schritte der Einführung

1. Definition der Zielsetzung und Rahmenbedingungen durch die Geschäftsführung

Im ersten Schritt definiert die Geschäftsleitung die Zielsetzung und die Rahmenbedingungen für die Einführung der erfolgsorientierten Vergütung.

2. Frühzeitige Einbindung der Arbeitnehmervertretung

Um einen Konsens zwischen den Interessen der Mitarbeiter und den Interessen der Geschäftsleitung zu finden, empfiehlt es sich, die gesetzliche Interessenvertretung der Mitarbeiter, beispielsweise den Betriebs- oder Personalrat oder die Mitarbeitervertretung (im folgenden kurz »Betriebsrat« genannt), frühzeitig in die Überlegungen und Planungen für das Mitarbeitergespräch einzubinden. Sie hat nach Betriebsverfassungsgesetz ein eindeutiges Mitbestimmungsrecht bei Fragen der Entgeltgestaltung und Leistungsvergütung. Der § 87, Abs. I Ziff. 10 regelt das »Ob« und der § 87, Abs. I Ziff. 11 regelt das »Wie«.
Zentrales Anliegen sollte es sein, verbindliche Rahmenbedingungen und Spielregeln zu schaffen. Das kann durchaus in eine Betriebsvereinbarung zur leis-

tungsorientierten Vergütung und zum Mitarbeitergespräch münden. Expertenhearings und Informationen über Organisationen, die mit erfolgsorientierten Vergütungssystemen Erfahrungen gesammelt haben, sollten sowohl für die Projektgruppenmitglieder als auch für die Arbeitnehmervertretung zugänglich gemacht werden, damit auf Grundlage der bestehenden Erfahrungen das eigene Vergütungssystem entwickelt werden kann. Ist das Modell für die variable Vergütung entwickelt, so sollte eine Pilotphase helfen, in der in ausgewählten Abteilungen erste Erfahrungen mit dem entwickelten Vergütungssystem gesammelt werden können, Verbesserungsmöglichkeiten in das Konzept für die Umsetzung im gesamten Unternehmen zu integrieren.

3. Ausarbeitung von Unterlagen und Kommunikationsmaßnahmen durch ein Projektteam

Im nächsten Schritt wird ein Vergütungsmodell ausgearbeitet. Dabei ist zu beachten, daß in unterschiedlichen Abteilungen und Arbeitsfeldern durchaus andere Vergütungsmöglichkeiten adäquat sein können. So kann im Vertrieb z.B. ein eher quantitatives und provisionsorientiertes Vergütungsmodell durchaus das gewünschte Verhalten, nämlich eine hohe Anzahl von bestimmten Produkten zu verkaufen, verstärken. In Back-office-Bereichen oder zentralen Abteilungen ist dieses Modell nicht sehr gut anwendbar. Hier erscheint die Beurteilung der Gesamtleistung durch den Vorgesetzten unter Berücksichtigung des gesamten Aufgaben- und Zielspektrums wesentlich adäquater zu sein. Im Projektteam sollten Verfahrensregelungen ausgearbeitet und schriftlich festgehalten werden. So entsteht für alle Beteiligten eine Transparenz über die wichtigsten Eckpfeiler des Mitarbeitergesprächs und des Vergütungssystems. Wichtige Regelungspunkte sind:

- Zielsetzung und Philosophie,
- Geltungsbereich und Zeitraum der Einführungsphase,
- Zuordnungssystematik Leistung und Entgelt,
- Zusammensetzung des »Bonustopfes«: »Wird der Bonustopf »on-top« geschaffen oder werden andere Leistungen zur Speisung dieses Topfes gestrichen?«,
- Systematik der Festlegung des Zielbonusses,
- Festlegung des variablen Anteils und der Schwankungsbandbreite (Caps und Floors),
- Festlegung des Zeitraumes der individuellen Zielvereinbarung,
- Festlegung der Beurteilungskriterien,
- Verfahrensweisen bei erforderlichen Zielkorrekturen,
- Form der Mitarbeitergespräche (Einzel-/Gruppengespräche),
- Beteiligungsrechte am gesamten Vergütungsprozeß des Betriebsrates,
- Konfliktlösungsmechanismus bei Meinungsverschiedenheiten,
- Qualifizierungsmöglichkeiten für Mitarbeiter und Vorgesetzte,

- Dokumentation und Ablage der Mitarbeiter-(Zielvereinbarungs-)Gesprächsbögen,
- jährliche statistische Erfassung und Interpretation der Bonusausschüttung,
- Kontrollrechte des Betriebsrates,
- Erprobungsphase und die Einarbeitung von Verbesserungsvorschlägen,
- Regelung der Auszahlungsmodalitäten,
- Zeitplan der einzelnen Verfahrensschritte.

Anschließend sollten die erforderlichen Informationsunterlagen ausgearbeitet werden, z.B. Gesprächsleitfäden, Formulare, Fragebögen oder Broschüren. Gleichzeitig müssen Konzepte für Informations- und Kommunikationsmaßnahmen erstellt werden. Hierzu zählen Informationsveranstaltungen, Info-Hotlines in der Personalabteilung oder Trainingskonzepte für Führungskräfte und, wenn möglich, für die Mitarbeiter.
Die Zusammensetzung dieser Projektgruppen ist nicht festgelegt. Sie kann je nach Unternehmen unterschiedlich ausfallen. Es bietet sich jedoch an, Mitglieder aus der Personalabteilung, der Arbeitnehmervertretung sowie nach bestimmten Kriterien ausgewählte Mitarbeiter und Führungskräfte einzubeziehen. Das Projektteam sollte möglichst eine direkte Anbindung zur Geschäftsführung haben. Damit wird ein eindeutiger Berichtsweg etabliert. Mit Hilfe regelmäßiger Berichte der Projektgruppe an die Geschäftsleitung, z.B. über den Stand der Konzeption und Einführung des Gesamtsystems, können durch die Geschäftsleitung Entscheidungen, die das Vergütungssystem betreffen, gefällt werden. So wird eine erfolgreiche Umsetzung gewährleistet.
Sind die erforderlichen Instrumentarien erstellt und im Unternehmen ausreichend kommuniziert worden, können die ersten Mitarbeitergespräche und Bonusrunden beginnen.

4. Auswertung des Erfolges und der Qualität von Mitarbeitergesprächen

Nach der Einführung sollten Erfolg und Qualität der Mitarbeitergespräche überprüft werden, um eventuell noch vorliegende Schwachstellen des Systems zu erkennen und Verbesserungen vorzunehmen. Außerdem ist es förderlich, jährlich die praktizierte Vergabe von variablen Vergütungsbestandteilen statistisch zu erfassen. Aus diesen statistischen Auswertungen können Verschiebungen oder unterschiedliche Verteilungsmodi sehr gut identifiziert werden. Aber auch eine qualitative Erhebung über die Befragung von betroffenen Führungskräften und Mitarbeitern kann dazu beitragen, die Qualität und Akzeptanz der praktizierten Mitarbeitergespräche und Leistungsbeurteilungen zu erfassen.
Im folgenden ist ein Einführungsplan für Mitarbeitergespräche, die Bonusbeurteilungen beinhalten, exemplarisch dargestellt.

Einführung von Vergütungssystemen: Ablaufplan

1. Definition der strategischen Zielsetzung und Rahmenbedingungen für die Einführung des Vergütungssystems durch die Geschäftsführung. Entscheidung über die Einbindung externer Berater.
2. Frühzeitige Einbeziehung der gesetzlich gewählten Mitarbeitervertretung in die Planung.
3. Bildung eines Projektteams aus Vertretern des Personalbereichs, Führungskräften, Mitarbeitern und Arbeitnehmervertretern, mit dem Auftrag, die notwendigen Schritte zur Einführung des Vergütungssystems auszuarbeiten, schriftlich die Eckpfeiler des Systems zu definieren und diese mit der Geschäftsleitung abzustimmen.
4. Ausgestaltung des Instrumentariums, Ausarbeitung aller wichtigen Unterlagen wie Leitfäden, Broschüren etc..
5. Sicherstellung der Information von Mitarbeitern und Führungskräften, z.B. in Betriebsversammlungen, Veröffentlichungen in der Hauszeitschrift, Präsentationen in Workshops, Teamsitzungen usw..
6. Konzeption und Durchführung von Trainings für Führungskräfte und Mitarbeiter.
7. Terminvereinbarung für erste Zielvereinbarungsgespräche, unter Umständen auch für vorab stattfindende Testgespräche oder Pilotphasen. Terminierung der Beurteilungsgespräche.
8. Durchführung der ersten Bonusrunde.
9. Auswertungen über Bonusvergabe und Projektevaluation zur Überprüfung des Erfolges der Einführung.

Qualifizierungsmaßnahmen für Führungskräfte und Mitarbeiter

Die Qualifizierungsmaßnahmen für Führungskräfte und Mitarbeiter müssen noch intensiver angeboten werden, wenn das Mitarbeitergespräch eine Beurteilung enthält, die geknüpft ist an einen leistungsorientierten, variablen Bonus. Hier sollte man neben den in Kapitel 10 geschilderten Themenstellungen für eine Mitarbeiterschulung vor allem das leistungsorientierte Vergütungssystem den Führungskräften und Mitarbeitern intensiv vorstellen. Führungskräfte sollten mit jedem Schritt vertraut gemacht werden, der dazu nötig ist, einem Mitarbeiter eine Bonuszahlung auszuschütten. Dazu gehört der Einblick in die Ermittlung und Planung der Geschäftszahlen genauso wie die Darstellung des Stufenprinzips (Kaskadenprinzips) der Bonusvergabe. Auch sollte man darauf achten, daß unterschiedliche Führungskräfte einer Organisation den Maßstab ähnlich anwenden.

Immer mehr Arbeitsverhältnisse entwickeln sich zu Geschäftsverhältnissen, da die Unternehmen immer weniger in der Lage sind, einen Arbeitsplatz auf Lebenszeit zu garantieren. Das Geschäft muß sich für alle Beteiligten lohnen: für das Unternehmen, die Mitarbeiter und die Geschäftspartner außerhalb des Unternehmens, und es soll als fair erlebt werden. Deshalb sollten Führungskräfte und Mitarbeiter darin qualifiziert werden, den Umgang mit Instrumenten wie leistungsorientierter Vergütung zu lernen. Die Koppelung von Mitarbeitergesprächen an »Geld« entfaltet eine Eigendynamik. Das Ansprechen kritischer Themen, wie z.B. eigene Schwächen, Verbesserungsvorschläge, die auch als Kritik verstanden werden können, oder auch Feedback an den eigenen Vorgesetzten bezüglich der gegenseitigen Zusammenarbeit, können zunehmend unter dem Aspekt: »Lohnt es sich für mich, das anzusprechen, oder habe ich dadurch finanzielle Nachteile«, gesehen werden. Manche Mitarbeiter werden dadurch verführt, Manipulationsstrategien anzuwenden, um finanzielle Vorteile zu bekommen. Zu den Manipulationsstrategien gehören:

- das Loben, Schmeicheln, Rühmen des Vorgesetzten,
- emotionale Betroffenheit übertreiben bzw. simulieren,
- den Teufel an die Wand malen, Angst einjagen durch Heraufbeschwören großer Gefahren,
- Handlungsspielraum verringern durch Erinnerung an (scheinbar) frühere Aussagen des Vorgesetzten,
- versteckte Androhung der Kündigung,
- Verunsicherung des Vorgesetzten durch Ansprechen wunder Punkte.

Wie Vorgesetzte auf diese Einwände von Mitarbeitern reagieren können, sollte ebenfalls Bestandteil einer Qualifizierungsmaßnahme für Führungskräfte sein. Umgekehrt sollten Mitarbeiter in Qualifizierungsmaßnahmen lernen, wie sie auf etwaige Manipulationsversuche ihrer Vorgesetzten, z.B. zu hohe Ziele zu setzen oder Ziele zu verordnen, reagieren können.

11.7 Entwicklung der strategischen Ziele mit Hilfe der Balanced Scorecard

Die Unternehmensleitung hat ein hohes Interesse daran, daß strategische Ziele auch von den Mitarbeitern verstanden und umgesetzt werden. Dazu ist es jedoch notwendig, daß sie selbst strategische Ziele definiert und diese dann top-down mit den wichtigsten Meilensteinen und Umsetzungsprogrammen versieht. Ein hervorragendes Tool, um meßbare strategische Ziele auf übergeordneter Ebene zu entwickeln, ist die Balanced Scorecard (BSC).
Die beiden Entwickler der Balanced Scorecard, R. S. Kaplan und D. P. Norton, konzipierten die BSC als Steuerungs- und Controllinginstrument für die Umsetzung von Strategien. Der Grundgedanke der BSC besteht darin, unternehmensstrategische Kernaussagen nicht nur in Form einer Vision oder Strategie zu formulieren, sondern auch konkrete Priorisierungs- und Gewichtungsentschei-

dungen zu treffen, die an vorhandene oder geplante finanzwirtschaftliche Budgets gekoppelt sind. Kaplan und Norton unterscheiden vier Kernbereiche einer Unternehmensstrategie, die sie als »Perspektiven« bezeichnen:

- die finanzwirtschaftliche Perspektive,
- die Kundenperspektive,
- die Perspektive des Lernens und der kontinuierlichen Weiterentwicklung,
- die Perspektive der Innovation und der Prozeßoptimierung.

Diese unterschiedlichen Perspektiven ermöglichen die Integration sämtlicher Unternehmensaktivitäten auf einer übergeordneten Steuerungsebene.

Einführungsschritte der Balanced Scorecard

Die Einführung einer Balanced Scorecard kann folgendermaßen stattfinden:

D. P. Norton und R. S. Kaplan haben das Motto für die BSC geprägt: »Produce simple plans, speak simply and propose big, clear targets.« Die Erstellung einer BSC ist das Ergebnis vielfältiger Reflexions-, Kommunikations- und Überprüfungsprozesse.

Die Geschäftsleitung definiert in den vier Bereichen:

- Geschäftszahlen,
- Kunden,
- Lernen und Weiterentwicklung und
- Innovation und Prozeßoptimierung

ihre Ziele und formuliert Meilensteine.

Dabei trifft sie Entscheidungen darüber, welchen Stellenwert die Einzelperspektiven für einen bestimmten Zeithorizont besitzen sollen und wie sie jeweils vernetzt sind. Durch prozentuale Gewichtungen werden zugleich antizipierte Investitionsentscheidungen festgelegt, z.B. hat ein junges, im Aufbau befindliches Unternehmen den Schwerpunkt in der Phase der Neukundengewinnung und in der intelligenten Marktpositionierung. Ein etabliertes Unternehmen fokussiert wahrscheinlich stärker auf die Optimierung von Prozessen und die Bindung bestehender Kunden.
Anschließend werden Top-down in den einzelnen Abteilungen und Bereichen aus den strategischen Unternehmenszielen operative Ziele und Aufgaben definiert, die sich aus den Unternehmenszielen ergeben. Gleichzeitig werden Kennzahlen und Meßkriterien definiert, anhand derer man Fortschritte und den Zielerreichungsgrad feststellen kann. Durch Bottom-up-Feedbacks der nachgeordneten Unternehmenseinheiten kann die von der Geschäftsführung definierte strategische Ausrichtung korrigiert werden, wenn einige Kernaussagen revisionsbedürftig erscheinen.

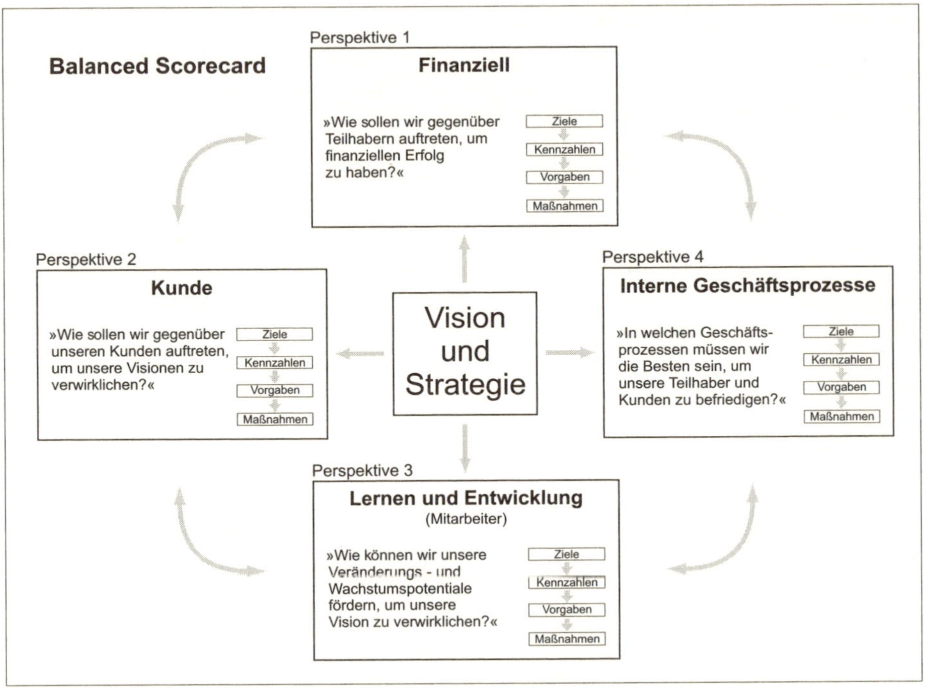

Abb. 46: Beispiel für eine Balanced Scorecard (in Anlehnung an R. S. Kaplan & D. P. Norton, 1997)

Ergebnis ist ein festgelegter Ziel- und Strategierahmen, der allen Mitarbeitern verdeutlicht, inwiefern ihre persönliche Ziel- und Aufgabenerfüllung zur Erreichung der Gesamtstrategie beiträgt. Die Kommunikation der BSC erzielt eine unternehmensweite Verbindlichkeit für alle Bereiche, Teams und Individuen. Jede einzelne Zielvereinbarung in der Organisation sollte auf ein Matrix-Element einer BSC bezogen werden – ansonsten wird sie verworfen, da der Beitrag zu den »vier Perspektiven« nicht klar ist.

Dadurch entsteht einerseits eine konsequente Ausrichtung der Organisation auf die von der Geschäftsleitung gesetzten strategischen Ziele. Andererseits ermöglicht diese ganzheitliche Zielformulierung durch die Unternehmensleitung, daß Ziele aufeinander abgestimmt und genauer operationalisiert werden können.

Aktionsprogramme ermöglichen die Umsetzung und das Controlling der definierten Ziele und Maßnahmen.

Diese Zielplanung muß eng an den Unternehmensplanungsprozeß gekoppelt werden.

Auf der Grundlage einer eingeführten BSC ergibt sich die Möglichkeit, auch die Leistungsbeurteilung der Mitarbeiter neu zu gestalten. Die Leistung eines Mitarbeiters wird danach bemessen, inwiefern sie im Rahmen einer definierten Position oder Funktion einen konkreten Beitrag zur Erfüllung der BSC leistet, und

dann anhand fester Meßkriterien bewertet und gewichtet werden. Dadurch wird es möglich, Mitarbeiter dafür zu gewinnen, sich für Unternehmensziele zu engagieren.
Bei allen Zielvereinbarungssystemen ist der Versuch zu beobachten, daß die Unternehmensziele stufenförmig von oben nach unten in die Organisation gebracht werden. Diese Zieldiskussion ist sicherlich förderlich, kann jedoch nur durch ständige Zielreviews aktuell gehalten werden, die auch sich verändernde Ziele aktuell aufgreifen und neu priorisieren helfen.

Das Wichtigste in Kürze

☞ Um erreichte Ziele und außergewöhnliche Ergebnisse zu honorieren, werden von Unternehmen zunehmend erfolgs- und leistungsorientierte Vergütungssysteme eingeführt. Dies geschieht häufig in Verbindung mit einer Leistungsbeurteilung z.B. im Rahmen des jährlichen Mitarbeitergesprächs. Ziel eines solchen Anreizsystems ist es, Mitarbeiter zu motivieren, leistungsrelevantes Verhalten zu zeigen. Je differenzierter die Möglichkeiten innerhalb eines solchen Systems sind, desto eher kann den unterschiedlichen Bedürfnissen des Mitarbeiters entsprochen werden.

☞ Je nach Bedürfnislage können verschiedene Anreizformen, wie Erfolgsbeteiligungen und variable Entgelte, oder immaterielle Anreize, wie interessante Arbeitsinhalte und erhöhte Eigenverantwortung, eingesetzt bzw. angeboten werden.

☞ Bei Belohnungen können zwei Arten mit ihren Auswirkungen auf die Zufriedenheit des Mitarbeiters unterschieden werden. Direkte Belohnungen werden als Konsequenz der Zielerreichung gegeben, während indirekte Belohnungen nur indirekt mit der Zielerreichung in Zusammenhang stehen. Bei den direkten Belohnungen geht die größte Wirkung von Belohnungen aus, die proportional zur Zielerreichung erfolgen. Die Bezahlung erfolgt direkt zur tatsächlichen Leistung, wie etwa bei der Provision. Je schneller die Belohnung erfolgt, desto effektiver ist sie. Indirekte Belohnungen, wie Sozialleistungen oder flexible Arbeitszeitregelungen, motivieren den Mitarbeiter zwar kaum zu höheren Leistungen, binden ihn aber an das Unternehmen.

☞ Die Akzeptanz der Belohnungen hängt davon ab, inwieweit sie dem eigenen Anspruchsniveau entsprechen und wie sie im Vergleich mit anderen wahrgenommen werden. Je klarer und eindeutiger die Beziehung zwischen der erbrachten Leistung und der erhaltenen Leistungsprämie ist, desto leistungsorientierter ist ein Vergütungssystem.

☞ Damit ein solches leistungsabhängiges Vergütungssystem fair und nachvollziehbar ist, müssen die Leistungsziele so definiert sein, daß sie meßbar sind und die Beziehung zur Belohnung (z.B. Prämie) eindeutig geregelt ist.

☞ Bei der Entwicklung und Ausgestaltung eines Vergütungssystems gibt es eine Vielzahl von Modellen und Systematiken, die jedes Unternehmen an seine Erfordernisse anpaßt.

☞ Die Vergütung tariflich bezahlter Mitarbeiter ist durch die Sozialpartner geregelt. Die Erfolgsbeteiligung über Zielvereinbarungen kann über eine Prämienregelung oder durch eine Einbindung im Rahmen des tariflichen Leistungsentgelts erfolgen.

☞ Bei Führungskräften und außertariflich bezahlten Mitarbeitern werden durch erfolgs- und leistungsbezogene Entgeltsysteme, wie etwa Aktienoptionspläne und leistungsbezogene Systeme, Anreize gesetzt. Die Daumenregel 70-20-10 empfiehlt, daß 70 Prozent der Vergütung das Grundgehalt ausmachen sollen, 20 Prozent durch individuelle Leistung und 10 Prozent durch den Unternehmenserfolg bestimmt werden. Bei der Festlegung des Fixgehalts sollten das Gehalt im Marktvergleich, die Qualifikation der Person und der Verantwortungsrahmen berücksichtigt werden. Das Fixgehalt sollte sich innerhalb festgelegter Bandbreiten bewegen können.

☞ Der Teil des Einkommens, der von der Leistung abhängig ist, ist variabel. Er wird über ein Zielvereinbarungs- und Bewertungssystem bestimmt. Eine gängige Methode dafür ist ein Bonussystem in Form eines bestimmten Prozentwertes vom Fixgehalt. Für jeden betroffenen Mitarbeiter wird ein Zielbonus definiert, den er bei normaler, engagierter Leistung erreichen kann. Dieser Zielbonus kann jedoch in einer bestimmten Bandbreite schwanken (z.B. von 0 bis 200 Prozent). Oft werden dabei Ober- und Untergrenzen definiert (»Caps« und »Floors«). Der Gesamterfolg des Unternehmens wird in der Regel durch die Bestimmung des Leistungsbudgettopfes durch die Geschäftsleitung ermittelt. Je nach Leistung einzelner Bereiche und Ressorts wird der von der Geschäftsleitung bestimmte Budgettopf über die verschiedenen Bereiche und Personen verteilt. Kaskadenförmig werden dann die Bonustöpfe von den jeweiligen Vorgesetzten weiter nach unten verteilt und kommen über den »Abteilungsbudgettopf« zum Mitarbeiter.

☞ Um Leistung gerecht zu honorieren, ist es notwendig, im Vorfeld zu definieren, was für jeden Aufgabenbereich Leistung bedeutet und wie sie sich zusammensetzt. Bei der summarischen Beurteilung des Mitarbeiters werden verschiedene Faktoren, wie etwa Zielerreichungsgrad, Erfüllung der Routine- und Sonderaufgaben, die vorhandenen Kompetenzen des Mitarbeiters unter Berücksichtigung von Einflußfaktoren nach einem bestimmten, vorher festgelegten Schema, ermittelt. Die Gesamtbeurteilung bestimmt die Höhe des Bonusbetrages. Ein weiteres Bonusermittlungsmodell beurteilt die Leistung nur nach dem Zielerreichungsgrad. Hier werden zu Beginn eines Zeitraums ca. vier bis sieben Ziele vereinbart und gewichtet. Der Grad der Zielerreichung multipliziert mit der Zielgewichtung bestimmt den Bonus.

Der erfolgsorientierte Bonus wird in den meisten Fällen mittels einer Rechensystematik und definierten Erfolgsparametern, wie z.B. Gewinn, Eigenkapitalrendite usw., ermittelt (statt mit einer festen Rechensystematik verknüpft). Kann man die Leistung eines Mitarbeiters erst nach einem längeren Zeitraum beurteilen, oder möchte man die Unternehmensentwicklung erst über einen gewissen Zeitraum auf ihren Erfolg hin bewerten, wird der Bonus erst nach mehreren Jahren ausgeschüttet (»Longterm« Bonus).

☞ Es gibt auch Mischmodelle, in denen die individuelle Leistung mit dem Unternehmenserfolg verknüpft wird. Hier wird der Zielerreichungsgrad durch eine Multiplikation der Bewertung der Ziele, der Gewichtung der Ziele und der Bewertung von Routineaufgaben errechnet. Gleichzeitig wird ein Kennwert errechnet, der jährlich die tatsächlichen Geschäftsergebnisse widerspiegelt. Über diesen Ergebnisfaktor wird der einzelne an den wirtschaftlichen Erfolg des Unternehmens gebunden und daran mit beteiligt.

☞ Eine wesentliche Schwierigkeit, die mit dem leistungsorientierten Gehaltssystem verbunden ist, stellt die Messung der Leistung dar. Analytische Beurteilungsmodelle errechnen klar definierte Werte für Zielerreichungen. Dadurch entsteht eine hohe Transparenz für die Mitarbeiter, wie sich ihr Leistungsbonus errechnet. Veränderungen und Einflußfaktoren bezüglich der Zielvereinbarung, die sich im Laufe des Jahres ergeben, können hier aber nicht genügend berücksichtigt werden. Beim summarisch orientierten Modell beurteilt der Vorgesetzte die Gesamtleistung. Dies birgt die Gefahr in sich, daß durch unterschiedliche Bewertungsmaßstäbe der Vorgesetzten, Mitarbeiter mit gleicher Leistung unterschiedlich beurteilt werden. Die leistungsorientierte Vergütung verändert auch die Zusammenarbeit zwischen Führungskraft und Mitarbeiter und gibt dem Mitarbeitergespräch noch mehr Gewicht. Kompetenzen wie Verhandlungstechniken, realistische Selbsteinschätzung und Planungskompetenz sind für die Gesprächsführung hilfreich. Führungskräfte, aber auch Mitarbeiter, sollten hierfür entsprechend qualifiziert werden.

☞ Wird ein leistungsorientiertes Vergütungssystem implementiert, ist eine wesentliche Voraussetzung, daß die Geschäftsleitung die Ziele und die Rahmenbedingungen definiert. Eine frühzeitige Einbindung des Betriebsrates ist aus mitbestimmungsrechtlichen Gründen notwendig. Ein idealerweise heterogen zusammengesetztes Projektteam erarbeitet dann ein Vergütungsmodell und entwickelt entsprechende Kommunikations- und Qualifizierungsmaßnahmen. Nach der Einführung sollten Erfolg und Qualität der Mitarbeitergespräche und der damit verbundenen Leistungs- und Bonusbeurteilungen überprüft werden, um Verbesserungen vornehmen zu können.

☞ Die Unternehmensleitung hat ein hohes Interesse daran, daß strategische Ziele auch von den Mitarbeitern verstanden und umgesetzt werden. Ein hervorragendes Tool, um meßbare strategische Ziele auf übergeordneter Ebene zu entwickeln und kaskadenförmig auf allen Ebenen in konkrete Ziele und Maßnahmen zu übersetzen, ist die Balanced Scorecard (BSC):
In den Bereichen Geschäftszahlen, Kunden, Lernen und Weiterentwicklung sowie Innovation und Prozeßoptimierung formuliert die Geschäftsleitung Ziele und Gewichtungen. Top-down werden aus diesen Zielen operative Ziele und Aufgaben definiert und danach die Leistungsbeurteilung gestaltet. Die Leistung eines Mitarbeiters wird nun danach bemessen, welchen konkreten Beitrag er für die spezifischen strategischen Unternehmensziele leistet. Dies kann wiederum durch einen Leistungsbonus mit Hilfe eines leistungsorientierten Vergütungssystems honoriert werden.

Mehr zu diesem Thema

Balzer, A.: Sommer, C.: »Mehr Geld für die Chefs?«, in: *Manager Magazin*, 28 (9), 1998, S. 214–228

Bardens, R. E.: »Zielvereinbarungsgespräche als Führungsinstrument«, in: *Leistung und Lohn*, Nr. 315/316, Heider Verlag, Bergisch Gladbach 1998

Becker, F. G.: *Anreizsysteme für Führungskräfte im strategischen Management*, Eul, Bergisch Gladbach 1985

Becker, F. G.: *Anreizsysteme für Führungskräfte*, Poeschel, Stuttgart 1990

Becker, F. G.: »Anreizsysteme als Führungsinstrument«, in: Kieser, A.; Reber, G.;

Becker, F. G.: *Grundlagen betrieblicher Leistungsbeurteilungen, Leistungsverständnis und -prinzip, Beurteilungsproblematik und Verfahrensprobleme*, 3. Auflage, Schäffer-Poeschel, Stuttgart 1998

Becker, F. G.: »Anreizsysteme als Instrumente der strukturellen Mitarbeiterführung«, in: Eyer, E. (Hrsg.): *Praxishandbuch Entgeltsysteme – Durch differenzierte Vergütung die Wettbewerbsfähigkeit steigern*, Symposion-Verlag, Düsseldorf 2001

Böhnisch, W.; Freisler-Traub, A.; Reber, G.: »Der Zusammenhang zwischen Zielvereinbarung, Motivation und Entgelt – Eine theoretische Analyse«, in: *Personal*, Heft 1/2000, S. 38–42

Bretz, H.; Maaßen, H.: »Anreizsysteme: Von der »Mitarbeitererhaltung« zur »Strategischen Mobilisierung« der operativen Führung«, in: *ZfP* 2/1989, S. 139–152

Bungard, W.; Kohnke, O.: *Zielvereinbarungen erfolgreich umsetzen*, Gabler Verlag, Wiesbaden 2000

Dejung, K.; Moog, M.: »Team- und Gruppenarbeit: Mit Geld allein nicht zu bezahlen«, in: *Personalführung*, 4/1998, S. 50–53

Domsch, M.; Gerpott, T. J.: »Verhaltensorientierte Beurteilungsskalen«, in: *Die Betriebswirtschaft*, 45/1985, S. 666–680

Eyer, E.: »Vergütung von Teamarbeit in Dienstleistungsunternehmen«, in: *Personalführung*, 4/1998, S. 34–37

Farr, J. L.: »Leistungsfeedback und Arbeitsverhalten«, in: Schuler, H. (Hrsg.): *Beurteilung und Förderung beruflicher Leistung*, VAP, Stuttgart 1991, S. 57–80

Frey, B. S.; Osterloh, M.: »Motivation – der zwiespältige Produktionsfaktor«, *Neue Zürcher Zeitung*, 29./30. März 1997, S. 29

Friedag, H. R.; Schmidt, W.: *My Balanced Scorecard*, Rudolf Haufe Verlag, Freiburg i. Br. 2000

Friederichs, P.: »Konsequentes Führungscontrolling durch den Employee-Value-Index«, in: *Personalführung*, 4/1998, S. 70–75

Frieling, E.: »Führen mit Kennzahlen«, in: IfaA (Hrsg.): *Lean Production: Erfahrungen und Erfolge in der M+-E Industrie,* Bachern, Köln 1994, S. 121–142

Gieseking, O.; Sehnke, E.; Roos, J.: »Leistungs- und erfolgsorientierte Vergütung von Team- und Gruppenarbeit«, in: *Personalführung*, 4/1998, S. 22–32

Gnade, A.; Kehrmann, K.; Schneider, W.; Blanke, H.; Klebe, T.: *Betriebsverfassungsgesetz*, 7. Auflage, Bund Verlag, Köln 1997

Guest, D. E.: *Zielsetzungsmethoden (Goal Setting)*, in: Greif, S.; Holling, H.; Nicholson, N. (Hrsg.): *Arbeits- und Organisationspsychologie: internationales Handbuch in Schlüsselbegriffen*, Psychologie-Verlags-Union, München 1989, S. 467–472

Hacker, W.: *Allgemeine Arbeitspsychologie: Psychische Regulation von Arbeitstätigkeiten*, Huber, Bern 1998

Hackman, J. R.; Oldham, G. R.: *Work redesign*, Addison-Wesley, Reading, MA 1980

Hlawaty, P.: »Zielvereinbarungen – Eine Herausforderung für betriebliche Interessenvertretung und Gewerkschaften«, in: Jetter, F.; Skrotzki, R. (Hrsg.): *Handbuch Zielvereinbarungsgespräche*, Schäffer-Poeschel, Stuttgart 2000

Hofmann, A.; Schmitz, U.: »Motivation der Mitarbeiter als wesentlicher Erfolgsfaktor von Lean Production«, in: Institut für angewandte Arbeitswissenschaft e. V. (Hrsg.): *Lean Production: Erfahrungen und Erfolge in der M+E Industrie*, Köln 1994, S. 108–120

Horváth, P.; Gaiser, B.: «Implementierungsverfahren mit der Balanced Scorecard im deutschen Sprachraum«, in: *Betriebswirtschaftliche Forschung und Praxis*, Nr. 1/2000, S. 17–35

Horváth, P. & Partner: *Balanced Scorecard umsetzen*, Schäffer-Poeschel, Stuttgart 2000

IG Metall: *Gestaltungshinweise und Regelungsvorschläge für Zielvereinbarungen*, Bezirksleitung der IG Metall, München 1998

Jetter, F.: Skrotzki, R. (Hrsg.): *Handbuch Zielvereinbarungsgespräche*, Schäffer-Poeschel, Stuttgart 2000

Jetter, W.: *Performance Management*, Schäffer-Poeschel, Stuttgart 2000

Kaplan, R. S.; Norton, D. P.: *The Balanced Scorecard – Measures That Drive Performance*, *Harvard Business Review*, 70 (1) 1992, S. 71–79

Kaplan, R. S.; Norton, D. P.: *The Balanced Scorecard – Strategien erfolgreich umsetzen*, Schäffer-Poeschel, Stuttgart 1997

Kieser, A.: (Hrsg.): *Handwörterbuch der Führung*, 2. Auflage, Schäffer-Poeschel, Stuttgart 1995, S. 34–46

Kleinbeck, U.: »Die Wirkung von Zielsetzungen auf die Leistung«, in: Schuler, H. (Hrsg.): *Beurteilung und Förderung beruflicher Leistung*, Verlag für Angewandte Psychologie, Stuttgart 1991, S. 41–56

Kleinbeck, U.: *Arbeitsmotivation: Entstehung, Wirkung und Förderung*, Juventa, Weinheim und München 1996

Kunz, G.: »Zielvereinbarungen und Balanced Scorecard«, in: *Personal*, Heft 10/1999, S. 488–493

Lang, J.: »Leistungsvergütung bei Gruppenarbeit – was leisten Gainsharing-Systeme?«, in: *Personalführung*, 4/1998, S. 42–48

Langan-Fox, J.; Bell, R.; McDonald, L.; Morizzi, M.: *The Dimensionality of Ra-*

tings of Performance Appraisal Systems, Australian Psychologist, November 1996, Volume 3, S. 194–203

Latham, G. P.; Locke, E. A.: «Self-Regulation through Goal Setting and Task Performance (1969-1980)", in: *Psychological Bulletin*, 91 (1) 1981, S. 125 bis 152

Latham, G. P.; Skarlicki, D.; Irvine, D.; Siegel, J.: «The increasing importance of performance appraisal to employee effectiveness in organizational settings in North America", in: Cooper, C. L.; Robertson, I. T. (Eds.): *International review of industrial and organizational psychology*, Wiley, Chichester, UK 1993

Locke, E. A.; Latham, G. P.; Erez, M.: *The Determinants of Goal Commitment, Academy of Management Review*, 13 (1) 1988, S. 23–39

Locke, E. A.; Latham, G. P.: *A theory of goal setting and task performance*, Prentice-Hall, Englewood Cliffs, NJ 1990

Locke, E. A.; Latham, G. P.: *Work Motivation:* «The High Performance Cycle", in: Quast, H.-H.; Kleinbeck, U.; Thierry, H.; Häcker, H. (Eds.): *Work Motivation*, Lawrence Erlbaum, Hillsdale, NJ 1990

Locke, E. A.; Shaw, K. N.; Saari, L. M.; Latham, G. P.: «Goal setting and task performance: 1969-1980", in: *Psychological Bulletin*, 90 (1) 1981, S. 125–152

Lössl, E.: *Ergebnisse der Zielsetzungsverfahren (goal setting) – Literaturzusammenfassung, Zeitschrift für Arbeits- und Organisationspsychologie*, 27 (3) 1983, S. 126–135

Oechsler, W. A.: «Personalführung durch tätigkeitsbezogene Leistungsbewertung«, in: Liebel, H. J.; Oechsler, W. A. (Hrsg.): *Personalbeurteilung, Neue Wege zur Bewertung von Leistung, Verhalten und Potential*, Gabler, Wiesbaden 1992, S. 11–102

Olesch, G.: »Zielvereinbarung und variable Vergütung«, in: *Angewandte Arbeitswissenschaft*, Nr. 162, 1999, S. 1–17

Peuntner, T.: «Management by Objectives (MbO) – Grundlagen", in: *Personal*, Heft 10/1999, S. 486

Pritchard, R. D.; Roth, P.; Jones, S. D.; Galgary, P. J.; Watson, M. D.: *Designing a Goal-Setting System to Enhance Performance: A Practical Guide*, Organizational Dynamics, 1988, S. 69–78

Putz, P.: »Nutzen der Evaluierung von Managementsystemen«, in: *Personal*, Heft 10/1999, S. 502–505

Reißer, M.; Kuhn, M.; Eigenstetter, K.: »Entwicklung und Implementierung einer teamorientierten Vergütung«, in: *Personalführung*, 4/1998 S. 38–40

Scheitler, C.: »Zielvereinbarungen erfolgreich treffen«, in: Personal, Heft 10/1999, S. 498–501

Sold, W.; Uepping, H.: »Strategische Unternehmenssteuerung durch Zielvereinbarungen und variable Vergütung«, in: *Personal*, Heft 10/1999, S. 494–497

Sonntag, K. (Hrsg.): *Personalentwicklung in Organisationen*, Hogrefe, Göttingen 1992

Svoboda, M.: »Zielsicher zum Erfolg – Leistungs- und erfolgsabhängige Vergütung auf der Basis von Zielvereinbarungen in der Deutschen Bank«, in: Bungard, W.; Kohnke, O.: *Zielvereinbarungen erfolgreich umsetzen*, Gabler Verlag, Wiesbaden 2000

Toemmler-Stolze, K.: »Mitarbeiterführung im Prozeß des Business Reengineerings«, in: *Personalführung*, 4/1998, S. 64–69

Ueberschaer, N.: »Leistung, Motivation und Vergütung in der Team- und Gruppenarbeit«, in: *Personalführung*, 4/1998, S. 14–21

Weber, J.; Schäffer, U.: »Balanced Scorecard – Gedanken zur Einordnung des Konzepts in das bisherige Controlling-Instrumentarium«, in: *Zeitschrift für Planung*, 9/1998, S. 341–365

Weber, J.; Schäffer, U.: *Einführung der Balanced Scorecard – 8 Erfolgsfaktoren, Controller Magazin*, 1/2000

Wood, R. E.; Locke, E. A.: «Goal Setting and Strategy Effects on Complex Tasks", in: Staw, B.; Cummings, K.: *Research in Organizational Behavior*, Vol. 12, Greenwich, 1990, S. 73–109

Zander, E.; Knebel, H.: *Taschenbuch für Leistungsbeurteilung*, 2. Auflage, Sauer Verlag, Heidelberg 1982

Zinser, S.: »Kennzahlensysteme«, in: Bullinger H.-J.; Warnecke, H.-J. (Hrsg.): *Neue Organisationsformen im Unternehmen: ein Handbuch für das moderne Management*, Springer, Berlin 1996, S. 971–983

12 Schwierige Mitarbeitergespräche

Darum geht es ...

Warum fällt es Führungskräften manchmal schwer, kritische Mitarbeitergespräche zu führen?

Wie kann sich eine Führungskraft auf diese Gespräche professionell vorbereiten?

Wie kann sie den Gesprächsverlauf konstruktiv gestalten?

Wie verhalten sich Führungskräfte kompetent in schwierigen Gesprächen?

Dieses Kapitel beschreibt:

- die verschiedenen Stufen des Kritikgesprächs,
- wie Kritikgespräche vorbereitet und angekündigt werden,
- was es bei einem Personalgespräch mit einer Abmahnung zu beachten gibt,
- wie Mitarbeiter in emotional beladenen Situationen reagieren können und wie Führungskräfte damit umgehen sollten,
- die Vorbereitung und Durchführung von schwierigen Gesprächen anhand von typischen Beispielen aus dem Führungsalltag.

12.1 Warum fällt es Führungskräften so schwer, ein »kritisches« Mitarbeitergespräch zu führen?

Mitarbeitergespräche verlangen von der Führungskraft insgesamt ein hohes Maß an Klarheit über die eigenen Anliegen und Ziele, Einfühlungsvermögen und Gesprächsführungskompetenz. Unserer Erfahrung nach fallen jedoch diejenigen Mitarbeitergespräche Führungskräften besonders schwer, in denen sie nicht primär aufgabenorientierte Sachthemen mit dem Mitarbeiter besprechen wollen, sondern Themen, die ihren Ursprung in der Art und Weise haben, wie der Mitarbeiter handelt oder sich verhält. Häufig lassen Führungskräfte sehr viel wertvolle Zeit verstreichen, bevor sie sich mit ihrem Mitarbeiter über eine derartige

Situation auseinander setzen. Sie nehmen es sich innerlich zwar mehrere Male vor, das Thema zu einem bestimmten Zeitpunkt anzusprechen, schieben es letztendlich aber immer wieder vor sich her.
Gründe für dieses zögerliche Herangehen sind zum einen die Angst, dem Mitarbeiter Unrecht zu tun, ihm zu nah zu kommen, ihn zu verletzen, zum anderen die Furcht vor einer Eskalation des Gesprächs mit einem unangenehmen Ausgang. Erst wenn der Leidensdruck hoch genug ist und es keinen Ausweg mehr gibt, entschließt sich der Vorgesetzte endlich, das Mitarbeitergespräch anzugehen. Der Mitarbeiter reagiert des öfteren überrascht, daß beispielsweise sein Verhalten nunmehr zum Inhalt des Gesprächs wird. Denn es ist nicht selten das erste Mal, daß die Führungskraft seine Defizite anspricht. Um so mehr versucht der Mitarbeiter, sich im Gespräch zu verteidigen, das Thema zu bagatellisieren und abzuwehren. Er benötigt erst einmal Zeit, um das Gesagte auf sich wirken zu lassen und selbst zu entscheiden, ob und wie er sich verändern möchte. Die Führungskraft, die das Thema schon sehr lange im Kopf mit sich herumträgt und vielleicht zu lange gewartet hat, mit dem Mitarbeiter darüber zu reden, wünscht sich jedoch bei diesem eine sofortige Einsicht und Akzeptanz des Problems. Somit wird eine Eskalation des Gesprächs sehr wahrscheinlich, da die Schnelligkeiten der Auseinandersetzung mit dem Thema unterschiedlich sind. Jede Form der Verhaltensänderung braucht Zeit. Solange der Mitarbeiter nicht von selbst ein Problembewußtsein für die Situation entwickelt und darüber nachgedacht hat, wird es keine Veränderung geben. Deshalb ist es sinnvoll, schwierige Themen mit Mitarbeitern zu einem frühen Zeitpunkt anzusprechen und dosiert – je nach Problembewußtsein und Veränderungsbereitschaft des Mitarbeiters – vorzugehen.

12.2 Das Kritikgespräch

Wenn Sie erkannt haben, daß aufgrund des Verhaltens eines Mitarbeiters ein Kritikbedarf besteht, stellt sich die Frage, in welcher Intensität und in welcher Form das Gespräch stattfinden soll. Dies ist abhängig von:

- der Bedeutung des Mitarbeiterverhaltens in Bezug auf seine Arbeitsleistung,
- der Vorgeschichte,
- der Anzahl der Vorgespräche bzw. der schon erteilten Hinweise zum Fehlverhalten.

In der nachfolgenden Übersicht ist dargestellt, wie Kritikgespräche je nach Schwere der Sachlage in Abstufungen durchgeführt werden können. Auf keinen Fall sollten Kritikgespräche vorschnell und vor Dritten stattfinden. Eine nach Mitarbeiterempfinden zu scharfe oder überzogene Kritik kann auch Widerstand hervorrufen, da sich der Mitarbeiter ungerecht behandelt fühlt und deshalb die Kritik als Ganzes ablehnen wird.

Stufen des Kritikgesprächs und Vorgehensweise

Das folgende Fallbeispiel behandelt die Situation eines Mitarbeiters mit Verhaltensdefiziten hinsichtlich seines Auftretens bei Kunden. Es verdeutlicht exemplarisch den typischen Ablauf eines Kritikgesprächs im Detail, bevor wir in späteren Abschnitten verschiedene Situationen und deren Lösungen aufzeigen. Bei diesen Fallbeispielen werden wir immer wieder ganz bewußt auf die hier aufgeführten Standards verweisen und ausschließlich die jeweiligen Unterschiede vertiefen.

1. Stufe: Rückmeldung bzw. Feedback

Wann ist das Feedbackgespräch sinnvoll?
Ein Feedbackgespräch ist dann angebracht, wenn das Fehlverhalten zum ersten Mal als »kritikwürdig« aufgefallen ist. Es besteht noch kein akuter Handlungsbedarf.

Wie wird vorgegangen?
Es wird Rückmeldung zum Verhalten in Form einer Anregung gegeben: *»Herr Huber, ich glaube, Sie könnten beim Kunden noch erfolgreicher sein, wenn Ihr Auftreten noch höflicher und respektvoller sein würde.«*
Meist versteht der Mitarbeiter den Wink und ändert sein Verhalten oder in diesem Fall sein »Benehmen« bzw. »Auftreten«.

2. Stufe: Sanftes Kritikgespräch

Wann ist ein sanftes Kritikgespräch sinnvoll?
Ein sanftes Kritikgespräch wird geführt, wenn sich das Fehlverhalten des Mitarbeiters nicht ändert. Der Mitarbeiter benötigt konkrete Informationen über die Kritikpunkte an seinem Verhalten sowie unmißverständliche Hinweise zu den Veränderungen, die er bei seinem Betragen vornehmen soll.

Wie wird vorgegangen?
Die angesprochenen Punkte im Fehlverhalten werden vom Vorgesetzten sachlich ohne Schärfe vorgebracht. Die Sichtweise des Mitarbeiters wird angehört und die Gründe werden erörtert. Es ist kein formelles Kritikgespräch mit Ankündigung, trotzdem muß es, wie auch die weiteren Formen des Kritikgesprächs, unter vier Augen durchgeführt werden. Es kann beispielsweise sein, daß dem Mitarbeiter die Wirkung seines Auftretens nicht bewußt ist. Die konkreten Änderungen im Verhalten werden als Vorschläge gebracht. Die Führungskraft kann konkrete Hilfestellung im Sinne einer Rückmeldung zusichern: *»Herr Huber, ich möchte mich mit Ihnen über das Auftreten unserer Mitarbeiter im Außendienst unterhalten. Ich bin mir nicht sicher, ob Sie sich der Erwartungen und Anforderungen hinsichtlich Ihres Auftretens beim Kunden genau bewußt sind. Ich habe den Eindruck, Sie wirken oft gereizt und es fällt Ihnen schwer, die Ansichten und Wünsche unserer Kunden zu respektieren. Lassen Sie uns darüber sprechen. Ich nenne*

Ihnen auch gerne meine Vorstellungen über die Art und Weise im Umgang mit Kunden, die ich für unsere Vertriebsmitarbeiter entsprechend unserer Unternehmenskultur für wichtig erachte.«

3. Stufe: Kritikgespräch

Wann ist ein Kritikgespräch sinnvoll?
Obwohl der Mitarbeiter mittlerweile die konkreten Änderungspunkte an seinem Verhalten kennt, ändert sich in der nächsten Zeit nichts.

Wie wird vorgegangen?
Ab diesem Zeitpunkt findet ein offizielles Kritikgespräch mit Terminvereinbarung und Protokoll statt. Der Termin wird mit dem Mitarbeiter unter Nennung des Anlasses und des Themas gemeinsam vereinbart. In dieser Phase wird die Sprache deutlicher und die Erwartungen werden konkret definiert. Die Sichtweise des Mitarbeiters wird angehört. Es wird auch darauf hingewiesen, welche Auswirkungen es für den Mitarbeiter und das Unternehmen hat, wenn sich nichts am Verhalten ändert. In dieser Form des Gesprächs sollten am Ende auch konkrete Vereinbarungen und Verpflichtungen erzielt werden: *»Herr Huber, obwohl ich Sie schon mehrfach darauf hingewiesen habe, daß Ihr Umgang mit den Kunden nicht den Erwartungen unseres Unternehmens entspricht, habe ich keine Entwicklung bei Ihnen feststellen können. Dies sollte sich ändern. Ich möchte mit Ihnen über konkrete Lösungen sprechen. Wie sehen Sie das?«*

4. Stufe: Verschärftes Kritikgespräch

Wann ist das verschärfte Kritikgespräch sinnvoll?
Obwohl konkrete Maßnahmen vereinbart wurden, hat sich das Verhalten des Mitarbeiters nicht verändert. Es geht in dieser Stufe nicht mehr allein um das Fehlverhalten, sondern auch darum, wie ernst der Mitarbeiter Vereinbarungen nimmt, die die Führungskraft mit ihm verbindlich getroffen hat. Die Führungskraft führt ein verschärftes Kritikgespräch.

Wie wird vorgegangen?
Der Mitarbeiter wird zu einem Termin bestellt. In klarer, eindeutiger Sprache wird die Botschaft vermittelt: Es besteht keine Bereitschaft mehr, das Verhalten des Mitarbeiters zu tolerieren. Sollte es zu keiner Änderung kommen, hat dies Konsequenzen. Wichtig ist hier, sich schon bei der Vorbereitung die möglichen Konsequenzen zu überlegen, um sicherzugehen, daß Sie diese auch ankündigen und umsetzen werden. In dieser Stufe wird es in der Regel nicht mehr nur zu Vereinbarungen, sondern zu konkreten Androhungen von Konsequenzen kommen: *»Herr Huber, obwohl wir konkrete Veränderungen vereinbart haben, habe ich keinen Unterschied wahrgenommen. Wenn Sie nicht innerhalb von drei Tagen die Vereinbarungen umsetzen, werde ich Sie aus dem Außendienst nehmen und in den Innendienst versetzen. Ich habe dies bereits mit der Personalabteilung als Möglichkeit abgeklärt.«*

5. Stufe: Umsetzen von Konsequenzen

Wann ist das Umsetzen von Konsequenzen sinnvoll?
Falls die Vereinbarungen vom Mitarbeiter nicht umgesetzt werden, müssen Konsequenzen folgen. Nur so werden die Glaubwürdigkeit und Ernsthaftigkeit des Gesagten sowie die Autorität der Führungskraft nicht in Frage gestellt.

Wie wird vorgegangen?
Dem Mitarbeiter werden die Konsequenzen mitgeteilt. Es wird darauf hingewiesen, daß bezüglich bestimmter Aspekte seines Verhaltens immer noch Änderungsbedarf besteht. Sollte auch hier in einem definierten Zeitrahmen keine positive Entwicklung sichtbar sein, werden arbeitsrechtliche Schritte angedroht: *»Herr Huber, es hat sich trotz mehrmaliger Aufforderung von meiner Seite und trotz Ihrer Zusage keine Veränderung gezeigt. Ab sofort arbeiten Sie im Innendienst. Sie sind für Folgendes verantwortlich ... und haben folgende Aufgaben. Ich erwarte aber weiterhin von Ihnen, daß Sie die Vereinbarungen vom ... umsetzen. Sollten bis zum ... keine Änderungen feststellbar sein, bin ich gezwungen, arbeitsrechtliche Schritte einzuleiten.«*

6. Stufe: Arbeitsrechtliche Maßnahmen

Wann ist der Einsatz von arbeitsrechtlichen Maßnahmen sinnvoll?
Wenn bis zum angekündigten Zeitraum weiterhin keine Änderungen im Verhalten sichtbar werden, sind arbeitsrechtliche Maßnahmen, wie z. B. eine Abmahnung, unumgänglich.

Wie wird vorgegangen?
Es empfiehlt sich, arbeitsrechtliche Schritte prinzipiell im Rahmen eines Personalgesprächs auszusprechen.

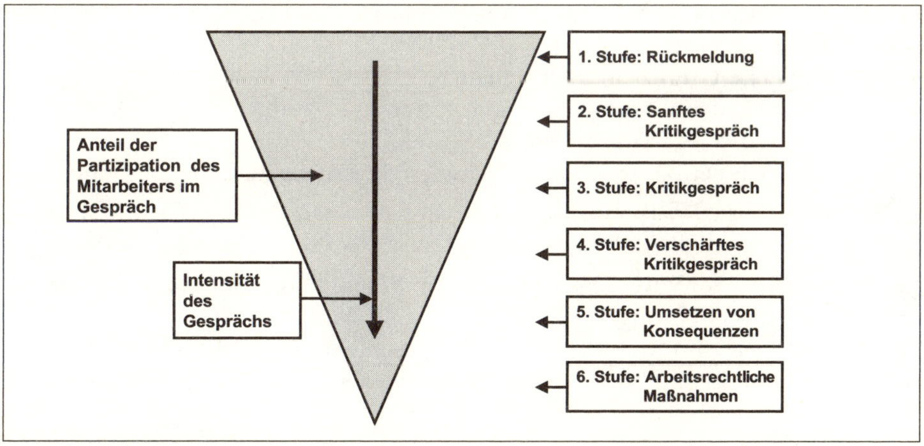

Abb. 47: Stufen des Kritikgesprächs

Die Stufen 1 und 2 sind davon geprägt, daß beide Parteien kooperativ Lösungen erarbeiten. Mit zunehmender Stufe wird das Gespräch direkter und die Intensität nimmt zu. Die Partizipationsmöglichkeiten des Mitarbeiters, die Mitwirkung an der Zielfindung und den Lösungsmöglichkeiten nimmt von Stufe zu Stufe ab.

Vorgehen bei einem Kritikgespräch

Bei einem Kritikgespräch verfolgen Sie generell die Lösung eines bestehenden Problems. Eine gute Vorbereitung erhöht die Erfolgswahrscheinlichkeit. Das Wissen um Details der Situation und der erforderlichen Argumentation hilft Ihnen, das Gespräch mit einer zielführenden Vereinbarung abzuschließen.

Vorbereitung des Gesprächs

Eine gute Vorbereitung beginnt mit der Analyse der Situation. Es gilt, sich mit den möglichen Ursachen und Gründen der Sachlage zu beschäftigen. Fehlt dem Mitarbeiter z. B. die entsprechende Kompetenz, d. h. *kann* er etwas nicht, sollte die Führungskraft anders an die Situation herangehen, als wenn er etwas von sich heraus nicht *will*, d. h. Änderungen nicht akzeptiert oder verweigert. Darüber hinaus können auch noch private bzw. persönliche Gründe wie Scheidung oder Krankheit einen Einfluß auf das Verhalten des Mitarbeiters haben.

Eine sorgfältige Vorbereitung
- schafft eine innere Überzeugung,
- erhöht die Selbstsicherheit im Auftreten,
- hilft, die Ziele im Auge zu behalten,
- ermöglicht es, die zentralen Themen für das Gespräch herauszuarbeiten,
- erzeugt Klarheit und Struktur für das Gespräch,
- listet die notwendigen Beobachtungen, Eindrücke, Daten, Fakten, Beispiele über den Sachverhalt auf,
- hilft, mögliche Gründe und Ursachen zu klären,
- ermöglicht es, den Gesprächspartner besser zu verstehen,
- hilft, mögliche Gegenargumente im Vorfeld zu reflektieren,
- ermöglicht es, evtl. auftauchende Schwierigkeiten zu durchdenken und dazu Strategien vorzubereiten,
- erleichtert es, Möglichkeiten der Unterstützung zu planen.

Eine professionelle Vorbereitung bedeutet deshalb, die Situation aus unterschiedlichen Blickrichtungen zu analysieren und zu hinterfragen.
Die Perspektiven zum Sachverhalt, zur Vorgeschichte, zum Mitarbeiter, zum betrieblichen Umfeld und auch bezüglich der eigenen Funktion als Führungskraft sollten reflektiert werden.
Folgende Fragen unterstützen die Führungskraft, verschiedene Perspektiven bei ihrer Vorbereitung zu berücksichtigen.

Abb. 48: Fragen zur Vorbereitung

Fragen zum Sachverhalt
- Was sind die Kritikpunkte und konkreten Gründe für das Gespräch?
- Welche Aufgaben und Tätigkeiten soll der Mitarbeiter übernehmen?
- Wie ist die faktische Arbeitsbelastung des Mitarbeiters? Welche konkreten Aufgaben mit welchem Zeitaufwand leistet er?

Fragen zur Vorgeschichte
- Seit wann besteht das Problem?
- Wie hat sich der Mitarbeiter bisher verhalten? Wie war die Leistung des Mitarbeiters früher?
- Sind von mir oder anderen bereits Aktivitäten unternommen worden, das Problem anzugehen?
  Die vorangegangenen Aktivitäten beeinflußen den nächsten Schritt. Das Feedback, die Inhalte, aber auch die möglichen Konsequenzen sollten an die Vorgeschichte anschließen.
- Gab es zum Zeitpunkt der Veränderung im Verhalten konkrete Ereignisse? Bestimmte Geschehnisse im Unternehmen (z. B. Umstrukturierungen im Team, neue Aufgabenverteilung oder neuer Vorgesetzter) können Einfluß auf die Identifikation mit der Tätigkeit und auf die Motivation des Mitarbeiters haben.
- Welche Erfahrungen hatte der frühere Vorgesetzte mit dem Mitarbeiter?

- Gibt es in der Personalakte einen Vermerk (z. B. von der vorherigen Führungskraft)?
- Was waren die Ergebnisse und Erkenntnisse der letzten Mitarbeitergespräche?

Fragen zum Mitarbeiter
- Wie bewerte ich den Mitarbeiter grundsätzlich in seiner Arbeitsweise?
  Aktuelle Kritikanlässe bergen die Gefahr, daß das Negative überbewertet wird. Deshalb ist es für das Gespräch hilfreich, sich auch die positiven Seiten des Mitarbeiters bewußt zu machen. Dadurch wird es im Gespräch möglich, ein ausgewogenes Feedback zu geben.
- Was sind seine Stärken und Schwächen?
  Für ein qualifiziertes Feedback an einen Mitarbeiter ist es für eine Führungskraft wichtig, das zu kritisierende Verhalten im Kontext des ganzen Wirkens des Mitarbeiters zu betrachten und zu bewerten.
- Wie sieht der Mitarbeiter sein Verhalten?
  Hier geht es darum, festzustellen, ob er sich der Auswirkung seines Verhaltens bewußt ist.
- Wie wird sich der Mitarbeiter im Kritikgespräch verhalten?
  Da Führungskräfte in der Regel das Gespräch ankündigen und den Termin vereinbaren, wird ihnen der Mitarbeiter mit einer bestimmten Erwartungshaltung und Befindlichkeit begegnen. Je mehr Befürchtungen vorhanden sind, desto mehr beschäftigt ihn die Frage, wie er sich am besten »verteidigen« kann.
- Welche Unsicherheiten und Ängste könnten vorhanden sein?
  Je mehr der Führungskraft diese klar sind, desto feinfühliger kann das Gespräch geführt werden.
- Wie könnte der Mitarbeiter auf die Kritik reagieren?
  Ist das Thema für den Mitarbeiter schon bekannt oder ein blinder Fleck (vgl. Kapitel 7)? Mit wieviel Einsicht und Problembewußtsein kann die Führungskraft realistischerweise im ersten Gespräch rechnen?
- Mit welchen Argumenten könnte mich der Mitarbeiter konfrontieren?
  Je mehr die möglichen (Gegen-)Argumente bewußt werden, desto besser kann sich die Führungskraft auf diese vorbereiten bzw. diese vorwegnehmen.
- Welche Absichten könnte der Mitarbeiter verfolgen?
  Je besser die Ziele und Interessen des Mitarbeiters verstanden werden, desto besser kann sich die Führungskraft darauf einstellen bzw. diese in die Vorbereitung mit einbeziehen.
- Könnten im privaten Bereich bestimmte Probleme vorliegen?
  Haben Sie diese Vermutung, so sollten Sie sich mit Fragen sensibel an das Problem herantasten. Eine frontale Kritik würde zunächst den Druck auf den Mitarbeiter erhöhen, was in dieser Situation aber nicht sinnvoll wäre. Deshalb ist es hier wichtig, im Gespräch Einfühlungsvermögen und durchaus auch menschliche Wärme zu zeigen. Wenn Sie definitiv Klarheit über die private Mi-

sere des Mitarbeiters haben, können Sie entscheiden, ob und für welchen begrenzten Zeitraum Sie Rücksicht auf die private Situation des Mitarbeiters nehmen möchten. Persönliche Krisen können jedoch jeden Menschen treffen – auch Sie. Eine Scheidung, eine schwere Krankheit, der Verlust eines Partners oder Kindes z. B. hinterlassen Spuren, die niemand so einfach wegstecken kann. Ein verändertes Verhalten in der Arbeitswelt ist bis zu einem bestimmten Grad normal und menschlich.
- Wie ist derzeit die psychische und mentale Verfassung des Mitarbeiters?
- Könnte sich der Mitarbeiter überfordert fühlen?
- Wie ist sein Engagement im Vergleich zu den anderen Mitarbeitern?
- Was könnten die Motive für sein Verhalten sein?

Fragen zu sich als Führungskraft
- Was ist meine Mitverantwortung? Was habe ich im Vorfeld unterlassen, was zu meiner Führungsverantwortung gehört hätte?
- Was sind meine langfristigen Ziele für den Mitarbeiter?
  Hier geht es darum, zu bestimmen, welche Ziele, über den aktuellen Kritikanlaß hinaus, für den Mitarbeiter bestehen. Soll er sich in eine bestimmte Richtung weiterentwickeln? Sind bestimmte Zuständigkeiten und Aufgaben für den Mitarbeiter vorgesehen? Welche konkreten Erwartungen werden an sein zukünftiges Verhalten gestellt?
- Wie will ich die Kritik formulieren?
  Da bei sensiblen Themen eine behutsame Rückmeldung wichtig ist, kann es nützlich sein, die wichtigen Formulierungen schon im Vorfeld zu definieren.
- Auf welche Reaktionen muß ich mich einstellen? Wie gehe ich mit Blockaden um?
- Wie sind meine eigenen Gefühle, die Situation und den Mitarbeiter betreffend?
- Habe ich evtl. die Reaktion des Mitarbeiters oder das Verhalten mißverstanden oder falsch interpretiert?

Fragen zum Umfeld
- Wie könnte das Verhalten des Mitarbeiters auf die Kollegen, andere Abteilungen und Kunden wirken? Welche Konsequenzen hat sein Verhalten für das Arbeitsergebnis, für andere Kollegen, für das Unternehmen und für die Kunden?
- Wird das Verhalten durch andere unterstützt, provoziert oder geduldet?
- Gab es schon Reaktionen im Umfeld?
- Welche Rolle hat der Mitarbeiter im Team?

Für das Gespräch sollten Sie sich die wichtigsten relevanten Punkte auf einem Vorbereitungsbogen notieren, den Sie dann als eine Art Anleitung für die Gesprächsstrukturierung verwenden können.

Vorbereitungsbogen für ein anlaßbezogenes Mitarbeitergespräch			
Name:	**Vorname:**	**Funktion:**	**Abteilung:**
Anlaß der Besprechung:			
Datum:	**Dauer:**	**Ort:**	

Beurteilungskriterien:	Beschreibung / Auflistung
Begründung für das Gespräch	
Beobachtungen:	
Eigene Eindrücke:	
Eindrücke Dritter:	
Fakten:	
Beispiele:	
Vorgeschichte (falls notwendig)	
Auswirkungen des Fehlverhaltens	
Auf Arbeitsergebnisse:	
Auf Team / Kollegen:	
Auf das Unternehmen:	
Auf Kunden:	

Eigene Ziele für das Gespräch	**Mögliche Absichten / Ziele des Mitarbeiters**
Mögliche Reaktionen des Mitarbeiters	**Mögliche Maßnahmen / Konsequenzen**

Abb. 49: Vorbereitungsbogen für ein Kritikgespräch

Ankündigung des Gesprächs

Die Ankündigung hängt davon ab, für welche Stufe des Kritikgesprächs Sie sich entscheiden. Deshalb ist eine Reflexion, was Sie besprechen und wie Sie das Gespräch durchführen wollen, schon vor der Terminvereinbarung für Ihre Vorbereitung wichtig. Nutzen Sie dazu die oben aufgeführten Fragen und Aspekte.

Kritikgespräche sollten zeitnah durchgeführt werden. Wenn Sie einen Termin mit dem Mitarbeiter vereinbaren, nennen Sie den ungefähren Zeitrahmen, den das Gespräch in Anspruch nehmen wird. Bei Gesprächen, die eine Kritik am Verhalten des Mitarbeiters zum Anlaß haben, sollten Sie durchaus eine Stunde für das Gespräch einplanen. Dem Mitarbeiter sollte ausreichend Zeit gegeben werden, um nachzufragen, seine Sicht der Dinge darzustellen, aber auch, um die Notwendigkeit der Verhaltensänderung zu verstehen. Die Gründe für das Erfordernis der Verhaltensänderung sollten Sie dem Mitarbeiter nachvollziehbar erläutern. Diese können z. B. das Image, das das Unternehmen nach außen vertreten und halten möchte, betreffen. Oder es werden die Spielregeln, die man sich im Zusammenspiel mit anderen gegeben hat, besprochen bzw. wird die Wirkung des Mitarbeiterverhaltens auf Kollegen und Kunden beschrieben.

Meist ist es sinnvoll, dem Mitarbeiter den Anlaß bei der Ankündigung des Gesprächs zu nennen: »*Herr Huber, ich möchte mich mit Ihnen unterhalten. Es geht um das Auftreten und Ihre Wirkung beim Kunden. Ich habe den Eindruck, daß Ihre und meine Vorstellungen unterschiedlich sind. Lassen Sie uns dies in einem Gespräch klären.*«

Durch eine Ankündigung des Themas kann der Mitarbeiter sich, ebenso wie Sie, vorbereiten. Er kann die Situation durchdenken. Je besser sich beide Seiten vorbereitet haben, desto effektiver und konstruktiver kann das Gespräch geführt werden.

Bei der Ankündigung von Gesprächen erstreckt sich die Spannweite von »im Nebenbei« ankündigen: »*Herr Huber, wir sollten bei Gelegenheit mal über unseren Auftritt im Vertrieb sprechen, haben Sie vielleicht die nächsten Tage einmal Zeit?*«, bis hin zu »bedrohlich« ankündigen: »*Herr Huber, ich möchte mit Ihnen über Ihr Auftreten beim Kunden sprechen, mit dem ich sehr unzufrieden bin. Ich bitte Sie, dazu morgen zu mir um 10.00 Uhr ins Büro zu kommen.*«

Kündigen Sie das Gespräch beiläufig an, nimmt der Mitarbeiter die Vorbereitung weniger ernst, als wenn Sie dem Mitarbeiter das eindeutige Signal senden, daß Ihnen der Sachverhalt sehr wichtig ist. Je bedeutsamer Sie das Gespräch positionieren, desto bedeutsamer wird auch der Mitarbeiter die Unterredung einstufen und sich entsprechend vorbereiten. Je bedrohlicher ein Mitarbeiter eine Ankündigung erlebt, desto mehr können Sie damit rechnen, daß er eine Verteidigungsstrategie entwickelt.

Letzte Überprüfung vor dem Gespräch

Bevor Sie das Gespräch führen, machen Sie einen letzten Check:

- Bin ich mir über die Ziele des Gesprächs klar?

- Verfüge ich über die nötige ruhige mentale Haltung?
  Tipp für die mentale Vorbereitung: Versuchen Sie, sich in Ihrer Phantasie vorzustellen, wie Sie dem Mitarbeiter ruhig und gelassen die Kritikpunkte klar benennen und das Gespräch zielführend durchführen.
- Habe ich alle schriftlichen Vorbereitungen dabei?
- Bevor Sie ins Gespräch gehen, seien Sie sich über Ihre Verantwortung bewußt. Sie leiten das Gespräch, was jedoch nicht bedeutet, daß Sie den größeren Redeanteil haben. Achten Sie auf die Zielorientierung und versuchen Sie, den Mitarbeiter zu verstehen, warum er so gehandelt bzw. sich so verhalten hat. Dann haben Sie die besten Ansatzpunkte für Maßnahmen. Hören Sie aktiv zu und fragen Sie nach. Erst wenn Sie genügend über die Perspektive und Meinung des Mitarbeiters wissen, können Sie dazu übergehen, weitere Maßnahmen zu vereinbaren.

***Aufbau des Gesprächs** (am Beispiel der Stufe 3)*
Der Gesprächsablauf kann prinzipiell in drei Phasen strukturiert werden: der Gesprächseröffnungsphase, der Bearbeitung des Sachverhalts und der Phase des Gesprächsabschlusses.

1. Gespräch eröffnen
- Positives Klima schaffen
  Etwas zum Trinken und/oder einen Snack anzubieten wirkt einladend. Ein ernst gemeinter Satz, wie etwa: »*Vielen Dank, daß Sie sich Zeit nehmen*«, deutet Partnerschaftlichkeit an.
- Auf Smalltalk verzichten
  Die Situation läßt sich am besten entlasten, indem man ein Warming-up unterläßt und gleich zur Sache kommt.
- Anlaß nennen
  Der Grund der Unterredung wird benannt.
- Gesprächsrahmen klären
  Der benötigte Zeitrahmen wird benannt und notfalls begründet.

2. Bearbeitung des Sachverhalts
- Darstellung aus Sicht der Führungskraft
  Hier werden die Kritikpunkte am Verhalten beschrieben (siehe Vorbereitung): »*Herr Huber, ich hatte Sie schon mal vor zwei Wochen auf das Thema angesprochen. Als Sie gestern von der Fa. Sprinkler zurückkamen, hatte mich der Kunde bereits angerufen und in einem Nebensatz folgende Bemerkung gemacht: … ›Herr Huber scheint ja allwissend zu sein. Selbst unsere Ingenieure benötigen schon bestechende Argumente, um ihn von unseren Produktkonzepten zu überzeugen‹ … Als Verantwortlicher für den Außendienst halte ich folgendes Verhalten beim Kunden für angemessen ..., damit unser Unternehmen erfolgreich von Ihnen repräsentiert wird.*«

- Beschreibung der Auswirkungen
  Hier werden die Auswirkungen, die das Verhalten z. B. auf Kollegen, Kunden und Vorgesetzte hatte, beschrieben: *»Herr Huber, unser Unternehmen wird durch Ihre Person repräsentiert. Ihr Auftreten hinterläßt aber beim Kunden folgenden Eindruck ...«*
- Stellungnahme des Mitarbeiters
  Im Sinne eines fairen Gesprächs wird jetzt die Sichtweise des Mitarbeiters angehört. Vielleicht war Herrn Huber die Wirkung seines Verhaltens beim Kunden nicht bewußt oder er befindet sich im Moment in einer schwierigen Lebenssituation.
  Sollte der Mitarbeiter etwas zurückhaltend sein, versuchen Sie, den Mitarbeiter zu aktivieren: *»Wie ist denn Ihre Sichtweise? Können Sie diese Punkte nachvollziehen? Gibt es bestimmte Erklärungen hierfür?«*
  Die Stellungnahme des Mitarbeiters und sein Problembewußtsein beeinflussen das weitere Vorgehen.
- Vergleich der Sichtweisen zwischen Führungskraft und Mitarbeiter
  Durch den Vergleich von Sichtweisen wird eine gemeinsame Einschätzung hergestellt: *»Herr Huber, in welchen Punkten sehen Sie den Sachverhalt ähnlich, in welchen Punkten unterscheiden wir uns in unserer Sichtweise?«*
  Der Konsens und Dissens in der Einschätzung werden herausgearbeitet. Soweit dies möglich ist, werden die unterschiedlichen Wahrnehmungen bzw. Mißverständnisse geklärt.
- Ursachenanalyse und Erarbeiten von Veränderungsvorschlägen
  Hier geht es darum, zu erörtern, ob es bestimmte Gründe für den Sachverhalt bzw. das Verhalten gibt.
  Danach sollte der Vorgesetzte die Erwartungen konkret formulieren: *»Herr Huber, ich erwarte von Ihnen ein angemessenes Auftreten im Umgang mit dem Kunden. Lassen Sie uns nun besprechen, was zu verändern ist und was ich evtl. dazu beitragen kann.«*
- Erarbeiten möglicher Lösungen
  Hier ist es hilfreich, vom Mitarbeiter Vorschläge einzuholen. Umsetzungsmöglichkeiten, die der Mitarbeiter selbst entfaltet bzw. mitentwickelt, wird er konsequenter umsetzen als Vorschläge, die vom Vorgesetzten kommen. Sollten verschiedene Lösungen in Frage kommen, werden diese diskutiert.
- Treffen von Entscheidungen
  Um eine größtmögliche Akzeptanz von beiden Seiten zu erreichen, ist darauf zu achten, eine Entscheidung zu treffen, hinter der beide Partner stehen können.
- Vereinbarungen
  Es werden nun Vereinbarungen von Aktivitäten mit Verantwortlichkeiten und Terminierung getroffen. Hilfestellungen durch die Führungskraft werden festgelegt. Sollte der Eindruck entstehen, daß der Mitarbeiter die Situation nicht alleine bewältigt, sollte ihm die Führungskraft Unterstützung anbieten: *»Was brauchen Sie an Hilfestellung von mir?«*

3. *Gesprächsabschluß*

- Zusammenfassung der Gesprächsergebnisse und Vereinbarungen
  Das Gesprächsergebnis wird durch die Führungskraft zusammengefaßt. Es wird überprüft, ob beide Beteiligte ein gleiches Verständnis über die Ergebnisse und Aktivitäten besitzen und ob dies im Protokoll auch so formuliert ist.
- Dank
  Die positiven Aspekte, die im Gespräch vorhanden waren, sollten anerkannt werden. Die Führungskraft bedankt sich für die Zeit, für die konstruktive Diskussion und für die Bereitschaft, an der Umsetzung zu arbeiten.
- Zuversicht äußern, daß die vereinbarten Maßnahmen zum gewünschten Ergebnis führen
  »Herr Huber, ich schätze Sie als einen verbindlichen, zuverlässigen Mitarbeiter. Ich gehe auch bei diesem Punkt davon aus, daß Sie mit der üblichen Verbindlichkeit und Zuverlässigkeit an die Ziele herangehen.«
- Termin für ein Feedbackgespräch festlegen
  Um den Erfolg der vereinbarten Aktivitäten zu bewerten und um den Mitarbeiter eine Rückmeldung über wahrgenommene Veränderungen in seinem Verhalten zu geben, wird ein Termin in einem ausreichenden zeitlichen Abstand vereinbart. Eine derartige Terminvereinbarung zeigt dem Mitarbeiter auf, daß der Vorgesetzte eine Verhaltensveränderung erwartet und daß die Umsetzung von Aktivitäten beobachtet und nach einem bestimmten Zeitraum im Feedbackgespräch thematisiert werden soll. Es geht um das Ausüben einer fairen Kontrolle.

Mögliche Schwierigkeiten

Scham und persönliche Verletzungen haben einen hohen Einfluß auf das Gespräch. Gehen Sie davon aus, daß der Mitarbeiter nicht nur rational reagiert. Beziehen Sie spontane emotionale Reaktionen mit ein. Nehmen Sie diese Widerstände nicht persönlich, sondern sehen Sie diese als ersten Schritt des Mitarbeiters, mit der Kritik umzugehen. Der Mitarbeiter könnte z. B. sagen: *»Über die Art und Weise meines persönlichen Auftretens diskutiere ich nicht. Ich habe Erfolg, weil ich so bin, wie ich bin.«* Nehmen Sie die Abwehr auch nicht persönlich. Wahrscheinlich ist das Thema dem Mitarbeiter peinlich und seine Abwehr ist der Versuch, sein Gesicht zu wahren.

Bleiben Sie weiter von Ihrem Anliegen überzeugt: *»Als Leiter des Vertriebs sehe ich dies anders. Das Auftreten unserer Vertriebsmitarbeiter hat eine große Auswirkung auf den Erfolg unseres Produktes und das Image unseres Unternehmens im Markt.«* Formulieren Sie klar und eindeutig, aber dennoch behutsam Ihr Anliegen. Je mehr der Mitarbeiter das Gefühl gewinnt, daß um den heißen Brei herumgeredet wird, desto mehr glaubt er, daß noch einiges an Überraschungen zurückgehalten wird.

Zeigen Sie Verständnis für die entstehenden Gefühle. Bedenken Sie, daß niemand so leicht sein Verhalten verändern kann. Geben Sie dem Mitarbeiter eine bestimmte, aber begrenzte Zeit, sich zu entwickeln.

Auswertung, Nachbereitung, Dokumentation
Die schon im Kritikgespräch festgehaltenen Notizen über Ergebnisse und Vereinbarungen werden nun in einem Protokoll dokumentiert.

Eine schriftliche Dokumentation der Gesprächsergebnisse
- verdeutlicht den Ernst der Situation für den Mitarbeiter,
- hilft, Mißverständnisse zu vermeiden,
- fokussiert auf konkrete Ergebnisse und klare Vereinbarungen,
- weist, falls es zu einer Eskalation kommen sollte, die Vorgehensweise und Aktivitäten der Führungskraft nach,
- reduziert die Wahrscheinlichkeit, daß etwas vergessen wird,
- ist eine Erinnerungshilfe für den Vorgesetzten.

Umgang mit dem Protokoll
Lassen Sie dem Mitarbeiter Ihre Aufzeichnungen mit dem Hinweis, bis zu einem bestimmten Termin Rückmeldung zu geben, per Post oder E-Mail zukommen. Damit soll verhindert werden, daß er den Sachverhalt anders versteht, wie in der schriftlichen Notiz aufgeführt. Das gleiche Verständnis über die erzielten Ergebnisse bei Mitarbeiter und Führungskraft ist unabdingbar, um konstruktive Lösungen zu erreichen. Legen Sie Protokolle so ab, daß diese Dokumentation nicht für andere Mitarbeiter einsehbar ist. Überprüfen Sie, ob es eine offizielle, betriebsinterne Regelung für solche Vorgänge gibt. Denken Sie auch daran, sich Ihre vereinbarten Aktivitäten einzuplanen, damit diese nicht vergessen werden.

Durchführung einer Abmahnung

Sollte sich trotz mehrmaliger Aufforderung das Verhalten des Mitarbeiters nicht verändern, käme eine Abmahnung in Betracht. Hierzu ist es wichtig, daß Sie die Sachlage und die Auswirkungen des Mitarbeiterverhaltens schriftlich festhalten und am besten vorher Ihre Personalabteilung oder auch einen Fachanwalt für Arbeitsrecht bezüglich des weiteren Vorgehens konsultieren. Sollten Sie sich für eine Abmahnung entscheiden, muß diese detailliert begründet werden.

Arbeitsrechtliche Voraussetzungen für eine Abmahnung
In einer Abmahnung werden schriftlich Leistungsmängel gerügt oder Fehlverhalten am Arbeitsplatz angelastet. Aus Beweisgründen sollte eine Abmahnung stets schriftlich erfolgen. Dabei muß eindeutig erkennbar sein, daß die Verfehlung nicht geduldet oder gebilligt wird und daß es Auswirkungen auf das Arbeitsverhältnis haben wird, wenn sich das Mitarbeiterverhalten nicht ändert. *»Regelmäßig vom Vertragspartner hingenommene Verstöße gegen die vertraglichen Pflichten können zu einer inhaltlichen Änderung eines Vertrags führen.*

Wer dies verhindern will, muß klarstellen, daß er solch ein Verhalten nicht duldet. Er muß rügen.« (Küttner, Personalhandbuch 2002, S. 20, Ziffer 1)
Im Rechtssinne liegt nur dann eine Abmahnung vor, wenn die arbeitsrechtlichen Konsequenzen bis hin zur Kündigung für den Wiederholungsfall ganz deutlich gemacht werden. Die Führungskraft hat das Fehlverhalten zu beweisen. Sie muß dem Mitarbeiter die Folgen seines Verhaltens vor Augen führen und deutlich machen, daß die vertragliche Beziehung im Wiederholungsfall beendet wird. *»Der Vorgesetzte muß warnen. Die gesetzlich nicht geregelte Abmahnung verbindet beides. Mit ihr rügt man konkretes Fehlverhalten und warnt mit der Kündigungsandrohung vor weiteren Verstößen.«* (BAG 17. 2. 94 DB 94 1477) *»... Abmahnungen sollen auf den Vertragspartner einwirken, ihn veranlassen, sein vertragswidriges Verhalten einzustellen und so den Arbeitsplatz zu erhalten, bzw. den Mitarbeiter nicht zu verlieren.«* (Küttner, Personalhandbuch 2002, S. 20, Ziffer 1)
Vorstufen zur Abmahnung sind Ermahnungen, Verwarnungen oder Vorhaltungen. Sie enthalten, anders als die Abmahnung, keine Kündigungsandrohung und sind deshalb kündigungsrechtlich ohne entscheidende Bedeutung. Abmahnungsberechtigt ist jeder, der dem Mitarbeiter gegenüber weisungsbefugt ist. Die Abmahnung muß verhältnismäßig sein (BAG 13. 11. 91 DB 92,843), *»... sie ist jedenfalls dann verhältnismäßig, wenn ... nach Art und Schwere der Vertragsverstöße davon ausgegangen werden kann, daß die verhaltensbedingte Kündigung nach einem weiteren Vertragsverstoß gerechtfertigt ist«* (Küttner, Personalhandbuch 2002, S. 24, Ziffer 28). *»Bei personenbedingten Störungen kommt eine Abmahnung nicht in Frage. Sie sind nicht vom Willen des Arbeitnehmers abhängig. Gemeint sind krankheits- oder altersbedingte, auf Alkohol- oder Drogenabhängigkeit beruhende Leistungsminderungen.«* (Küttner, Personalhandbuch 2002, S. 22, Ziffer 17)
»Der Betriebsrat muß vor der Abmahnung weder angehört noch unterrichtet werden. Die Abmahnung ist in der Betriebsverfassung mitbestimmungsfrei (BAG 17. 10. 89). In einigen Personalvertretungsgesetzen ... ist die Beteiligung des Personalrats vor der Abmahnung vorgesehen.« (Küttner, Personalhandbuch 2002, S. 24, Ziffer 30)
Aus einer Abmahnung muß ein Mitarbeiter zweifelsfrei erkennen können, was ihm vorgeworfen wird, wie er sein Verhalten in Zukunft zu ändern hat und welche Konsequenzen es hat, wenn er dieser Aufforderung nicht nachkommt (BAG 18. 1. 80 DB 80, 1351). Die kritisierten Sachverhalte bzw. Vorfälle müssen zeitlich konkret belegt werden (Datum, ggf. Uhrzeit). *»... den Arbeitnehmer deutlich und ernsthaft ermahnen, ihn auffordern, ein genau bezeichnetes Fehlverhalten zu ändern bzw. aufzugeben und ihm klar machen, daß bei wiederholten Vertragsverstößen Inhalt oder Bestand seines Arbeitsverhältnisses gefährdet* ist *(BAG 18. 1. 80, DB 80 1351).* (Küttner, Personalhandbuch 2002, S. 23, Ziffer 25)
Sprechen Sie als Führungskraft gegenüber Ihrem Mitarbeiter eine Abmahnung aus, ist vor der Übernahme in seine Personalakte, außer im BAT des öffentli-

chen Dienstes, keine Anhörung vorgeschrieben. Trotzdem ist es sinn- und stilvoll, mit dem Mitarbeiter ein Personalgespräch zu führen, in dem ihm die Abmahnung mit den möglichen Konsequenzen genau erörtert wird. Zum einen zeigen Sie Courage und repräsentieren persönlich Ihre Entscheidung und die Gründe; zum anderen trifft den Mitarbeiter die Abmahnung nicht aus heiterem Himmel. Zudem hat der Mitarbeiter dann auch die Gelegenheit, zum Sachverhalt Stellung zu beziehen. Diesbezüglich möchten wir die Entscheidung eines Arbeitsgerichtes als Empfehlung für die Gestaltung einer konstruktiven Führungskultur erwähnen: Nach Auffassung des ArbG Frankfurt/Oder muß ein Arbeitnehmer sogar angehört werden, bevor eine Abmahnung zu seiner Personalakte genommen werden darf. Im konkreten Fall hatte der Arbeitgeber einen Arbeitnehmer abgemahnt, weil dieser wiederholt eine Arbeitsunfähigkeit nicht rechtzeitig angezeigt hatte. Der Arbeitnehmer verlangte die Entfernung der Abmahnung aus der Personalakte mit der Begründung, er sei zu dieser nicht gehört worden. Das ArbG gab dem Arbeitnehmer recht. (ArbG Frankfurt/Oder, Urteil vom 7. 4. 99, Az.: 6 Ca 61/99) Übrigens: Beim Stellenwechsel bzw. im Zeugnis darf eine Formulierung, die auf eine Abmahnung schließen läßt (bzw. daß gerichtlich dagegen vorgegangen wurde), nicht erscheinen! Der Arbeitnehmer hat bei unberechtigter Abmahnung einen Anspruch auf Entfernung der Abmahnung aus der Personalakte. Diesen Anspruch kann er ggf. gerichtlich durchsetzen.

Leitfaden für das Gespräch

1. Gespräch eröffnen

- Begrüßung des Mitarbeiters.
- Der Anlaß für das Gespräch wird genannt.
- Der zeitliche Gesprächsrahmen wird geklärt.

2. Bearbeitung des Sachverhalts

- Darstellung aus Sicht der Führungskraft
  Der zu kritisierende Sachverhalt wird beschrieben; die Abmahnung wird begründet. Der Ernst der Situation muß dem Mitarbeiter deutlich werden. Wenn eine Entscheidung bereits gefallen ist, darf nicht der Zweifel entstehen, daß sie rückgängig gemacht wird.
- Stellungnahme und Sichtweise des Mitarbeiters
  Hier stellt der Mitarbeiter seine Sicht der Situation dar.
- Ausblick und Festlegen von Vereinbarungen
  Die Konsequenzen, die entstehen, wenn der Mitarbeiter sein Verhalten nicht nachhaltig ändert, müssen hier aufgezeigt werden. Falls notwendig, werden Aktivitäten, die der Mitarbeiter und/oder die Führungskraft unternehmen, besprochen und vereinbart. Dabei wird auch diskutiert, was getan werden kann, damit sich eine derartige Situation nicht wiederholt.
- Vereinbarung über den zweiten Termin, um die Umsetzung zu überprüfen.

3. Gesprächsabschluß
- Die Gesprächsergebnisse und Vereinbarungen werden zusammengefaßt. Die Abmahnung wird schriftlich formuliert und in der Personalakte des Mitarbeiters abgelegt.

Konsequenz einer Abmahnung für den Mitarbeiter
Es wurde oben schon erwähnt: Mit der Abmahnung kommt es zu einem Vermerk in der Personalakte des Mitarbeiters – der Vorfall wird aktenkundig! Das alleine ist schon brisant, da die Dokumentation eines Sachverhalts nicht in Vergessenheit gerät, sondern jederzeit hervorgeholt werden kann. Wesentlich bedeutender ist die Tatsache, daß die Abmahnung bereits den Stellenwert eines arbeitsrechtlichen Schrittes darstellt. Im Wiederholungsfall – also mit der zweiten Abmahnung zum gleichen Sachverhalt – ist für viele Arbeitgeber die Grundlage für eine Kündigung geschaffen. Dies kann in besonderen Härtefällen tatsächlich notwendig sein, wenn ein Mitarbeiter z. B. durch dauerhaft geschäftsschädigendes Verhalten auffällt. Sie sollten deshalb besonnen abwägen, wann ein solcher Härtefall definitiv vorliegt, der den beruflichen Karriereweg eines Mitarbeiters gefährdet, wenn nicht gar beendet.

Empfehlungen für die Durchführung schwieriger Gespräche

Je besser die grundsätzliche Kommunikation mit dem Mitarbeiter, desto leichter fällt es, schwierige Themen anzusprechen.

- Führen Sie die Gespräche relativ zeitnah zum Anlaß und prinzipiell nur unter vier Augen durch.
- Bereiten Sie sich gründlich vor.
- Gehen Sie nicht in Gespräche, wenn Sie sehr verärgert oder wütend sind. Ihre Gefühle könnten Sie dazu verführen, Dinge zu sagen, die Sie später bereuen.

Einbezug der Sicht des Mitarbeiters
Gerade schwierige Gespräche können auf beiden Seiten bestimmte Gefühle, Irritationen und Ängste auslösen. Für manche Mitarbeiter entsteht eine Eltern-Kind-Situation. Der überlegene, mächtigere Erwachsene straft den Schwächeren ab. Um sich auf das Gespräch nicht nur inhaltlich, sondern auch auf emotional-atmosphärischer Ebene gut vorzubereiten, sollten Sie sich in die Gefühlslage des Mitarbeiters hineinversetzen. Nur so können Sie verstehen, welche Befindlichkeiten beim Mitarbeiter aktiviert werden könnten, wie beispielsweise:

- Unsicherheiten über die Zukunft und Chancen im Unternehmen,
- Angst vor Arbeitsplatzverlust,
- Zweifel an den eigenen Fähigkeiten und Kompetenzen,
- Verlust des Ansehens und der Stellung im Team,

- Entzug von Befugnissen,
- Übertragen von liebgewonnenen Aufgaben und Projekten an andere.

Falsche Annahmen zu Kritikgesprächen
Viele Führungskräfte versuchen, Kritikgespräche zu vermeiden, weil Sie von folgenden falschen Annahmen ausgehen:

- Wenn ich kritisiere, demotiviere ich den Mitarbeiter.
  Genauso wie jeder Mitarbeiter das Recht hat, für gute Ergebnisse und Leistungen eine entsprechende Rückmeldung bzw. eine Würdigung zu bekommen, ist es ebenfalls nur fair, für verbesserungswürdiges Verhalten ein Feedback zu erhalten. Natürlich kann der Beurteilte nach einem Kritikgespräch frustriert und enttäuscht sein. Er wird aber nach einiger Zeit die Kritik akzeptieren, wenn er erkennt, daß die Beanstandung gerechtfertigt war und seine positiven Veränderungen entsprechend anerkannt werden. Eine konstruktive Rückmeldung durch die Führungskraft, selbst bei kleinen Entwicklungsschritten, motiviert den Mitarbeiter, weiter an der Veränderung zu arbeiten.
- Der Mitarbeiter muß der Kritik zustimmen und diese akzeptieren.
  Es kann Gespräche geben, in denen der Mitarbeiter die Kritik nicht akzeptiert, weil er sie zum gegebenen Zeitpunkt noch nicht nachvollziehen kann. Auf Einsicht und Akzeptanz im Gespräch selbst zu warten führt das Gespräch häufig in eine Sackgasse. Sollten Sie jedoch von Ihrem Anliegen weiterhin überzeugt sein, bleiben Sie konsequent. Geben Sie dem Mitarbeiter Zeit zur Reflexion. Vereinbaren Sie einen nächsten Gesprächstermin und fordern Sie den Mitarbeiter auf, sich bis dahin selbst stärker zu beobachten und evtl. auch noch andere Rückmeldungen von Dritten einzuholen. Sie werden sehen, daß das nächste Gespräch mit einem veränderten Problembewußtsein des Mitarbeiters beginnt.
- Wenn ich kritisiere, muß ich auch immer loben.
  Es kann auch Gespräche geben, in denen ein Lob nicht angemessen ist, in denen es aufgesetzt wirkt, weil der Anlaß der Kritik zu gewichtig ist oder Sie zu stark gefühlsmäßig beteiligt sind. In solchen Momenten wirkt das Lob manipulativ und gekünstelt, eben nicht ehrlich und echt. Verzichten Sie deshalb auf eine Phase der Anerkennung.

Strategien von Mitarbeitern in schwierigen Gesprächen und Reaktionsmöglichkeiten der Führungskräfte
Als Führungskraft können Sie bei schwierigen Mitarbeitergesprächen davon ausgehen, daß manche Mitarbeiter teilweise auch »unfaire« Strategien anwenden, um Sie von Ihrem Ziel abzubringen oder um das Gespräch zu blockieren. Typische Strategien sind:

- Gegenangriff

Verhalten des Mitarbeiters:
Er schiebt der Führungskraft die Schuld für das eigene Verhalten zu: »*Wenn Sie*

sich bei der Geschäftsführung besser behaupten würden, müßte uns arbeitsmäßig nicht immer das Wasser bis zum Halse stehen.« Oder: »*Wenn Sie besser planen würden, müßte nicht immer alles so dringend sein.«*

Mögliche Reaktion der Führungskraft:
Gehen Sie nicht auf den Angriff ein, nehmen Sie ihn nicht persönlich. Bleiben Sie gelassen und verfolgen Sie weiter Ihr Anliegen: »*Es geht hier nicht um meine Verhandlungsführung bei der Geschäftsleitung, sondern um Ihr Engagement für bestimmte Aufgaben.«*
Sollte die Kritik des Mitarbeiters berechtigt sein, zeigen Sie souverän und professionell Ihre Fähigkeit, mit Kritik umzugehen: »*Was das Projekt X angeht, stimme ich Ihnen zu. Heute geht es aber um Ihr Engagement bei ...«*

- Rechtfertigung

Verhalten des Mitarbeiters:
Der Mitarbeiter kann genau erklären, warum es so ist, wie es ist: »*Im Moment kann ich dies nicht übernehmen, weil ... und außerdem ... und gerade deshalb ...«*

Mögliche Reaktion der Führungskraft:
Hier ist es wichtig, erst einmal genauer zuzuhören, inwieweit diese Punkte berechtigt sind. Entsprechen die Einwände den Tatsachen, sollte die Führungskraft diese berücksichtigen und darauf eingehen. Anderenfalls gilt wieder, weiter auf Kurs zu bleiben: »*Ich habe Ihre Punkte registriert, trotzdem bin ich immer noch davon überzeugt, daß Sie diese zusätzlichen Projekte bewältigen können.«*

- Scheinbare Zustimmung

Verhalten des Mitarbeiters:
Der Mitarbeiter stimmt einfach zu, fragt nicht nach, nimmt die Kritik wenig ernst: »*Ist in Ordnung. War das alles, kann ich nun gehen?«*

Mögliche Reaktion der Führungskraft:
Das scheinbare Desinteresse einfach übergehen. Hier ist es wichtig, nachzufragen, zu konkretisieren und zu fordern: »*Wie gehen Sie nun damit um? Mich interessieren hier Ihre Ansichten. Ich bitte Sie um Ihre persönliche Stellungnahme.«*

- Ablenken

Verhalten des Mitarbeiters:
Der Mitarbeiter will die Führungskraft vom eigentlichen Thema abbringen, ihn zerstreuen: »*Weil Sie diese Punkte gerade ansprechen, der Kunde X hat ein dringendes Problem, da hätte ich gerne Ihre Meinung gehört.«*

Mögliche Reaktion der Führungskraft:
Falls dieser Punkt wichtig ist, diesen aufgreifen, aber angemessen verschieben

und weiterhin am Ball bleiben: »*Wenn wir über die Aufgabenverteilung beim Projekt Y gesprochen haben, unterhalte ich mich gerne mit Ihnen über den Kunden X.*«

- Verweis auf andere

Verhalten des Mitarbeiters:
Der Mitarbeiter will die Kritik relativieren, indem er auf andere verweist: »*Ich finde es ungerecht, daß Sie mich hier kritisieren. Herr Wax ist doch noch weniger bereit, Aufgaben zu übernehmen. Außerdem feiert er doch regelmäßig krank.*«

Mögliche Reaktion der Führungskraft:
Nicht darauf eingehen: »*Es ist ein Grundsatz von mir, über Nichtanwesende auch nicht zu reden. Heute spreche ich mit Ihnen, es geht um Ihr Engagement, mit dem ich nicht zufrieden bin.*«

- Loben und Schmeicheln

Verhalten des Mitarbeiters:
Der Mitarbeiter lobt überschwenglich die Kompetenz der Führungskraft: »*Herr Wagner, ich bin beeindruckt von Ihrer Klarheit und Durchsetzungsfähigkeit.*«

Mögliche Reaktion der Führungskraft:
Sich sachlich für das Lob bedanken. Die Übertreibungen werden aber relativiert: »*Ich freue mich über Ihre Rückmeldung. Vielen Dank. Trotzdem sollten wir noch einige Aspekte genauer besprechen, damit wir hier Klarheit besitzen.*«

- Übertriebene Betroffenheit

Verhalten des Mitarbeiters:
Er zeigt übertriebene emotionale Reaktionen, um bei der Führungskraft ein schlechtes Gewissen auszulösen: »*Wenn Sie dies von mir verlangen, belastet mich das so stark, daß ich nachts nicht mehr schlafen kann.*«

Mögliche Reaktion der Führungskraft:
Hier gilt es, Verständnis zu zeigen, trotzdem zu seiner Entscheidung zu stehen und diese zu begründen. Falls notwendig, kann Hilfestellung angeboten werden: »*Herr Wagner, diese Aufgabe gehört nun mal zu Ihrem Kompetenz- und Aufgabenbereich. Ich weiß, daß Sie zur Zeit sehr gefordert sind. Da Sie aber der einzige sind, der die Kompetenz besitzt und in dessen Zuständigkeit diese Aufgabe fällt, erwarte ich dies von Ihnen. Ich biete Ihnen gerne meine Unterstützung bei der Priorisierung Ihrer Aktivitäten an.*«

- Drohen

Verhalten des Mitarbeiters:
Der Mitarbeiter versucht, negative Konsequenzen für den Vorgesetzten versteckt

ins Spiel zu bringen: »*Wenn Sie dies von mir verlangen, bin ich mir nicht mehr sicher, ob Ihr Team nächstes Jahr noch in der gleichen Besetzung arbeitet.*«

Mögliche Reaktionen der Führungskraft:
Sich nicht beeindrucken lassen und sachlich bleiben. Weiterhin das eigene Ziel verfolgen, ansonsten werden Sie erpressbar. Bieten Sie dem Mitarbeiter evtl. ein separates Gespräch über seine grundsätzliche Arbeitszufriedenheit an: »*Herr Wagner, anscheinend ist es Ihnen wichtig, grundsätzlich über Ihre Arbeit zu sprechen. Ich biete Ihnen gerne ein Mitarbeitergespräch über Ihre aktuelle Arbeitssituation, Ihre Aufgaben und Ihre Perspektiven an. Heute aber müssen wir diesen Sachverhalt klären.*«

- Erinnern an Versäumnisse des Vorgesetzten

Verhalten des Mitarbeiters:
Der Mitarbeiter beabsichtigt, den Vorgesetzten zu verunsichern, damit er ein schlechtes Gewissen bekommt: »*Daß Sie dies von mir verlangen, verwundert mich. Als Sie letztes Jahr in der gleichen Situation wie ich waren, haben Sie diesen Auftrag auch nicht akzeptiert.*«

Mögliche Reaktionen der Führungskraft:
Sofern dies zutrifft, kann die Führungskraft ihr Verständnis ausdrücken. Es gilt indessen, sich nicht zu rechtfertigen, nicht weiter darauf einzugehen und beim eigentlichen Thema zu bleiben. Auch Sie haben das Recht, Ihr Gesicht zu wahren: »*Dies kann schon sein. Mittlerweile habe ich nun durch meine neue Funktion ein anderes Verständnis der Situation und mehr Kenntnis über die Hintergründe. Deshalb sehe ich dies heute anders.*«

Handlungsmöglichkeiten, wenn das Gespräch »festhängt«

Wenn der Mitarbeiter im Gespräch wenig Veränderungsbereitschaft und Einsicht zeigt, dreht man sich häufig im Kreis. Wenn Sie das erkennen, sollten Sie die Unterhaltung abbrechen: »*Ich habe den Eindruck, wir kommen so nicht weiter. Ich habe Ihnen meine Erwartungen konkret mitgeteilt. Morgen um 11.00 Uhr will ich von Ihnen hören, wie Sie sich zu meinen Erwartungen beziehen bzw. wie Sie damit umgehen werden.*«
Sollten Sie den Eindruck haben, daß hier in letzter Konsequenz arbeitsrechtliche Maßnahmen anstehen könnten, gilt es, sich schon im Vorfeld ausreichend zu informieren, was wie zu tun sein könnte. Am besten informieren Sie sich in Ihrer Personalabteilung oder bei einem Fachanwalt für Arbeitsrecht.
Es kann auch unterstützend sein, mit dem eigenen Vorgesetzten diese Situation zu erörtern und ihn um Rat zu fragen. Aber vorsichtig! Handeln müssen Sie. Falls Ihr Vorgesetzter aktiv wird, verlieren Sie als direkte Führungskraft an Respekt und notwendiger Autorität. Ihr Vorgesetzter könnte denken: »*Er schafft es wohl alleine nicht.*«

Emotional belastete Gespräche

Emotionale Gespräche sind für Mitarbeiter und Führungskraft immer anstrengend, da die Reaktionen des jeweils anderen unkalkulierbar werden. Im folgenden finden Sie eine Aufstellung, woran Sie eine emotionale Belastung im Gespräch erkennen können:

Symptome für ein emotional belastetes Gespräch
Emotionale Belastungen sind anhand folgender Signale feststellbar:
- In der Körpersprache, z. B. durch: fehlenden oder sehr strengen Blickkontakt, harte, angespannte Mimik, angespannte Körperhaltung, Verzicht auf jede Gestik, bedrohliche Gestik und Handbewegungen.
- In der Sprechweise, z. B. durch: die Zunahme der Lautstärke, eine hektische Sprechweise, Verschlucken von Silben, einen Monolog ohne Pausen.
- Im sprachlichen Ausdruck, z. B. durch: kurze, abgehackte Sätze, harte bis aggressive Formulierungen, fordernde bis befehlende Formulierungen.
- In der Argumentation, z. B. durch: Unterstellungen, Androhungen.

Emotionale Belastungen sind auch in bestimmten Verhaltensweisen erkennbar, z. B. durch:
- Niedergeschlagenheit, Schweigen, einsilbiges Antworten, was auf Resignation bzw. auf persönliche Betroffenheit des Mitarbeiters deuten läßt,
- das Nichtwahrnehmenwollen des Sachverhalts, d. h., der Mitarbeiter nimmt die Kritikpunkte subjektiv wahr, blockt sie ab und/oder läßt sie nicht an sich heran,
- das Verhalten, daß die »Befindlichkeiten« zwar auf sachlicher Ebene argumentiert werden, jedoch auf der emotionalen Ebene des Mitarbeiters »schmoren«,
- Sturheit, d. h., der Mitarbeiter blockiert Ihre Argumente, indem er starrköpfig bei seiner Meinung bleibt, auf Formalien besteht, engstirnig an seinen Aussagen festhält oder nur noch Dienst nach Vorschrift tätigt,
- Überanpassung, d. h., der Mitarbeiter stimmt Ihren Vorschlägen in übertriebenem Maße zu, bezieht keine eigene Position, bringt keine eigenen Ideen ein und zeigt übertriebene Freundlichkeit.

Selbstführung in emotional bewegten Gesprächen
In dem Maße, wie Emotionen unsere Fähigkeit zu denken und zu planen beeinträchtigen, legen sie auch die Grenzen fest, wie wir unsere Fähigkeiten und Möglichkeiten nutzen. Damit entscheiden Emotionen in erheblichem Maße über den Erfolg in schwierigen Gesprächen.
Können Sie als Führungskraft Einfluß auf Ihre Stimmungen und Gefühle nehmen, wird das eigene Verhalten bewußter und differenzierter. Statt »gedankenlos« oder im Affekt zu reagieren, können Sie durch einen bewußten Umgang mit Ihren Gefühlen Ihr Verhalten entsprechend steuern und agieren. Das ist ins-

besondere in den Situationen wichtig, die durch Mißverständnisse, Fehlinterpretationen oder Spannungen geprägt sind.
Die Selbststeuerung, d. h. das bewußte Steuern und Lenken der eigenen Befindlichkeit, ermöglicht, sich in emotional belasteten Situationen professioneller und der Situation angemessen zu verhalten. Im Moment auftretende, »störende« Gefühle können beispielsweise zurückgestellt werden.
Selbststeuerung entsteht in drei Schritten, die auf die bewußte eigene Wahrnehmung der eigenen Emotionen, Impulse und Gedanken beruhen:

1. Wahrnehmung der Situation und der eigenen Gefühle
Hier geht es um ein bewußtes Wahrnehmen dessen, was gerade geschieht. Das heißt zu bemerken, was die schwierige Situation in einem selbst an Befindlichkeiten, Emotionen und Impulsen auslöst. Halten Sie bewußt inne und stellen Sie sich folgende Fragen:

- Was empfinde ich?
- Wie fühle ich mich?
- Was denke/vermute/glaube ich?
- Was passiert gerade?

Das, was ich erkenne, fühle, denke oder wahrnehme, gilt es ernstzunehmen. Sind Sie sich der Empfindungen und der Impulse bewußt, sind Sie auch in der Lage, sich wesentlich besser selbst zu führen. Reaktionen und Gefühle können akzeptiert oder auf Distanz gehalten werden, um angemessen mit der Situation umzugehen.

2. Wahrnehmung eigener Bedürfnisse und Interessen
Es ist wichtig, zu erkennen, was die eigenen Absichten und Ziele sind und was Sie benötigen, um das Gespräch souverän zu führen. Fragen Sie sich:

- Was will ich bei diesem Gespräch erreichen?
- Was ist mir wichtig, was brauche ich, damit ich das Gespräch sicher und gelassen führen kann?

Häufig wird schon die Reflexion über diese Fragen eine Klärung bewirken, ohne daß Sie sich bewußt für etwas entschieden haben.

3. Entscheidungen treffen
In dieser Phase geht es darum, sich für die notwendigen Reaktionen und Verhaltensweisen bewußt zu entscheiden. Fragen Sie sich:

- Welche Möglichkeiten habe ich zur Verfügung, meine Befindlichkeiten zu beeinflussen?
- Wie kann bzw. sollte ich souverän reagieren?
- Was möchte ich konkret und sachlich ansprechen?

Diese Schritte der Reflexion und Selbstwahrnehmung können innerhalb von nur ein bis zwei Minuten stattfinden. Eine kurze Pause im Gespräch reicht dafür vollkommen: »*Ich muß mich leider kurz entschuldigen, die Natur verlangt ihr Recht*« oder: »*Entschuldigen Sie, ich hole mir nur schnell etwas zu trinken. Möchten Sie auch etwas?*«

Angemessene Reaktionen in unserem Beispiel könnten sein:

Auf sich selbst als Führungskraft bezogen:
- Eigene Gefühle mitteilen, z. B.: »*Ich merke einen zunehmenden Ärger bei mir darüber, wie unsere Unterhaltung verläuft. So, wie wir beide das Gespräch führen, kommen wir nicht weiter. Damit unser Gespräch wieder sachlicher verläuft, schlage ich vor, daß ...*«
- Sich deutlich abgrenzen, z. B.: »*Für die Umsetzung sind Sie verantwortlich, nicht ich*« oder: »*Das fällt in Ihren Kompetenzbereich, nicht in meinen.*«
- Zeit gewinnen, z. B.: »*An diesem Punkte halte ich eine kurze Pause für sinnvoll. Ich möchte mir gerne das Für und Wider durchdenken. Lassen Sie das Gesagte bitte auch kurz bei sich Revue passieren.*«
- Gespräch abbrechen, z. B.: »*Ich halte es für sinnvoll, das Gespräch hier zu unterbrechen. Lassen Sie uns gemeinsam über das Gespräch und den Sachverhalt nachdenken und uns morgen unterhalten.*«
- Bewußt ruhig bleiben.

Auf den Mitarbeiter bezogen:
- Auf das emotionale Erleben des anderen eingehen, z. B.: »*Ich habe den Eindruck, daß dieses Thema Sie sehr belastet.*«
- Verständnis ausdrücken, z. B.: »*Daß Sie über die Reaktion der Kollegen enttäuscht sind, kann ich gut nachvollziehen.*«
- Entlastung anbieten, z. B.: »*Damit Sie dieses Projekt realisieren, kann ich Ihnen anbieten, daß ich Sie im Punkt A entlaste und dies einem Kollegen übertrage.*«
- Arbeitsanweisung geben usw., z. B.: »*Da Sie der Einzige im Team sind, der die entsprechenden Kompetenzen besitzt, werde ich Ihnen die Verantwortung für das Thema XY übertragen.*«

Tips zur Gesprächsführung
- Nutzen Sie die Methoden der konstruktiven Gesprächsführung wie Feedback, Fragetechnik, Ich-Botschaften (vgl. Kap. 7 und 8).
- Kommunizieren Sie aus einer respektvollen Grundhaltung heraus, verlieren Sie nicht Ihre souveräne, professionelle Haltung.
- Interessieren Sie sich und zeigen Sie sich interessiert an den Ansichten und Argumentationen des Mitarbeiters.
- Fragen Sie nicht nur nach sachlichen Aspekten, sondern auch nach Gefühlen und Beziehungen.
- Respektieren Sie das emotionale Verhalten des Gegenübers, versuchen Sie, sofern möglich, Verständnis zu zeigen.

- Nehmen Sie die Reaktionen des Mitarbeiters nicht persönlich.
- Stellen Sie eine Ausgewogenheit zwischen »Verständnis zeigen« und »Erläutern von Sachzwängen und Konsequenzen« her.
- Achten Sie auf eine für Sie angenehme Sitzhaltung. Anspannung drückt sich oft in einer verkrampften Körperhaltung aus. Eine entspanntere Sitzhaltung führt oft zu einer gelösteren Gesprächsweise.

Grenzen der Kompetenzen der Führungskraft

Sie können als Führungskraft auch in spezielle Situationen geraten, in denen die klassischen Mitarbeitergespräche, wie das Kritikgespräch, wirkungslos sind. Das ist insbesondere dann der Fall, wenn die Einsichtsfähigkeit des Mitarbeiters beengt oder schlichtweg nicht vorhanden ist. Hier sollten Sie unbedingt die Hilfe von kompetenten Fachkräften in Anspruch nehmen. Beispiele hierfür sind:

- Verdacht auf Drogenmißbrauch,
- Verdacht auf Alkoholabhängigkeit,
- Verdacht auf psychische Erkrankungen und Auffälligkeiten im Verhalten, wie etwa Zwanghaftigkeit in Handlungen, sich permanent bedroht oder verfolgt fühlen,
- Verdacht auf kriminelle Handlungen.

Führungskräfte berichten in solchen Fällen, daß sie zwar schon lange gespürt haben, daß mit dem Mitarbeiter »etwas nicht ganz normal« sei, aber sich nicht wirklich an das Thema herangewagt haben. Ein Gespräch mit einem Experten, wie z.B. Suchtberater oder gegebenenfalls auch mit einem Personalfachmann, kann Ihnen hier Klarheit verschaffen, ob und wie Sie in diesen Situationen vorgehen können. Planen Sie diesen Austausch auf jeden Fall noch vor einem Gespräch mit dem betroffenen Mitarbeiter ein. Warten Sie nicht zu lange. Oftmals hilft dem Mitarbeiter eine frühzeitige Intervention mehr, als wenn er jahrelang als geduldeter, aber nicht ganz vollwertiger Mitarbeiter in der Abteilung agiert. Die Chance, durch klare Aktionen zu einer Besserung der Situation beizutragen, wird leider häufig viel zu spät genutzt. Sie würde den betroffenen Mitarbeitern aber viel mehr helfen als die Verdrängung der Sachlage.
Auf den folgenden Seiten finden Sie Beispiele für schwierige Gesprächssituationen, die wir in vielen Seminaren und Coaching-Gesprächen gemeinsam mit Führungskräften bearbeitet haben. Anhand dieser Beispiele wird verdeutlicht, mit welchen Fragen sich Vorgesetzte beschäftigen sollten, wie ein Gespräch vorbereitet werden kann und welche Vorgehensweisen sinnvoll wären.

12.3 Kritikgespräch mit einem Mitarbeiter mit einem Verhaltensdefizit

Sie sind Abteilungsleiter in der Entwicklung eines mittelständischen Automobilzulieferers. Schon seit einigen Wochen machen Sie sich Gedanken um Herrn Probst, der von einer anderen Abteilung im Unternehmen zu Ihnen wechselte. Er ist ein exzellenter Fachmann und vertieft sich gerne in die Lösung von komplexen Problemen. Er sagt von sich, daß er ein analytischer Mensch sei, der den Dingen gerne ausführlich auf den Grund gehen möchte. Dies merkt man auch an seinem Schriftverkehr. Seine Ausarbeitungen haben oftmals einen zu hohen Detaillierungsgrad, um alle Eventualitäten abzudecken. Herr Probst geht gerne auf Nummer sicher. Deshalb sind die Lösungen, die er durchdenkt, oft sehr detailliert ausgearbeitet. Ihrer Meinung nach verwendet Herr Probst jedoch zu viel Zeit für die Erarbeitung von Einzellösungen.
In der Zusammenarbeit mit anderen sind Sie mit ihm auch eher unzufrieden. Er gibt sein Wissen über das, was er tut, zu wenig preis, so daß die Kollegen und teilweise auch Sie seine Kompetenzen eigentlich nicht richtig einschätzen können. In den regelmäßigen Abteilungssitzungen beteiligt er sich kaum an internen Diskussionen, vor allem dann nicht, wenn sie nicht sein eigenes Fachgebiet betreffen. Es macht den Eindruck, daß sich Herr Probst nur für seine eigene Arbeit interessiert. Die Aufgaben der Kollegen scheinen ihm egal zu sein, obwohl es durchaus einige Themen gibt, zu denen sich Herr Probst mit seinen Kollegen inhaltlich besser abstimmen sollte. Auch der kollegiale Austausch mit seinen Kollegen findet kaum statt, er zieht sich lieber hinter seinen Schreibtisch zurück und vertieft sich in fachliche Probleme.
Es ist für Sie nun an der Zeit, mit Herrn Probst über seine Rolle im Team und über seine Arbeitsweise ein Gespräch zu führen.

Was steckt dahinter, wenn Mitarbeiter ein Verhaltensdefizit aufzeigen?

Kritik an konkreten Arbeitsergebnissen zu üben ist leichter, als Verhaltensweisen zu kritisieren, da man sich bei Ersteren sehr stark auf die Begründung von Fakten sowie auf die Fehlersuche und -behebung – also auf die Beweisführung – konzentrieren kann. Verhaltensweisen zu kritisieren bedeutet meist, daß man sich auf subjektive Eindrücke, Beobachtungen und auf nicht immer hundertprozentig repräsentative Beispiele beziehen muß.
Es stellen sich etwa Fragen wie: Woran kann ich es festmachen? Wie begründe ich dies genau? Was kann ich erwarten, was nicht? Bewerte ich den Mitarbeiter auch richtig? Oftmals hofft man darauf, daß sich das Verhalten von selbst ändert, was jedoch, ohne daß ein konkreter Veränderungsdruck entsteht, nur selten der Fall ist.
Gerade deshalb ist es wichtig, sich als Führungskraft an diese Themen heranzuwagen. Mitarbeiter, die für die jeweilige Situation unangebrachte Verhaltens-

weisen zeigen, könnten wesentlich erfolgreicher werden, würden sie diese der Situation entsprechend einsetzen können. Auch Kunden, Kollegen und andere Führungskräfte können von Defiziten im Verhalten eines Mitarbeiters deutlich gestört sein. Sie können möglicherweise nicht so effektiv arbeiten, wenn der Mitarbeiter z. B. ein Defizit in der Kommunikation hat und wichtige Informationen nicht übermittelt. Auch das Betriebsklima kann sich längerfristig verschlechtern, wenn sich ein Teammitglied nicht auf die gemeinsamen Teamregeln und -normen einlassen kann oder will.

Veränderungen im Verhaltensbereich eines Mitarbeiters können nur dann herbeigeführt werden, wenn vom Betroffenen der Sinn erkannt wird, weshalb eine Korrektur notwendig ist. Ebenso ist es erforderlich, daß der Mitarbeiter das Können und die Kompetenzen für eine Verhaltensentwicklung erwirbt und er selbst auch die Bereitschaft zeigt, sich die neuen Verhaltensweisen anzueignen. Es ist gut möglich, daß einem Mitarbeiter nicht klar ist, warum sein Verhalten ineffektiv ist und welche negativen Auswirkungen dieses für seine Arbeitsleistung und für das Umfeld hat. In diesem Fall muß ihm über Feedbackprozesse vermittelt und aufgezeigt werden, wie alternatives Verhalten aussehen könnte.

Bei Herrn Probst aus unserem Beispiel könnten folgende Ursachen hinter seinem Verhaltensdefizit in der Kommunikation und Teamarbeit liegen. Möglicherweise hat er den Sinn und den Nutzen einer effektiven Vernetzung und Kommunikation mit seinen Kollegen noch nicht verstanden. Auch könnte es sein, daß er sein eigenes Verhalten nicht als unkommunikativ empfindet und hier auf konkretes Feedback über seine Wirkung und seinen Kommunikationsstil angewiesen ist. Es kann aber auch sein, daß Herr Probst zu wenig darüber weiß, wie eine effektive Zusammenarbeit in dieser Abteilung gewährleistet werden kann und was man genau von ihm dabei erwartet. Möglicherweise fehlen ihm auch Grundkompetenzen der Kommunikation, wie beispielsweise sich in Diskussionen einbringen zu können, sich kurz und prägnant auszudrücken, ein lockeres Gespräch mit Kollegen zu führen oder auch die wesentlichen Informationen über sein Arbeitsgebiet verständlich und zeitnah weiterzugeben. Sollte dies der Fall sein, muß man mit ihm über die Erwartungen, die an ihn gestellt werden, sprechen und evtl. auch Qualifizierungsmaßnahmen einleiten. Eine letzte Ursachenquelle könnte seine Einstellung zur neuen Abteilung beinhalten. Möglicherweise fühlt er sich von den Kollegen nicht akzeptiert und integriert und zieht sich deshalb zurück. Ein anderes Motiv könnte sein, daß Herr Probst die Kommunikation mit anderen als Zeitverschwendung sieht und am liebsten ungestört weiterarbeiten möchte. Wenn dies der Fall ist, muß man mit Herrn Probst über seine Rolle in der Abteilung, aber auch über die Anforderungen an seine Kommunikationsleistung sprechen und klare Ziele setzen. Meist steckt hinter einem Verhaltensdefizit eine Mixtur aus Kompetenzmängeln, nicht ausreichender Information über das gewünschte Verhalten und eine gewisse Abwehr gegen die geforderte Veränderung, da es einen Mehraufwand oder ein Durchbrechen der liebgewordenen Routinen bedeutet.

Was könnte in unserem Beispiel in einer Führungskraft vorgehen?

Um unnötige Wiederholungen und Redundanzen zu Kapitel 12.2 zu vermeiden, werden wir in diesem wie auch in drei folgenden Fallbeispielen die Vorgehensweise nicht mehr im Detail ablichten, sondern ausschließlich fallbezogene Unterschiede vertiefen. Für die Vorbereitung und Durchführung Ihrer Kritikgespräche gilt jedoch die Musterausführung, die wir im Kapitel 12.2 vorgestellt und behandelt haben. Dabei werden wir zur besseren Orientierung die jeweiligen Abschnitte bzw. Bausteine des Kritikgesprächs nochmals nennen, aber nicht weiter ausführen.
Da sich in diesem Beispiel Herr Probst als ein Mitarbeiter zeigt, der Kritik schwer akzeptiert und schnell in eine Verteidigungshaltung geht, könnte die Führungskraft befürchten, daß das Gespräch eher eskaliert und der Mitarbeiter blockiert. Dies könnte zu einer vorsichtigen Herangehensweise führen. Der Führungskraft gehen Fragen durch den Kopf: *»Ist dieser Kritikpunkt mir einen möglichen Konflikt wert? Was mache ich, wenn der Mitarbeiter sich uneinsichtig zeigt?«*
Vielleicht entstehen auch Schuldgefühle bzw. ein Gefühl der Mitverantwortung: *»Ich hätte ihn schon viel früher darauf aufmerksam machen müssen. Vielleicht habe ich es versäumt, ihn konkret auf die Zusammenarbeit und das spezifische Kooperationsverhalten im eigenen Team hinzuweisen.«*

Mit welchen Fragen sollte sich die Führungskraft beschäftigen?

Zusätzlich zu den Fragen, die unter der Überschrift »Vorbereitung des Gesprächs« (vgl. Kapitel 12.2) aufgeführt wurden, sind folgende Fragen hilfreich:

Fragen zum Sachverhalt
- Was sind die Kritikpunkte und konkreten Gründe für das Gespräch?
  Eine konkrete Aufstellung der zu kritisierenden Punkte hilft der Führungskraft, dem Mitarbeiter ein faires und sachliches Feedback zu geben. Woran mache ich mangelndes Kooperations- und Kommunikationsverhalten fest? Wie und wann zeigt es sich, wie wirkt es sich aus?

Fragen zur Vorgeschichte
- Besteht das Verhalten schon, seit Herr Probst im Team ist, oder hat es sich erst entwickelt?
- Sind von mir oder anderen bereits Aktivitäten unternommen worden, das Problem anzugehen?
  Da Herr Probst schon einmal darauf angesprochen wurde, weiß er über die Kritikpunkte Bescheid, d. h., das Gespräch könnte als Kritikgespräch Stufe 3 stattfinden (vgl. in diesem Kapitel »Stufen des Kritikgesprächs«).
- Wie sieht der vorherige Vorgesetzte den Mitarbeiter?
  Da Herr Probst aus einer anderen Abteilung kommt, sollte man beim frühe-

ren Vorgesetzten Informationen und Einschätzungen zu seinem Teamverhalten einholen.

Fragen zum Mitarbeiter

- Was sind die Stärken und Schwächen von Herrn Probst?
  Damit die augenblickliche Unzufriedenheit nicht die generelle Bewertung beeinflußt, ist hier wichtig, das Arbeitsverhalten, die Leistung und die Ergebnisse von Herrn Probst fair zu beurteilen, d. h., angemessene Beurteilungskriterien heranzuziehen und ihn aus einer größeren zeitlichen Dimension her zu betrachten.
- Ist Herrn Probst sein Kooperations- und Kommunikationsverhalten überhaupt bewußt?
  Es gilt zu überlegen, welche Möglichkeiten Herr Probst bisher hatte, um Feedback zu seinem Kooperations- und Kommunikationsverhalten zu erhalten.
- Welche Unsicherheiten und Ängste könnten bei Herrn Probst vorhanden sein?
  Hier gilt es zu erkennen, was Herrn Probst daran hindert, mit seinen Kollegen Kontakt aufzunehmen.
- Wie könnte er diesmal reagieren?
  Nachdem Herr Probst schon beim letzten Gespräch auf die Kritik mit Ablehnung reagierte, sollte im Vorfeld überlegt werden, auf welche Reaktionen des Mitarbeiters man sich als Führungskraft einstellen muß.

Fragen zu sich als Führungskraft

- Was ist meine Mitverantwortung? Welche Informationen habe ich versäumt, zu geben?
  Möglicherweise erhielt Herr Probst zu wenig Information über die Erwartungen an die Qualität, Inhalte und Prozesse der von ihm erstellten Arbeitsergebnisse.
- Was sind die möglichen Perspektiven für den Mitarbeiter?
  Herr Probst besitzt hohe fachliche Kompetenzen, dagegen Schwächen in der Teamarbeit. Seine Stärken werden Sie weiterhin einsetzen wollen, allerdings sollten Sie für sich definieren, bei welchen Aufgaben Teamarbeit und Kommunikation mehr oder weniger wichtig sind und dieses Herrn Probst erläutern.

Fragen zum Umfeld

- Wie könnte das Verhalten auf die Kollegen und andere Abteilungen wirken?
  Herr Probst wird Verhaltensänderungen nur dann vornehmen, wenn er versteht, wie sich sein derzeitiges Verhalten auswirkt und welche negativen Konsequenzen sich für ihn daraus ergeben.
- Wird das Verhalten durch andere unterstützt, provoziert oder geduldet?
  Kooperation kann durch das Verhalten anderer auch erschwert werden. So könnte das restliche Team eine verschworene Gemeinschaft sein, die neue

Kollegen nicht integrieren möchte, woraus das Verhalten von Herrn Probst als Reaktion resultieren könnte.

- Gab es schon Reaktionen im Umfeld? Wenn ja, wie haben sich diese gezeigt? Hier muß im Vorfeld entschieden werden, inwieweit Herrn Probst diese Reaktionen bekannt sein sollten oder nicht.

Wie könnte die Führungskraft vorgehen?

Da der Mitarbeiter auf diese Punkte schon mehrfach angesprochen wurde, er also schon die Chance hatte, sein Verhalten zu verändern, bietet sich hier die Stufe 3 des Kritikgesprächs an. Die Ankündigung hierzu sollte das Thema des Gesprächs für den Mitarbeiter klar benennen: *»Herr Probst, ich möchte mit Ihnen ein Gespräch darüber führen, wie Sie sich bisher in das bestehende Team integriert haben und welche Erwartungen ich zukünftig an Sie bezüglich der Zusammenarbeit und Kommunikation mit Kollegen und anderen Abteilungen habe. Hätten Sie dafür am Dienstag nächster Woche Zeit?«* Durch diese Ankündigung kann sich Herr Probst innerlich auf das Thema einstellen und vorbereiten.

Leitfaden für das Gespräch

1. Gespräch eröffnen
Es sollte, wie schon unter 12.2 beschrieben, für ein angenehmes Klima gesorgt werden. Der Anlaß wird nochmals benannt und der zeitliche Rahmen wird definiert.

2. Bearbeitung des Sachverhalts

- Darstellung aus Sicht der Führungskraft
  Hier werden die Kritikpunkte am Verhalten von Herrn Probst beschrieben: *»Ich möchte Ihnen beschreiben, wie ich Ihre bisherige Eingliederung ins Team und die Zusammenarbeit mit Ihren Kollegen empfinde. Mir fällt auf, daß Sie sich in Gruppenbesprechungen wenig einbringen, selbst wenn es um Ihr eigenes Fachgebiet geht. Auch arbeiten Sie sehr zurückgezogen und suchen wenig den Kontakt zu Ihren Kollegen. Das hat teilweise zur Folge, daß Reibungsverluste und Doppelarbeiten entstehen, wie die Herren X und Y in der letzten Gruppenbesprechung erläutert haben. Auch konnte ich nicht feststellen, daß Sie die dort getroffene Vereinbarung, die Kollegen mindestens einmal in der Woche zu informieren, bisher umgesetzt haben. Das alles stimmt mich sehr nachdenklich, denn, wie ich Ihnen schon einmal erläutert habe, ist mir dieser kollegiale fachliche Austausch sehr wichtig, um Ideen und Vernetzungen frühzeitig zu erkennen …«*
- Beschreibung der Auswirkungen
  Hier werden die Konsequenzen, die das Verhalten z. B. auf Kollegen, Kunden und Vorgesetzte hat, beschrieben. *»Ihre zurückgezogene Art zu arbeiten hat*

zur Folge, daß wichtige Informationen zu spät die Personen erreichen, die sie dringend benötigen würden, wie es sich z. B. mit Herrn Y letzte Woche ereignet hat ... Auch stelle ich fest, daß ihre schriftliche Kommunikation, wenn sie denn erfolgt, so ausführlich ist, daß es für den Empfänger schwierig wird, das Wesentliche zu erkennen. Ich denke, im Sinne einer effektiven Zusammenarbeit sollten Sie lieber öfter mündlich kommunizieren und nur die wesentlichen Dinge schriftlich verfassen. So besteht für den Empfänger auch eher die Möglichkeit, mit Ihnen zu diskutieren, seine Anregungen Ihnen gegenüber zu formulieren und Fragen beantwortet zu bekommen.«

- Stellungnahme des Mitarbeiters
  Im Sinne eines fairen Gesprächs wird jetzt die Sichtweise des Mitarbeiters angehört. Vielleicht ist Herrn Probst die Wirkung seines Verhaltens oder auch dessen Auswirkungen nicht bewußt.
  Sollte der Mitarbeiter etwas zurückhaltend sein, versuchen Sie, den Mitarbeiter zu aktivieren: *»Wie ist denn Ihre Sichtweise? Können Sie diese Punkte nachvollziehen? Gibt es bestimmte Erklärungen hierfür?«*
  Die Stellungnahme von Herrn Probst und sein Problembewußtsein beeinflußen das weitere Vorgehen.
- Vergleich der Sichtweisen zwischen Führungskraft und Mitarbeiter
  Durch den Vergleich von Sichtweisen wird eine gemeinsame Einschätzung hergestellt: *»Herr Probst, in welchen Punkten sehen Sie den Sachverhalt ähnlich, in welchen Punkten unterscheiden Sie sich von meiner Sichtweise?«*
  Der Konsens und Dissens in der Einschätzung werden herausgearbeitet, Meinungsunterschiede soweit möglich geklärt.
- Ursachenanalyse und Erarbeiten von Veränderungsvorschlägen
  Es geht nun darum, festzustellen, ob es bestimmte Gründe für den Sachverhalt bzw. für das Verhalten gibt. Danach sollte der Vorgesetzte die Erwartungen konkret formulieren: *»Herr Probst, ich erwarte von Ihnen, daß Sie häufiger und proaktiver Ihre Kollegen in die bei Ihnen laufenden Projekte einbinden und informieren. Lassen Sie uns nun besprechen, was zu verändern ist und was ich eventuell dazu beitragen kann.«*
- Suche nach Lösungen
  Hier ist es hilfreich, vom Mitarbeiter Vorschläge einzuholen, wie das gewünschte Verhalten von ihm gezeigt werden könnte: *»Herr Probst, haben Sie Vorschläge, wie Sie sicherstellen könnten, daß die Kollegen zeitnah über Themen informiert werden, die ihren Arbeitsbereich betreffen? Durch welche Maßnahmen könnten Sie den Austausch mit Ihren Kollegen verbessern?«*
  Hat der Mitarbeiter zu wenig konkrete Ideen, sollte die Führungskraft eigene Vorschläge einbringen, die dem Mitarbeiter verdeutlichen, wie er sein Verhalten ändern könnte.
- Treffen von Entscheidungen und Vereinbarungen
  Vereinbarungen von Aktivitäten mit Verantwortlichkeiten und Terminierung werden getroffen.

3. Gesprächsabschluß

- Zusammenfassung der Gesprächsergebnisse und Vereinbarungen
  Das Gesprächsergebnis wird durch die Führungskraft zusammengefaßt und überprüft: »*Sind Sie damit einverstanden, daß wir sowohl die vereinbarten Maßnahmen als auch die Unterstützung, die ich ihnen geben werde, wie folgt schriftlich festhalten?*«
- Dank
- Zuversicht äußern
  »*Herr Probst, ich schätze Sie als einen fachlich hervorragenden Mitarbeiter. Ich gehe auch bei diesem Punkt davon aus, daß Sie mit der gewohnten Zuverlässigkeit die vereinbarten Maßnahmen umsetzen.*«
- Termin für ein Feedbackgespräch wird festgelegt
  »*Herr Probst, ich möchte in ca. sechs Wochen mit Ihnen ein Feedbackgespräch führen, in dem wir gemeinsam die Umsetzung der vereinbarten Aktivitäten überprüfen. Wie schon mehrmals erwähnt, erwarte ich eine deutliche Verhaltensveränderung von Ihnen.*«

Empfehlungen zur Umsetzung

Kritik am Verhalten ihrer Mitarbeiter zu üben ist für Führungskräfte meist heikler als Kritik an konkreten Arbeitsergebnissen, da diese Kritik meist die Persönlichkeit oder auch den Charakter der Person adressiert. Es ist deshalb wichtig, sich als Vorgesetzter darüber bewußt zu werden, wann das Verhalten des Mitarbeiters zu thematisieren ist. Generell besteht Handlungsbedarf, wenn

- das Fehlverhalten eine »Vorbildfunktion« für andere Mitarbeiter im Team oder Umfeld bekommen könnte, sprich, andere Mitarbeiter zum Nachahmen animieren könnte,
- das Verhalten des Mitarbeiters zu Schwierigkeiten und Konflikten im Team, im Umfeld oder beim Kunden führen könnte,
- sich Verhaltensweisen des Mitarbeiters auf die Zielerreichung, auf die Arbeitsqualität und auf den Erfolg im Team negativ auswirken könnten,
- ohne eine Einwirkung des Vorgesetzten das Verhalten des Mitarbeiters bestehen bleibt oder zunimmt.

Verantwortungscheck

Bevor eine Führungskraft Kritik äußert, sollte Sie sich Fragen zur Verantwortlichkeit stellen:

- Inwieweit haben bestimmte Rahmenbedingungen das Verhalten des Mitarbeiters gefördert (z. B. erhöhter, dauerhafter Arbeitsdruck, schlechtes Betriebsklima, Intrigen, Mobbing)?
- Habe ich als Führungskraft durch mein Verhalten oder durch bestimmte Unterlassungen zum Fehlverhalten oder zu Fehlern beigetragen, und falls ja, wie bedeutend war dies (z. B. unüberlegte, launische Äußerungen, überzogene Kritik oder auch Gleichgültigkeit)?

- Hat der Mitarbeiter den Fehler oder das Fehlverhalten alleine verursacht oder sind andere daran beteiligt (z. B. wird für eine Kollektivschuld des Teams ein Sündenbock gesucht)?

Je nachdem, wie die Antworten auf diese Fragen ausfallen, leitet sich das Handeln der Führungskraft daraus ab.

12.4 Gespräch mit einem Mitarbeiter, der Aufgaben und Ziele nicht akzeptiert

Sie sind Führungskraft in einem Dienstleistungsunternehmen. Aufgrund von Sparmaßnahmen und Umstrukturierungen müssen Sie in Ihrem Bereich zusätzliche Projekte und Aufgaben integrieren. Nach ausführlicher Information über die Notwendigkeit sowie bei Einzelgesprächen erhalten Sie bei der Aufgabenverteilung von nahezu allen Mitarbeitern Zustimmung. Bei Herrn Krankel aber stoßen Sie auf Ablehnung. Mit der Begründung: »Ich arbeite für das wenige Geld schon mehr als genug, ich habe ohnehin schon zu viel zu tun«, wehrt er die Aufgaben mit den verbundenen Zielsetzungen einfach ab.
Sie ärgern sich anschließend sehr über Ihren Mitarbeiter. Sie sind davon überzeugt, daß er die Aufgaben übernehmen könnte. Diese, nach Ihrer Meinung unbegründete Blockade, macht Sie ärgerlich.
Sie wollen dieses Verhalten nicht akzeptieren. Sie befürchten, wenn Sie diese Ablehnung einfach hinnehmen, sind die anderen Kollegen auch nicht bereit, zusätzliche Aufgaben zu übernehmen. Außerdem sehen Sie Ihre Autorität gefährdet. Sie wissen, Sie müssen handeln.

Was steckt dahinter, wenn Mitarbeiter die Delegation von Aufgaben und Zielen scheinbar blockieren?

Der berufliche Alltag erfordert, daß Mitarbeiter bei Bedarf neue Ziele übertragen bekommen oder Aufgaben übernehmen, die z. B. aufgrund von Kundenaufträgen oder internen Prozessen im Laufe des Jahres auf die Einheit zukommen. Manche Aufgaben sind beliebter als andere. Werden Aufgaben delegiert, die nicht den Neigungen und Vorlieben des Mitarbeiters entsprechen, kann es dazu kommen, daß er diese erst einmal ablehnt und den Auftrag eher widerwillig ausführt. Um beim Mitarbeiter Akzeptanz zu erzeugen, gibt es für die Führungskraft meist nur einen Weg: Sie muß erklären, warum diese Aufgabe, dieses Ziel wichtig ist und weshalb gerade der Mitarbeiter derjenige ist, der zu einem Erfolg beitragen kann. Solange der Mitarbeiter den Sinn, der hinter einer übertragenen Aufgabe steht, nicht versteht, wird sich seine Bereitschaft zur Übernahme in Grenzen halten. Wenn der Mitarbeiter seine Fähigkeiten unterschätzt, könnte eine hohe Skepsis entstehen, aus Angst, die angetragene Aufgabe nicht gut genug zu lösen. Hier könnten Vorgesetzter und Mitarbeiter gemeinsam überlegen, welche Entwicklungsmaßnahme oder auch welche Hilfeleistung durch eine weitere Person Sinn macht. Bei einer Überlastungssituation des Mitarbeiters sollten bestehende Aufgaben auf ihre Wichtigkeit hin überprüft werden, um Zeit und Entlastung für die neue Aufgabe zu schaffen. Manche Aufgaben sind bei allen Teammitgliedern unbeliebt. Der Vorgesetzte sollte bei der Delegation solcher Tätigkeiten darauf achten, daß eine gerechte Verteilung im Team erfolgt. Ansonsten entsteht sehr schnell das Gefühl von Einseitigkeit, wodurch sich die betroffene Person, die ständig unpopuläre Aufgaben erhält, vom Chef im besonderen Maße schikaniert fühlen könnte.

Was könnte in unserem Beispiel in der Führungskraft vorgehen?

Es könnte sein, daß die Führungskraft persönlich vom Mitarbeiter enttäuscht ist. Möglicherweise hat sie ihn vorher gezielt gefördert und in ihren Augen ist der Dank dafür jetzt mangelndes Engagement und Blockade bei der Übernahme von zusätzlichen Arbeiten.
Vielleicht entstehen beim Vorgesetzten auch bestimmte Belastungs- und Streßsymptome, da er diese Blockade auch als Machtkampf betrachtet und bewertet. Bei einem solchen »Spiel« zwischen Chef und Mitarbeiter könnte es weniger um das konkrete Anliegen gehen, sondern um Grundsätzliches, nämlich auch darum, wie der Mitarbeiter den Vorgesetzten akzeptiert. So kann die Führungskraft die eigene Autorität im Team und beim eigenen Vorgesetzten gefährdet sehen: *»Der kann sich wohl nicht durchsetzen.«* Womöglich beobachtet das Umfeld schon, wie die Führungskraft das Problem in den Griff bekommen möchte, und fragt sich, ob diese sich behaupten kann.
Versteht sich die Führungskraft als kooperativer, partnerschaftlicher Chef, der seiner Linie treubleiben möchte, kann sie in Situationen, in denen sie sich durchsetzen und etwas anordnen muß, verunsichert werden: *»Wie kann ich hier Autorität zeigen, ohne tyrannisch zu wirken?«*
Vielleicht könnte bei der Führungskraft auch Unsicherheit entstehen: *»Mute ich Herrn Krankel zu viel zu? Ist er vielleicht doch überlastet oder überfordert?«*

Mit welchen Fragen sollte sich die Führungskraft beschäftigen?

Zusätzlich zu den Fragen, die in diesem Kapitel unter der Überschrift »Vorbereitung des Gesprächs« (vgl. Kapitel 12.2) aufgeführt wurden, sind folgende Fragen hilfreich:

Fragen zum Sachverhalt
- Was genau beanstande ich?
- Welche Aufgaben und Tätigkeiten soll der Mitarbeiter übernehmen?

- Wie ist die faktische Arbeitsbelastung des Mitarbeiters? Welche konkreten Aufgaben mit welchem Zeitaufwand leistet er?
- Was erwarte ich genau von ihm? Womit bin ich unzufrieden?

Wie könnte die Führungskraft vorgehen?

Auch an diesem Beispiel gilt es zu überlegen, welche Stufe eines Kritikgesprächs (vgl. Kapitel 12.2) ansteht. Da schon eine Unterredung stattgefunden hat, scheiden die Stufen 1 und 2 aus. Sollten die Ursachen und Beweggründe für die Führungskraft noch nicht klar sein, gilt es hier, den Mitarbeiter anzuhören und eine Analyse durchzuführen. Im vorliegenden Beispiel mit Herrn Krankel bietet sich die Stufe 3 an.

Leitfaden für das Gespräch
Nach der Terminvereinbarung steht das Gespräch mit dem Mitarbeiter an.

1. Gespräch eröffnen
- Anlaß nennen,
- Gesprächsrahmen klären (vgl. Kapitel 12.2).

2. Bearbeitung des Sachverhalts
- Darstellung aus Sicht der Führungskraft/Beschreibung des zu kritisierenden Sachverhalts
  »Herr Krankel, wir hatten ein Gespräch, in dem ich Ihnen das Projekt X übertragen wollte. Sie lehnten dieses aus mir unverständlichen Gründen ab. Ich habe mir das noch mal durch den Kopf gehen lassen und ich kann Ihre Ablehnung nicht nachvollziehen. Aus folgenden Gründen sehe ich dieses Projekt in Ihrem Kompetenzbereich ... Ich gehe davon aus, daß Sie dieses Projekt auch zeitlich bewältigen können. Aufgrund folgender Fähigkeiten ... sehe ich Sie auch als am besten geeignet an, dieses Projekt zu übernehmen.«
- Stellungnahme und Sichtweise von Herrn Krankel
- Vergleich der Sichtweisen zwischen Vorgesetztem und Mitarbeiter
  Falls möglich, werden die unterschiedlichen Wahrnehmungen bzw. Mißverständnisse geklärt: *»Wenn ich Sie richtig verstehe, Herr Krankel, so stimmen Sie mir zu, daß das Projekt für unsere Abteilung wichtig ist. Sie bezweifeln jedoch, daß es sinnvoll ist, das Projekt zum jetzigen Zeitpunkt anzugehen. Lassen Sie mich nochmals erläutern, warum wir den Start des Projektes nicht verschieben können ...«*
- Ursachenanalyse und Sammeln von Lösungsideen
  Hier geht es darum, herauszuarbeiten, ob es bestimmte Gründe für den Sachverhalt bzw. das Verhalten gibt. Sollte die Führungskraft zu einer neuen Einschätzung der Situation gelangen, ist es ein Zeichen von Souveränität, dies auch zu zeigen: *»Herr Krankel, daß die Projekte A und B sowie Aufgabe Z*

so viel Zeit benötigen, war mir vorher nicht klar. Gut, daß Sie mich darauf hingewiesen haben. Da ich aber das Projekt X immer noch bei Ihnen am besten aufgehoben sehe, lassen Sie uns darüber reden, wie Sie anderweitig entlastet werden können.« Es wird gemeinsam nach Lösungen gesucht. Eine Entscheidung wird getroffen.

- Vereinbarungen treffen
  (Vgl. Kapitel 12.2)

3. *Gesprächsabschluß*
   (Vgl. Kapitel 12.2)

Empfehlungen zur Umsetzung

Wenn Mitarbeiter Ziele und Aufgaben nicht akzeptieren, wenn in der Zusammenarbeit Widerstände und Blockaden entstehen, ist neben der Suche nach Ursachen und Gründen auch wichtig, sich die eigenen Funktionen und Aufgaben noch einmal bewußt zu machen. Sie

- tragen die Verantwortung für das Erreichen von Zielen,
- sorgen dafür, daß die anfallenden Aufgaben und Projekte im Team, entsprechend den Fähigkeiten und Kompetenzen, fair und gerecht verteilt werden,
- stehen Kunden gegenüber in der Verpflichtung, auch wenn Sie selbst keinen direkten Kundenkontakt haben, denn die Kunden sichern die Existenz Ihres Unternehmens,
- sind dem Unternehmen gegenüber verantwortlich, daß Ihr Team eine bestimmte Leistung bringt und die Realisierung der Unternehmensziele mit verfolgt,
- müssen mit emotional belastenden Gesprächen rechnen, dies gehört zum Führungsalltag,
- kommen in Situationen, in denen Sie Kritik vorbringen müssen, die dem Mitarbeiter erheblich unangenehm ist,
- werden durch Gespräche Situationen angehen müssen, die der Mitarbeiter lieber auf sich beruhen lassen möchte,
- sind mitverantwortlich für ein gutes Teamklima, was manchmal bedeutet, klärende Gespräche führen zu müssen, um einen positiven Teamgeist aufrechtzuerhalten,
- sind verantwortlich, daß ein Gespräch zustandekommt und konkrete Ergebnisse erzielt werden,
- werden, falls sich Mitarbeiter angemessenen Zielen und Aufgaben verweigern, auch Konsequenzen androhen und umsetzen müssen.

Als Führungskraft können Sie nicht für alles verantwortlich sein, das ist unmöglich und im Zeitalter flacher Hierarchien und des Projektmanagements auch nicht besonders effektiv. Allein schon unter den Vorzeichen des Zeitmanagements sollten Sie sich über die eigenen Grenzen bewußt werden. Teams sind besonders dann erfolgreich, wenn Mitarbeitern situativ mehr Verantwortung übertragen wird. Einerseits gehen sie mit einem Arbeitsvertrag sowieso eine Verpflichtung für eine bestimmte Leistung ein. Andererseits wachsen Mitarbeiter mit der Verantwortung, sie können sich dadurch selbst entfalten und einbringen, weshalb sie die Übernahme von Verantwortung häufig als motivierend empfinden. Und ganz nebenbei erfahren Sie als Vorgesetzter eine gewisse Arbeitsentlastung.

12.5 Kritikgespräch mit einem Mitarbeiter mit einem unrealistischen Selbstbild

Sie sind Abteilungsleiter im Bereich Marketing eines Automobilzulieferers. Seit einigen Monaten haben Sie einen neuen Mitarbeiter, Herrn Dr. Kapps. Er ist Diplom-Kaufmann und wurde Ihnen von der Personalabteilung wärmstens empfohlen. Dr. Kapps ist Ende 20 und hatte nach Abschluß des Studiums einige Jahre bei einer bekannten Unternehmensberatung gearbeitet. Schon nach kurzer Zeit fiel Ihnen das große Selbstbewußtsein von Herrn Dr. Kapps auf. Er brachte oft Vorschläge ein, begründete diese korrekt und konnte sich in Diskussionen gut behaupten. Nach der Einarbeitung bemerkten Sie, daß Herr Dr. Kapps zunehmend begann, die Arbeit seiner Kollegen, auch im Beisein von anderen, in Frage zu stellen. Zudem wurde er bei Kunden im Auftreten immer forscher und fordernder. Mittlerweile kamen auch schon Klagen von Mitarbeitern und Kunden über das »sehr selbstbewußte Auftreten« von Herrn Dr. Kapps. Er sei unbelehrbar, höre nicht zu und kenne nur seine Meinung, waren typische Äußerungen der Kollegen. Es gab auch schon gelegentlich Androhungen, mit Herrn Dr. Kapps keine gemeinsamen Projekte mehr durchführen zu wollen. So lehnte ein Kollege eine Kooperation mit Herrn Dr. Kapps mit folgenden Worten bei Ihnen ab: »Mit diesem arroganten Besserwisser will ich nicht zusammenarbeiten.« Als Sie mit Herrn Dr. Kapps in einem kurzen Gespräch über seine eigene Einschätzung zur Zusammenarbeit mit den Kollegen sprachen, waren Sie über die Selbstwahrnehmung Ihres Mitarbeiters irritiert. Herr Dr. Kapps sah sich als engagierten und kollegialen Mitarbeiter, der seine Kollegen unterstützt und ihnen gerne mit Rat und Tat zur Seite steht. Er sei auch bei seinen Kollegen geschätzt und diese holen sich gerne Rat bei ihm ein. Auf vorsichtige Anmerkungen über Klagen über sein Verhalten, meinte Herr Dr. Kapps, er könne sich dies nicht vorstellen. Vielleicht wäre dies nur Neid: »Manche haben halt Minderwertigkeitskomplexe, wenn jemand einen Doktortitel hat.«
Sie sind über den Mangel an realer Selbsteinschätzung überrascht und gleichzeitig verunsichert. Wie können Sie mit Ihrem Mitarbeiter so darüber reden, daß er über sich und sein Verhalten nachdenkt und zu einer realistischen Selbsteinschätzung kommt?

Was steckt dahinter, wenn Mitarbeiter eine verzerrte Selbstwahrnehmung haben?

Immer wieder trifft man im Berufsleben auf Menschen, die entweder mit einem übersteigerten oder mit zu wenig Selbstbewußtsein an Dinge herangehen. Diese Mitarbeiter lösen Aufgaben in den Augen anderer nicht optimal, sind aber selbst von sich überzeugt, eine gute Leistung gezeigt zu haben. Als Führungskraft geht man oft davon aus, daß sie eigentlich im Laufe der Zeit ein besseres Gefühl für ihre eigenen Fähigkeiten und Leistungen entwickeln und somit auch Aufgaben zunehmend besser lösen können müßten. Oftmals ist jedoch das Gegenteil der Fall: Der Mitarbeiter befindet sich eher auf dem falschen Weg, wie er an Dinge herangeht. Wird er nicht frühzeitig wohlwollend darauf hingewiesen und der Kurs »korrigiert«, macht er einfach in der gewohnten Weise weiter, wodurch sich »falsche« Routinen einschleichen. Nicht immer ist das betriebliche Umfeld, wie z. B. direkte Kollegen, Kunden oder Mitarbeiter anderer Abteilungen, so fair bzw. so couragiert, den Mitarbeiter auf sein »wenig erfolgreiches« Vorgehen hinzuweisen. Jeder hofft darauf, daß er es möglichst selbst erkennen sollte oder aber ihn die Führungskraft auf seine Defizite hinweist.
Damit Sie als Führungskraft angemessen reagieren können, ist es wichtig zu verstehen, wie es zu einem unrealistischen Selbstbild kommen kann. Gründe dafür können sein:

- Es besteht zu wenig Wissen über die eigene Wirkung
  Sollte dies der Fall sein, braucht der Mitarbeiter unbedingt behutsames Feedback über seine Wirkung, was er bei anderen auslöst, und wie sein Verhalten die erfolgreiche Lösung von Aufgaben behindert. Gemeinsam mit dem Mitarbeiter können dann Handlungsalternativen und Veränderungsmöglichkeiten herausgearbeitet werden.
- Es besteht zu wenig Wissen darüber, wie eine Situation erfolgreich gelöst wird oder was die Anforderungen an Aufgaben sind
  Besteht zwischen Mitarbeiter und Vorgesetztem eine unterschiedliche Anschauung darüber, ob der Mitarbeiter seine Aufgabe erfolgreich gelöst hat, muß die Führungskraft erläutern, was sie unter einer optimalen Aufgabenerfüllung versteht. Der Vorgesetzte sollte erklären, in welchen Aspekten von der optimalen Aufgabenerfüllung in puncto Leistung und Verhalten abgewichen wurde. Auch hier kann gemeinsam mit dem Mitarbeiter eine Lösung entwickelt werden.
- Bisher falsche oder verzerrte Rückmeldungen über bestimmte Verhaltensweisen
  Gerade wenn der Mitarbeiter dafür bekannt ist, mit Feedback nicht angebracht umzugehen, und dazu neigt, eher aggressiv zu reagieren, scheuen sich viele Kollegen, aber auch Führungskräfte davor, ihm eine kritische Rückmeldung zu geben. Der Mitarbeiter erhält so keine Chance, sein Verhalten zu verändern. Noch extremer ist es, wenn der Mitarbeiter eine bedeutende Position im Unternehmen innehat und er z. B. über wichtige Ressourcen verfügt

oder auch einen hohen Status besitzt. Auch hier kommt es häufig vor, daß sich andere mit kritischem Feedback sehr zurückhalten, aus Angst, »*man könnte es sich ja mit demjenigen verscherzen*«. Es kann sogar sein, daß bewußt ein falsches Feedback gegeben wird, um sich »einzuschmeicheln«: »*Finde ich prima, wie Sie gerade eben die Situation gelöst haben*«, obwohl man eigentlich das Gegenteil denkt. Die Führungskraft hat es in diesem Fall nicht leicht. Sie muß das möglicherweise vorangegangene Feedback, das falsch oder verzerrt war, mit dem Mitarbeiter aufarbeiten. Es solches Gespräch ist nie frei von Irritationen.

- Der oder die Feedbackgeber werden nicht ernstgenommen
  Nur wenn der Feedbackgeber ernstgenommen wird, ist dessen Rückmeldung bedeutsam. Sollte die Führungskraft spüren, daß ihr Feedback vom Mitarbeiter nicht aufrichtig reflektiert wird, sollte sie mit ihm darüber sprechen, wer für ihn akzeptierte Feedbackgeber seien. Sind diese identifiziert, bitten Sie den Mitarbeiter, selbst die Initiative zu ergreifen, diese Personen um eine Rückmeldung zu bitten. Danach vereinbaren Sie mit ihm ein weiteres Gespräch und werten die gemachten Erfahrungen gemeinsam aus. Jetzt gibt es zwei Möglichkeiten: Der Mitarbeiter kommt zu dem Ergebnis, daß die Rückmeldungen der anderen in die gleiche Richtung wie ihr Feedback gehen. Damit ist eine gute Möglichkeit geschaffen worden, sich mit dem Mitarbeiter über alternative Herangehensweisen und Verhaltensweisen zu unterhalten. Sollten jedoch die Rückmeldungen der anderen Feedbackgeber von der Ihrigen abweichen, sollten Sie Ihr Feedback nochmals überdenken. Überlegen Sie, ob Sie möglicherweise selbst eine verzerrte, zu kritische Wahrnehmung haben oder ob Sie den Mitarbeiter in Situationen erleben, die für die anderen Feedbackgeber gar nicht zu erkennen sind. In beiden Fällen sollten Sie mit dem Mitarbeiter darüber sprechen, warum die Rückmeldungen so unterschiedlich ausfallen und welches Fazit daraus gezogen werden kann.
- Es wird Glück oder Pech für das Gelingen einer Aufgabe verantwortlich gemacht, anstatt über eigene Handlungsalternativen nachzudenken
  Manche Mitarbeiter neigen dazu, die äußeren Umstände, andere Kollegen oder sonstige Rahmenbedingungen für den eigenen Erfolg oder Mißerfolg verantwortlich zu machen. Diese Wahrnehmung schließt natürlich aus, daß sie selbst eigene Handlungsalternativen überdenken. Derartige Personen glauben, man könnte gar nichts beeinflußen, alles ist von äußeren Faktoren bestimmt. In den meisten Fällen jedoch besteht ein Eigenanteil am Mißerfolg. Den gilt es in der Rolle als Führungskraft, gemeinsam mit dem Mitarbeiter, zu entdecken. Lag es an seiner schlechten Vorbereitung, an einer unglücklichen Gesprächsführung, am schlechten Timing etc.? Hätte der Mitarbeiter eine zweite Chance, die Situation anzugehen, was würde er anders machen? Was glaubt er, könnte z. B. ein Kunde von ihm erwartet haben, ohne es ausführlich im Gespräch zu benennen? Diese Fragen können helfen, dem Mitarbeiter zu verdeutlichen, daß möglicherweise mehr in seiner Hand liegt, als er glaubt, um Situationen und Aufgaben erfolgreich zu bewältigen.

- Es wird Nichtwissen um die eigene Wirkung vorgetäuscht aus Angst, eine Schwäche eingestehen zu müssen
  Eigentlich weiß der Mitarbeiter, daß er sich nicht angemessen verhält, er möchte dies aber nicht öffentlich eingestehen und bleibt so im Gespräch mit dem Vorgesetzten bei seiner Position. In dieser Situation besteht die Aufgabe des Vorgesetzten darin, dem Mitarbeiter Brücken zu bauen, damit dieser seine »Schwäche« ohne Angst vor Gesichtsverlust eingestehen kann. Eine gute Brücke stellt das Sprechen über eigene Erfahrungen dar, aber auch die Bemerkung, daß niemand perfekt sei, und es deshalb ganz »normal« ist, an sich zu arbeiten. Je mehr der Mitarbeiter spürt, daß ein Eingestehen von »Schwächen« legitim ist und daraus keine Nachteile entstehen müssen, desto eher kann er die ihm bekannten, eigenen Defizite mit seinem Vorgesetzten besprechen. Auch hier mündet das Gespräch anschließend in eine Phase der gemeinsamen Suche nach Handlungsalternativen.

Was könnte in unserem Beispiel in der Führungskraft vorgehen?

Eine verantwortungsvolle Führungskraft weiß, daß sie hier handeln muß. Einerseits dürfen die Atmosphäre und die Zusammenarbeit im Team nicht gefährdet werden; andererseits geht es darum, einen qualifizierten Mitarbeiter, der Defizite in der sozialen Kompetenz besitzt, zu fördern und weiterzuentwickeln. Ein direktes Handeln ist für die Führungskraft im vorliegenden Falle nicht einfach. Sie muß abwägen: Was sollten sein Mitarbeiter und andere Kollegen selbst klären? Was liegt in ihrer Verantwortung als Führungskraft? Ab wann sollte sie reagieren? Es könnte auch sein, daß das forsche Verhalten des Mitarbeiters sie auch verunsichert. Sie könnte sich die Frage stellen: *»Bin ich meinem Mitarbeiter in diesem Gespräch gewachsen?«*
Die Kompetenz von hochqualifizierten und entwicklungsfähigen Mitarbeitern ist für jedes Unternehmen ein Gewinn. Man versucht, diese an das Unternehmen zu binden. Aus der Befürchtung heraus, diesen Mitarbeiter zur verlieren, könnte die Führungskraft ein solches Gespräch auch vermeiden oder beschließen, das Feedback sehr zögerlich anzugehen. Das ist der Sache und dem Teamklima allerdings nicht dienlich.

Mit welchen Fragen sollte sich die Führungskraft beschäftigen?

Zusätzlich zu den Fragen, die unter der Überschrift »Vorbereitung des Gesprächs« (vgl. Kapitel 12.2) aufgeführt wurden, sind folgende Fragen hilfreich:

Fragen zum Sachverhalt
- Welches Verhalten beanstande ich genau?
- Was sind typische Situationen und Beispiele dafür?

- Was sind die möglichen Ursachen für das scheinbar überhebliche Verhalten von Herrn Dr. Kapps?
- Welche Konsequenzen hat sein Verhalten bis dato hervorgebracht?

Wie könnte die Führungskraft vorgehen?

Um mit dem Mitarbeiter offen über die Situation und sein Verhalten zu reden, sollte das Gespräch nicht als ein Kritikgespräch, sondern als ein Dialog über die derzeitige Arbeitssituation von Herrn Kapps angekündigt werden: »*Herr Dr. Kapps, Sie sind nun sechs Monate bei uns in der Abteilung. Ich möchte gerne ein Gespräch mit Ihnen darüber führen, wie Sie sich eingelebt haben, wie es Ihnen mit Ihren Aufgaben geht und wie die Zusammenarbeit mit Ihrem Umfeld funktioniert.*«
Würde das Gespräch als Kritikgespräch angekündigt werden: »*Herr Dr. Kapps, ich möchte gerne ein Gespräch über Ihr Auftreten gegenüber Kunden und den Kollegen führen*«, kann es leicht passieren, daß gerade solche Mitarbeiter eine Verteidigungshaltung einnehmen. Damit würde die Möglichkeit verschenkt werden, das Selbstbild des Mitarbeiters kennenzulernen und damit Ansatzpunkte für eine Verhaltensänderung herauszuarbeiten. Insbesondere die bewußt gemachte Diskrepanz zwischen Selbst- und Fremdbild bietet jedoch den besten Ansatzpunkt für eine Verhaltensänderung.

Leitfaden für das Gespräch

Nach der Ankündigung und Terminvereinbarung folgt das Mitarbeitergespräch. Um möglichst viel über die Selbsteinschätzung des Mitarbeiters zu erfahren, bietet sich folgendes Vorgehen an:

1. Gespräch eröffnen

- Positiven Einstieg schaffen
  Aufbau einer angenehmen Gesprächsatmosphäre. Um hier gut miteinander in Kontakt zu kommen, kann man beispielsweise mit einem sogenannten nichtzielführenden Thema beginnen. Für dieses Warming-up bieten sich allgemeine Themen an: »*Herr Dr. Kapps, Sie sind jetzt schon einige Monate bei uns. Mich interessiert, wie Sie unser Unternehmen generell einschätzen.*« Wichtig ist ein echtes Interesse am Thema und an der Person. Aufgesetzte Themen schaffen Künstlichkeit und bewirken eher das Gegenteil.
- Zeitlichen Gesprächsrahmen klären

2. Bearbeitung des Sachverhalts

- Sichtweise des Mitarbeiters zur Arbeitssituation und zur Zusammenarbeit
  Zu Beginn des Gesprächs sollte die Führungskraft den Mitarbeiter ermuntern, seine Einschätzung der Situation zu erläutern: »*Vielen Dank für Ihre*

Einschätzungen, Herr Dr. Kapps. Und wie kommen Sie mit Ihrem Aufgabengebiet zurecht? Wie erleben Sie Ihre Kollegen und Kunden?« Hier ist es wichtig, daß der Mitarbeiter die Zeit bekommt, seine Einschätzung mitzuteilen. Die Führungskraft sollte gut zuhören und nachfragen, um das Selbstverständnis und das Selbstbild des Mitarbeiters zu verstehen.

- Feedback der Führungskraft zur Arbeitssituation und zur Zusammenarbeit
  Jetzt gibt die Führungskraft dem Mitarbeiter Rückmeldung über ihre Sichtweise. Es sollten sowohl die Stärken und die Erfolge des Mitarbeiters angesprochen werden als auch die Wirkung des Mitarbeiterverhaltens. Diese Rückmeldung steht nun in direktem Bezug zur Selbsteinschätzung des Mitarbeiters. Berichten Sie Ihrem Mitarbeiter dabei Verhaltensbeobachtungen und Beispiele. Je größer die Abweichung zwischen Selbst- und Fremdbild, desto wichtiger ist es, dem Mitarbeiter die Differenz aufzuzeigen. Sprechen Sie die Diskrepanz in der Selbst-/Fremdeinschätzung direkt an, und diskutieren Sie mit ihm über die möglichen Ursachen. In unserem Beispiel handelt es sich um einen jüngeren Mitarbeiter, der sich möglicherweise über seine Wirkung noch zu wenig bewußt ist und der vielleicht durch zu forsches Verhalten seine Unsicherheit überdecken möchte. In dieser Phase geht es nicht um reine Kritik, sondern um die Ermöglichung einer realistischen Selbstreflexion. Um das Gespräch hier sensibel zu führen, ist es sinnvoll, sich der Feedbackregeln bewußt zu sein (vgl. Kapitel 7): *»Herr Dr. Kapps, ich schätze Ihr hohes Engagement, mit dem Sie an Ihre Aufgaben gehen. Sie sind für mich jemand, der sehr strukturiert, effektiv und sehr selbständig seine Projekte bearbeitet. Die Zusammenarbeit mit den Kollegen sehe ich etwas anders als Sie. Ich habe manchmal den Eindruck, daß diese Ihre wohlmeinenden Äußerungen eher als Belehrung von oben herab aufnehmen, was möglicherweise an der Art und Weise liegt, wie Sie Ihre Ratschläge formulieren. Insgesamt schätze ich es sehr, daß Sie den Kollegen Tips geben und sie unterstützen wollen, denke aber, daß Sie sowohl an den Formulierungen als auch an Ihrer Haltung und an Ihrem Tonfall Änderungen vornehmen sollten, um nicht arrogant zu wirken.«*
- Rückmeldung des Mitarbeiters
  Der weitere Verlauf wird durch die Stellungnahme des Mitarbeiters beeinflußt. Hier könnte es drei Reaktionen von Seiten des Mitarbeiters geben:
  a) Der Mitarbeiter akzeptiert das Feedback,
  b) der Mitarbeiter weist die Kritik als unangemessen zurück und/oder
  c) der Mitarbeiter rechtfertigt sich und versucht, den Beweis anzutreten, daß seine Art der Reaktion die einzig richtige ist.
  Sollte der Mitarbeiter keine Einsicht zeigen, könnte die Unterhaltung in ein Kritikgespräch übergehen. Rechtfertigt sich der Mitarbeiter, merkt der Vorgesetzte, daß es dem Mitarbeiter schwerfällt, mit der Kritik umzugehen. Er braucht wahrscheinlich Zeit, um den Gesichtsverlust, den er durch das Feedback erleidet, zu verarbeiten. Er muß vorerst vor sich »rational« begründen, warum er gar nicht anders handeln konnte oder warum die Kritik nicht ganz richtig ist. Für die Führungskraft heißt es, nicht dagegenzuargumentieren,

sondern erst einmal das Feedback wirken zu lassen. Wichtig ist es, dem Mitarbeiter ein Recht auf seine eigene Meinung zu lassen, Verständnis für seine Betroffenheit zu zeigen, gleichzeitig ihn jedoch zu weiterer Reflexion aufzufordern und evtl. einen weiteren Termin zu vereinbaren: »*Herr Dr. Kapps, ich kann mir vorstellen, daß diese Rückmeldung für Sie überraschend kommt und Sie auch erst einmal darüber nachdenken wollen. Wir müssen heute auch noch nicht zu einer gemeinsamen Sichtweise kommen. Mir war es wichtig, das Thema anzusprechen, da ich glaube, daß vieles von Ihren guten Vorschlägen bei den Kollegen nicht ankommt. Ich denke, Sie könnten hier wirklich noch mehr bewirken, wenn Sie Ihre Art und Weise verändern würden, wie Sie diese Vorschläge vorbringen. Ich schlage deshalb vor, daß wir uns in einer Woche nochmals treffen, um zu diesem Thema weiter im Gespräch zu bleiben. Bis dahin wünsche ich mir eigentlich nur, daß Sie sich in den angesprochenen Punkten selbst genauer beobachten und sich vielleicht auch einmal von anderer Seite eine Rückmeldung geben lassen.*«

Im folgenden wird genauer darauf eingegangen, wie mit Herrn Dr. Kapps das Gespräch weitergeführt werden könnte, wenn er das Feedback akzeptiert.

- Unterstützung und Begleitung durch den Vorgesetzten
  Akzeptiert der Mitarbeiter, daß er bestimmte Reaktionen durch sein Verhalten bei anderen hervorruft, und entwickelt sich bei ihm zunehmend Problembewußtsein, könnte die Führungskraft dem Mitarbeiter anbieten, ihn bei seiner Verhaltensänderung zu begleiten. Im folgenden wird anhand eines Beispiels ein idealtypischer Gesprächsverlauf aufgezeigt.

  Abklären der Bereitschaft
  Zu Beginn wird die Führungskraft erst einmal die Bereitschaft des Mitarbeiters überprüfen und abklären, ob er sein Verhalten ändern möchte.

  Diagnose und Problemreflexion
  Als nächstes werden die Ursachen und Gründe für sein bisheriges Verhalten ermittelt. Es wird analysiert, weshalb es dem Mitarbeiter so schwerfällt, sein Verhalten und seine Wirkungen auf andere adäquat einzuschätzen und angemessen zu kommunizieren.
  Der gewünschte Verhaltenszustand wird beschrieben und gemeinsam vom Mitarbeiter und der Führungskraft erarbeitet. Beispielsweise könnte Herr Dr. Kapps zunächst seinen Gesprächspartner fragen, ob er überhaupt Tips und Anregungen hören möchte, bevor er ihn mit Feedback »überfällt«. Er könnte lernen, wie man aktiv zuhört, wie er Vorschläge und Anregungen partnerschaftlich formuliert, damit diese von anderen akzeptiert werden.
  Wenn diese Situation und der Soll-Zustand des Verhaltens für beide klar sind, wird die Unterstützungsleistung der Führungskraft vereinbart beispielsweise Beobachtung einer konkreten Situation. Man bespricht, was beide Parteien voneinander erwarten und wozu sie sich verpflichten.

Zielsetzung und Maßnahmen vereinbaren
Nun werden konkrete Verhaltensziele vereinbart, z. B.: Bevor Ratschläge gegeben werden, sollten erst einmal das Anliegen und das Problem analysiert werden. Detailliertes Nachfragen und aktives Zuhören, Positives hervorheben sowie dem Gesprächspartner ein bestärkendes Feedback zu guten Lösungsideen geben sind hierbei wichtige Aspekte.
Als nächstes werden konkrete Maßnahmen und Aktivitäten definiert, in denen Herr Dr. Kapps ein verändertes Verhalten erproben und lernen kann. Beispielsweise könnte er in einem Projekt mitarbeiten, in dem er überwiegend Aufgaben, die Kooperation und Abstimmung mit anderen erfordern, übernimmt, um dadurch seine Kommunikations- und Teamfähigkeit auszubauen. Regelmäßige Rückmeldungen durch den Projektleiter könnten Herrn Dr. Kapps wichtige Hinweise und Anregungen über erfolgreiche Veränderungen und noch offene Entwicklungspotentiale bezüglich seiner Verhaltensweisen geben.
Ebenso ein Training zur Entwicklung seiner Kommunikations- und Teamfähigkeit sowie Gesprächsführung wäre für Herrn Dr. Kapps eine konstruktive Maßnahme, durch die er Motivation und Sicherheit gewinnen könnte.

Umsetzungsphase
In der Umsetzungsphase übt der Mitarbeiter nun die neuen Verhaltensweisen und Fähigkeiten ein. Bei Bedarf bietet die Führungskraft Unterstützung durch Gespräche und Rückmeldungen an.

Ergebnisbewertung
Nach einem definierten Zeitraum werden die Lernerfolge überprüft. Der Mitarbeiter gibt seine Einschätzung des Gelernten und Erlebten wieder. Der Vorgesetzte reflektiert und formuliert seine Eindrücke, um einen nachhaltigen Lerneffekt zu forcieren.
Am Ende werden, soweit noch erforderlich, weitere Entwicklungsschritte und zusätzliche Maßnahmen wie in vorangegangenen Beispielen vereinbart.

Empfehlungen zur Umsetzung

Tips für Gespräche mit Mitarbeitern, die ihre Fähigkeiten <u>über</u>schätzen
Wenn Mitarbeiter ihre Fähigkeiten und Leistungen überschätzen, sollte die Führungskraft im Gespräch folgende Schritte beachten:

- Selbstbild/Fremdbild abgleichen, unterschiedliche Auffassungen verdeutlichen,
- konkrete Verhaltensbeispiele und Situationen benennen, das Ansprechen konkreter Situationen trägt zur Akzeptanz des Feedbacks bei,
- Wirkung und Konsequenzen des gezeigten Verhaltens beschreiben,
- konkrete Tipps für effektiveres Verhalten aufzeigen, die Führungskraft kann sich als Berater oder Coach anbieten,

- nicht gegenargumentieren, sondern das Feedback wirken bzw. nachhallen lassen,
- Selbstbeobachtung und Reflexion als Ziel bis zum nächsten Gespräch delegieren.

Tips für Gespräche mit Mitarbeitern, die ihre Fähigkeiten unterschätzen
Wenn Mitarbeiter ihre Fähigkeiten und Leistungen unterschätzen, sollte die Führungskraft folgende Schritte im Gespräch beachten:

- Selbstbild/Fremdbild abgleichen – unterschiedliche Auffassungen herausarbeiten,
- Anerkennung zu erbrachten Leistungen und vorhandene Kompetenzen aussprechen, um das Selbstvertrauen zu stärken und Selbstzweifel zu minimieren,
- Mut zusprechen für neue Herausforderungen und neue Situationen,
- Ursachenanalyse/Differenzierung, woher die Selbstunterschätzung kommt, vornehmen, um Weiterbildung oder Motivation einzuleiten: z. B. mangelndes Selbstbewußtsein oder unzureichende Fachkompetenz und Erfahrung,
- konkrete Aufgaben, die eine Herausforderung für den Mitarbeiter bedeuten, delegieren, präzise Rückmeldungen geben und Anerkennung aussprechen.

12.6 Gespräch mit einem Mitarbeiter, der (scheinbar) innerlich gekündigt hat

Sie sind seit einem Jahr Teamleiter in der Entwicklung eines Automobilunternehmens. Ihr Team besteht aus zwölf Mitarbeitern. Sie sind schon sehr lange im Unternehmen und in diesem Bereich beschäftigt und haben sich dort vom Mitarbeiter zur Führungskraft entwickelt. Die meisten Ihrer Mitarbeiter kennen Sie schon aus Zeiten, als Sie noch Kollege waren. Darunter befand sich auch Dieter Thoma. Er ist noch einige Jahre länger als Sie im Unternehmen. Herr Thoma ist Mitte 50 und schon seit über zehn Jahren mit dem gleichen Aufgabengebiet beschäftigt.
Bereits seit einigen Monaten fällt Ihnen auf, daß das Engagement von Herrn Thoma immer mehr nachläßt. Die Zeiten, die er benötigt, werden länger, Vorschläge werden kaum noch eingereicht. Auch in den Besprechungen wirkt Herr Thoma etwas abwesend. Bei anfallenden Engpässen ist er nur widerwillig bereit, sich einzusetzen. Auch die Anzahl der Krankheitstage hat zugenommen.
Sie nehmen sich vor, mit Herrn Thoma ein Gespräch darüber zu führen. Sie sind vorsichtig und unsicher. Darüber hinaus mögen Sie ihn als Mensch, kennen ihn persönlich näher. Bevor Sie Teamleiter wurden, sind Sie beide öfters mittags zum Essen gegangen und haben sich auch gelegentlich in der Freizeit getroffen.

Jetzt müssen Sie Herrn Thoma als Teamleiter begegnen, was Ihnen aufgrund der langjährigen persönlichen Bekanntschaft mit ihm schwerfällt.

Was steckt dahinter, wenn Mitarbeiter innerlich kündigen?

Führungskräfte wünschen sich Mitarbeiter, die engagiert, kompetent und selbständig an den übertragenen Aufgaben und Zielen arbeiten. Kompliziert wird es, wenn sie auf qualifizierte und erfahrene Mitarbeiter treffen, die diese Einsatzbereitschaft nicht (mehr) mitbringen. Man könnte ihnen zwar aufgrund ihrer Kompetenz und Erfahrung durchaus anspruchsvolle Aufgaben übertragen, ist jedoch unsicher, ob der Mitarbeiter diese Aufgaben auch motiviert angehen wird. Wichtige Arbeiten erfordern, daß nicht nur mit Fachkompetenz inhaltliche Lösungen gefunden werden. Es ist ebenso bedeutend, daß kritische Termine durch einen entsprechenden Einsatz gehalten werden können oder daß auch bei Schwierigkeiten am Ball geblieben wird. Deshalb neigt man in dieser Situation als Führungskraft dazu, die Aufgabe vorzugsweise an einen engagierten Mitarbeiter – möglicherweise mit weniger Erfahrung – zu delegieren und demotiviert dadurch den erfahrenen Mitarbeiter evtl. noch mehr.
Die Ursachen für mangelnde Motivation sind vielfältig. Zum einen kann es sein, daß der Mitarbeiter bei seinen Lebensinhalten andere Schwerpunkte gesetzt hat. Vielleicht ist das Privatleben für ihn wichtiger geworden als die berufliche Betätigung und er versucht, die Arbeit mit dem geringsten Energieaufwand zu bewältigen. Persönliche Krisen, wie z. B. der Tod nahestehender Personen oder auch eine Scheidung, die Erkenntnis, chronisch erkrankt zu sein, können ebenfalls auslösen, daß andere Lebensprioritäten gesetzt werden und die Arbeit nicht mehr mit vollem Einsatz erledigt wird.
Ein anderes Motiv für ein sinkendes Engagement könnte eine Übersättigung mit zu ähnlichen Arbeitsinhalten sein. Der Mitarbeiter arbeitet schon jahrelang in der gleichen Funktion. Routine tritt an die Stelle von Abwechslung und Herausforderungen. Daß Mitarbeiter in solchen Fällen häufig demotiviert sind, weil ihnen der Ansporn fehlt, ist nachvollziehbar.
Es kann auch sein, daß der Mitarbeiter in den vergangenen Jahren immer wieder bei Besetzungs- oder Beförderungsentscheidungen übergangen wurde. Seine Leistung wurde in seinen Augen nicht entsprechend gewürdigt. Seine Reaktion ist in zunehmende Frustration und Resignation übergegangen und damit sinkt die Einsatzbereitschaft – ein durchaus nachvollziehbares Phänomen.
All diese Gründe für ein reduziertes Engagement sind aus der Perspektive des Mitarbeiters heraus betrachtet absolut verständlich. Für die Führungskraft bedeutet dies jedoch, daß sie einen Mitarbeiter im Team hat, der nicht mehr voll einsatzbereit bei der Sache ist. Dementsprechend müssen andere Teammitglieder entweder mehr arbeiten oder häufig Aufgaben nachbearbeiten. Der Konflikt mit den Kollegen ist vorprogrammiert. Deshalb muß die Führungskraft reagieren und die Belange mit dem Mitarbeiter besprechen.

Ist eine persönliche Krise der Grund, sollte die Führungskraft herausfinden, wie stark der Mitarbeiter in seiner Leistungsfähigkeit beeinträchtigt ist. Erfahrungsgemäß benötigen Menschen in solchen Situationen Zeit, um sich wieder zu fangen. Dies sollte man ihnen für einen bestimmten Zeitrahmen auch gewähren. Gerade in persönlichen Krisensituationen ist jedoch der Arbeitsplatz oftmals der Faktor, der noch Stabilität bietet. Insofern sollten Sie an den Mitarbeiter appellieren, sich so gut es geht in der Arbeit von seinen privaten Problemen freizumachen, um nicht noch den letzten Ankerpunkt zu verlieren.
Liegt die Ursache der Leistungsabnahme in Frustrationen, die aus der Vergangenheit resultieren, oder in einer übermäßigen Freizeitorientierung des Mitarbeiters, sollten Sie mit ihm darüber sprechen, was Ihre Leistungserwartungen an ihn sind und wie Sie ihn daran messen möchten. Dabei ist es wichtig, den Mitarbeiter durch klare Erwartungsabsprachen und durch regelmäßige Überprüfung seiner Arbeitsergebnisse wieder stärker zu fordern.
Ist langanhaltende Routine die Triebfeder des Leistungsknicks, könnten Sie mit dem Mitarbeiter in einem Gespräch nach Aufgaben forschen, die für ihn eine interessante Herausforderung darstellen. Über ein Job-Enrichment, also ein Anreichern der Arbeit mit neuen Aufgaben, die andersartige Erfahrungen und eine Weiterentwicklung der Kompetenzen zulassen, könnte wieder Motivation entstehen. Vor allem erfahrene Mitarbeiter zeigen erstaunliches Engagement, wenn sie ihre Routinearbeit durch neue Aufgaben anreichern dürfen, die ihren Erfahrungsschatz und ihr fachliches Wissen fordern. Insbesondere die Übernahme einer Paten- oder Mentorfunktion, bei der z. B. Wissen so aufbereitet werden muß, daß es gezielt und strukturiert an unerfahrene oder neue Mitarbeiter weitergegeben werden kann, bringt häufig neue Kreativität und Leidenschaft hervor. Einarbeitungspläne, Schulungsunterlagen und Training-on-the-job-Maßnahmen werden ausgearbeitet und gestartet. Aus diesen Patenschaften zwischen erfahreneren und unerfahreneren Kollegen entstehen viele Impulse für beide Parteien. Zudem setzen Sie damit einen wesentlichen Baustein des Wissensmanagements und ein standardisiertes Einarbeitungssystem in Gang.

Was könnte in unserem Beispiel in der Führungskraft vorgehen?

Die Führungskraft könnte enttäuscht sein, weil der Mitarbeiter nicht die Leistung bringt, mit der sie gerechnet hat. Außerdem könnte sie befürchten, daß dieses Verhalten sich auf andere auswirkt. Die Motive und Befindlichkeit des Mitarbeiters könnten auch hinterfragt werden. Vielleicht hat Herr Thoma private Probleme? Oder: Fängt Herr Thoma an, sich langsam auf den Ruhestand vorzubereiten?
Die Ursachen für Demotivation können ganz unterschiedlicher Natur sein. Die Art der Vorgehensweise im Gespräch hängt aber davon ab.

Mit welchen Fragen sollte sich die Führungskraft beschäftigen?

Zusätzlich zu den Fragen, die unter der Überschrift »Vorbereitung des Gesprächs« (vgl. Kapitel 12.2) aufgeführt wurden, sind folgende Fragen hilfreich:

Fragen zum Sachverhalt

- Was genau will ich ansprechen?
  Es gilt, sich klar zu werden, was thematisiert werden soll. Sind es bestimmte Eindrücke oder konkrete Sachverhalte wie etwa nachlassende Ergebnisse, zurückgehende Anzahl von Bearbeitungen? Die Worte Demotivation oder mangelndes Engagement sind schon eine Interpretation des Arbeitsverhaltens. Sie können sehr schnell beim Mitarbeiter als »ungerechtfertigte Unterstellung« ankommen und sollten durch die genaue Beschreibung des Sachverhalts ersetzt werden: Wie bewerte ich die Leistung heute? Wie war die Leistung früher? Um einen Mitarbeiter hier fair und korrekt zu beurteilen, sollte eine konkrete Bewertung auf Basis überprüfbarer Kriterien erfolgen. Verglichen werden dazu verschiedene Parameter zu früheren Leistungen, zu seinen Möglichkeiten und zu den augenblicklichen Rahmenbedingungen und Zielerreichungsvorgaben.
- Was weiß ich über seine Leistung aus konkreten Fakten, Annahmen, Vermutungen und durch Dritte?
- Was genau hat sich verändert und woran mache ich dies fest?
- Was gibt es für typische Beispiele und Situationen?

Fragen zur Vorgeschichte

- Wie waren sein Verhalten und sein Arbeitseinsatz früher?
- Wie schätzt(e) der frühere Vorgesetzte den Mitarbeiter ein?
- Seit wann genau hat sich seine Motivation geändert? Gab es bestimmte Ereignisse und Vorfälle? Wenn ja, welche?
  Bei solchen Veränderungen im Arbeitsverhalten gibt es oft bestimmte Ereignisse, die eine Änderung auslösen. So könnte sich Herr Thoma im vorliegenden Fall deshalb zurückgesetzt und abgewertet fühlen, da ihm ein ehemaliger Kollege nun »vorgesetzt« wurde. Vielleicht wollte er gerade diese Stelle bekommen. In seinem Alter wird eine derartige Beförderung oft als eine letzte Chance gesehen. In ihm könnte beispielsweise vorgehen: *»Mein Zug ist abgefahren. Anscheinend erwartet man sich von mir nicht mehr viel.«*
- Welche Aussagen hat der Mitarbeiter früher zu seiner Arbeit gegeben?
- Was waren die Ergebnisse und Erkenntnisse der letzten Mitarbeitergespäche?

Fragen zum Mitarbeiter

- Wie könnte der Mitarbeiter seinem eigenen Tun gegenüberstehen?
- Welche persönlichen Motive wurden bisher beim Mitarbeiter zum Arbeitseinsatz festgestellt? Um evtl. wieder Perspektiven für den Mitarbeiter zu ent-

wickeln, ist es wichtig zu wissen, was ihn reizt, was seine Vorlieben und Interessen sind. Diese gilt es, in einem Gespräch zu erörtern.

- Wie sieht die Situation aus dem Blickwinkel des Mitarbeiters aus? Aus den Augen des Mitarbeiters sollte die Führungskraft die Situation betrachten und sich fragen, wie es ihr an seiner Stelle, mit seinen Aufgaben und Tätigkeiten, mit seinen Kollegen und seiner Perspektive gehen würde.

Fragen zu sich als Führungskraft

- Wie ist das eigene Verhältnis zum Mitarbeiter?
  Je intensiver das persönliche Verhältnis zwischen Mitarbeiter und Ihnen als Vorgesetzter ist, desto mehr betrachten Sie ihn sowohl aus einem menschlichen Blickwinkel wie auch aus der Perspektive als Führungskraft. Damit sich beide Betrachtungsweisen nicht überlagern, sollten Sie sich fragen: Wie will ich mich als Person zu ihm beziehen, wie will oder muß ich als Führungskraft reagieren? Was schätze ich bei ihm als Mensch, was als Mitarbeiter? Was befürchte ich als Führungskraft und was als Mensch?
- Hat sich in meinem Verhältnis zum Mitarbeiter etwas verändert?
  Durch einen Wechsel vom Kollegen zur Führungskraft entsteht in der Regel mehr Distanz zu den früheren Kollegen. Diese Distanz wird von Mitarbeitern oft als Enttäuschung verarbeitet, manche ziehen sich auch zurück: *»Jetzt ist er anscheinend was Besseres, jetzt spricht er lieber mit anderen.«*

Fragen zum Umfeld

- Steht etwas Aufschlußreiches in der Personalakte?
  Bevor bestimmte Aktivitäten und Gespräche unternommen werden, sollte immer eine Recherche im Personalakt stattfinden. Oft sind hier Informationen enthalten, die ein Verhalten eines Mitarbeiters erklären.
- Wie könnten seine Kollegen sein Arbeitsverhalten sehen?
- Was würde passieren, wenn sich nichts ändert?

Wie könnte die Führungskraft vorgehen?

Bevor eine Führungskraft in diesem Fall ein Mitarbeitergespräch initiiert, sollte sie sich über die richtige Vorgehensweise im klaren sein. Kündigt sie dieses Gespräch als Kritikgespräch an: *»Dieter, ich muß mich mit dir über deinen Arbeitseinsatz und dein Engagement unterhalten«*, wird sich dieser Mitarbeiter wahrscheinlich auf eine Verteidigung bzw. Abwehrstrategie vorbereiten. Dies wäre jedoch kontraproduktiv. Besser ist es, das Gespräch sehr allgemein anzukündigen: *»Dieter, ich würde gerne mit dir über deine derzeitige Arbeitssituation sprechen. Hast du dafür nächste Woche mal eine Stunde Zeit?«*

Bei diesem Gespräch ist das primäre Ziel, den Mitarbeiter zu verstehen und zu analysieren, weshalb sein Engagement deutlich nachgelassen hat. Mögliche Ursachen hierfür wurden bereits beschrieben.

Leitfaden für das Gespräch

Mit dem Ziel, die richtigen Ursachen zu erfragen und zu erkennen, sollte das Gespräch offen eingeleitet werden, um während der Unterredung die Chance zu haben, auf das eigentliche Problem zu kommen. »*Dieter, laß uns doch mal zusammen Zeit für ein Gespräch nehmen. Ich möchte mich mit dir unterhalten, wie es dir zurzeit mir deinen Projekten geht, wie du vorankommst und inwieweit du Unterstützung von mir benötigst.*«

Die Gesprächsstruktur könnte folgendermaßen aussehen.

1. Gespräch eröffnen

- Angenehme Atmosphäre herstellen
  Hier könnten Sie mit einem persönlichen Thema einen Einstieg herstellen, der eine lockerere Atmosphäre schafft: »*Dieter, schön, daß wir endlich einmal Zeit für ein ruhiges Gespräch miteinander finden. Magst du etwas trinken?*
- Anlaß nennen
  »*Ich wollte mich mit dir heute über deine derzeitige Arbeitssituation unterhalten. Mich interessiert, wie es dir derzeit mit deinen Aufgaben und Zielen geht.*«
- Zeitlichen Gesprächsrahmen klären

2. Bearbeitung des Sachverhalts

- Der Mitarbeiter schildert seine augenblickliche Arbeitssituation/Analyse der Situation
  »*Dieter, wir haben uns schon länger nicht mehr über die Arbeit unterhalten. Wie läuft es zur Zeit? Was macht das Projekt X? Erzähl doch mal.*« Es ist nun wichtig, dem Mitarbeiter Zeit zu geben, um seine Sichtweise der augenblicklichen Arbeitssituation schildern zu können. Die Führungskraft hält sich zurück, hört aufmerksam und offen zu und ist ehrlich an den Aussagen des Mitarbeiters interessiert. Durch offenes Nachfragen erhöht sich das Verständnis. Beobachten Sie aufmerksam Tonfall, Mimik und Gestik, um Ansatzpunkte zu erkennen und weiterführende Fragen stellen zu können: »*Dieter, als du über die Entwicklung des Teils A sprachst, hatte ich den Eindruck, daß die Begeisterung nicht die war, die ich von dir von früher kenne. Gibt es dafür einen bestimmten Grund?*« Durch derartige Fragen möchten Sie auf das eigentliche Problem – die eigentliche Ursache – kommen. Falls der Mitarbeiter keine eigenen Erklärungen für das nachlassende Engagement beisteuert, ist es hier von Nutzen, ein Feedback zu geben: »*Dieter, ich habe den Eindruck, irgendetwas hat sich verändert. Ich vermisse dein früheres Engagement, deinen früheren Einsatz. Kann es sein, daß du im Moment mit deinen Gedanken woanders bist oder daß dir deine Aufgabe im Moment nicht mehr so viel Spaß macht?*«
- Ursachenanalyse
  Da Herr Thoma seit über zehn Jahren die gleiche Tätigkeit ausübt, könnte es sein, daß er sich unterfordert fühlt und in gewisser Weise langweilt. Das Wis-

sen, nur eine geringe Aussicht auf einen Stellenwechsel zu haben bzw. neue Projekte und Aufgaben kaum mehr übertragen zu bekommen, kann zu einer hohen Frustration oder sogar zu einer inneren Kündigung führen. Deshalb empfiehlt es sich, dies herauszufinden. *»Dieter, wie geht es dir eigentlich mit deinen jetzigen Tätigkeiten? Sind diese noch spannend für dich? Reizen sie dich noch? Oder fühlst du dich mittlerweile unterfordert?«*

- Bearbeitung der Ursachen
  Je nachdem, wie der Mitarbeiter reagiert bzw. was er schildert, entscheidet sich das weitere Vorgehen. Weist der Mitarbeiter alle Zweifel an seiner Leistungsbereitschaft zurück: *»Ich weiß nicht, was du hast. Ich bin sehr engagiert und gebe mein Bestes«*, könnte hier ein Kritikgespräch anknüpfen. Stellen sich persönliche oder gesundheitliche Probleme heraus, sollte darauf eingegangen werden. Äußert er nachvollziehbare Kritik an bestimmten Rahmenbedingungen, ist es zielführend, diese gemeinsam zu analysieren und Lösungen und Maßnahmen zu entwickeln.
  Im nächsten Schritt werden die Sichtweisen des Vorgesetzten und des Mitarbeiters miteinander verglichen.
- Sammeln von Lösungsmöglichkeiten
- Im weiteren Verlauf werden verschiedene Möglichkeiten der Aufgabenanreicherung für Herrn Thoma gesucht, um dessen Tätigkeitsfeld wieder interessanter zu gestalten sowie neue Perspektiven zu entwickeln (siehe Voraussetzungen für den Flow auf der nächsten Seite). Wichtig für die Führungskraft ist hier, nur realisierbare Zusicherungen zu geben und diese an das Engagement des Mitarbeiters zu koppeln. *»Dieter, ich bin gerne bereit, dir die Verantwortung für die Entwicklung des neuen Produkts zu übertragen. Ich brauche aber hier dein volles Engagement. Sollte dies nicht erkennbar sein, müssen wir uns noch einmal unterhalten.«*
- Vereinbarungen treffen

3. Gesprächsabschluß

Empfehlungen zur Umsetzung

Um als Führungskraft mit dem Thema Leistungsabfall und mangelnde Motivation professionell umzugehen, gibt es einige nützliche theoretische Konzepte. Im Kapitel 3.1 haben wir beschrieben, wie wichtig nach E. A. Locke und G. P. Latham herausfordernde Ziele für die Motivation von Mitarbeitern sind. Für dieses Beispiel kann auch das Modell »Flow« von Mihalyi Csikszentmihalyi eine Erklärung liefern.

Flow als wichtiger Faktor für die Arbeitsmotivation

Dieser Begriff geht auf den amerikanischen Psychologen Mihalyi Csikszentmihalyi zurück, der in den 70er Jahren zum Thema Motivation forschte. Er wollte in Erfahrung bringen, was passiert, wenn Menschen in ihrer Arbeit voll aufgehen und leidenschaftliche Aktivität entwickeln. Csikszentmihalyi nannte diesen

Zustand das Flow-Erlebnis. Die Ergebnisse seiner Untersuchungen zeigen, daß Menschen im Flow

- ihr Handeln als mühelos erleben (alles geht ganz leicht, wie von selbst von der Hand),
- eine positive Veränderung des Zeiterlebens wahrnehmen,
- ein Verschmelzen von Handlung und Bewußtsein erleben,
- Euphorie und tiefe Zufriedenheit erfahren,
- ein Gefühl erhöhter Selbstkontrolle haben,
- ein hohes Selbstvertrauen in das, was sie tun, haben,
- Schwierigkeiten aus dem Gefühl der Stärke heraus angehen.

Um in diesen Flow-Zustand zu geraten, ist es wichtig, daß
- die Person ein klares, akzeptiertes Handlungsziel hat,
- die Ziele eindeutig bestimmt und diese miteinander vereinbar sind,
- man zu Aktivitäten ein unmittelbares Feedback erhält (man weiß, was man gut gemacht hat und was nicht),
- ein Gleichgewicht zwischen den Fähigkeiten der Person und der Herausforderung besteht,
- der Person eine hohe Konzentration auf die Tätigkeit ermöglicht wird,
- die Aufgabe bzw. die Arbeit als Herausforderung gesehen wird,
- Rahmenbedingungen herrschen, in denen man das Ausmaß an Zeit, das man mit einer Aufgabe verbringt, überwiegend selbst bestimmen kann.

Mihalyi Csikszentmihalyi drückt es so aus: »*Sind die Ziele klar, ist Feedback vorhanden und befinden sich die Anforderungen und Fähigkeiten im Gleichgewicht, wird die Aufmerksamkeit gelenkt und vollständig investiert. Wegen der umfassenden Anforderungen an die psychische Energie ist jemand, der Flow erlebt, völlig auf etwas konzentriert. Ist die Person erst einmal im Flow, ergibt sich die Konzentration als ein sich selbst erhaltender Prozeß.*« (Csikszentmihalyi *Lebe gut, S. 48*)

Was leitet sich daraus nun für die Mitarbeiterführung ab?
- Besteht eine Balance zwischen Fähigkeit und Herausforderung, entsteht ein Flow-Erlebnis, ein motivierender Zustand.
- Entspricht eine große Herausforderung einem großen Können, kann dies zu einem völligen Aufgehen in der Aktivität bzw. Arbeit führen.
- Zum Erleben dieses Zustands benötigt der Mitarbeiter die Möglichkeit zum Handeln.
- Fühlt sich ein Mitarbeiter überfordert, da er nicht die Fähigkeiten für die Herausforderung hat, ist er frustriert, besorgt und ängstlich.
- Sind für einen Mitarbeiter die Anforderungen und Herausforderungen im Verhältnis zu seinen Fähigkeiten und Kompetenzen zu leicht, fühlt er sich unterfordert und gelangweilt, was bis zur inneren Kündigung führen kann (Beispiel Herr Thoma).

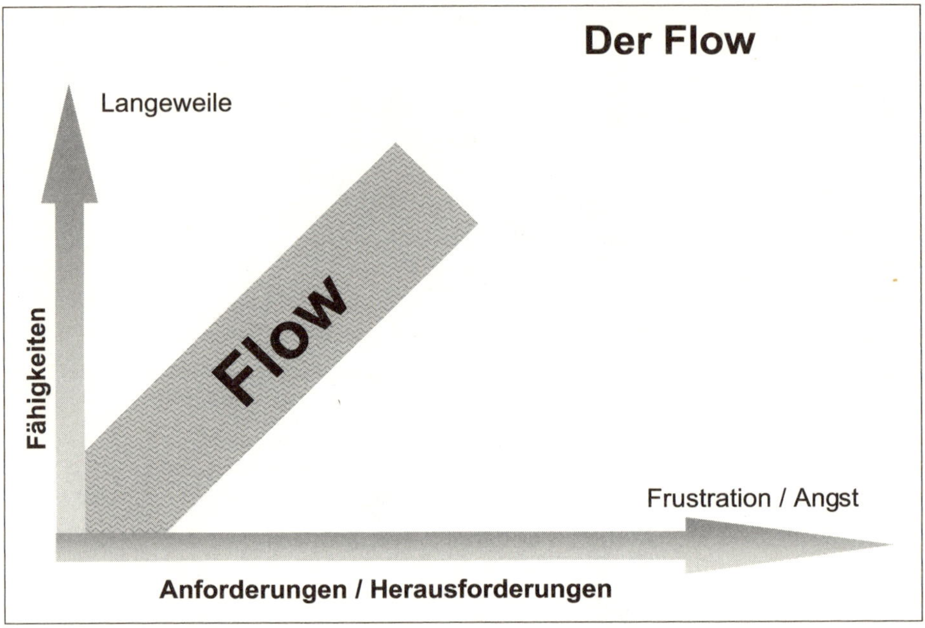

Abb. 50: Flow-Modell

- Die Herausforderungen sollten immer feiner differenziert werden, damit sie nach und nach den wachsenden Fähigkeiten angepaßt werden.
- Die Fähigkeiten des Mitarbeiters sollten entwickelt und in Arbeitsprozesse integriert werden.
- Wenn die Tätigkeiten für den Mitarbeiter zu langweilig sind, sollten die Anforderungen höher gesetzt werden können.
- Aktives, selbst initiiertes, selbst gesteuertes Handeln/Vorgehen schafft für Mitarbeiter eine wesentliche Voraussetzung für Flow-Erleben.

Abschlußbemerkung

Nach unseren Erfahrungen neigt ein Teil der Führungskräfte dazu, schwierigen Mitarbeitergesprächen aus dem Weg zu gehen – sie zu verdrängen. Die Motive dafür sind häufig die Unsicherheit und Unkenntnis, mit derartigen Situationen souverän und professionell umzugehen. Da Differenzen und Konflikte insbesondere in heutigen Zeiten einer angespannten Wirtschafts- und Arbeitsmarktlage zum Alltag gehören, war es unser Anliegen, Ihnen konstruktive Hilfestellungen und Tips für die Praxis zu geben. Wir laden Sie dazu ein, geradewegs und offen auf die Problemsituationen, die Sie mit Ihren Mitarbeitern haben, zuzugehen. Wenn Sie Ihre ersten Erfolgserlebnisse gehabt haben, werden Sie es schätzen lernen, nahezu jedem Mitarbeitergespräch – sei es noch so unangenehm – gewachsen zu sein. Ihre Selbstsicherheit und Ihr Selbstvertrauen werden noch mehr steigen. Dadurch, daß Sie Rückgrat und Stehvermögen zeigen, selbst kritische Situationen zu lösen, werden Ihre Mitarbeiter Sie noch mehr schätzen und respektieren, auch wenn dies im ersten Moment nicht immer erkennbar ist.

Das Wichtigste in Kürze

☞ Schwierige Mitarbeitergespräche gehören zum Führungsalltag. Unterhaltungen, die ein reines Fachthema behandeln, sind oftmals leichter zu führen als Gespräche, die Kritik am Verhalten eines Mitarbeiters beinhalten. Für Sachthemen können meist abgeleitete Lösungen durch klar bewertbare Kriterien erarbeitet werden.

☞ Die Veränderung von Verhaltensweisen ist jedoch komplexer, da hierbei Gefühle eine große Rolle spielen. Sowohl für Führungskräfte als auch für Mitarbeiter stellen anstehende Kritikgespräche eine emotionale Belastung dar.

☞ Damit diese Gespräche erfolgreich verlaufen, ist eine gute Planung unabdingbar. Mit Hilfe von Leitfragen zum Sachverhalt, zur Vorgeschichte des Mitarbeiters, zu sich als Führungskraft und zum Umfeld können sich Vorgesetzte auf das Gespräch mental einstellen und vorbereiten. Dabei sollten sie ermitteln, wer oder was zur Entstehung und Aufrechterhaltung des zu kritisierenden Verhaltens des Mitarbeiters beiträgt oder es sogar verursacht.

☞ Entschließt sich die Führungskraft, ein Kritikgespräch zu führen, sind die Intensität und Vorgehensweise durch die Bedeutung und durch die Vorgeschichte bereits erfolgter Unterredungen mit Hinweisen zum Fehlverhalten des Mitarbeiters bestimmt. Die Brisanz und arbeitsrechtliche Bedeutung des Gesprächs nehmen über die möglichen Stufen Feedbackgespräch, sanftes Kritikgespräch, Kritikgespräch, verschärftes Kritikgespräch, Umsetzen von Konsequenzen und Einleitung von arbeitsrechtlichen Maßnahmen kontinuierlich zu. Schon mit der Art und Weise der Ankündigung des Gesprächs sendet die Führungskraft dem Mitarbeiter ein Signal, welche Stufe des Kritikgesprächs zum Tragen kommt.

☞ Ein Kritikgespräch sollte in der Regel strukturiert aufgebaut sein. In der Gesprächseröffnungsphase wird beispielsweise durch freundliche, einleitende Worte und durch das Anbieten eines Getränks ein positives Grundklima geschaffen. Anschließend werden von der Führungskraft der Anlaß und der zeitliche Gesprächsrahmen benannt und begründet. In der zweiten Phase der Bearbeitung des Sachverhalts beginnt die Führungskraft, die Kritikpunkte am Verhalten des Mitarbeiters möglichst an konkreten Sachverhalten und Beispielen zu beschreiben. Sie benennt auch die Auswirkungen, die dieses Verhalten auf Kollegen, Kunden und den Erfolg des Mitarbeiters bei der Erfüllung seiner Aufgaben hat. Der Vorgesetzte zeigt auf, weshalb eine Verhaltensveränderung notwendig ist. An dieser Stelle sollte die Führungskraft die Stellungnahme des Mitarbeiters durch Fragen, gutes Zuhören und Nachfragen einholen. Hierbei ist es wichtig, die Beweggründe für das zu kritisierende Verhalten herauszuarbeiten und zu verstehen. Sind die Sichtweisen von Führungskraft und Mitarbeiter ausgesprochen, knüpft ein Vergleich von Ähnlichkeiten und Differenzen beider Sichtweisen an. Es werden Ursachen analysiert und konkrete Erwartungen und Lösungsvorschläge für die Verhaltensveränderung ausgetauscht. Am Ende dieser Phase einigen sich Führungskraft und Mitarbeiter auf verbindliche nächste Schritte und Vereinbarungen, für deren Umsetzung die Führungskraft auch ihre Unterstützung anbieten sollte.

☞ Zum Gesprächsende werden die Ergebnisse und Vereinbarungen von der Führungskraft noch einmal zusammengefaßt. Der Vorgesetzte sollte sich beim Mitarbeiter bedanken und die positiven Aspekte im Gespräch noch einmal hervorheben. Er sollte seine Zuversicht äußern, daß die gewünschten Maßnahmen zu einem Ergebnis führen werden. Ein Termin für ein Feedbackgespräch in einem ausreichenden zeitlichen Abstand wird vereinbart, um die erfolgreiche Umsetzung der fixierten Maßnahmen zusammen mit dem Mitarbeiter zu überprüfen.

☞ Je nach Stufe des Kritikgesprächs sollte die Führungskraft die getroffenen Vereinbarungen in einem Protokoll festhalten, das mit dem Mitarbeiter abgestimmt wurde und ihm dann übergeben wird. Bei einem späteren Feedbackgespräch kann diese Dokumentation dazu dienen, die getroffenen Vereinbarungen und Maßnahmen auf ihren Umsetzungserfolg hin zu kontrollieren.

☞ Dreht man sich mit dem Mitarbeiter in einem Gespräch im Kreis oder ist die Unterhaltung emotional zu stark belastet, sollte die Führungskraft den Mut haben, das Gespräch zu beenden und zu einem anderen Zeitpunkt weiterzuführen. Oft nützt diese Zwangspause beiden Seiten, um über das Gesagte nachzudenken und sich mit einem kühleren Kopf und möglicherweise anderen Einsichten in einen zweiten Gesprächstermin zu begeben. Um emotional belastete Situationen zu erkennen, sollten Vorgesetzte auf die Verhaltensweisen des Mitarbeiters achten, wie z. B. auf angespannte Körperhaltung, fehlenden oder strengen Blickkontakt, Monologe, hektische Sprechweise sowie aggressive und vorwurfsvolle Formulierungen. Die Führungskraft kann durch bewußte kurze Reflexionseinheiten eine gedankliche Pause machen und sich dadurch über die eigenen Gefühle, Bedürfnisse und nächsten Vorgehensweisen klarer werden. Anschließend gelingt es leichter, auf die Situation angemessener zu reagieren. Diese Selbststeuerungskompetenz wird vor allem dann für die Führungskraft wichtig, wenn sie mit schwierigen Reaktionen des Mitarbeiters wie z. B. Gegenangriffen, Rechtfertigungen, scheinbarer Zustimmung, Ablenkungsmanövern, Schmeicheln und übertriebener Betroffenheit konfrontiert ist.

☞ Hat man mit Mitarbeitern zu tun, die eine verzerrte Selbstwahrnehmung bezüglich ihrer eigenen Leistungen haben, ist die Führungskraft gefordert, eine realistische Selbstwahrnehmung zu ermöglichen. Eine ineffektive oder falsche Wahrnehmung von Aufgaben entsteht oft durch Überschätzung der eigenen Fähigkeiten und Leistungen. Der Vorgesetzte sollte in diesem Fall die Selbsteinschätzung des Mitarbeiters themenbezogen abfragen, um dann eine Rückmeldung bezüglich seiner Einschätzung gegenüberzustellen. Sollte der Mitarbeiter diese Anregung nicht annehmen können, sollte man ihm einige Tage Zeit geben, um das Feedback zu verarbeiten und ein Problembewußtsein zu entwickeln. In einem erneuten Gespräch können dann weitere Maßnahmen zur Verhaltensveränderung vereinbart werden. Eine enge Begleitung der Mitarbeiterentwicklung, z. B. durch regelmäßige Rückmeldungen und Delegation von Aufgaben, hilft dem Betroffenen, eingefahrene Verhaltensmuster zu lösen und zu ändern.

☞ Unterschätzt der Mitarbeiter seine Leistungen und Fähigkeiten, besteht die Gefahr, daß er sich zu wenig engagiert und vor schwierigeren Aufgaben und Projekten – oft ungerechtfertigterweise – kapituliert. Die Führungskraft sollte dem Mitarbeiter hier immer wieder seine Fähigkeiten und Stärken rückmelden und ihn ermutigen, sich auch an herausfordernde Aufgaben heranzuwagen. Mit der Delegation von Arbeitspaketen, an denen der Mitarbeiter graduell wachsen kann, bezeugt der Vorgesetzte seine Unterstützung und erhöht damit das Erfolgspotential und Selbstvertrauen des Mitarbeiters.

☞ Erscheinen Mitarbeiter demotiviert oder wehren Sie Aufträge und Aufgaben ab, sollte sich die Führungskraft zunächst in die Ursachenforschung begeben, ohne gleich ein Kritikgespräch einzuleiten. Liegen die Gründe für diese Reaktionen in der Überlastung des Mitarbeiters, in mangelnden Kompetenzen, in persönlichen Krisen oder auch in der Frustration des Mitarbeiters über seinen derzeitigen Arbeitsinhalt oder eine nicht erfolgte Beförderung, sollte sehr offen über Beweggründe und mögliche Lösungen gesprochen werden. Eine gezielte Anreicherung der Aufgabeninhalte stellt den Mitarbeiter vor neue Herausforderungen und revitalisiert seine Motivation.

☞ Liegt allerdings ein mutwilliger Fall von Arbeitsverweigerung oder Vernachlässigung der Pflichten vor, muß die Führungskraft arbeitsrechtliche Schritte einleiten, möglicherweise eine Abmahnung aussprechen und den Vorgang schriftlich dokumentieren. An dieser Stelle wird es wichtig, eine Veränderung des Mitarbeiterverhaltens schriftlich zu vereinbaren und nachzuhalten. Dieser arbeitsrechtliche Schritt erfordert jedoch eine mehrfache Anhörung des Mitarbeiters und die Konsultation der Personalabteilung oder eines Fachanwalts für Arbeitsrecht.

☞ Haben Führungskräfte Mitarbeiter in ihrem Bereich, bei denen Verdacht auf Drogenmißbrauch, Alkoholabhängigkeit, psychische Erkrankungen oder kriminelle Handlungen besteht, sollten sie sich auf jeden Fall von Experten wie Suchtberatern, Psychologen oder Personalfachleuten zum weiteren Vorgehen beraten lassen. Steht die Strategie des Gesprächsvorgehens fest, sollte der Vorgesetzte alleine oder in Zusammenarbeit mit Fachexperten möglichst zeitnah Gespräche einleiten, um dem Mitarbeiter bei der Lösung seiner Probleme frühzeitig helfen zu können.

Mehr zu diesem Thema

Benien, Karl: *Schwierige Gespräche führen,* Rowohlt Taschenbuch Verlag, Reinbek bei Hamburg, 1. Aufl. 2003

Csikszentmihalyi, Mihaly: *Lebe gut,* Klett Cotta, Stuttgart, 2. Aufl. 1999

Csikszentmihalyi, Mihaly: *Flow*, Klett Cotta, Stuttgart, 5. Aufl. 1996

Csikszentmihalyi, Mihaly: *Flow im Beruf*, Klett Cotta, Stuttgart, 1. Aufl. 2004

Kellner, Hedwig: *Kritikgespräche führen,* Financial Times Prentice Hall, München, 1. Aufl. 2002

Kießling-Sonntag, Jochen: *Zielvereinbarungsgespräche,* Cornelsen Verlag, Berlin, Reihe Pocket Business, 1. Aufl. 2002

Kießling-Sonntag, Jochen: *Handbuch Mitarbeitergespräche,* Cornelsen Verlag, Berlin, 1. Aufl. 2000

Küttner, Wolfdieter: *Personalbuch,* Verlag C. H. Beck, München, 9. Aufl.

Rischer, Klaus: *Kritik als Chance für den Vorgesetzten und Mitarbeiter,* expert Verlag, Renningen, 2. Aufl. 2002

Anhang

Interviews

Bertelsmann AG, Gütersloh

Medienunternehmen, ca. 60 000 Mitarbeiter, davon rd. 25 000 in Deutschland, ca. 2 000 Führungskräfte, davon rd. 750 in Deutschland

Interview mit Dr. Franz Netta, Leiter Sozialpolitik (Vice President Human Resources)

Anlaß und Ziele

Bei der Bertelsmann AG hat das Mitarbeitergespräch eine lange Tradition. Schon vor seiner Einführung Ende der siebziger Jahre setzte das Unternehmen auf Initiative von Reinhard Mohn Instrumente zur Förderung der Kommunikation und der Identifikation mit den Aufgaben der Firma ein. Ausgangspunkt war die Überzeugung, daß wirtschaftlicher Erfolg nur durch partnerschaftliches Zusammenwirken der gleichermaßen wichtigen Träger des Unternehmens zu erzielen sei, nämlich der Kapitalgeber, Führungskräfte und Mitarbeiter. Für die Identifikation der Mitarbeiter mit dem Unternehmen und ihre daraus resultierende Motivation wiederum ist nicht zuletzt das Führungsverhalten der Vorgesetzten ausschlaggebend – neben materieller Gerechtigkeit und der Gestaltung der Aufgaben und Arbeitsbedingungen.
Deshalb wurden schon zu Beginn der sechziger Jahre Führungsleitsätze entwickelt und in den Siebzigern überarbeitet. Als Dr. Franz Netta, der später die Leitung des Vorstandsstabes Personal übernahm, Anfang 1976 zum Unternehmen kam, gab es bereits Überlegungen, geeignete Instrumente zu schaffen, die eine Umsetzung dieser Führungsleitsätze sicherstellen. Die kurze Zeit zuvor erfolgte Einführung des sogenannten »Januar-Gesprächs« zielte darauf ab, daß sich die Führungskräfte bei den ihnen direkt unterstellten Mitarbeitern Feedback über ihr Führungsverhalten einholen. Bis heute befragt jeder Vorgesetzte des Unternehmens, der ja den Führungsleitlinien des Hauses verpflichtet ist, zu Beginn jeden Jahres seine Mitarbeiter in einem Gruppengespräch, ob er aus ihrer Sicht diese Leitsätze auch eingehalten hat.
Anlaß für die Einführung des Mitarbeitergesprächs war die Überlegung, daß ein Feedback sinnvollerweise auch in umgekehrter Richtung von der Führungskraft an den Mitarbeiter erfolgen müßte. »Aber ein Feedback an den Mitarbeiter

konnte nicht in einer Gruppe stattfinden, sondern nur in einem Vier-Augen-Gespräch«, beschreibt Dr. Franz Netta die seinerzeit erkannte Notwendigkeit, zusätzliche Personalentwicklungsinstrumente einzuführen.

Vorbereitung

Die Initiative für die Implementierung des Feedbacks an die Mitarbeiter ging vom jetzigen Aufsichtsratsvorsitzenden Dr. Mark Wössner aus, der damals als junge Führungskraft und Chef des Druckbereichs an der Überarbeitung der Führungsleitsätze und der Einführung des »Januar-Gesprächs« entscheidend mitgewirkt hatte. Da ihn diese Thematik auch persönlich sehr interessierte, bot Dr. Mark Wössner Anfang 1977 an, das Feedback an die Mitarbeiter in seinem Bereich prototypisch zu entwickeln. »Diese Vorgehenweise wird bei uns gerne angewandt«, beschreibt Dr. Franz Netta die dezentrale Grundausrichtung des Unternehmens. »Wir starten zuerst einen Piloten und sammeln Erfahrungen, bevor wir etwas Neues konzernweit propagieren und einführen.« In diese Pilotphase waren die Führungskräfte des Bereichs von Dr. Mark Wössner und der Betriebsrat miteinbezogen. Dies alles geschah auf rein freiwilliger Basis, denn man wollte auf Grundlage der Kenntnisse über die bereits praktizierten »Januar-Gespräche« zunächst einmal Erfahrungen sammeln.
Bereits im November 1977 konnte der Vorläufer des späteren Mitarbeitergesprächs in einigen technischen Betrieben der Bertelsmann AG eingeführt werden. Auch der Buchclub bekundete sein Interesse an diesem Instrument und setzte es ebenfalls um. Der Zeitpunkt November wurde aus produktionstechnischen Gründen gewählt, weil er vor dem Beginn der »heißen Saison« lag. Aus diesem Grunde und zur Abgrenzung vom »Januar-Gespräch« hieß es zunächst »November-Gespräch«.
Auch in der ersten Einführungsphase habe man sich für eine dezentrale Vorgehensweise entschieden, erklärt Dr. Franz Netta: »Wir wollten nicht am ›Grünen Tisch‹ etwas entwickeln, das sich später in der Praxis als nicht sehr tauglich erweist.« Man legte Wert darauf, daß die einzelnen Betriebe ihre Erfahrungen mit dem »November-Gespräch« sammelten. Das zentrale Personalwesen begleitete die Verantwortlichen intensiv bei der Umsetzung.
Im Rahmen des Weiterbildungsprogramms wurden sowohl Führungskräften als auch Mitarbeitern Schulungen zum Thema Mitarbeitergespräch angeboten. Für Führungskräfte führte die Personalabteilung zusätzlich Seminare und hausinterne Trainings durch, in denen sie über die einzelnen Bausteine der Gespräche umfassend informiert wurden und die Gesprächsführung üben konnten. Das Unternehmen verzichtete hierbei auf externe Fachkräfte. »Diese Trainings wurden hausintern durchgeführt, weil ein Externer die eng mit der Unternehmensphilosophie verbundenen Teile nicht so herüberbringen kann wie unsere eigenen Fachkräfte«, begründet Dr. Franz Netta diese Entscheidung.
Die dezentrale Vorgehensweise hatte zwangsläufig zur Folge, daß die Gespräche

in den Betrieben nicht nach einem einheitlichen Muster geführt, sondern durchaus unterschiedlich praktiziert wurden. Auch für die Terminwahl gab es keine Vorgaben. So fanden die »November-Gespräche« bald schon in den meisten Betrieben am Ende des Geschäftsjahres, in den Monaten Mai und Juni, statt, in denen der geringste Auftrags- und Termindruck herrscht.
Dieses Instrument wurde in den folgenden Jahren weiterentwickelt, bis es Mitte der achtziger Jahre als Mitarbeitergespräch, das bis heute Bestand hat, eingeführt werden konnte. Die Bertelsmann AG unterscheidet hierbei zwischen sogenannten »Z&B-Gesprächen« und »Orientierungsgesprächen«. Die erstgenannten »Zielsetzungs- und Beratungsgespräche« sind für Mitarbeiter vorgesehen, die selbst Führungsverantwortung tragen oder als Führungskräfte in hohem Maße ihre Arbeit eigenverantwortlich bestimmen und organisieren. Sie orientieren sich stärker an den Zielen, sind inhaltlich komplexer und berücksichtigen beispielsweise auch Aspekte wie den Aufbau einer Stellvertretung und Nachfolge für die Führungskraft mit. »Orientierungsgespräche« werden mit Mitarbeitern ohne eigene Führungsverantwortung geführt und sind allgemeiner gehalten. Entsprechend wurden für beide Gesprächsarten unterschiedliche Gesprächsbögen entwickelt: Für das »Orientierungsgespräch« ein Bogen, der dem Mitarbeiter die Dokumentation selbsterklärend ermöglicht, für das »Z&B-Gespräch« ein ausführlicheres, stärker auf die Zielsetzungen eingehendes Formular mit einem ergänzenden Gesprächsleitfaden.
Zu den inhaltlichen Bestandteilen dieser Gespräche zählen die Rückschau auf das vergangene Jahr, die Vorausschau auf den nächstfolgenden Zeitraum, die Arbeitsbedingungen des Mitarbeiters, seine Entwicklungswünsche sowie seine persönliche Entwicklung und Weiterbildung.
In der Rückschau auf das vergangene Jahr teilt die Führungskraft dem Mitarbeiter mit, in welchem Maße er ihre Erwartungen erfüllt und die ein Jahr zuvor vereinbarten Ziele erreicht hat. Im Gegenzug beschreibt der Mitarbeiter, wie er sich, sein Arbeitsverhalten und seine erbrachten Leistungen selbst bewertet. In diesem Gesprächsteil beurteilt die Führungskraft auch die Leistungen ihres Mitarbeiters.
Bereits bei der Rückschau kommt die Zufriedenheit des Mitarbeiters mit seinen Arbeitsbedingungen, zum Beispiel an seinem Arbeitsplatz, mit seinen Arbeitsmitteln, der Arbeitszeit oder der Arbeitsbelastung, zur Sprache. Er hat die Möglichkeit, sich dezidiert zu Fragen zu äußern wie den folgenden: »Was waren Ihre Arbeitsschwerpunkte?«, »Hat Ihnen Ihre Arbeit gefallen?«, »Was hat Sie besonders interessiert, was weniger?«, »Fühlen Sie sich Ihren Fähigkeiten entsprechend eingesetzt?« oder »Wie zufrieden sind Sie mit Ihrer Leistung?«
Die Antworten auf diese Fragen werden bei der Vorausschau auf das nächste Jahr mitberücksichtigt. Denn diese beschränkt sich nicht allein auf die Festlegung neuer Ziele und Aufgaben, wobei dieser Aspekt bei den »Z&B-Gesprächen« stärker betont wird als bei »Orientierungsgesprächen«. Die Vorausschau bezieht auch die Anliegen des Mitarbeiters ein. »Stellt sich beispielsweise heraus, daß ein Mitarbeiter mit den an ihn gestellten Anforderungen unzufrieden ist, muß sich

die Führungskraft überlegen, wie sie seine Aufgaben so gestalten kann, daß sie seinen Fähigkeiten besser entsprechen als bisher«, erklärt Dr. Franz Netta. Entsprechend mißt die Bertelsmann AG dem Themenbereich »Weiterentwicklung« eine wichtige Bedeutung bei. Die von den Mitarbeitern geäußerten Weiterbildungs- oder Weiterentwicklungswünsche werden in der jeweiligen Bertelsmann-Firma für das Weiterbildungsprogramm des nächsten Geschäftsjahres ausgewertet.

Die Dokumentation erfolgt schriftlich. Jeder Betrieb entscheidet für sich, ob sie an den nächsthöheren Vorgesetzten oder an die Personalabteilung weitergeleitet wird. Einheitlich geregelt ist lediglich, daß entweder die Originale oder Kopien der Dokumentation bei den Gesprächspartnern verbleiben. »Diese Vielfalt lassen wir ruhig zu«, erklärt Dr. Franz Netta, »deshalb haben wir nur einige wenige Elemente des Orientierungsgesprächs verbindlich geregelt, und das auch erst 1993, nach mehr als zehnjähriger Erfahrung mit der dezentralen Durchführung der Orientierungsgespräche. Auf jeden Fall aber wollen wir sicherstellen, daß die Weiterentwicklungs- und Weiterbildungswünsche an die Personalabteilung gehen, damit sie im Weiterbildungsprogramm der jeweiligen Firma berücksichtigt werden können und damit die Personalabteilung einen Mitarbeiter unterstützen kann, der sich über seine jetzige Abteilung hinaus entwickeln möchte.« Gemäß dieser Regelung wird die letzte Seite des Gesprächsbogens, die diesen Themenkomplex behandelt, an die Personalabteilung weitergeleitet und dient gleichzeitig als Kontrolle dafür, daß die Gespräche auch tatsächlich geführt worden sind.

Resonanz

Das Mitarbeitergespräch sei sowohl von den Mitarbeitern als auch von den Führungskräften überwiegend positiv aufgenommen worden, erklärt Dr. Franz Netta. Diskussionen habe es aber in der Anfangsphase gegeben, als die Leistungsbeurteilung noch nach quantitativen Verfahren, ähnlich einem Schulnotensystem, vorgenommen wurde.

Bei vielen Mitarbeitern sei eine Besorgnis wegen einer etwaigen zentralen Kontrolle und Auswertung der Leistungen festzustellen gewesen. Auch bei den Führungskräften gab es zu diesem Beurteilungssystem unterschiedliche Meinungen. Befürworter waren der Auffassung, daß Vorgesetzte auf diese Weise gezwungen seien, bei der Beurteilung der Leistungen ihrer Mitarbeiter »Farbe zu bekennen«, sich festzulegen und somit ein klares, unmißverständliches Feedback zu geben. Die Gegner dieses Verfahrens, zu denen auch Dr. Franz Netta gehörte, waren der Ansicht, daß die Auswertung solcher Ergebnisse sich nicht eignet, die wahren Potentiale von Mitarbeitern zu erkennen.

»Ich kann nicht sagen, daß ein Mitarbeiter mit einem ermittelten Punktwert von 1,7 ein besseres Potential hat als sein Kollege mit einem Punktwert von 2,2, weil ich die Beurteilungsmaßstäbe seines Vorgesetzten nicht kenne«, beschreibt Dr. Franz Netta seine Bedenken gegen dieses Verfahren. Die Gefahr, daß bestimmte

Mitarbeiter benachteiligt werden könnten, sei sehr groß angesichts der Tatsache, daß manche Vorgesetzte ihre Mitarbeiter relativ großzügig beurteilen, andere dagegen eher kritisch, aber gleichermaßen konstruktiv.
Um daraus resultierenden Ungerechtigkeiten vorzubeugen, hätten manche Firmen außerhalb des Hauses Bertelsmann beispielsweise versucht, in der EDV einen »Vorhaltewinkel« einzugeben, der die unterschiedlichen Bewertungskriterien ausgleicht und wieder zu einer »Gaußschen Normalverteilung« der Beurteilungsergebnisse führt. Auch andere Versuche, Verzerrungen bei der Beurteilung zu verhindern, führten zu keinem zufriedenstellenden Ergebnis und erwiesen sich zudem als zu bürokratisch.
So kam man zu dem Schluß, daß sich die Potentiale von Mitarbeitern auch auf andere Weise finden lassen müßten, und hat Management-Audits mit dem nächsthöheren Vorgesetzten unter Betreuung durch den Personalbereich eingeführt. Da die Ergebnisse dieser Audits sich als aussagekräftiger erwiesen als die bis dahin praktizierten Verfahren, rückte man von quantitativen Bewertungsmethoden ab.
Als problematisch habe sich auch die in einzelnen Bertelsmann-Firmen praktizierte Koppelung der bei der Beurteilung ermittelten Punktwerte an Leistungsprämien erwiesen, beschreibt Dr. Franz Netta einen weiteren Kritikpunkt. Hier sei der Widerstand besonders bei Mitarbeitern außerhalb der Produktionsbereiche groß gewesen. Nachdem die starre Koppelung an eine quantitative Beurteilung abgeschafft war, sei die Akzeptanz des Mitarbeitergesprächs bei diesen Beschäftigten deutlich angestiegen.
Die Führungskräfte dagegen standen einer Koppelung der Beurteilung an Leistungsprämien weitaus aufgeschlossener gegenüber. So werden beispielsweise bis heute auch die Kriterien des »Z&B-Gesprächs« – ob oder in welchem Maße die Führungskraft ihre Ziele erreicht hat – für die Einkommensfindung herangezogen.
Trotz der positiven Resonanz auf das Mitarbeitergespräch seien aber auch kritische Stimmen zu vernehmen, räumt Dr. Franz Netta ein. So komme es immer wieder vor, daß Führungskräfte, die vielen Mitarbeitern vorstehen, die zeitliche Belastung, die diese Gespräche mit sich bringen, monieren.
Mitarbeiter, die schon lange dem Unternehmen angehören und mit ihrem Vorgesetzten zusammenarbeiten, sehen nicht immer die Notwendigkeit des Mitarbeitergesprächs ein. Sie argumentieren, daß sie bei gebotenem Anlaß ohnehin problemlos mit ihrem Vorgesetzten alles Notwendige besprechen könnten und die Kommunikation zwischen beiden bestens funktioniere – auch ohne die formalisierten »Z&B-« oder »Orientierungsgespräche«.

Erfahrungen

Wenn Dr. Franz Netta noch einmal das Mitarbeitergespräch einführen müßte, würde er an der bisherigen Vorgehensweise nichts ändern. Er bekräftigt, daß es sich als richtig erwiesen habe, den einzelnen Firmen am Anfang ein Experimentierfeld zu belassen, weil dadurch auch eine hohe Motivation bei den einzelnen

Personalabteilungen erzeugt worden sei. Bei einem dezentral ausgerichteten Unternehmen wie der Bertelsmann AG sei es nicht sinnvoll, ein solches Instrument völlig zentral zu steuern. Die Tatsache, daß die Leitfäden und Gesprächsbögen von der zentralen Personalabteilung aus entwickelt werden, werde nicht als Einengung aufgefaßt, sondern als Serviceleistung für die anderen Personalabteilungen betrachtet. Es habe sich auch bewährt, in den verschiedenen Entwicklungsphasen ein bißchen zu experimentieren, mit den Personalleitern und Betriebsräten zu diskutieren, gemeinsam erkannte Schwachstellen, wie beispielsweise die Beurteilung nach Punktesystem, zu erkennen und auf diese Weise allmählich zu einer endgültigen Gesamtform zu gelangen.
Man habe nicht nach dem Motto »Jetzt machen wir ein Mitarbeitergespräch« eine neue Maßnahme »von oben« verordnet, sondern darauf gesetzt, die bestehende partnerschaftliche Unternehmenskultur auszubauen. Auf diese Weise sei es gelungen, geeignete Instrumente für die Umsetzung der bereits vorhandenen Führungsleitsätze und der Unternehmensverfassung zu schaffen und sie in die Gesamtkultur des Unternehmens einzubetten.
Zu dieser Kultur gehört auch, den einzelnen Firmen einen gewissen Spielraum bei der Umsetzung des Mitarbeitergesprächs zu lassen. So gibt es Betriebe, die für dieses Instrument auf die Eigenverantwortung der Führungskräfte vertrauen, in anderen dagegen prüfen die Personalabteilungen genau, ob die Gespräche auch tatsächlich stattfinden. Auch die Frage, ob in den Orientierungsgesprächen Gehalts- oder Prämienfragen angesprochen oder von diesen Gesprächen bewußt entkoppelt werden, handhaben die Bertelsmann-Firmen unterschiedlich.
Bei Übernahmen neuer Firmen ist die Bertelsmann AG bestrebt, ihre Unternehmenskultur auf die neuen »Töchter« zu übertragen und bei ihnen ebenfalls Personalentwicklungsinstrumente wie das Mitarbeitergespräch einzuführen. »Wir haben natürlich auch Minderheitsbeteiligungen, da geht das nicht«, beschreibt Dr. Franz Netta das Ansinnen des Unternehmens, »aber wenn es sich um eine 100prozentige Bertelsmann-Firma handelt, wollen wir auch die Bertelsmann-Kultur einführen.«
Dazu zählen die Einführung der Unternehmensverfassung und Unternehmensleitsätze sowie die Empfehlung, die dazugehörigen Hilfsmittel und Instrumente einzusetzen und anzuwenden. Bei der Umsetzung dieser neuen Instrumente werden die neuen Firmen von der Bertelsmann AG weitestgehend unterstützt. Den neuen Führungskräften werden Führungskräfteseminare sowie Trainings für die Durchführung von Mitarbeitergesprächen angeboten, die Mitarbeiter haben Gelegenheit, im Rahmen des normalen Weiterbildungsprogramms an Schulungen zu diesem Thema teilzunehmen.

Resultate

Es sei zwar schwierig, aufgrund komplexer Zusammenhänge erzielte Ergebnisse auf wenige Faktoren zu reduzieren, aber es lasse sich feststellen, daß die Ein-

führung von Führungsinstrumenten, wie des »Januar-« oder Mitarbeitergesprächs, seit den siebziger Jahren das Führungsverhalten und das Betriebsklima im Unternehmen entscheidend mitbeeinflußt habe, erklärt Dr. Franz Netta.
Es sei eine Gesprächskultur entstanden, die einen wesentlichen Einfluß auf die Zufriedenheit der Mitarbeiter habe und sich somit auch auf ihre Motivation und Kreativität bei der Umsetzung ihrer Aufgaben positiv auswirke.
Erkenntnisse darüber gewinnt die Personalabteilung aus Mitarbeiterbefragungen, die seit 1977 parallel mit der Entwicklung des Mitarbeitergesprächs eingeführt wurden und alle fünf Jahre in allen Betrieben der Bertelsmann AG als Totalerhebungen völlig anonym durchgeführt werden. Bei dieser Befragung müssen die Beschäftigten des Unternehmens einen detaillierten Fragebogen ausfüllen. Die Ergebnisse dieser Befragung werden bis auf die einzelnen Abteilungen heruntergebrochen. Damit die Anonymität sichergestellt bleibt, werden Kleingruppen von weniger als sechs Mitarbeitern bei der Auswertung nicht berücksichtigt.
Die Mitarbeiterbefragung hat signifikante Verbesserungen der Mitarbeiterzufriedenheit und der Beurteilung des Führungsverhaltens immer dann gezeigt, wenn die vorher in einem Bereich nicht existierenden Mitarbeitergespräche eingeführt wurden.
Diese Mitarbeiterbefragungen eignen sich zudem auch, Schwachpunkte aufzudecken und Verbesserungen vorzunehmen. So kann es immer wieder vorkommen, daß in einer Firma durch den Wechsel einer Führungskraft »Ausreißer« in bezug auf die Zufriedenheit der Mitarbeiter festgestellt werden. Führt eine Mitarbeiterbefragung zu einem sehr schlechten Ergebnis, versucht man, Abhilfe zu schaffen, indem die betroffene Führungskraft beispielsweise zusätzliche Schulungen durchläuft oder mit ihrem nächsthöheren Vorgesetzten Gespräche führt, um die Ursachen für die schlechte Bewertung herauszufinden. Im Regelfall, so Dr. Franz Netta, zeige die nächste Mitarbeiterbefragung, daß auf diese Weise der »Zacken ins Negative« wieder begradigt werden konnte.
Er weist darauf hin, daß die Bertelsmann AG auch andere Mitsprachemodelle eingeführt und erfolgreich umgesetzt hat. So wurde ebenfalls Ende der siebziger Jahre zunächst im technischen Bereich ein Gesprächsmodell entwickelt, das den Mitarbeitern die Möglichkeit bietet, bei wichtigen Entscheidungen mitzuwirken. Steht beispielsweise der Kauf einer neuen Druckmaschine an, bezieht das Unternehmen die Sachkunde der Betroffenen in den Entscheidungsprozeß mit ein, um eventuellen Entscheidungsfehlern vorzubeugen. In sogenannten »MABs«, Mitarbeiterbesprechungen, werden die Mitarbeiter der betroffenen Abteilung über das anstehende Investitionsvorhaben informiert und ihre Meinungen darüber angehört. Sind große Abteilungen betroffen, wählen die Mitarbeiter Delegierte, die zu diesen Mitarbeiterbesprechungen eingeladen werden. Das Unternehmen räumt den Mitarbeitern sogar ein Veto-Recht ein. In solchen Fällen werden die Argumente für oder gegen die geplante Investition an die nächsthöhere Führungskraft weitergeleitet, die dann die endgültige Entscheidung treffen muß. Dieses Gesprächsmodell habe sich als wichtiger Mechanismus zur Verbesserung der Entscheidungsqualität und der Zufriedenheit und Motivation der Mitarbeiter er-

wiesen und werde mittlerweile nicht nur in technischen Bereichen eingesetzt, erklärt Dr. Franz Netta.

Alle diese Instrumente seien unter dem gleichen Gesichtspunkt entwickelt worden, fügt er hinzu. Sie entstanden aus Überlegungen heraus, welche Maßnahmen geeignet sind und umgesetzt werden müssen, um die partnerschaftliche Unternehmenskultur weiter auszubauen.

Goethe-Institut e. V. Zentralverwaltung, München

Institut zur Pflege der deutschen Sprache im Ausland und zur Förderung der internationalen kulturellen Zusammenarbeit, ca. 3 500 Mitarbeiter und Führungskräfte

Interview mit Dr. Markus Litz, Projektleiter Personalentwicklung

Anlaß und Ziele

Seit 1992 gibt es im Goethe-Institut systematische Überlegungen, auf welche Weise Personalentwicklungselemente in die Personalarbeit einbezogen werden können. Man hatte seinerzeit erkannt, daß sowohl in der Zentralverwaltung als auch an Instituten im In- und Ausland dieser weltweit agierenden Kulturorganisation die Zielsetzungen nicht immer klar und präzise waren und auch der Führungsstil einer Anpassung an den Anspruch der Personal*entwicklung* bedurfte. Es gab die Tendenz, Ziele vorzugeben und diese nicht *gemeinsam* mit den Mitarbeitern zu vereinbaren.
Der Vorstand des Goethe-Instituts und der Betriebsrat kamen überein, als zentrales Element der Personalentwicklung das Mitarbeitergespräch einzuführen und umzusetzen. Bei der Implementierung dieses Instruments, vom Goethe-Institut als Jahresgespräch bezeichnet, standen zwei Aspekte im Vordergrund: Die Stärkung des vertrauensvollen Miteinanders und die Verbesserung der Kommunikation, um dadurch auch eine bessere, transparentere Planung zu gewährleisten und somit die Qualität der Arbeit zu verbessern.
Entsprechend sahen die Vereinbarungen für das Jahresgespräch zwei Hauptkomponenten vor: Auf der Sachebene den Planungsteil und auf der Beziehungsebene den sogenannten Zufriedenheitsteil. Diese Schwerpunkte wurden gesetzt, um sowohl eine bessere und transparentere Planung für das nächstfolgende Jahr zu gewährleisten als auch die vertrauensvolle Zusammenarbeit zwischen Vorgesetzten und Mitarbeitern zu fördern. Das wesentlichste Element des Jahresgesprächs sah das Goethe-Institut in der »Führung durch Zielvereinbarung«. Sie sollte zu einer Führungskultur hinführen, die nicht von Zielvorgaben geprägt ist, sondern sich vor allem an einer paritätischen Beteiligung von Führungskräften und Mitarbeitern bei der Festlegung von Zielen orientiert.

Vorbereitung

Von Beginn an war der Betriebsrat beim Goethe-Institut eine mitgestaltende Kraft bei der Einführung des Jahresgesprächs. Alle Entscheidungen wurden in enger Abstimmung mit den Arbeitnehmervertretern getroffen und die Maßnahmen für die schrittweise Entwicklung des Instruments gemeinsam beschlossen. »Die Entwicklung des Jahresgesprächs ist entstanden auf dem Weg des ständigen Dialogs mit dem Betriebsrat«, beschreibt Dr. Markus Litz, der seit 1997 das Projekt Personalentwicklung leitet, den Entstehungsprozeß. Entsprechend habe dieser Prozeß relativ lange gedauert, aber damit auch zu einer tragfähigen Grundlage und einem soliden Fundament für das Jahresgespräch geführt.
Nachdem Anfang der 90er Jahre die Idee entstanden war, Personalentwicklungsmaßnahmen einzuführen, wurde 1995 eine hauptamtliche Stelle für die Umsetzung des Projekts eingerichtet. Nach einem etwa eineinhalbjährigen Diskussionsprozeß legten der Betriebsrat und der Vorstand des Goethe-Instituts in einer Rahmenbetriebsvereinbarung die einzelnen Maßnahmen und Elemente für die Personalentwicklung fest. Beide Parteien waren sich darüber einig, daß die zentrale Bedeutung dabei dem Jahresgespräch zukommen sollte.
Es wurde eigens ein Personalentwicklungsausschuß gegründet, dem auch Arbeitgebervertreter angehören. Aufgabe dieses Gremiums (der Arbeitsebene) war fortan, in Zusammenarbeit mit dem Betriebsrat die in der Rahmenbetriebsvereinbarung fixierten Maßnahmen und Elemente umzusetzen. Die Steuerungs- und Controllingebene bildet der »Paritätische Steuerungsausschuß«, dem je drei Vertreter der Arbeitgeber- und Arbeitnehmerseite angehören. Unter anderem wurden die Betriebsvereinbarung zur innerbetrieblichen Fortbildung und das Auswahl-Assessment-Center für Dozentenanwärter revidiert bzw. neu gefaßt und »Führungsleitlinien«, die das Anforderungsprofil der Führungskräfte auf dem Sektor der sozialen Kompetenz beschreiben, erarbeitet.

Pilotphase

Der Schwerpunkt lag aber in der Weiterentwicklung des Jahresgesprächs. Dieses wurde in einer dreijährigen Pilotphase in drei Arbeitseinheiten der Zentralverwaltung, an zwei Inlandsinstituten und in ausgewählten Auslandsregionen erprobt. Grundlage für diese »Pilot-Jahresgespräche« war ein »Vorgänger« des heutigen Leitfadens. Die Erfahrungen aus der Pilotphase wurden unter Einbeziehung eines externen Beraters analysiert und bewertet. Neben persönlichen Befragungen lieferte die Auswertung von detaillierten Fragebögen, die ca. 40 Fragen enthielten, die notwendigen Erkenntnisse für eine umfassende Evaluation. Die Fragen bezogen sich insbesondere darauf, wie die Beteiligten das Jahresgespräch empfanden, welche positiven Effekte sie registrierten und inwieweit das Gespräch zu einer größeren Planungssicherheit beigetragen sowie die Kommunikation zwischen Vorgesetzten und Mitarbeitern gefördert hat.

Ein besonderes Augenmerk richtete sich auf die Akzeptanz des Jahresgesprächs bei den Ortskräften, die in den Auslandsinstituten die überwältigende Mehrheit der Mitarbeiter bilden. Es zeigte sich, daß sie wesentlich zur Weiterentwicklung dieses Instruments unter Berücksichtigung der Arbeitsbedingungen in den jeweiligen Ländern beitragen konnten.
Im Oktober 1997 fand ein sogenannter »Produktionsworkshop« statt, an dem 25 ausgewählte Mitarbeiter des Goethe-Instituts aus allen Hierarchieebenen, vom Vorstandsmitglied bis zur Ortskraft, teilnahmen. In diesem Workshop wurden alle bestehenden Unterlagen des Jahresgesprächs noch einmal einer kritischen Prüfung und Überarbeitung unterzogen. Auf Grundlage dieser Ergebnisse konnte dann in einer ca. einjährigen Abschlußphase die Endfassung des Leitfadens erstellt werden. »Insofern kann man sagen, daß die Anregungen und wichtigen Anmerkungen aus den Regionen und Arbeitseinheiten des Goethe-Instituts tatsächlich auch in die Schlußgestalt des Leitfadens Eingang gefunden haben«, erklärt Dr. Markus Litz.
Der Gesamtbetriebsrat und der Vorstand des Goethe-Instituts beendeten im Januar 1999 die Verhandlungen mit der Unterzeichnung der Betriebsvereinbarung zum Jahresgespräch.
Vom Leitfaden, der auch die erforderlichen Gesprächsformulare enthält, wurde für die nichtdeutschsprachigen Ortskräfte eine Kurzfassung erstellt und in mehrere Sprachen übersetzt. Im Juni 1999 beginnen die Einführungsmaßnahmen für das Jahresgespräch. Im Laufe von eineinhalb bis zwei Jahren wird weltweit von internen Fachkräften an allen Goethe-Instituten ein Schulungstag für Mitarbeiter und Führungskräfte durchgeführt. Diese Fachkräfte wurden in der Zentralverwaltung von externen Experten speziell für diese Aufgabe geschult und trainiert.

Reaktionen

Die Reaktionen auf die Einführung des Jahresgesprächs waren gemischt. In den Modellregionen und Arbeitseinheiten, wo es bereits erprobt und durchgeführt wurde, sei die Resonanz grundsätzlich positiv gewesen, sagt Dr. Markus Litz: »Etwa zwei Drittel derjenigen, die das Gespräch in der Pilotphase erlebt haben, bewerten es positiv.« Es habe aber auch kritische Stimmen und Vorbehalte gegeben. Manche sahen im Jahresgespräch ein subtiles Kontrollinstrument oder beklagten eine Zunahme an Bürokratie, weil es doch einen gewissen Arbeitsaufwand erfordert. Letzteres sei in gewisser Hinsicht auch nachvollziehbar, erklärt Dr. Markus Litz. Er ist allerdings überzeugt, daß sich bei den Mitarbeitern und Führungskräften mittelfristig ein eindeutig positiver Effekt der Jahresgespräche abzeichnen wird.

Erfahrungen

Bei einer neuerlichen Einführung des Jahresgesprächs würde Dr. Markus Litz konsequenter verhandeln und eine raschere Entscheidungsfindung anstreben. Man habe zwar ein durchaus akzeptables und gutes Ergebnis erzielt, aber es hätte seiner Auffassung nach schneller umgesetzt werden können.

Er erinnert sich, daß sich die Verhandlungen mit dem Betriebsrat speziell beim Thema »Jahresgespräch und Beurteilung« schwierig gestalteten. Es habe einige Zeit in Anspruch genommen, bis auf beiden Seiten endgültig geklärt war, welchen Charakter dieses Gespräch haben sollte. Im Vordergrund stand die Frage, in welchem Maße es als Beurteilungsinstrument gebraucht oder mißbraucht werden konnte. Um jeglichem Mißtrauen vorzubeugen, habe man sich darauf geeinigt, die Beurteilung vom Jahresgespräch abzukoppeln und für diese ein eigenes Personalentwicklungsinstrument zu kreieren. Darauf wird auch im Leitfaden gesondert hingewiesen. »Die bestehende Betriebsvereinbarung zur Beurteilung ist gekündigt, Vorstand und Gesamtbetriebsrat streben eine neue an, die das Element der Personalentwicklung, also eine zukunftsorientierte Perspektive, stärker berücksichtigt«, erklärt Dr. Markus Litz.

Auch die Dokumentation soll Vertraulichkeit gewährleisten. Für das Planungsgespräch gibt es ein eigenes Protokoll, das öffentlich beziehungsweise teilöffentlich und somit der nächsthöheren Hierarchieebene und dem Arbeitsteam zugänglich ist. Das Protokoll des Zufriedenheitsgesprächs dagegen ist vertraulich und verbleibt ausschließlich bei den Gesprächspartnern.

Den bisherigen Erkenntnissen zufolge sind dort, wo bereits Jahresgespräche geführt wurden, bereits positive Effekte zu verzeichnen. In Italien beispielsweise, berichtet Dr. Markus Litz, konnten die Mitarbeiter und Führungskräfte feststellen, daß sich aufgrund dieser Gespräche vor allem die Planung durch die Zielvereinbarungen verbessert hat. Mit der Führung durch Zielvereinbarung sei eine größere Planungssicherheit und auch größere persönliche Sicherheit der Mitarbeiter erreicht worden. Auch haben sich die Kommunikation insgesamt sowie das Kommunikationsverhalten positiv verändert, unter anderem deshalb, weil der Vorgesetzte den Aussagen des Mitarbeiters genau zuhören und auf seine Argumente und Vorschläge konstruktiv eingehen muß.

Ob sich diese Effekte auf alle Institute übertragen lassen, wird eine für das Jahr 2000 geplante Zwischenevaluation zeigen. Geplant ist, eine stichprobenartige Fragebogenaktion durchzuführen und auszuwerten. Endgültige Ergebnisse soll eine Schlußevaluation mit detaillierten Fragebögen unter Einbeziehung aller Mitarbeiter und Führungskräfte liefern.

Vertretung einer deutschen Bank in den Benelux-Staaten

Ausländische Niederlassung mit ca. 300 Mitarbeitern und 13 Führungskräften

Interview mit N. N., ehemaliger Personalleiter

Der Interviewpartner für diesen Erfahrungsbericht war jahrelang Personalleiter mit Verantwortung für Personalverwaltung und Personalentwicklung in einer Vertretung einer deutschen Bank in den Benelux-Staaten. Da er mittlerweile für ein anderes Unternehmen tätig ist, bat er um ein anonymes Interview. Im folgenden tritt er deshalb unter dem Pseudonym Klaus Müller auf.

Anlaß und Ziele

Als Klaus Müller vor einigen Jahren seine Stelle als Personalleiter mit Verantwortung für Personalverwaltung und -entwicklung bei einer Vertretung einer deutschen Bank in den Benelux-Staaten antrat, mußte er feststellen, daß diese noch über keine Personalentwicklungsinstrumente verfügte. Das Personalwesen »entpuppte« sich als reiner administrativer Bereich, das Thema Personalentwicklung war bis dahin völlig vernachlässigt worden. Er stand somit vor der Herausforderung, diesen Bereich »von Null an« aufzubauen und die in Frage kommenden Instrumente neu zu entwickeln und einzuführen.
Um einen Überblick über geeignete Veränderungen im Personalbereich zu gewinnen, befragte Klaus Müller zunächst die Geschäftsleitung und die Führungskräfte, was sie von ihm als neuen Personalleiter erwarteten. Aufgrund des vorhandenen Vakuums im Personalwesen war die Erwartungshaltung an ihn sehr groß: angefangen von der Verbesserung der internen Ausbildung bis hin zum Aufbau einer Personalentwicklung und der Einführung dafür geeigneter Instrumente.
Nach eingehender Analyse der gewünschten Veränderungen schien Klaus Müller das Mitarbeitergespräch am besten geeignet, die vorhandenen Lücken im Personalwesen zu schließen und schwerpunktmäßig folgende Ziele zu realisieren:

- den systematischen und schrittweisen Aufbau einer Personalentwicklung,
- eine freie und transparente Kommunikation, unter anderem durch Feedbackschleifen,
- die Festlegung und Verdeutlichung der einzelnen Bereichsziele durch klare Zielvereinbarungen,
- die Einführung von Kontrollparametern für Führungskräfte, wenn sie Verantwortung an die Mitarbeiter abgeben.

Vorbereitung

Zunächst aber mußte Klaus Müller den beiden Geschäftsführern den Nutzen dieses Führungsinstruments erklären und ihnen plausibel machen, warum es seiner Auffassung nach die Grundlage für weitere Personalentwicklungsmaßnahmen war. Die Geschäftsführer fanden diesen Ansatz interessant und beschlossen, diese Vorschläge in die Tat umzusetzen. Daraufhin wurden alle Führungskräfte über das geplante Vorhaben informiert und in der Folgezeit in die Vorbereitung eingebunden.

Da sich die Führungsebene der Bank bis dahin auch noch nicht mit dem Thema Zielsetzung auseinandergesetzt hatte, entschied sich Klaus Müller für eine schrittweise Vorgehensweise. Als erstes wollte er die übergeordneten Unternehmensziele und daraus abgeleitet die jeweiligen Bereichsziele herausarbeiten und definieren. Im zweiten Schritt sollten die Voraussetzungen für Mitarbeitergespräche geschaffen werden, zunächst in der Anfangsphase als reine Zielvereinbarungsgespräche gedacht. Abschließend, nach der Einführung dieser Gespräche, wollte er im dritten Schritt das Thema Beurteilungsgespäch behandeln und mit dem Zielvereinbarungsgespräch verbinden.

Die Führungskräfte begrüßten diesen Vorschlag, weil sie die Auseinandersetzung mit dem Thema »Zielvereinbarung« für längst überfällig hielten und hofften, damit auch von der Geschäftsleitung zu erfahren, welche Ziele diese für das Bankhaus anstrebte. Entsprechend sei die Beteiligung der Führungskräfte in dem eigens für die Ausarbeitung der Einzelziele eingerichteten Workshop sehr engagiert gewesen, berichtet Klaus Müller.

Im Anschluß an diesen Workshop führten die Geschäftsführer mit ihren Abteilungsleitern, und diese mit ihren Gruppenleitern intensive Einzelgespräche, um dieses Thema weiter zu vertiefen und die Ziele in den nachgelagerten Ebenen abzugleichen.

Die Arbeitnehmervertretung wurde ebenfalls mit einbezogen, allerdings rein informell. Da die vor Ort geltende Rechtsprechung in diesen Fragen keine Mitbestimmungspflicht der Arbeitnehmervertretung, sondern eine Informationspflicht vorsieht, war Klaus Müller nicht auf die Zustimmung der Arbeitnehmerschaft angewiesen. Er informierte sie aber in Vorgesprächen ausführlich über das geplante Vorhaben. Als außerordentlich wichtig habe sich erwiesen, die Protokolle des vorangegangenen Workshops an alle Mitarbeiter zu verteilen und auf diese Weise Transparenz zu gewährleisten. »Wir haben das ganz offen gemacht und uns anschließend auch der Diskussion zu bestehenden Fragen gestellt«, berichtet Klaus Müller.

Nachdem die Ziele der Bank definiert und formuliert waren, setzte er sich wieder mit der Führungsebene zusammen, um gemeinsam zu überlegen, nach welchem System das Mitarbeitergespräch aufgebaut und welche Bausteine es enthalten sollte. Man einigte sich darauf, mindestens einmal im Jahr mit jedem Mitarbeiter dieses Gespräch zu führen. In Trainings wurden verschiedene Gesprächssituationen geübt und, nachdem diese Prozesse bekannt waren, die Umsetzung des

Zielvereinbarungsgesprächs als Basis für die Weiterentwicklung des Instruments konkretisiert.
Das Zielvereinbarungsgespräch beinhaltete folgende Themenbereiche: Die Festlegung der qualitativen und quantitativen Ziele, die Vereinbarung über Kontrollschritte zur Messung der Zielerreichung sowie die Themenbereiche Qualifizierung und Weiterbildung der Mitarbeiter. In diesem Teil wird vereinbart, welche Maßnahmen zu treffen sind, um die festgelegten Ziele tatsächlich realisieren zu können. Auch darüber wurden die Mitarbeiter offen und umfassend informiert.
Im Anschluß wurde der Gesprächsleitfaden entwickelt, der sich zusammensetzt aus einem Formular zur Dokumentation des Gesprächs, der Beschreibung der einzelnen Themenpunkte und Erklärungen zur Vorgehensweise. Es war vereinbart, daß die Dokumentation schriftlich erfolgt, bei den Gesprächspartnern verbleibt und eine Kopie der Beurteilung für die Personalakte nur an Klaus Müller weitergeleitet wird. Nach der Fertigstellung des Leitfadens konnten erste Zielvereinbarungsgespräche geführt werden.

Weiterentwicklung

Für die Entwicklung des Beurteilungsgesprächs nahm sich Klaus Müller bewußt mit den Führungskräften Zeit. Seine Vorgehensweise war zunächst recht unkonventionell. Er sammelte verschiedene Beurteilungssysteme und -formulare von unterschiedlichen Unternehmen, auch von der deutschen Muttergesellschaft, und überlegte, was aus diesen Unterlagen für das Bankhaus übernommen und auf die Verhältnisse des ausländischen Standorts angepaßt werden könnte. An diesem Prozeß waren die Geschäftsführer und die Führungskräfte der Bank ebenfalls beteiligt. Dies fand in Form von Workshops statt.
Die Entscheidung fiel zugunsten der freien Beurteilung, vor allem unter dem Gesichtspunkt, die Bedenken der Mitarbeiter zu berücksichtigen und den Bedingungen im Ausland gerecht zu werden. Besonderen Vorrang hatte hierbei die Berücksichtigung der Rahmenbedingungen, unter welchen die Leistungen erbracht werden. »Eine Beurteilung nach dem Prinzip ›Ziel erreicht‹, ›teilweise erreicht‹ oder ›nicht erreicht‹ hätten unsere Mitarbeiter angesichts des schwierigen Arbeitsumfelds in diesem Land als willkürlich erachtet«, begründet Klaus Müller diese Entscheidung. Wenn beispielsweise die Privatkundenbetreuung trotz guter Arbeit ihre Ziele nicht erreicht, weil sich die Steuergesetzgebung geändert hat, ist eindeutig das Umfeld, auf das der Mitarbeiter keinen Einfluß hat, dafür verantwortlich. Solchen Rahmenbedingungen wollte man, so Klaus Müller, bei der Bewertung Rechnung tragen. Auf diese Weise sei es auch gelungen, die größten Bedenken bei den Mitarbeitern auszuräumen.

Resonanz

Die Vorbereitung inklusive der Durchführung der Zielvereinbarungsgespräche bis zu dieser Phase dauerte ungefähr ein Jahr und lief nicht ganz reibungslos ab. Zu Verzögerungen kam es bereits zu Beginn, weil die Geschäftsführer, die das Mitarbeitergespräch ausdrücklich wünschten, große Schwierigkeiten hatten, ihre eigenen Zielvereinbarungsgespräche zu führen. Die Abteilungsleiter wiederum warteten darauf, daß die nächsthöhere Ebene mit der Formulierung ihrer Ziele beginnt. »Ich mußte den Geschäftsführern immer wieder ›auf die Füße treten‹ und sie daran erinnern, daß sie endlich mit ihren Gesprächen beginnen sollten«, erinnert sich Klaus Müller.
Bei den Führungskräften, die zunächst aufgrund der neuen Thematik von Beginn an bei der Entwicklung des Mitarbeitergesprächs engagiert mitgewirkt hatten, gab es einige, die auf Widerstände und Bedenken ihrer Mitarbeiter mit einer geschickten Verweigerungstaktik reagierten. Viele Mitarbeiter standen – trotz der umfassenden Information – diesem neuen Instrument zunächst sehr skeptisch gegenüber. Sie befürchteten, mit den geplanten Zielvereinbarungen werde lediglich ein zusätzliches Kontrollinstrument eingeführt. Anstatt den Ängsten ihrer Mitarbeiter aktiv zu begegenen, wichen manche Führungskräfte diesem Problem aus. Sie arbeiteten zwar nach außen weiterhin bei der konzeptionellen Gestaltung des Instruments rege mit, umgingen es aber, mit ihren Mitarbeitern tatsächlich Zielvereinbarungsgespräche zu führen.

Erste Resultate

Interessanterweise konnten diejenigen Führungskräfte, die das Mitarbeitergespräch von Beginn an konsequent geführt haben, schon nach kurzer Zeit erste Erfolge erzielen, berichtet Klaus Müller. Bei anderen habe es aber lange gedauert, bis sie die Notwendigkeit dieser Gespräche erkannten. Einige seien erst dazu animiert worden, als sie sahen, welche Effekte ihre Kollegen mit diesem Instrument in ihren Abteilungen verzeichnen konnten, bei manchen dagegen mußte Klaus Müller mit Druck »nachhelfen«.
Nach Ende der etwa zweijährigen Vorbereitungszeit, als auch die ersten Beurteilungsgespräche geführt waren, stellte er fest, daß die Quote der geführten Gespräche noch nicht zufriedenstellend war und setzte daraufhin durch, daß die Geschäftführer das Mitarbeitergespräch zum Führungsziel erhoben. Als Controllininstrument baute Klaus Müller eine Datenbank auf, die ihm Informationen darüber lieferte, welche Führungskraft wann ihre Zielvereinbarungs- und Beurteilungsgespräche geführt hatte. So konnte er sie im Bedarfsfall daran erinnern, daß wieder ein Gesprächstermin anstand. Insgeamt, so Klaus Müller, habe es drei Jahre gedauert, bis die Quote an durchgeführten Gesprächen rund 85 Prozent erreicht hatte.
»Man konnte deutlich erkennen, daß es einen unglaublichen Schwung gegeben

hat«, beschreibt er die Erfolge dieser Entwicklung. Was sich in den Abteilungen, wo die Führungskräfte von Anfang an dieses Instrument einsetzten, schon frühzeitig abzeichnete, übertrug sich nun auf die meisten Abteilungen des Bankhauses. Vor allem die Mitarbeiter begrüßten die Vorteile der neuen Gesprächskultur: Sie erhielten mehr Verantwortung und größere Freiräume und konnten sich plötzlich, anders als gewohnt, mit ihren Führungskräften auseinandersetzen. »Die Kommunikation mit ihren Vorgesetzten hat sich wesentlich verbessert und sie waren plötzlich an der Gestaltung des Unternehmens aktiv mitbeteiligt«, erinnert sich Klaus Müller und führt zwei Beispiele an.

So haben erstaunlicherweise die beiden Backoffice-Abteilungen des Hauses, die bis dahin eher »stiefmütterlich« behandelt wurden, weil sich ihre Tätigkeit rein auf Abwicklung beschränkte, dieses Instrument am meisten angenommen. Mit der Zeit entwickelten sie sich sogar zur Schmiede für Nachwuchskräfte. Die Mitarbeiter dieser beiden Abteilungen zeigten erstaunlich viel Kreativität und wurden zum Teil wirkliche Potentialträger für die Privatkundenabteilung. Sie bildeten eigene Teams und führten beispielsweise eigenständig Arbeitsablaufoptimierungen durch.

In der Privatkundenabteilung dagegen gestaltete sich der Einstieg weitaus schwieriger. Die Mitarbeiter in diesem Bereich waren an quantitative Zielvorgaben gewöhnt und hatten in der Regel schon mehrere Weiterbildungsmaßnahmen durchlaufen. Ihr Credo lautete am Anfang: »Wir wollen verkaufen, was sollen wir uns mit Mitarbeitergesprächen beschäftigen.« Erst als sie erkannten, welche Effekte dieses Instrument mit sich bringen kann, stieg ihr Interesse, es ebenfalls einzusetzen.

Auf Fragebögen oder besondere Instrumente zur Erfolgsmessung verzichtete Klaus Müller. Er gewann seine Erkenntnisse aus persönlichen Gesprächen mit Führungskräften und Mitarbeitern sowie aus sorgfältigen Analysen der Beurteilungsbögen aus der Personalakte. Er nutze diese Feedbacks aktiv für die Kommunikation, indem er den Führungskräften Verbesserungsvorschläge für die Gesprächsführung unterbreitete, Weiterbildungsmaßnahmen empfahl und ihnen Möglichkeiten aufzeigte, beim nächsten Mal dieses Instrument noch effektiver zu nutzen. Seine Beobachtungen beschränkten sich dabei auf Veränderungen innerhalb des Hauses. Welche Auswirkungen die Einführung des Mitarbeitergesprächs beispielsweise auf externe Ansprechpartner oder den Umgang mit Kunden hatte, ließ er bei der Erfolgsmessung unberücksichtigt.

Erfahrungen

Bei einer neuerlichen Einführung des Mitarbeitergesprächs würde Klaus Müller wieder eine getrennte Vorgehensweise bevorzugen, beginnend bei der Zielvereinbarung über die Entwicklung der Instrumente bis hin zur Beurteilung. »Ich würde aber die Themen anders nennen und nicht mehr von ›Zielvereinbarungs-‹ oder ›Beurteilungsprozeß‹ sprechen«, erinnert er sich, »denn gerade das Thema

›Beurteilungsprozeß‹ hat viele Ängste geschürt und mich unheimlich viele Erklärungen gekostet.«

Es habe sich gezeigt, daß es bei der Entwicklung des Mitarbeitergesprächs nicht ausreicht, überwiegend mit Führungskräften zu arbeiten und die Mitarbeiter lediglich zu informieren, auch wenn diese Information sehr umfassend ist. Klaus Müller würde beim nächsten Mal ein Projektteam bilden, das sich aus Führungskräften und Mitarbeitern zusammensetzt und letzteren eine aktive Mitwirkung an der Entwicklung des Mitarbeitergesprächs ermöglicht. Entsprechend sollte auch der Betriebsrat von vornherein eingebunden werden, auch wenn dies aufgrund eines Standorts im Ausland nicht zwingend erforderlich ist.

Eine weitere Erkenntnis: Es genügt nicht, Schulungen nur für Führungskräfte durchzuführen und die Mitarbeiter lediglich theoretisch über Sinn und Zweck des Gesprächs zu informieren. Letztere müßten zwar nicht so intensiv auf die Gespräche vorbereitet werden wie ihre Vorgesetzten, sie sollten aber zumindest die Möglichkeit haben, bei der Vorbereitung auf ein solches Gespräch aktiv begleitet zu werden. Wenn die Mitarbeiter sich nicht vorbereitet haben, treten leicht Verkrampfungen und Verunsicherungen auf.

Als besonders wichtig erachtet Klaus Müller, dieses Instrument genau auf das Unternehmen zuzuschneiden. Im nachhinein habe sich als richtig erwiesen, zwar Anregungen von außen einzuholen, aber keine Vorlagen, selbst die der Muttergesellschaft, zu übernehmen. Auf diese Weise sei es gelungen, das Mitarbeitergespräch so zu gestalten, daß es der Kultur des Hauses gerecht wurde und die Mentalität der Mitarbeiter an einem ausländischen Standort berücksichtigte.

IZB SOFT GmbH & Co. KG, München

IT-Unternehmen der Sparkassen-Finanzgruppe, ca. 630 Mitarbeiter und ca. 60 Führungskräfte

Interview mit Franz Walch, Personalleiter

Anlaß und Ziele

Die Entscheidung, das Mitarbeitergespräch einzuführen, war bei der IZB SOFT bereits vor dem Einstieg des heutigen Personalleiters Franz Walch in das Unternehmen im Jahre 1996 gefallen. Zuvor war er bei einem anderen Unternehmen mit der Personalentwicklung betraut und hatte sich dort unter anderem ausgiebig mit dem Mitarbeitergespräch bzw. Zielvereinbarungsgespräch befaßt. Er begann seine Tätigkeit bei der IZB SOFT zunächst als Personalreferent, ein dreiviertel Jahr später wurde ihm die Personalleitung übertragen.
Schon damals habe es Führungskräfte gegeben, die seit längerer Zeit mit ihren Mitarbeitern diese Gespräche führten, beschreibt Franz Walch die Ausgangslage: »Irgend jemand hat wohl einmal für sich entschieden, daß dieses Instrument sinnvoll sei und begonnen, Mitarbeitergespräche zu führen. Dann haben andere davon erfahren und es ebenfalls praktiziert, so zog es immer größere Kreise.« Auf diese Weise habe sich das Mitarbeitergespräch zum »Selbstläufer« entwickelt, allerdings in völlig unterschiedliche Richtungen, weil jede Führungskraft es anders handhabte. Entsprechend verliefen diese Gespräche recht unkoordiniert und wenig zielstrebig.
Die Personalleitung nahm den Einstieg von Franz Walch zum Anlaß, das Mitarbeitergespräch im Unternehmen zu koordinieren und zu reaktivieren. Man wollte einerseits über ein einheitliches Instrument verfügen, zum anderen diesen Neustart nutzen, um es im gesamten Unternehmen einzuführen. Vorrangiges Ziel war, Führungskräften und Mitarbeitern die Möglichkeit zu geben, über den Alltag hinaus miteinander ins Gespräch zu kommen.

Vorbereitung

Zunächst sammelte Franz Walch die verschiedenen, bereits im Unternehmen vorhandenen Ansätze für das Mitarbeitergespräch und analysierte die Ausgangssituation. Diese Analyse dauerte ungefähr vier Wochen. In dieser Zeit führte er zahlreiche Interviews mit den Mitarbeitern, bezog die Führungskräfte in die Bewertung der Ausgangslage mit ein und entwickelte ein einheitliches Konzept mit mehreren inhaltlichen Themenschwerpunkten.

Der erste Themenbereich bezieht sich auf den Arbeitsplatz und das Arbeitsumfeld des Mitarbeiters. Der zweite Komplex reflektiert die Teamsituation, von allgemeinen Themen bis hin zu speziellen Fragen. Es folgt die Bewertung der Leistungen und Erfolge des Mitarbeiters, ebenso seiner Zielerreichung. Hier vereinbaren die Gesprächspartner auch die neuen Ziele für den nächsten Zeitraum. Die Beurteilung verläuft nicht eindimensional, bewertet werden die Leistungen beider Seiten. Zunächst schildert der Mitarbeiter, wie er sich und seine Leistungen einschätzt und erhält von der Führungskraft Feedback, ob sie diese Einschätzung teilt oder anderer Auffassung ist. Zu einem späteren Zeitpunkt des Gesprächs erfährt die Führungskraft, wie der Mitarbeiter sie im Arbeitsalltag erlebt, wo es gut läuft und wo es Verbesserungsbedarf gibt.

Das Thema »Weiterentwicklung« bezieht sich nicht allein auf die Entwicklung des Mitarbeiters, sondern auch seines Arbeitsplatzes und Arbeitsumfelds. Die Gesprächspartner erörtern, welche Möglichkeiten das Unternehmen dem Mitarbeiter zur beruflichen Weiterqualifizierung bieten kann, zum Beispiel durch Trainings oder Weiterbildungsmaßnahmen. Der Mitarbeiter ist angehalten, seinerseits Vorschläge vorzubringen, wie er sich selbst weiterentwickeln möchte.

Der abschließende Feedback-Teil ist in zwei Bereiche gegliedert: das Feedback an die Führungskraft (»Was ich Dir schon immer sagen wollte«) und das Gesprächsfeedback, in dem beide Seiten beschreiben, wie sie das Gespräch empfunden haben.

In die Vorbereitung des Mitarbeitergesprächs waren auch Vertreter aus der Mitarbeiterschaft einbezogen. Die Ideen des Konzepts wurden einer Gruppe von sechs bis acht nach dem Zufallsprinzip ausgesuchten Mitarbeitern vorgestellt. Mit ihren Anregungen leisteten die Mitarbeiter einen wichtigen Beitrag zur Fortentwicklung dieses Instruments.

Bereits nach ca. zwei Monaten konnte Franz Walch der Führungsebene, damals bestehend aus den Geschäftsführern und allen Führungskräften des Unternehmens, das fertige Konzept präsentieren. Da auch der Gesprächsleitfaden mit den erforderlichen Gesprächsformularen entwickelt und fertiggestellt war, bot die Präsentation ein umfassendes Bild über das neue Instrument.

Zur Vorbereitung auf das bevorstehende Mitarbeitergespräch hatten die Führungskräfte Gelegenheit, an eintägigen Schulungen teilzunehmen, die hausintern durchgeführt wurden. Rund 80 Prozent von ihnen machten von diesem Angebot Gebrauch. Zusätzlich bot der Personalbereich den Führungskräften zur Unterstützung individuelle Beratung und Coaching an. Diese Maßnahmen wurden, wie die vorausgegangene Konzeption auch, in Eigenregie durchgeführt. Externe Fachkräfte mußten nicht hinzugezogen werden, weil Franz Walch das erforderliche Know-how aus seinen früheren Tätigkeiten mitbrachte.

Für Mitarbeiter wurden eigene Informationsveranstaltungen zu dem neu konzipierten Mitarbeitergespräch und dessen Zielsetzungen durchgeführt. Zusätzlich wurde dieses Thema ausführlich in der Mitarbeiterzeitschrift vorgestellt und behandelt.

Idealerweise sollte das Mitarbeitergespräch nach den Vorstellungen des Unternehmens mindestens einmal jährlich stattfinden und zwischen eineinhalb bis drei

Stunden dauern. Im ersten Jahr nach der Einführung überließ man es den Führungskräften selbst, ob und wie häufig sie diese Gespräche führen wollten. Erst im zweiten Jahr wurde ein Monitoring eingeführt. Das Ergebnis war erstaunlich: Die Quote von geführten Gesprächen hatte erfreuliche 90 Prozent erreicht.

Erste Weiterentwicklung

Bereits nach einem Jahr wurden das Mitarbeitergespräch und der Gesprächsleitfaden auf Anregung von Mitarbeitern und Führungskräften weiterentwickelt. Denn es hatte sich gezeigt, daß die im ersten Leitfaden durch viele vorformulierte Fragestellungen stark vorgegebene Struktur den Gesprächen nicht dienlich war. Sie sind bei der IZB SOFT so ausgerichtet, daß der Anteil des Mitarbeiters am Dialog mindestens 60 Prozent betragen soll und er aufgrund seiner Vorbereitung auch die Inhalte vorgibt. Die Führungskraft hat die Aufgabe, das Gespräch zu führen und zu steuern. Um den Mitarbeitern bei der Vorbereitung mehr Freiraum für die zu behandelnden Themen zu ermöglichen, wurde die vorgegebene Struktur aufgelöst und durch wenige, dafür aber offene Fragen ersetzt. Für die Vorbereitung und Dokumentation des Gesprächs sieht die IZB SOFT folgende Regelung vor: Der Mitarbeiter bereitet sich auf das Gespräch vor, indem er den Leitfaden nutzt und ihn ausfüllt. Die Führungskraft hat einen geringeren Vorbereitungsaufwand, weil sie im Prinzip nur zu den Einschätzungen des Mitarbeiters, beispielsweise über seine Leistungen, Stellung nimmt und auf seine Aussagen reagiert. Die handschriftliche Dokumentation des Mitarbeiters wird um die neu hinzugekommenen Gesprächsinhalte ergänzt. Die Führungskraft erhält nach Abschluß des Gesprächs eine Kopie, das Original verbleibt beim Mitarbeiter. Die Unterlagen kommen nicht in die Personalakte und werden auch nicht an die nächsthöhere Ebene weitergeleitet. Das Mitarbeitergespräch sei primär darauf ausgerichtet, die Kommunikation zwischen beiden Seiten zu fördern, begründet Franz Walch diese Verfahrensweise. Beide Seiten könnten aber im Bedarfsfall vereinbaren, daß bestimmte Informationen dennoch an Dritte gelangen. Beispielsweise dann, wenn eine Weiterbildung des Mitarbeiters angestrebt wird.

Resonanz

Die Einführung des Mitarbeitergesprächs wurde von den Führungskräften überwiegend positiv aufgenommen. Es überwog die Haltung: »Ihr habt recht, diese Gespräche sind wichtig, wir haben in den letzten Jahren die darin enthaltenen Chancen zuwenig genutzt«, beschreibt Franz Walch den Grundtenor. Man sah in dieser Maßnahme eine gute Gelegenheit, die zuvor recht willkürlich und unkoordiniert geführten Gespräche wieder ernsthaft aufzunehmen und sie als Füh-

rungsinstrument zu nutzen. Diese positive Resonanz sei auch darauf zurückzuführen, daß man im ersten Jahr auf Freiwilligkeit gesetzt und keinen Druck ausgeübt habe, erklärt Franz Walch. Als dann im zweiten Jahr dieser durch das eingeführte Monitoring auf die Führungskräfte stieg, wurden auch kritische Stimmen laut.
Einige Führungskräfte bemängelten, daß ihnen aufgrund der vielen zu bewältigenden Fachaufgaben nicht genügend Zeit für Mitarbeitergespräche verbliebe. Daraus entwickelte sich in der Folgezeit ein permanenter Coaching-Prozeß in Richtung »Rein in Führung und raus aus Fachaufgaben«. Diesem Motto trug die Geschäftsführung auch in der Organisationsstruktur des Unternehmens Rechnung: Aufgrund der Verdoppelung der Beschäftigten von rund 300 Personen bei Einführung des Instruments auf mittlerweile über 600 Personen wurde eine zweite Führungsebene aufgebaut.
Auch bei den Mitarbeitern sei das Mitarbeitergespräch größtenteils gut angekommen, erklärt Franz Walch: »Wir sind von Haus aus ein kommunikatives Unternehmen, aber diejenigen Mitarbeiter, die dieses Gespräch geführt haben, stellten fest, daß etwas Neues auflebt.« Besonders begrüßt wurde, daß die Führungskraft sich die Zeit nahm, mit ihrem Mitarbeiter zwei oder drei Stunden über grundsätzliche und wichtige Themen des Arbeitsalltags zu sprechen.
Kritische Stimmen gab es vor allem bei den Mitarbeitern, die im ersten Jahr, als die Quote noch nicht bei über 90 Prozent lag, von ihrer Führungskraft nicht zu einem Mitarbeitergespräch eingeladen wurden. Die Personalleitung ermunterte diese Mitarbeiter in der Mitarbeiterzeitschrift und in Mitarbeiterversammlungen, nicht zu warten, bis die Führungskraft auf sie zukommt, sondern dieses Gespräch von ihr einzufordern. Auf diese Weise habe man auf die Führungskräfte einen gewissen »Druck von unten« erzeugt, erklärt Franz Walch die »Überzeugungsarbeit«. Diese hat zur Folge, daß mittlerweile im gesamten Unternehmen diese Gespräche fast mit jedem Mitarbeiter einmal im Jahr geführt werden.

Resultate

Für Franz Walch ist das wichtigste Ergebnis der Einführung des Mitarbeitergesprächs, daß Führungskräfte und Mitarbeiter sich insgesamt nähergekommen sind. Dieses Instrument hat, so seine Einschätzung, die Strategie des Unternehmens zur Teamorientierung wesentlich unterstützt, die angestrebte offene Führungskultur gefördert und sich auch positiv auf das Betriebsklima ausgewirkt. Dies lasse sich beispielsweise am Miteinander zwischen Führungskräften und Mitarbeitern beobachten.
Auf Fragebögen oder andere Meßinstrumente zur Bewertung der Effekte des Mitarbeitergesprächs verzichtet Franz Walch, er setzt auf unterschiedliche Feedback-Schleifen. So gewinnt er durch persönliche Befragungen Informationen darüber, wie die Mitarbeiter ihr Gespräch empfunden haben und wie es abgelaufen ist. Wichtige Feedbacks geben ihm Diskussionsforen sowie Austrittsge-

spräche, die mit jedem Mitarbeiter, der das Unternehmen verläßt, geführt werden. Bei der Einstellung neuer Mitarbeiter wird dieses Instrument ebenfalls intensiv genutzt. An Bewerbungsgesprächen nehmen neben der direkten Führungskraft ein Personaler und manchmal auch ein Mitarbeiter oder einzelne Mitarbeiter aus dem Team teil. In der Probezeit oder vor der Entscheidung über eine Übernahme ist das Mitarbeitergespräch ein absolutes »Muß«.
Die Resonanz bei den neuen Mitarbeitern auf diese intensive Betreuung ist außerordentlich positiv. Für die meisten ist es ungewohnt, daß sich der neue Arbeitgeber soviel Zeit für sie nimmt und daß ihnen gleich mehrere Ansprechpartner, unter anderem auch ein »Pate«, zur Verfügung stehen.

Zweite Weiterentwicklung und Ausblick

Wenn er noch einmal bei »Null« anfangen und das Mitarbeitergespräch nochmals einführen sollte, würde Franz Walch an seiner Vorgehensweise nichts ändern. Er habe bewußt nicht den Weg gewählt, erst ein Instrument zu entwickeln und es anschließend den Führungskräften »vorzusetzen«. Da bei der IZB SOFT die meisten von ihnen in ihrer Führungsrolle noch jung sind, wollte er jedem ausreichend Zeit geben, sich mit dem Instrument vertraut zu machen und es einzusetzen. Dieses Prinzip habe sich bewährt.
Im nächsten Schritt will Franz Walch das »teamorientierte Mitarbeitergespräch« umsetzen. Das Instrument in seiner bisherigen Form, sagt er, habe einen Nachteil: es beschränkt sich auf ein Gespräch zwischen zwei Personen und wird der Teamorientierung im Unternehmen nicht gerecht. Im Arbeitsalltag verlaufe die Kommunikation auch nicht eindimensional. In Zukunft soll sich der Mitarbeiter wie bisher auf das Gespräch vorbereiten, hat dann aber nicht mehr allein seine Führungskraft zum Feedbackpartner, sondern das gesamte Team. Diese neue Form ist bereits in der Testphase und kann von den Führungskräften, die diese Art von Mitarbeitergesprächen führen wollen, angewandt werden.
Ähnlich wie beim teamorientierten Mitarbeitergespräch will Franz Walch die Kommunikation zwischen den Führungskräften fördern. Geplant ist eine Personalentwicklungsmaßnahme, bei der die Führungskräfte lernen, sich selbst zu coachen und damit das Coaching durch die Personalabteilung überflüssig machen.
Das Prinzip des teamorientierten Mitarbeitergesprächs wird in Zukunft auch auf das Führungskräfte-Feedback (Aufwärtsbeurteilung), das in vielen Unternehmen anonym vorgenommen wird, übertragen. Im Mittelpunkt des Gesprächs wird hierbei die Führungskraft stehen. Sie schildert ihren Mitarbeitern, wie sie sich in ihrer Rolle einschätzt und wie die Mitarbeiter sie ihrer Meinung nach als Führungskraft empfinden. Die Mitarbeiter geben Feedback, ob sie diese Einschätzung teilen oder anderer Auffassung sind. Daraus soll sich ein moderiertes, offenes Feedback weiterentwickeln.
Auch in Zukunft werden bei der Erfolgsbewertung des Mitarbeitergesprächs

mögliche Auswirkungen auf die Leistung im Unternehmen oder beispielsweise auf die Zufriedenheit der Kunden mit berücksichtigt und wie bisher eher subjektiv als nach objektiven Kriterien gemessen. Denn in einem Dienstleistungsunternehmen wie der IZB SOFT werden Leistungen und Erfolge überwiegend von den Mitarbeitern erbracht, argumentiert Franz Walch. Vorrangige Aufgabe der Personalentwicklung sei es deshalb, den Mitarbeitern ein Umfeld zu bieten, das Erfolge ermöglicht und die Rahmenbedingungen so zu gestalten, daß die Arbeit Spaß macht und nicht demotivierend wirkt. »Wenn uns das gelingt«, so Franz Walch, »dann haben wir viel erreicht. Dann brauchen wir auch nicht bis ins letzte Detail zu messen. Diese Haltung spiegelt sich in allen unseren Instrumenten wider.«

Quelle Schickedanz AG & Co., Fürth

Versandhaus mit ca. 28 000 Mitarbeitern und ca. 1 600 Führungskräften

Interview mit Petra Ruda, Fachberaterin für Personalentwicklung

Anlaß und Ziele

Der Einführung des Mitarbeitergesprächs bei der Quelle AG gingen Überlegungen voraus, wie man als Traditionsunternehmen von einem klassischen Führungsverständnis zu einer neuen, modernen Führungskultur übergehen könnte, unter anderem auch deshalb, um neuen Herausforderungen, die von außen an das Unternehmen herangetragen wurden, zu begegnen.
Die Quelle AG sah im Mitarbeitergespräch das geeignete Instrument, vorrangig zwei Ziele zu erreichen, erklärte Petra Ruda, Fachberaterin für Personalentwicklung im Unternehmen. Zum einen, wirkliche Dialoge, insbesondere zwischen Mitarbeitern und Führungskräften, im Unternehmen zu etablieren, zum anderen, auf diese Weise die Zusammenarbeit insgesamt zu verbessern. Letzteres vor dem Hintergrund, daß Mitarbeiter immer selbstbewußter werden, eigenständiger arbeiten, mehr Verantwortung übernehmen und größere Freiräume haben wollen. Man habe erkannt, daß diese Entwicklung eine intensivere Kommunikation über die Art der Aufgaben und der Ziele, die vom Mitarbeiter erwartet werden, erfordert.
Das Unternehmen versprach sich von dieser Maßnahme einen vierfachen Nutzen:

- Mehr Transparenz sowohl für Führungskräfte als auch Mitarbeiter durch klare, für beide Seiten nachvollziehbare und überprüfbare Vereinbarungen.
- Eine höhere Planungssicherheit, insbesondere bei Qualifizierungsmaßnahmen für Mitarbeiterinnen und Mitarbeiter. Das Thema Entwicklungs- und Qualifizierungsbedarf der Mitarbeiter ist deshalb ein fester Bestandteil des Gesprächs.
- Einrichtung einer Feedback-Kultur im Unternehmen. Das Mitarbeitergespräch dient als Einstieg, gegenseitiges Feedback zu üben und zu prüfen, welchen Nutzen es Führungskräften und Mitarbeitern bringt.
- Bessere Klärung der Arbeitsbeziehung zwischen Mitarbeitern und Führungskräften, um Mißverständnisse und zeitraubende Unklarheiten zu vermeiden.

Die Entscheidung für die Einführung des Mitarbeitergesprächs fiel auf Vorstandsebene im Winter 1997/98. In die Entscheidung einbezogen wurde der Personalentwicklungsbeirat. Diesem Gremium, das auch für die Personalentwicklung zuständig ist, gehören Vorstände und Vertreter der sogenannten Berichtsebene 1. Sie sind dem Vorstand direkt unterstellt.

Vorbereitung

Im ersten Schritt der Vorbereitung wurde innerhalb der Personalentwicklung ein Grobkonzept für die Einführung des Mitarbeitergesprächs erstellt und dem Vorstand präsentiert. Nach dessen Zustimmung folgte die Entwicklung eines Feinkonzeptes, in dem alle Maßnahmen für die Umsetzung des Projekts aufgeführt waren, einschließlich der erforderlichen Qualifizierungsmaßnahmen für die Führungskräfte. Diese Maßnahmen erfolgten in Abstimmung mit dem Betriebsrat. Im nächsten Schritt wurde das Mitarbeitergespräch den einzelnen Fachbereichen vorgestellt, um die Führungskräfte dafür zu gewinnen.
Bei der Entwicklung der Gesprächsunterlagen verzichtete man auf Formulare, vielmehr bietet ein Gesprächsleitfaden den Führungskräften eine wichtige Hilfestellung. Er dient zur Orientierung, zur Vorbereitung und nicht zuletzt als Vorschlag für den Gesprächsaufbau. Seine Hauptbestandteile sind Zielvereinbarung, ein persönlicher Qualifizierungsplan für den Mitarbeiter und ein sogenannter Feedback-Teil.
Für die Dokumentation gibt es keine Formvorschriften, es bleibt den Führungskräften überlassen, in welcher Form sie die Ergebnisse im Leitfaden für sich selbst und die Mitarbeiter festhalten. Dem Unternehmen kommt es erstrangig darauf an, daß die Gespräche tatsächlich geführt werden und ein Dialog über die Arbeitsbeziehung stattfindet.

Resonanz

Die Ankündigung des Mitarbeitergesprächs löste bei Führungskräften die unterschiedlichsten Reaktionen aus. Die Bandbreite ging, je nach persönlichem Hintergrund, von sehr großer Skepsis und starkem Widerstand bis hin zur uneingeschränkten Zustimmung von Anfang an. Diejenigen Führungskräfte, die schon etwas über dieses Instrument gehört hatten oder es bereits kannten, die schon an Führungsprogrammen oder Seminaren teilgenommen oder sich bereits mit Gesprächsführung befaßt hatten, waren dem Thema gegenüber aufgeschlossener als andere, die aus ihrer Sicht damit noch nicht soviel anfangen konnten, oder auch die verdeckte Einführung eines Kontrollinstruments fürchteten.
Um solche Bedenken auszuräumen und eine optimale Vorbereitung zu gewährleisten, wurde mit einer externen Unternehmensberatung, die später auch das Training übernahm, ein eintägiges Seminar »Basisqualifizierung für das Mitarbeitergespräch« konzipiert, das für alle Führungskräfte angeboten wird. Diese Qualifizierung läuft seit Anfang 1998 und ist noch nicht abgeschlossen.
Das Training zielt darauf ab, Ängste vor dem Mitarbeitergespräch abzubauen

und aufzuzeigen, wo das Instrument hilfreich sein kann, daß es nicht zusätzlich belastet, sondern vielmehr eine Entlastung zur Folge hat. So wird beispielsweise hervorgehoben, daß die Dokumentation des Gesprächs ausschließlich bei der Führungskraft und dem Mitarbeiter verbleibt und nicht an Dritte oder an die Personalabteilung gelangt.

Erste Resultate

Die Umsetzung des Mitarbeitergesprächs erfolgt in der Regel im Anschluß an die Basisqualifizierung.
Die Resultate der Qualifizierungsmaßnahmen waren, berichtet Petra Ruda, erfreulich: Bis auf vereinzelte Ausnahmen gingen die Teilnehmer mit einer positiven Haltung und auch großen Erwartungen an dieses Instrument aus dem Training. Denn die Seminare boten die Möglichkeit, in Gesprächssimulationen konkrete Gesprächssituationen zu üben, beispielsweise Feedbacks zu geben oder mit erhaltenen Rückmeldungen richtig umzugehen. Hier waren bereits die ersten »Aha-Effekte« zu beobachten. Die größten aber gab es, so Petra Ruda, nach den ersten, selbst praktizierten Mitarbeitergesprächen.
Klassische Argumente, wie »Ich spreche ja sowieso mit meinen Mitarbeitern« oder »Wir sprechen jeden Tag miteinander«, waren größtenteils entkräftet. Denn viele Führungskräfte mußten sich eingestehen, daß sie keine Vorstellung darüber hatten, was die Qualität eines Mitarbeitergesprächs wirklich ausmacht.
Sie erkannten den Unterschied und erlebten, was es heißt, sich selbst Zeit zu nehmen für ein intensives, von ihnen und dem Mitarbeiter gut vorbereitetes Gespräch. Für die Führungskräfte war es häufig ein völlig neues Gesprächserlebnis. Sie waren überrascht von der Qualität der Rückmeldungen, beispielsweise darüber, wie ihre Mitarbeiter sie im Berufsalltag erlebten, und umgekehrt, wie sorgfältig und differenziert die Mitarbeiter ihrerseits mit kritischen Feedbacks umgingen.

Erfahrungen

Die größte Herausforderung bei der Einführung des Mitarbeitergesprächs war, so Petra Ruda, die Gratwanderung zwischen dem Beschluß des Unternehmens, dieses Instrument zu installieren und der Tatsache, daß es sich, jedenfalls aus Sicht der Quelle AG, nicht per »Zwangsverfügung« anordnen läßt. Denn das Mitarbeitergespräch ist nur so gut, wie es von den Führungskräften ernstgenommen und entsprechend sorgfältig angewandt wird.
Die Frage, was anders gemacht würde, wenn man bei der Einführung des Mitarbeitergesprächs noch einmal »bei Null« anfangen würde, formulierte Petra Ruda um: »Was ist eine Grundvoraussetzung dafür, damit es erfolgreich sein kann?« Es habe sich gezeigt, daß ein solches Projekt in einem Großunternehmen

richtig vermarktet werden muß. Grundvoraussetzung sei also ein Marketing, das Transparenz schafft, das verdeutlicht, aus welchen Gründen dieses Instrument eingeführt wird, wofür es geeignet ist und welche Vorteile es mit sich bringt. Das sollte zum generellen Thema im Unternehmen werden. Diesen Aspekt würde man bei einem Neuanfang stärker betonen.

Resultate

Bereits kurz nach Einführung des Mitarbeitergesprächs konnten erste Ergebnisse festgestellt werden. Zu den wichtigsten zählen:

- Die ersten Gespräche machten viele Führungskräfte so neugierig, daß sie auch Führungskräfte-Feedbacks haben wollten. Diese Anregung wurde aufgegriffen, daraus entwickelte sich ein neues Instrument, das eine Intensivierung des Feedback-Teils aus dem Mitarbeitergespräch darstellt.
- Diese Führungskräfte-Feedbacks führten schon nach kurzer Zeit zu konkreten Veränderungsmaßnahmen in den Abteilungen, wie regelmäßiges Abhalten von Teambesprechungen und Verbesserung des Informationsflusses.
- Die Führungskräfte gewannen mehr Klarheit über den Weiterentwicklungs- und Qualifizierungsbedarf ihrer Mitarbeiter und konnten Maßnahmen ergreifen.
- Besonders im Außendienstbereich, beispielsweise im Sammelbestellerbereich, der im direkten Kundenkontakt steht, zeigte sich, daß zwischen Führungskräften und Mitarbeitern, die Kunden betreuen, viele Probleme besser angesprochen und geklärt werden konnten. Die Mitarbeitergespräche gaben den Außendienstmitarbeitern mehr Sicherheit und Rückhalt.
- Das Arbeitsklima verbesserte sich, die Motivation der Mitarbeiter wuchs. Seit sie diese Gespräche führen, trauen sie sich mehr zu, bringen mehr eigene Ideen ein und zeigen mehr Eigeninitiative. Sie entwickeln ein größeres Selbstbewußtsein bei ihren Tätigkeiten und Aufgaben, ihrer Funktion und ihren eigenen Fähigkeiten. Wichtig sei in diesem Zusammenhang, so Petra Ruda, daß Veränderungen für die Mitarbeiter wirklich nachvollziehbar sind.
- Die Geschwindigkeit in den unternehmerischen Arbeitsabläufen nimmt zu. Dadurch, daß die Kommunikation offener und direkter geworden ist, bieten sich ganz andere Möglichkeiten, auf bestimmte Entwicklungen reagieren zu können. Man habe festgestellt, berichtet Petra Ruda, daß sich das Unternehmen um so schneller und flexibler auf Veränderungen einstellen kann, je intensiver die Kommunikation im Unternehmen stattfindet. Diese Erkenntnis sei mittlerweile ein zentrales Thema geworden.

Auf Evaluierungsinstrumente zur quantitativen Erfassung dieser Ergebnisse wurde zunächst verzichtet, man setzte auf den persönlichen Kontakt. Die Resonanz bei Führungskräften und Mitarbeitern wird durch Befragungen und Einzelgespräche, beispielsweise in Seminaren, festgestellt.

Um die Weiterentwicklung und Verbesserung dieses Instruments zu gewährleisten, werden derzeit zusätzliche Maßnahmen wie Fragebögen und Kurzworkshops für Führungskräfte konzipiert. Laut Empfehlung des Unternehmens sollen Mitarbeitergespräche mindestens einmal, idealerweise zweimal im Jahr stattfinden. Bei der praktischen Durchführung haben die Führungskräfte freie Hand. Es bleibt ihnen überlassen, ob sie ein Hauptgespräch führen und diesem ein Nachhaltegespräch folgen lassen oder nicht. Allein schon dadurch, daß diese Gespräche regelmäßig geführt werden, sagt Petra Ruda, habe sich die Alltagskommunikation deutlich verändert. Die Beteiligten lernen, Dinge offener anzusprechen als sie es bisher gewohnt waren, und dies wirkt sich auf die Zusammenarbeit und das Unternehmen insgesamt positiv aus.

Bayerische Motorenwerke AG, München

Automobil- und Motorradhersteller mit konzernweit ca. 120 000 Mitarbeitern und ca. 5 000 Führungskräften.

Interview mit Dr. Ludwig Reichart, Leiter Personalentwicklung

Anlaß und Ziele

Die Entscheidung für die Einführung des Mitarbeitergesprächs fiel bei der Bayerischen Motorenwerken AG aus personalpolitischen Erwägungen. »Wir brauchten ein Instrument, das sich als Schnittpunkt zwischen Entgeltpolitik, Beurteilungswesen und Personalentwicklung eignet«, beschreibt Dr. Ludwig Reichart, Leiter der Personalentwicklung im Unternehmen, die damaligen Überlegungen.
Man habe sich für das Mitarbeitergespräch entschieden, weil es innerhalb dieses Geflechts geeignete Lösungen anbietet. Ziel seiner Einführung war es, eine solide Leistungseinschätzung für den Mitarbeiter und für die Führungskraft zu ermöglichen sowie Aufschlüsse über Maßnahmen für das Entgelt und für die Personalentwicklung zu gewinnen.
In seine Entscheidungsfindung bezog der Vorstand das zuständige Personalwesen, die zuständigen Werksleitungen und, wo es den tariflichen Bereich betraf, den Betriebsrat eng mit ein.

Vorbereitung

Im Jahre 1996 begannen unter Federführung des zentralen Personalwesens die Vorbereitungen für die Einführung des Instruments im gesamten Unternehmen. Auch bei der Vorbereitung waren die zuständigen Werksleitungen und der Betriebsrat ständig einbezogen.
Für Führungskräfte und die tariflichen Mitarbeiter wurden zwei verschiedene Versionen des Mitarbeitergesprächs und entsprechend zwei unterschiedliche Gesprächsleitfäden für die Durchführung entwickelt. Bei Führungskräften orientiert sich das Gespräch enger an den Zielen und wirkt sich noch stärker auf die Gehaltsfindung aus als im tariflichen Bereich, wo die leistungsorientierte Vergütung eher bei außertariflichen Bestandteilen wie der Höhe der Prämien zum Tragen kommt.
Die inhaltlichen Bestandteile sind bei allen Gesprächen gleich und gliedern sich schwerpunktmäßig in drei Themenbereiche: die Ziel- und Aufgabenerfüllung des Mitarbeiters, die Leistungsbeurteilung und Entgeltfindung sowie die Personalentwicklung.

Die Gesprächspartner erörtern zunächst den Zielvereinbarungsprozeß und bewerten, in welchem Maße der Mitarbeiter die für den Beurteilungszeitraum vereinbarten Ziele erreicht hat. Aus der anschließenden Beurteilung der Aufgabenerfüllung ergeben sich für den Vorgesetzten erste Hinweise auf die Entgeltfindung. Im letzten Gesprächsteil werden Entwicklungs- und Verbesserungsmöglichkeiten für den Mitarbeiter erörtert und entsprechend geeignete Maßnahmen vereinbart.
Der Feedbackteil, beispielsweise die Zufriedenheit des Mitarbeiters mit seinem Aufgabenbereich oder der Zusammenarbeit mit dem Vorgesetzten, findet nicht im Rahmen des Mitarbeitergesprächs statt. Für diesen Themenbereich entwickelte man eigene Instrumente, wie die Mitarbeiterbefragung und das Führungskräfte-Feedback.
Auch die Dokumentation des Gesprächs ist einheitlich geregelt. Für gewöhnlich unterschreiben beide Gesprächspartner das Protokoll, es genügt auch, daß der Mitarbeiter es zumindest zur Kenntnis nimmt. Das Original wird an das zentrale Personalwesen zur Ablage in der Personalakte weitergeleitet, die Kopien verbleiben bei den Gesprächspartnern. Auf eine Weiterleitung des Protokolls an den nächsthöheren Vorgesetzten wird verzichtet.
Bereits in der Vorbereitungsphase wurden alle Führungskräfte des Unternehmens von den Personalreferenten über die bevorstehende Einführung des Mitarbeitergesprächs informiert und intensiv in seine Durchführung eingewiesen. Diese Vorbereitung schloß auch Schulungsmaßnahmen und Trainings für die Führungskräfte ein. Unter Federführung des zentralen Personalwesens führten hausinterne Fachkräfte Informationsveranstaltungen durch, die auch die Möglichkeit boten, die Umsetzung dieses Instruments praxisnah zu üben. Externe Fachkräfte wurden zur Durchführung der Schulungen nicht herangezogen, ebensowenig für die gesamte Vorbereitung. »Wir wollten das Mitarbeitergespräch ganz auf die Bedürfnisse des Unternehmens zuschneiden«, begründet Dr. Ludwig Reichart diese Vorgehensweise, »und weil es so eng mit der Personalpolitik verbunden ist, zogen wir vor, es in Eigenregie umzusetzen.«
Die Vorbereitungen waren nach einem knappen halben Jahr abgeschlossen. Für die Durchführung der ersten Gespräche wurde ein Stichtag festgelegt und den Führungskräften bekanntgegeben.

Resonanz

Die Resonanz auf das Mitarbeitergespräch sei bei Mitarbeitern und Führungskräften insgesamt erfreulich positiv ausgefallen, erklärt Dr. Ludwig Reichart. Lediglich eine verschwindend geringe Anzahl von Mitarbeitern habe sich anfangs geweigert, das Gesprächsprotokoll zu unterschreiben. Sie hatten Bedenken wegen der Koppelung der Gespräche an das Entgeltsystem. Die Ursache war nach Meinung von Dr. Ludwig Reichart in diesen einzelnen Fällen auf Versäumnisse bei den zuständigen Führungskräften zurückzuführen. Denn solche Bedenken

wurden überwiegend dort geäußert, wo Vorgesetzte Aufgaben einseitig vorgaben, ohne ihre Mitarbeiter in die Zielvereinbarung und die Festlegung der Kriterien für die Leistungsbeurteilung einzubeziehen.
Auch die Führungskräfte haben dieses Instrument überwiegend positiv aufgenommen. Zu Beginn habe es vereinzelt Einwände gegeben, daß diese Gespräche zuviel Zeit in Anspruch nehmen würden, berichtet Dr. Ludwig Reichart. Als sich bereits nach kurzer Zeit erste positive Effekte einstellten, seien auch solche Einwände größtenteils verstummt.

Erfahrungen

Bei einer nochmaligen Einführung des Mitarbeitergesprächs würde Dr. Ludwig Reichart die Vorgehensweise grundsätzlich beibehalten. Aufgrund des positiven Feedbacks und der gemachten Erfahrungen würde er allerdings im Wiederholungsfall diesem Instrument von vornherein mehr Bedeutung beimessen. Denn bei der Erprobung geeigneter Personalentwicklungsinstrumente habe das Mitarbeitergespräch ursprünglich nicht die große Rolle gespielt, die es mittlerweile einnimmt.
Es habe sich als richtig erwiesen, so Dr. Ludwig Reichart, die zuständigen Werksleiter und den Betriebsrat in die Entwicklung und Vorbereitung dieses Instruments eng einzubeziehen und die Umsetzung in Eigenregie ohne externe Fachkräfte vorzunehmen.
Auch das Konzept für die Gespräche hat sich bewährt. An ihrer Durchführung mußten im tariflichen Bereich seit der Einführung keine wesentlichen Veränderungen vorgenommen werden.
Bei den außertariflichen Mitarbeitern war von vornherein eine Versuchsphase vorgesehen. Aufgrund der Koppelung des Mitarbeitergesprächs an das Entgelt wollte man zunächst in einem Pilotprojekt verschiedene Formen erproben, um eine für alle Beteiligten gerechte Lösung zu finden.
Im Rahmen dieses Pilotprojekts entstand ein Gesprächsmodell, das sich aus drei Elementen zusammensetzt. Es erwies sich als sinnvoll, für die Führungskräfte unter anderem das Mitarbeitergespräch vor der Beurteilungsphase einzuführen. Ursprünglich war lediglich ein Auswertungsgespräch nach der Beurteilungsphase vorgesehen.
Dieses Vorbereitungsgespräch hat schwerpunktmäßig die Zielvereinbarungen für den Beurteilungszeitraum und die Zielerreichung des Mitarbeiters zum Thema.
An dem eigentlichen Beurteilungsgespräch nimmt ein Gremium teil, dem der zuständige Vorgesetzte, seine Kollegen der gleichen Führungsebene in der betroffenen Abteilung und die nächsthöhere Führungskraft angehören. »Uns war wichtig, daß in der Beurteilungsphase eine Mehraugen-Beurteilung zustande kommt, um zu verhindern, daß im Gespräch zwischen Vorgesetztem und Mitarbeiter bereits eine vorgefällte Beurteilung existiert, die dann nur noch vorgetragen wird«, erklärt Dr. Ludwig Reichart dieses Modell.

Um eine möglichst objektive Beurteilung zu erzielen, werden zusätzlich Projektberichte über abteilungsübergreifende Aufgaben des Mitarbeiters herangezogen. Beide, der Vorgesetzte und sein Mitarbeiter, benennen Projektpartner, die in der Lage sind, in diesem Bericht die erbrachten Leistungen zu bewerten. Es ist auch möglich, die vorgeschlagenen Projektpartner zu einer Teilnahme an diesem Gespräch einzuladen.
Nach der Beurteilungsphase findet ein Auswertungsgespräch statt, bei dem die Gesprächspartner die Ergebnisse der Bewertung der Leistungen des Mitarbeiters erörtern. Dieses Beurteilungsverfahren wurde von den Führungskräften des Unternehmens angenommen und hat sich seitdem bewährt.

Effekte

Seit der Einführung des Mitarbeitergesprächs sind deutlich positive Effekte in verschiedenen Bereichen erkennbar, stellt Dr. Ludwig Reichart fest. So ist zum Beispiel eine Verbesserung des Betriebsklimas und der Zusammenarbeit zwischen Führungskräften und Mitarbeitern zu beobachten. Auch können Maßnahmen zur Weiterentwicklung der Mitarbeiter gezielter geplant und durchgeführt werden. Insgesamt läßt sich eine höhere Motivation bei den Mitarbeitern und damit verbunden auch eine Leistungssteigerung feststellen. Das läßt sich beispielsweise an der verbesserten Qualität oder der abnehmenden Nacharbeit ablesen.
Erkenntnisse darüber gewinnt das Unternehmen durch Mitarbeiterbefragungen, die jährlich durchgeführt werden. Diese Totalbefragungen finden für Führungskräfte am Jahresende, für tarifliche Mitarbeiter im Juni jeden Jahres statt. Mittlerweile ist ein promovierter Mitarbeiter damit beauftragt, die Ergebnisse der Befragungen in einer Evaluationsstudie wissenschaftlich auszuwerten. Die gewonnenen Erkenntnisse werden genutzt, um eventuelle Schwachstellen in der betrieblichen Zusammenarbeit aufzudecken und weitere Verbesserungsmöglichkeiten zu entwickeln.
»Auch wenn es immer noch etwas zu verbessern gibt«, resümiert Dr. Ludwig Reichart, »kann das Mitarbeitergespräch in Verbindung mit den entsprechenden Beurteilungsformen als eines der besten personalpolitischen Instrumente der letzten Jahrzehnte betrachtet werden.«

Musterformulare

Die auf den folgenden Seiten abgedruckten Musterformulare sind als Vorlagen für Leitfäden und Fragebögen zum Mitarbeitergespräch gedacht.
Zum Download finden Sie sämtliche Formulare unter www.hanser.de\wirtschaft. Sie können sie auf diese Weise sehr schnell Ihren eigenen Bedürfnissen entsprechend modifizieren.
Anregungen für die vielfältigen Gestaltungsmöglichkeiten von Mitarbeitergesprächsleitfäden bietet das Kapitel »Der Leitfaden zum Thema Mitarbeitergespräch«. In diesem werden Original-Auszüge aus Leitfäden von Unternehmen und Institutionen abgebildet.

Reihenfolge:

- **Ges-Leit.doc:** Gesprächsleitfaden Mitarbeitergespräch
- **Vorbe-Ma.doc:** Leitfaden zur Vorbereitung des Mitarbeiters auf das Mitarbeitergespräch
- **Vorbe-Fk.doc:** Leitfaden zur Vorbereitung der Führungskraft auf das Mitarbeitergespräch
- **Überprüf.doc:** Fragebogen zur Erfolgsüberprüfung der Einführung des Mitarbeitergesprächs
- **Entw-Pla.doc:** Formular für einen Entwicklungs-/Qualifizierungsplan

Firmenlogo

Das (Firmen-Name) Mitarbeitergespräch
Gesprächsleitfaden

Das Mitarbeitergespräch

Gesprächsleitfaden

Datum:_______________

Letztes Mitarbeitergespräch am:______________

Mitarbeiter

Name:_________________________________

Vorname:______________________________

Funktion:______________________________ seit:________

Abteilung, Bereich, Organisationseinheit:________________

Führungskraft:

Name:_________________________________

Vorname:______________________________

Vorgesetzter des Mitarbeiters seit:__________

Gesprächsanlaß
- ❑ Regelmäßig /Jahresgespräch
- ❑ Erstgespräch
- ❑ Versetzung
- ❑ Nach Vereinbarung
- ❑ Aufgabenänderung
- ❑ Neuer Vorgesetzter

Hinweis zur Handhabung für die Führungskraft

Führen Sie Ihr Mitarbeitergespräch anhand dieses Gesprächsleitfadens und notieren Sie Ihre Anmerkungen möglichst während des Gesprächs. Betrachten Sie diese Struktur als Orientierungshilfe. Die Fragen sind nicht als Checkliste zur Abarbeitung gedacht, sondern als Hilfestellung. Im folgenden können Sie wichtige Gesprächsergebnisse schriftlich festhalten und dokumentieren.

Firmenlogo

Das (Firmen-Name) Mitarbeitergespräch

Gesprächsleitfaden

Aufzeichnungen zum Mitarbeitergespräch

1. Themenbereich Rückblick: Ziele, Arbeitsschwerpunkte und -ergebnisse

Im folgenden werden die Ziele, Arbeitsschwerpunkte und Arbeitsergebnisse seit dem letzten Mitarbeitergespräch besprochen und bewertet.

Mögliche Themen und Fragen an den Mitarbeiter:

- Wie wurden die vereinbarten Ziele und Aufgaben erreicht bzw. erledigt?
- Welche Ziele wurden nur teilweise bzw. nicht erreicht?
- Welche äußeren Umstände oder andere Ursachen haben dazu geführt, daß die Ziele nur teilweise bzw. nicht erreicht wurden?
- Wie sind die erzielten Ergebnisse des Mitarbeiters zu bewerten?
- Welche zusätzlichen Aufgaben hat er übernommen?
- Wurde der Mitarbeiter bei der Erfüllung seiner Aufgaben und Ziele durch die Führungskraft ausreichend unterstützt?
- Entsprachen die vereinbarten Ziele den Fähigkeiten und bisherigen Leistungen des Mitarbeiters?

a) **Ziele und Aufgaben des Mitarbeiters seit dem .... *(nur für das Erstgespräch, ansonsten siehe Gesprächsbogen des letzten Mitarbeitergesprächs)***

Ziel 1:

Ziel 2:

Ziel 3:

Ziel 4:

Firmenlogo

Das (Firmen-Name) Mitarbeitergespräch

Gesprächsleitfaden

b) Neue oder zusätzliche Aufgaben und Ziele seit dem letzten Mitarbeitergespräch

c) Erzielte Ergebnisse

Ziel 1:

Ziel 2:

Ziel 3:

Ziel 4:

d) Gründe für sehr hohe Zielerreichung

e) Gründe für nicht oder nur teilweise erreichte Ziele

Selbst beeinflußbare Gründe

Nicht selbst beeinflußbare Gründe

Firmenlogo

Das (Firmen-Name) Mitarbeitergespräch

Gesprächsleitfaden

f) Bewertung ausgewählter Verhaltensweisen

(Hier werden die verschiedenen Sichtweisen zu den jeweiligen Aspekten festgehalten, z.B. wie schätzt sich der Mitarbeiter im Umgang mit Kollegen ein und wie sieht ihn die Führungskraft?)

	Selbsteinschätzung des Mitarbeiters	Einschätzung der Führungskraft
Verhalten im Umgang mit Kollegen und Kunden		
Qualifikation, Kompetenz		
Arbeitseffektivität *(Zeitmanagement, Arbeitsorganisation)*		

g) Konsequenzen / Maßnahmen zur Verbesserung

Firmenlogo

Das (Firmen-Name) Mitarbeitergespräch

Gesprächsleitfaden

2. Themenbereich : Zusammenarbeit

Die gegenseitige Einschätzung und die Erwartungen der Führungskraft und des Mitarbeiters an die zukünftige Zusammenarbeit sind Thema dieses Abschnitts.

Mögliche Themen und Fragen an den Mitarbeiter:

- In welchem Maße wurde der Mitarbeiter bei der Erfüllung der Aufgaben unterstützt?
- Welche Wünsche hat der Mitarbeiter an die zukünftige Zusammenarbeit?
- Wie kann der Mitarbeiter bei der Erfüllung seiner Ziele zukünftig noch besser unterstützt werden?
- Wie will die Führungskraft vom Mitarbeiter über seine Vorgehensweisen zur Zielerreichung informiert werden?
- Wie zufrieden ist der Mitarbeiter mit der Rückmeldung über seine Leistung?
- Ist der Mitarbeiter mit dem Arbeitsklima zufrieden?
- Hat der Mitarbeiter genügend Freiraum für das eigene Handeln?
- Sind dem Mitarbeiter die betrieblichen Zusammenhänge mit den übergeordneten Zielen bekannt und einsichtig?
- Ist die gegenseitige Information ausreichend?

Vereinbarungen für die weitere Zusammenarbeit:

ges-leit.doc © Helmut Hofbauer und Brigitte Winkler 5

Firmenlogo

Das (Firmen-Name) Mitarbeitergespräch

Gesprächsleitfaden

3. Themenbereich: Förderung und Entwicklung des Mitarbeiters

In diesem Teil des Gesprächsleitfadens werden die beruflichen Erwartungen, Interessen und Perspektiven des Mitarbeiters besprochen sowie Maßnahmen zur Kompetenzentwicklung und Förderung vereinbart.

Mögliche Themen und Fragen an den Mitarbeiter:

- Welche Entwicklungsmaßnahmen waren vereinbart?
- Sind diese Entwicklungsmaßnahmen durchgeführt worden? Wie ist der Erfolg dieser Maßnahmen zu bewerten?
- Wie zufrieden ist der Mitarbeiter mit seiner derzeitigen Aufgabe?
- Welche Entwicklung ist in seinem Verantwortungsbereich bzw. in seiner Abteilung zu verzeichnen?
- Wie hat sich sein Arbeitsgebiet entwickelt?
- Wie zufrieden ist der Mitarbeiter mit seiner Aufgabe?
- Welche Aufgaben haben den Fähigkeiten und Interessen des Mitarbeiters am meisten entsprochen?
- Welche Einsatzplanung ist für den Mitarbeiter zukünftig vorgesehen?
- Welche Kenntnisse und Fähigkeiten sollte der Mitarbeiter noch hinzugewinnen, um seine derzeitige Aufgabe besser ausfüllen zu können?
- In welchen Bereichen sieht der Mitarbeiter für sich weiteren Qualifizierungsbedarf?
- Welche mittelfristigen Perspektiven hat der Mitarbeiter (in den nächsten drei Jahren)? Wie könnte seine nächste Stelle aussehen?
- Welche Entwicklungsmaßnahmen sollten initiiert werden, damit seine mittelfristigen Karrierevorstellungen realisiert werden können?

c) Auswirkungen der letzten Qualifizierungsmaßnahme(n)

d) Für welche Tätigkeiten erscheint der Mitarbeiter in Zukunft besonders geeignet?

e) Welche persönlichen Zielvorstellungen hat der Mitarbeiter für seine weitere berufliche Tätigkeit?

f) Welche persönlichen und fachlichen Qualifikations- und Entwicklungsmaßnahmen werden beabsichtigt?

4. Themenbereich: Ausblick/Planung, Zielvereinbarungen zu Aufgaben, Verhalten, Team und Führung

Im folgenden werden auf Grundlage der übergeordneten Zielsetzungen die Ziele für den Mitarbeiter vereinbart, damit er seinen Beitrag zum Gesamterfolg leisten kann. Die Ziele sollten den qualitativen Kriterien der Zielformulierung entsprechen.

Mögliche Themen und Fragen:

- Welche wichtigen Aufgaben stehen an?
- Welche Möglichkeiten zur Leistungssteigerung gibt es?
- Welche Verbesserungen durch organisatorische, strukturelle oder technische Änderungen sind möglich?
- Wie können die Unternehmensziele/Organisationsziele noch besser erreicht werden?
- Welche Ziele sollte der Mitarbeiter zukünftig in seiner Arbeit verfolgen?
- Welchen Beitrag leisten diese Ziele zu den Unternehmenszielen?
- Gibt es außer Aufgabenzielen auch Verhaltensziele, Teamziele, Führungsziele (wenn der Mitarbeiter Führungsverantwortung trägt), die für den Zeitraum bis zum nächsten Mitarbeitergespräch wichtig werden?
- Welche Prioritäten sollten gesetzt werden?
- Welche Ziele sollten realisiert werden?
- Sind diese Ziele klar, eindeutig überprüfbar und realistisch formuliert?

Firmenlogo

Das (Firmen-Name) Mitarbeitergespräch

Gesprächsleitfaden

Folgende Ziele werden vereinbart

Ziel 1:

Ziel 2:

Ziel 3:

Ziel 4:

5. Stellungnahme des Mitarbeiters

Liegen unterschiedliche Auffassungen vor, kann der Mitarbeiter hier seine Ansicht aufführen und darstellen.

Datum, Unterschrift Mitarbeiter	Datum, Unterschrift Führungskraft	Datum, Unterschrift nächsthöherer Vorgesetzter (*falls im Unternehmen vereinbart*)

Firmenlogo

Das (Firmen-Name) Mitarbeitergespräch

Vorbereitung-Mitarbeiter

Das Mitarbeitergespräch

Fragen zur Vorbereitung der Mitarbeiterin/des Mitarbeiters.

Mitarbeiter/in:

Name: ______________________

Abteilung: ______________________

Vorgesetzte/r

Name: ______________________

Der Erfolg des Mitarbeitergesprächs hängt entscheidend von einer guten Vorbereitung ab.
Nachfolgend sind einige Fragen aufgeführt, die Ihnen für die Vorbereitung hilfreich sind. Die Fragen sind nicht als Checkliste gedacht, sondern als Anregung. Sie orientieren sich am Gesprächsleitfaden für das Mitarbeitergespräch.

An welchen Zielen bzw. Arbeitsschwerpunkten haben Sie in den letzten zwölf Monaten hauptsächlich gearbeitet? (Bitte nur drei, maximal vier Antworten)
(Hier besteht die Möglichkeit, Notizen einzutragen)

Firmenlogo

Das (Firmen-Name) Mitarbeitergespräch

Vorbereitung-Mitarbeiter

1. Rückblick: Ziele, Arbeitsschwerpunkte und Arbeitsergebnisse

- Welche Ziele waren leicht zu erreichen, welche schwer?
- Welche Ziele haben Sie nur teilweise, bzw. nicht erreicht?
- Betrachten Sie jedes einzelne Ziel: Welche Stärken und Schwächen haben Sie bei sich festgestellt? Was haben Sie besonders gut gemacht?
- Welche äußeren Umstände oder andere Ursachen können Sie für teilweise bzw. nicht erreichte Ziele anführen?
- Entsprechen diese Ziele Ihren Fähigkeiten und Ihren bisherigen Leistungen?
- Mit welchen Beispielen und Beobachtungen können Sie Ihre Bewertung der Zielerreichung begründen?
- Welche zusätzlichen Aufgaben haben Sie übernommen?
- Waren Sie mit der Unterstützung durch Ihre Führungskraft zufrieden?
- Was möchten Sie Ihrer Führungskraft gegenüber positiv hervorheben? Worauf sind Sie stolz? Was könnte Ihrer Meinung nach verbessert werden?

vorbe-ma.doc 2

Das (Firmen-Name) Mitarbeitergespräch

Firmenlogo

Vorbereitung-Führungskraft

2. Zusammenarbeit

- Wie zufrieden sind Sie mit der Anerkennung Ihrer Leistung?
- Wie zufrieden sind Sie mit dem Arbeitsklima?
- Wie zufrieden sind Sie mit dem Freiraum für das eigene Handeln?
- Welche Unterstützung wünschen Sie sich von Ihrer Führungskraft?
- Wie beurteilen Sie die Zusammenarbeit in der Abteilung/dem Projekt/der Gruppe?

3. Förderung und Entwicklung des Mitarbeiters

- Welche Entwicklungsmaßnahmen haben Sie mit Ihrer Führungskraft im letzten Mitarbeitergespräch vereinbart?
- Sind diese Entwicklungsmaßnahmen durchgeführt worden? Wie bewerten Sie den Erfolg dieser Maßnahme?
- In welchen Bereichen sehen Sie für sich weiteren Qualifizierungsbedarf?
- Überlegen Sie sich anhand der Zievielvereinbarung und Ihres Stärken- und Schwächenprofils: Welche Kenntnisse und Fähigkeiten sollten Sie noch hinzugewinnen, um Ihre derzeitige Aufgaben besser ausüben zu können?
- Wie zufrieden sind Sie insgesamt mit Ihrer derzeitigen Aufgabe?
- Welche Entwicklung gab es in Ihrem Verantwortungsbereich, in der Abteilung?
- Wie hat sich Ihr Arbeitsgebiet entwickelt?
- Welche mittelfristigen Perspektiven sehen Sie für sich (in den nächsten 3 Jahren), wie könnte Ihre nächste Stelle aussehen?
- Welche Entwicklungsmaßnahmen sollten initiiert werden, damit Sie Ihre mittelfristigen Karriereperspektiven realisieren können?
- Welche zukünftigen Einsatzbereiche kommen für Sie noch in Frage?

vorbe-ma.doc © Helmut Hofbauer und Brigitte Winkler 3

Firmenlogo

Das (Firmen-Name) Mitarbeitergespräch

Vorbereitung-Mitarbeiter

4. Ausblick/Planung Zielvereinbarungen

- Welche Möglichkeiten zur Leistungssteigerung sehen Sie?
- Welche Verbesserungen durch organisatorische, strukturelle oder technische Änderungen schlagen Sie vor?
- Wie können die Unternehmens-/Organisationsziele noch besser erreicht werden?
- Welche Ziele möchten Sie sich zukünftig in ihrem Aufgabengebiet setzen?
- Gibt es außer Aufgabenzielen auch Verhaltensziele, Teamziele oder Führungsziele (wenn Sie Führungsverantwortung tragen), die Sie sich für den Zeitraum bis zum nächsten Mitarbeitergespräch setzen wollen?

5. Weitere Ideen und Vorschläge

Firmenlogo

Das (Firmen-Name) Mitarbeitergespräch

Vorbereitung-Führungskraft

Das Mitarbeitergespräch

Fragen zur Vorbereitung der Führungskraft

Vorgesetzte/r

Name: ______________________

Abteilung: ______________________

Mitarbeiter/in

Name: ______________________

Der Erfolg des Mitarbeitergesprächs hängt entscheidend von einer guten Vorbereitung ab.
Nachfolgend sind einige Fragen aufgeführt, die Ihnen für die Vorbereitung hilfreich sind. Die Fragen sind nicht als Checkliste gedacht, sondern als Anregung. Sie orientieren sich am Gesprächsleitfaden für das Mitarbeitergespräch.

Was sind die wichtigsten Ziele Ihrer Abteilung/Einheit?

Firmenlogo

Das (Firmen-Name) Mitarbeitergespräch

Vorbereitung-Führungskraft

1. Rückblick: Ziele, Arbeitsschwerpunkte und Arbeitsergebnisse

- Welche Ziele sollte der Mitarbeiter zukünftig bei seiner Arbeit verfolgen?
- Entsprechen diese Ziele seinen Fähigkeiten und bisherigen Leistungen?
- Welche Ziele hat der Mitarbeiter Ihrer Einschätzung nach gut erreicht? (Beachten Sie dazu die im Vorfeld vereinbarten Meßkriterien zur Ergebnismessung.)
- Welche Ziele hat der Mitarbeiter Ihrer Einschätzung nach nur teilweise bzw. nicht erreicht?
- Anhand welcher Beispiele und Beobachtungen können Sie Ihre Bewertung begründen?
- Welche äußeren Umstände oder andere Ursachen können für teilweise bzw. nicht erreichte Ziele angeführt werden?
- Welche Stärken und Schwächen zeigte der Mitarbeiter im vergangenen Beurteilungszeitraum bei der Umsetzung seiner Ziele? Was hat er besonders gut gemacht? Welche Verhaltensweisen waren förderlich oder hinderlich?
- Welche zusätzlichen Aufgaben hat er übernommen?
- Was möchten Sie bei Ihrem Mitarbeiter positiv hervorheben und anerkennen, wo gibt es Anlaß zur Kritik?

Firmenlogo

Das (Firmen-Name) Mitarbeitergespräch

Vorbereitung-Führungskraft

2. Zusammenarbeit

- Wie können Sie Ihren Mitarbeiter bei der Erfüllung seiner Ziele unterstützen?
- Wie wollen Sie über seine Ziele von ihm informiert und einbezogen werden?
- Wie haben Sie den Mitarbeiter bei der Erfüllung seiner Ziele und Aufgaben unterstützt?
- Wie wünschen Sie sich die zukünftige Zusammenarbeit mit ihm?

3. Förderung und Entwicklung des Mitarbeiters

- Sind die vereinbarten Entwicklungsmaßnahmen durchgeführt worden? Wie ist der Erfolg dieser Maßnahmen zu bewerten?
- Überlegen Sie anhand der Zielvereinbarung und des Stärken- und Schwächenprofils des Mitarbeiters, welche Kenntnisse und Fähigkeiten er noch hinzugewinnen sollte, um seine derzeitige Aufgabe besser erfüllen zu können: Wie schätzen Sie insgesamt die Zufriedenheit des Mitarbeiters mit seiner Aufgabe ein?
- Ist der Mitarbeiter seinen Fähigkeiten und Kenntnissen nach optimal eingesetzt?
- Welche Entwicklung gab es in seinem Verantwortungsbereich bzw. in seiner Abteilung?
- Wie hat sich sein Arbeitsgebiet entwickelt?
- Welche mittelfristigen Perspektiven sehen Sie in den nächsten drei Jahren für den Mitarbeiter? Welches Potential steckt in ihm? Wie könnte seine nächste Stelle aussehen?
- Welche Entwicklungsmaßnahmen sollten initiiert werden, damit der Mitarbeiter seine mittelfristigen Karriereperspektiven realisieren kann? (Weiterbildung, Qualifizierung am Arbeitsplatz, Übernahme spezieller Aufgaben, Mitarbeit bei übergreifenden Projekten etc.)

vorbe-fk.doc 3

Firmenlogo

Das (Firmen-Name) Mitarbeitergespräch

Vorbereitung-Führungskraft

4. Ausblick/Planung Zielvereinbarungen

- Gibt es außer Aufgabenzielen auch Verhaltensziele, Teamziele oder Führungsziele, (wenn der Mitarbeiter Führungsverantwortung trägt), die für den Zeitraum bis zum nächsten Mitarbeitergespräch wichtig werden?
- Welche Möglichkeiten zur Leistungssteigerung sehen Sie bei Ihrem Mitarbeiter?
- Welche Verbesserungen durch organisatorische, strukturelle oder technische Änderungen schlagen Sie vor?
- Wie können die Unternehmens-/Organisationsziele noch besser erreicht werden?
- Welche Ziele sollte der Mitarbeiter Ihrer Meinung nach zukünftig in seinem Aufgabengebiet verfolgen?

Ziel 1:

Ziel 2:

Ziel 3:

5. Weitere Ideen und Vorschläge

vorbe-fk.doc 4

Firmenlogo

Das (Firmen-Name) Mitarbeitergespräch

Überprüfung und Bewertung

Das Mitarbeitergespräch

Auswertungsbogen zur Überprüfung der Umsetzung des Mitarbeitergesprächs im Unternehmen

Liebe Mitarbeiterinnen und Mitarbeiter,

uns interessiert Ihre Meinung darüber,
- wie Sie Ihr eigenes Mitarbeitergespräch erlebt haben,
- welche Vorschläge Sie zur Verbesserung der Gestaltung von Mitarbeitergesprächen insgesamt in unserer Firma / Institution haben.

Wir wollen erreichen, daß Mitarbeitergespräche dazu beitragen, die Zusammenarbeit und Arbeitszufriedenheit zwischen Führungskräften und Mitarbeitern insgesamt zu verbessern und damit den gemeinsamen Erfolg im Unternehmen zu sichern.

Bitte füllen Sie diesen Bogen aus (Zeitdauer ca. 10 - 15 min.) und leiten ihn bis zum

.... der Abteilung .... (Person ....) zu.

Vielen Dank

(Name des Verantwortlichen für das Mitarbeitergespräch oder Vertreter der Geschäftsleitung)

1. Allgemein

1a) Wie wichtig ist Ihrer Meinung nach das Mitarbeitergespräch für die Verbesserung Ihrer Arbeitszufriedenheit und Arbeitsqualität in unsererem Hause?
(Bitte ankreuzen)

sehr wichtig	wichtig	weiß nicht	weniger wichtig	unwichtig

2. Die Vorbereitung des Mitarbeitergesprächs

2a) Wie wurden Sie über die Ziele und den Zweck des Mitarbeitergesprächs informiert?
(Bitte ankreuzen)

sehr ausführlich	ausführlich	teils/teils	wenig ausführlich	unzureichend

Firmenlogo

Das (Firmen-Name) Mitarbeitergespräch

Überprüfung und Bewertung

2b) Welche zusätzlichen Informationen hätten Sie für Ihre Vorbereitung auf das Gespräch noch benötigt?
(Bitte hier aufführen)

2c) Haben Sie sich auf das Gespräch vorbereitet ?

❑ ja ❑ nein

2d) Waren Ihnen die Vorbereitungsfragen im Formblatt: "Das Mitarbeitergespräch: Fragen zur Vorbereitung der Mitarbeiterin/des Mitarbeiters" hilfreich?

❑ ja ❑ nein

2e) Hatten Sie den Eindruck, daß Ihre Führungskraft sich auf das Gespräch mit Ihnen gut vorbereitet hat?

❑ ja ❑ nein

2f) Worauf werden Sie bei der Vorbereitung auf das nächste Mitarbeitergespräch besonders achten?
(Bitte hier aufführen)

3. Durchführung des Mitarbeitergesprächs

3a) Wie zufrieden waren Sie mit der Atmosphäre zwischen Ihnen und Ihrer Führungskraft im Verlauf des Gesprächs?

sehr zufrieden	zufrieden	teils/teils	weniger zufrieden	nicht zufrieden

3b) Wie zufrieden waren Sie mit den erzielten Ergebnissen und getroffenen Vereinbarungen?

sehr zufrieden	zufrieden	teils/teils	weniger zufrieden	nicht zufrieden

Firmenlogo

Das (Firmen-Name) Mitarbeitergespräch

Überprüfung und Bewertung

3c) Wie zufrieden waren Sie mit der Besprechung Ihrer beruflichen Weiterentwicklung?

sehr zufrieden	zufrieden	teils/teils	weniger zufrieden	nicht zufrieden

3d) Wie zufrieden waren Sie mit der Vereinbarung der zukünftigen Ziele?

sehr zufrieden	zufrieden	teils/teils	weniger zufrieden	nicht zufrieden

3e) Wie zufrieden waren Sie mit der Art und Weise, wie Ihre Führungskraft die Zielerreichung bewertete?

sehr zufrieden	zufrieden	teils/teils	weniger zufrieden	nicht zufrieden

3f) Wie zufrieden waren Sie mit der Rückmeldung über Ihr Arbeitsverhalten?

sehr zufrieden	zufrieden	teils/teils	weniger zufrieden	nicht zufrieden

3g) Wie zufrieden waren Sie mit der Diskussion über Verbesserungsmöglichkeiten bei der Zusammenarbeit mit der Führungskraft, den Kollegen und anderen Abteilungen?

sehr zufrieden	zufrieden	teils/teils	weniger zufrieden	nicht zufrieden

3h) Wie zufrieden waren Sie mit der Möglichkeit, der Führungskraft Rückmeldung über ihr Führungsverhalten geben zu können?

sehr zufrieden	zufrieden	teils/teils	weniger zufrieden	nicht zufrieden

3i) Wie zufrieden waren Sie mit der Möglichkeit, mit der Führungskraft konkrete Veränderungen an Ihrem Arbeitsplatz vereinbaren zu können?

sehr zufrieden	zufrieden	teils/teils	weniger zufrieden	nicht zufrieden

überprüf.doc 3

Firmenlogo

Das (Firmen-Name) Mitarbeitergespräch

Überprüfung und Bewertung

3j) Wie zufrieden waren Sie darüber, mit Ihrer Führungskraft über Ideen und Vorschläge zur Verbesserung des Unternehmens reden zu können?

sehr zufrieden	zufrieden	teils/teils	weniger zufrieden	nicht zufrieden

3k) Wenn Sie mit einigen Komponenten des Mitarbeitergesprächs nicht oder nur in Teilen zufrieden waren und Verbesserungsbedarf sehen, beschreiben Sie bitte in Stichworten, was sich beim nächsten Gespräch ändern sollte:

(Bitte hier aufführen)

4. Ziele

4a) Haben Sie Ziele vereinbart?

❑ ja ❑ nein

4b) Falls ja, sind die Ziele Ihrer Meinung nach eindeutig, realistisch und attraktiv formuliert worden?

ja	**teils/teils**	**nein**

Falls nein, warum nicht?

(Bitte hier aufführen)

5. Berufliche und persönliche Entwicklung

5a) Haben Sie über Ihre beruflichen Perspektiven gesprochen?

ja	teils/teils	nein

Firmenlogo

Das (Firmen-Name) Mitarbeitergespräch

Überprüfung und Bewertung

5b) Sind konkrete Maßnahmen vereinbart worden?

ja	teils/teils	nein

Wenn ja, welche Art von Maßnahmen (z.B. Weiterbildung, Coaching, etc.)?
(Bitte hier aufführen)

Falls nein, warum nicht?
(Bitte hier aufführen)

6. Fazit

6a) Trägt das Mitarbeitergespräch Ihrer Meinung nach zur Verbesserung der Arbeitsbeziehung zwischen Vorgesetzten und Mitarbeiter bei?

ja	teils/teils	nein

(Bitte begründen Sie in Stichworten Ihre Meinung)

6b) Glauben Sie, daß das Mitarbeitergespräch als Führungsinstrument die Ergebnisse unseres Unternehmens steigert?

ja	teils/teils	nein

(Bitte begründen Sie in Stichworten Ihre Meinung)

Firmenlogo

Das (Firmen-Name) Mitarbeitergespräch

Überprüfung und Bewertung

6c) Können Sie das Mitarbeitergespräch weiterempfehlen?

ja	teils/teils	nein

(Bitte begründen Sie in Stichworten Ihre Meinung)

6d) Den folgenden Platz können Sie für weitere Ideen und Anregungen zur Verbesserung des Mitarbeitergesprächs nutzen.

Vielen Dank für Ihre Zeit und Ihr Engagement!

überprüf.doc © Helmut Hofbauer und Brigitte Winkler 6

Firmenlogo

Das (Firmen-Name) Mitarbeitergespräch

Entwicklungs-/Qualifizierungsplan

Entwicklungs-/Qualifizierungsplan

Mitarbeiter:___________________________

Führungskraft:________________________

Mitarbeitergespräch vom:________________

Berufliche Zielvorstellung im Unternehmen:

1. Langfristig gewünschte und angestrebte Interessens- und Aufgabenschwerpunkte des Mitarbeiters:	
2. Persönliche / fachliche Entwicklungsfelder und -bereiche:	
3. Vereinbarte Maßnahmen zur kurzfristigen Unterstützung des derzeitigen Arbeitsplatzes: **Termin(e):**	
4. Vereinbarte Maßnahmen zur mittelfristigen Unterstützung möglicher zukünftiger Aufgaben: **Termin(e):**	
5. Nächstes Gespräch zur Überprüfung der Maßnahmen **Termin:**	

Literatur

Adams, J. S.: »Toward an Understanding of Inequity«, in: *Journal of Abnormal and Social Psychology* 67/1993.

Adams, J. S.: »Inequity in Social Exchange«, in: Berkowitz, L. (Hrsg.): *Advances in Experimental Social Psychology*, New York 1965.

Antons, K.: *Praxis der Gruppendynamik. Übungen und Techniken*, Göttingen 1996.

Brake, J./Zimmer, D.: *Praxis der Personalauswahl*, Würzburg 1998.

Bußmann, N.: *Störfall Kommunikation*, in: Manager Seminare 29/1997.

Cooper, R. K./Sawaf, A.: *Emotionale Intelligenz für Manager*, München 1997.

Covey, S. R.: *The Seven Habits of Highly Effective People*, Sydney 1992.

Crisand, E./Kiepe, K.: *Das Gespräch in der betrieblichen Praxis*, Heidelberg 1991.

Domsch, M./Gerpott, T. J.: »Verhaltensorientierte Beurteilungsskalen«, in: *Die Betriebswirtschaft* 45/1985.

Doppler, K.: *Dialektik der Führung. Opfer und Täter*, München 1999.

Doppler, K./Lauterburg, C.: *Change Management: den Unternehmenswandel gestalten*, Frankfurt a. Main 1995.

Den Erfolg vereinbaren: Führen mit Zielvereinbarungen, REFA-Fachbuchreihe Unternehmensentwicklung, München/Wien 1995.

Farr, J. L.: »Leistungsfeedback und Arbeitsverhalten«, in: Schuler, H. (Hrsg.): *Beurteilung und Förderung beruflicher Leistung*, Göttingen 1991.

Gehm, T.: *Kommunikation im Beruf. Hintergründe, Hilfen, Strategien*, Weinheim und Basel 1997.

Glasl, F.: *Konfliktmanagement*, Bern 1990.

Gordon, T.: *Managerkonferenz. Effektives Führungstraining*, München 1989.

Gnade, A./Kehrmann, K./Schneider, W./Blanke, H./Klebe, T.: *Betriebsverfassungsgesetz*, Köln 1997.

Goleman, D.: *Emotionale Intelligenz*, München 1996.

Goleman, D.: »Emotionale Intelligenz – zum Führen unerläßlich«, in: *Harvard Business Manager* 3/1999.

Harris, T. A.: *Ich bin o.k. Du bist o.k. Wie wir uns selbst besser verstehen und unsere Einstellung zu anderen verändern können. Eine Einführung in die Transaktionsanalyse*, Hamburg 1975.

Kälin, K./Müri, P.: *Führen mit Kopf und Herz. Psychologie für Führungskräfte und Mitarbeiter*, Thun 1988.

Kälin, K./Müri, P.: *Sich und andere führen. Psychologie für Führungskräfte und Mitarbeiter*, Thun 1987.

Kleinbeck, U.: »Die Wirkung von Zielsetzungen auf die Leistung«, in: Schuler, H. (Hrsg.): *Beurteilung und Förderung beruflicher Leistung*, Göttingen 1991.

Kluger, A. N./DeNisi, A.: »Effects of Feedback Interventions on Performance: Historical Review, a Meta-Analysis and a Preliminary Feedback Intervention Theory«, in: *Psychological Bulletin* 119/1996.

Latham, G. P./Saari, L. M./Pursell, E. D./Campion, M. A.: »The Situational Interview«, in: *Journal of Applied Psychology* 65/1980.

Latham, G. P./Wexley K. N.: *Increasing Productivity through Performance Appraisal*, Massachusetts 1994.

Lawler, E. E. III.: *The Ultimate Advantage. Creating the High-Involvement Organization*, San Francisco 1992.

Leonhard, W.: »Das Mitarbeitergespräch als Alternative zu formalisierten Beurteilungssystemen«, in: Schuler, H. (Hrsg.): *Beurteilung und Förderung beruflicher Leistung*, Stuttgart 1991.

Liebel, H. J./Oechsler, W. A.: *Personalbeurteilung – Neue Wege der Verhaltens- und Leistungsbewertung*, Wiesbaden 1992.

Locke, E. A./Latham, G. P.: *A Theory of Goal Setting and Task Performance*, New Jersey 1992.

Luft, J.: *Einführung in die Gruppendynamik*, Stuttgart 1971.

Neuberger, O.: *Das Mitarbeitergespräch. Praktische Grundlagen für erfolgreiche Führungsarbeit*, Leonberg 1998.

Neuberger, O.: *Führen und geführt werden*, Stuttgart 1995.

Neuberger, O.: *Personalentwicklung*, Stuttgart 1994.

Neuberger, O.: *Miteinander arbeiten – miteinander reden. Vom Gespräch in unserer Arbeitswelt*, Bayerisches Staatsministerium für Arbeit und Soziales (Hrsg.), München 1987.

Neumann, P.: »Das Mitarbeitergespräch«, in: Rosenstiel, L./von Regnet, E./Domsch, M. (Hrsg.): *Führung von Mitarbeitern. Handbuch für erfolgreiches Personalmanagement*, Stuttgart 1993.

O'Connor, J./Seymour, J.: *Neurolinguistisches Programmieren: Gelungene Kommunikation und persönliche Entfaltung*, Freiburg 1996.

Papenfuß, K./Pfeuffer, E.: »Mitarbeitergespräch«, in: Strutz, H. (Hrsg.): *Handbuch Personalmarketing*, Wiesbaden 1989.

Pechtl, W.: *Zwischen Organismus und Organisation. Wegweiser und Modelle für Berater und Führungskräfte*, Linz 1989.

Pitcher, P.: *Das Führungsdrama*, Stuttgart 1997.

Pümpin, C./Kobi J.-M./Wüthrich, A.: »Unternehmenskultur, Basis strategischer Profilierung erfolgreicher Unternehmen«, in: *Die Orientierung, Schweizerische Volksbank* 85/1985.

Rosenstiel, L. von: *Grundlagen der Organisationspsychologie*, Stuttgart 1987.

Rosenthal, R./Jacobson, L.: *Pygmalion im Unterricht*, Weinheim 1971.

Rumsey, M. G./Walker, C. B./Harris, J. H. (Hrsg.): *Personnel Selection and Classification*, Hillsdale NJ 1994.

Sahm, A.: »Das Mitarbeitergespräch als Mittel der Personalentwicklung – Wie läßt sich Gesprächsführung üben?«, in: Wunderer, R. (Hrsg.): *Humane Personal- und Organisationsentwicklung*, Berlin 1979.

Sarges, W. (Hrsg.): *Management-Diagnostik*, Göttingen 1995.

Saul, S.: *Führen durch Kommunikation. Gespräche mit Mitarbeiterinnen und Mitarbeitern*, Weinheim und Basel 1993.

Schuler, H.(Hrsg).: *Beurteilung und Förderung beruflicher Leistung*, Göttingen 1991.

Schuler, H.: *Psychologische Personalauswahl*, Göttingen 1998.

Schuler, H./Farr, J. L./Smith, M. (Hrsg.): *Personnel Selection and Assessment: Individual and Organizational Perspectives,* Hillsdale NJ 1993.

Schulz von Thun, F.: *Miteinander reden 1. Störungen und Klärungen*, Reinbek bei Hamburg 1981.

Schulz von Thun, F.: *Miteinander reden 2. Stile, Werte und Persönlichkeitsentwicklung*, Reinbek bei Hamburg 1989.
Schulz von Thun, F.: *Miteinander reden 3. Das* innere Team *und situationsgerechte Kommunikation*, Reinbek bei Hamburg 1998.
Schwuchow, K./Gutmann, J. (Hrsg.): *Jahrbuch zur Personalentwicklung und Weiterbildung 1999/2000*, Neuwied 1999.
Sonntag, K. (Hrsg.): *Personalentwicklung in Organisationen*, Göttingen 1992.
Wanous, J. P.: *Organizational Entry: Recruitment, Selection, Orientation and Socialization of Newcomers*, Massachusetts 1992.
Watzlawik, P./Beavin, J. H./Jackson, D.D.: *Menschliche Kommunikation*, Bern/Stuttgart 1990.
Watzlawick, P.: *Wie wirklich ist die Wirklichkeit? Wahn, Täuschung, Verstehen*, München 1976.
Weisbach, C.-R.: *Professionelle Gesprächsführung. Ein praxisnahes Lese- und Übungsbuch*, München 1999.
Wever, U.: *Unternehmenskultur in der Praxis*, Frankfurt/New York 1990.
Whorf, B. L.: *Sprache, Denken, Wirklichkeit*, Hamburg 1963.
Wildemann, B.: *Professionell Führen*, Neuwied 1999.

Glossar

Abgesprochene Wirklichkeit
Gesprächspartner besprechen ihre Wahrnehmung und Interpretation einer Situation, definieren eine gemeinsame Sichtweise und kommen somit zu einer »abgesprochenen Wirklichkeit«.

Abmahnung
Eine Abmahnung wird eingesetzt, um den Arbeitnehmer offiziell auf eine Pflichtverletzung oder Störungen im Verhaltens- oder Vertrauensbereich hinzuweisen. Abmahnungen unterliegen keiner Schriftformerfordernis, sie können auch mündlich erfolgen. Wegen der Beweisfunktion sollte man sie aber schriftlich abfassen. Die Abmahnung dient dazu, den Arbeitnehmer auf seine vertraglichen Pflichten hinzuweisen und auf deren Verletzung aufmerksam zu machen, ihn aufzufordern, sich in Zukunft vertragsgetreu zu verhalten und für den Fall einer erneuten Pflichtverletzung die Kündigung anzudrohen. Sie hat eine »Warnfunktion«. Aus dem Verhältnismäßigkeitsgrundsatz, der Fürsorgepflicht des Arbeitgebers und des § 314 Abs. 2 BGB heraus muß vor Ausspruch einer verhaltensbedingten Kündigung unbedingt mindestens eine einschlägige Abmahnung erteilt worden sein.

Aktives Zuhören
Durch Körpersprache (Blickkontakt, zugewandte Haltung, Kopfnicken usw.), durch Kurzäußerungen wie »aha« oder »gut«, durch aktives Nachfragen, Rückformulieren und Zusammenfassen wird dem Gesprächspartner Interesse bezeugt.

Alternativfragen
Fragen, die den Gesprächspartner zu einer Entscheidung führen, indem er zwischen zwei oder mehreren Alternativen wählen kann.

Anlaßbezogenes Gespräch
Gespräch, das zu einem bestimmten Anlaß stattfindet (z. B. ein Problem tritt auf und muß gelöst werden).

Anreiz-Beitragstheorie
Besagt: Leistungsorientiertes Verhalten wird beibehalten bzw. gesteigert, wenn die erwarteten Belohnungen (Anreiznutzen) die Kosten ihrer Beiträge (Leistung, Einsatz) im Vergleich zu einer anderen oder weniger intensiven Tätigkeit übersteigen.

Anreizsysteme
Motivationssysteme wie erfolgs- und leistungsorientierte Vergütung, die Mitarbeiter motivieren sollen, erwünschtes Verhalten (beispielsweise die Realisierung vereinbarter Ziele) verstärkt zu zeigen.

Arbeitsbezogene Ziele
Ziele, die sich auf die Arbeitswelt beziehen (im Gegensatz zu persönlichen oder privaten Zielen).

Aufgabenbezogene Ziele
Ziele, die sich konkret auf die Tätigkeit beziehen und in der Regel quantitativ meßbar sind.

Balanced Scorecard
Steuerungs- und Controllinginstrument für die Umsetzung von vier unternehmensstrategischen Kernaussagen. Diese »Perspektiven« in den Bereichen: 1. Finanzen, 2. Kunden, 3. Lernen und Entwicklung und 4. Innovation und Geschäftsprozesse ermöglichen die Integration sämtlicher Unternehmensaktivitäten auf einer übergeordneten Steuerungsebene.

Bestätigungsfragen
Geschlossene Fragen, die gestellt werden, um die eigene Meinung zu bestätigen oder die Richtigkeit eines Sachverhalts zu überprüfen.

Beurteilungsgespräch
Gespräch, in dem die über einen bestimmten Zeitraum hinweg erbrachte Leistung eines Mitarbeiters beurteilt wird.

Beurteilungskonflikt
Zwei Parteien wollen dasselbe Ziel mit unterschiedlichen Mitteln erreichen oder schätzen die Wirksamkeit eines Mittels unterschiedlich ein.

Beziehungsebene
Die Ebene in der Kommunikation, die etwas darüber aussagt, wie die Gesprächspartner zueinander stehen. Die Art und Weise der Beziehung äußert sich darin, wie miteinander gesprochen wird (Tonfall, Gestik, Mimik, Formulierung usw.).

Beziehungskonflikt
Ein Konflikt, der sich auf der Beziehungsebene (emotionalen Ebene) der Gesprächspartner abspielt. Er kann ausgelöst werden durch starke Gefühle, Fehlwahrnehmungen, mangelnde Kommunikation oder gestörte Kommunikation.

Blinder Fleck
Der Bereich der Selbstwahrnehmung, in dem das eigene Verhalten für andere sichtbar und erkennbar, dem Betroffenen selbst dagegen nicht bewußt ist.

Bonusbandbreite innerhalb von Caps und Floors
Ergibt sich aus den von der Geschäftsleitung definierten »Caps« and »Floors«. Unter einem »Cap« versteht man die höchste prozentuale Bonusausschüttung. Ein »Floor« definiert die Untergrenze, z. B. eine Bonus-Mindestausschüttung.

Bottom-up-Feedback
Rückmeldungen, die in einem Unternehmen von einer Ebene auf die hierarchisch darüberliegende weitergegeben werden.

Cafeteria-System
Mitarbeiter können zwischen verschiedenen Anreizelementen wählen (z. B. Rentenbaustein versus Dienstwagen oder eine Bonusbarauszahlung).

Direkte Botschaft
Die Informationen und Nachrichten, die leicht verständlich, ohne Interpretation vom Empfänger entschlüsselt werden können.

Doppeldeutige Botschaften
Aussagen oder auch verbale Botschaften einer Person stehen im Widerspruch zu ihrer Körpersprache (z.B.: »Du bekommst alle Freiheiten, aber mach' keinen Fehler«).

Du-Botschaften
Botschaften, die das Pronomen »Du« enthalten und Aussagen darüber treffen, wie der Gesprächspartner erlebt wird.

Einstellungsgespräch
Gespräch zur Einstellung neuer Mitarbeiter.

Entwicklungsgespräch
Gespräch mit dem Ziel, die beruflichen Perspektiven und Entwicklungsmöglichkeiten des Mitarbeiters zu erörtern und zu konkretisieren.

Entwicklungsbezogene Ziele
Ziele, die sich auf die Weiterentwicklung der Fähigkeiten und der beruflichen Perspektiven einer Person beziehen.

Erfolgsbezogenes Entgeltsystem
Beteiligt Führungskräfte am Erfolg der Entwicklung des Unternehmens oder eines Geschäftsbereiches (z. B. durch Aktienoptionspläne).

Erfolgsorientierter Bonus
Koppelung der erfolgsorientierten Vergütungsanteile an den Unternehmenserfolg.

Evaluation
Die Auswertung und Interpretation von Informationen über die Wirkung von Handlungen.

Externale Belohnungsform
Belohnungsarten, die von außen kommen (z. B. Anerkennung, finanzielle Belohnung etc.).

Extrinsische Motivation
Beweggründe im Verhalten, die durch Belohnungen von außen getragen werden (z. B. Entlohnung, Karriereentwicklungsmöglichkeiten).

Feedback
Rückkoppelung, Rückmeldung.

Feedbackgeber
Derjenige, der Rückmeldung gibt.

Feedbackempfänger
Derjenige, der Rückmeldung bekommt.

Flow-Erleben
Ein mentaler Zustand, in dem der Handelnde sich vollständig auf sein Tun konzentriert und dabei das Gefühl scheinbar müheloser Bewegung und

fließenden Ablauf der einzelnen Handlungsschritte entwickelt. Die Aufmerksamkeit wird in diesem Zustand unwillkürlich auf die Handlung gelenkt, es tritt ein Zustand ein, in dem man selbstvergessen, unter Verlust des Zeitgefühls, völlig eins mit der Situation oder Handlung wird. Damit dieser Zustand überhaupt möglich wird, muß die wahrgenommene Herausforderung einer Tätigkeit den wahrgenommenen Fähigkeiten und Fertigkeiten zur Bewältigung der Aufgabe optimal entsprechen.

Fremdwahrnehmung
Wahrnehmung der eigenen Person durch andere.

Führungskompetenz
Fähigkeiten, die dazu beitragen, Mitarbeiter zu führen (z. B. Kommunikationsgeschick, Integrationsfähigkeit, Entscheidungskraft, usw.).

Führungskultur
Gesamtheit von Normen, Wertvorstellungen und Denkhaltungen, die das Verhalten aller Führungskräfte in einem Unternehmen prägt.

Führungsbezogene Ziele
Ziele, die sich auf die Aufgaben und Verhaltensweisen von Führungskräften beziehen.

Gegenfragen
Eine Frage wird mit einer Frage beantwortet.

Gehaltsfindungsgespräch
Gespräch über die Höhe des zukünftigen Gehaltes.

Gehaltsstufe
Anhand bestimmter (Stellen-)Bewertungskriterien, wie z. B. Komplexitätsgrad der Aufgabe, Budgetverantwortung etc., werden für unterschiedliche Aufgaben Gehaltsstufen definiert, innerhalb derer sich ein Fixgehalt bewegen kann. Gehaltsstufen werden auch Funktionsgruppen oder Verantwortungsgruppen genannt.

Geschlossene Fragen
Fragen, die sich mit »Ja«, »Nein« oder einer kurzen, präzisen Information beantworten lassen.

Gesellschaftliche Filter
Jede Gesellschaft besitzt bestimmte Normen und Werte, die sich auf die Wahrnehmung auswirken.

Gesprächsleitfaden
Leitfaden, der durch inhaltliche Stichpunkte und Fragen dazu beiträgt, ein Gespräch strukturiert durchzuführen.

Gewichtete Ziele
Ziele werden auf ihre Bedeutung hin gewichtet und mit einem Gewichtungsfaktor versehen.

Halo-Effekt
Auch Hof-Effekt genannt (nach Allport, Thorndike u.a.). Die Überstrahlung,

die einzelne Eigenschaften, der Gesamteindruck, bestimmte Strukturmerkmale u.ä. besitzen. Ein guter Gesamteindruck bessert weniger gute Eigenschaften auf.

Hypothetische Fragen
Fragen, die eine mögliche Problemlösung vorwegnehmen und/oder deren Konsequenzen genauer hinterfragen (z. B. »Stellen Sie sich vor …«).

Ich-Botschaften
Aussagen, die das Pronomen »Ich« enthalten und darüber informieren, wie der Sprecher eine aktuelle Situation erlebt.

Implementierung eines Mitarbeitergesprächs
Einführung eines Mitarbeitergesprächs.

Indirekte Botschaften
Informationen und Nachrichten, die vom Sender nicht ausgesprochen werden, jedoch durch Randbemerkungen und körpersprachliche Signale angedeutet werden. Indirekte Botschaften müssen vom Empfänger interpretiert und entschlüsselt werden, z.B. durch Nachfragen.

Internale Belohnungsform
Belohnungen, die innerhalb des Individuums entstehen (z. B. das Gefühl des Stolzes über die Bewältigung einer schwierigen Aufgabe).

Interpretation
Deutung.

Intrinsische Motivation
Beweggründe im Verhalten, aus denen heraus eine Aufgabe bzw. Tätigkeit um ihrer selbst willen angestrebt wird (z. B. Selbstverwirklichungsmotiv).

Job Enrichment
Anreicherung des Arbeitsplatzes durch vielfältigere Aufgaben und Tätigkeiten.

Johari-Fenster
Ein Modell, von Joe Luft und Harry Ingham entwickelt, das die Wirkung von Feedback auf die dem Menschen bekannten und unbekannten Verhaltensbereiche veranschaulicht.

Jahresgespräch
Gebräuchlicher Ausdruck für Mitarbeitergespräche, die einmal im Jahr geführt werden.

Kaskadenprinzip (der Bonusvergabe)
Stufenförmige Verteilung des Bonusbudgets von oben (Geschäftsführung) nach unten (Mitarbeiter).

Kode
Chiffrierschlüssel. Der sprachliche Kode eines Sprechers ist die Menge der ihm aus dem gesamten Zeichensystem der Sprache zur Verfügung stehenden Zeichen samt Verknüpfungsmöglichkeiten und Regeln als Grundlage für die nachrichtliche Übermittlung von Inhalten.

Kritikgespräch
Gespräch, in dem Kritik geäußert wird, z.B. an Verhaltensweisen des Mitarbeiters oder auch des Vorgesetzten.

Leistungsbeurteilung
Bewertung der Leistung des einzelnen Mitarbeiters durch den Vorgesetzten. Grundlage sind häufig im Vorfeld festgelegte Ziele, deren Zielerreichungsgrad unter anderem die Basis für die Bewertung der Leistung darstellt.

Leistungsbezogenes Entgeltsystem
Ein System, welches die individuelle Leistung eines Mitarbeiters belohnt.

Longterm Bonus
Bonussystem, das die über Jahre erbrachte Leistung oder auch den langfristigen Unternehmenserfolg honoriert.

Management by objectives
Führen durch Zielvereinbarung.

Meta-Kommunikation
Kommunikation über die Art und Weise, wie kommuniziert wird.

Mitarbeiter-Review
Standortbestimmung, teilweise auch als Synonym für Mitarbeitergespräche, vor allem in englischsprachigen Unternehmen gebraucht.

Mitarbeiterentwicklung
Prozeß der kontinuierlichen Förderung und Entwicklung von Mitarbeitern entsprechend ihrer Potentiale und Fähigkeiten.

Motivstrukturen
Das Zusammenwirken der verschiedenen Beweggründe im Verhalten.

Natürliche Filter
Die Wahrnehmung der Außenwelt findet über die fünf Sinneskanäle (Sehen, Hören, Riechen, Schmecken, Fühlen) des Menschen statt. Die Begrenzung der Sinneskanäle, z.B. beim Hören von 20–16 000 Hz., schränkt die Wahrnehmung ein.

Offene Fragen
Fragen, die nicht mit ein oder zwei Worten beantwortet werden können, sondern erklärt werden müssen.

P.U.S.T.E.-Modell
Modell, mit dessen Hilfe ein Problem strukturiert gelöst werden kann.

Personalgespräch
Wird in manchen Firmen als Synonym für Mitarbeitergespräch verwendet.

Präzisionsfragen
Fragen, die helfen, einen Sachverhalt genauer zu beschreiben, zu präzisieren.

Problemlösungsgespräch
Gespräch mit dem Ziel, ein Problem zu lösen.

Projektevaluation
Überprüfung des Projekterfolgs durch Reflexion, Bewertung und Auswertung eines Projekts.

Projektion
Nach Sigmund Freud die unbewußte Verlagerung von Triebimpulsen, eigenen Fehlern, Wünschen, Schuld- und ähnlichen Gefühlen auf andere Personen, Situationen oder Gegenstände.

Rhetorische Fragen
Fragen, die vom Fragesteller selbst beantwortet werden können.

Sachebene
Informationen, die im Gespräch etwas darüber aussagen, was inhaltlich miteinander diskutiert wird.

Sachinhalt
Informationen und Fakten, die eine bestimmte Themenstellung erläutern.

Shortterm Bonus
Bonussystem, bei dem die kurzfristige (z. B. jährliche) Leistung honoriert wird.

Selbsterfüllende Prophezeiung
Die von dem Soziologen R. K. Merton bezeichnete Situation, bei der die Wahrscheinlichkeit steigt, daß jemand ein bestimmtes Verhalten zeigt, wenn andere es von ihm erwarten.

Selbstbild (Selbstkonzept)
Die Gedanken und Gefühle, die man sich selbst gegenüber hat.

Selbstoffenbarung
Das, was jemand über sich selbst preisgibt.

Selektive Wahrnehmung
Aus der Menge der gleichzeitig vorhandenen Reize werden nur einige ausgefiltert und beachtet.

Skalenbewertung
Bewertung, die anhand einer Skala (d.h. abgestuften Merkmalen, wie z.B. Ziel übertroffen, Ziel erreicht, Ziel fast erreicht, Ziel teilweise erreicht, Ziel nicht erreicht), vorgenommen wird.

Soll-Ist-Vergleich
Vergleich des derzeitigen Standes einer Situation, eines Problems und dessen Abweichung vom idealen, wünschenswerten Zustand.

Standortbestimmung
Beschreibung des aktuellen Standes der derzeitigen Situation, z. B. im Rahmen eines Auftrags, eines Projekts oder der persönlichen Befindlichkeit.

Subjektive Wirklichkeit
Die eigene Wahrnehmung und Interpretation der Wirklichkeit.

Suggestivfragen
Fragen, die eine bestimmte Absicht verfolgen, den anderen in eine Richtung beeinflussen wollen und nicht zum Ziel haben, seine Meinung zu erfragen.

Summarisch orientiertes Beurteilungsmodell
Die Gesamtleistung des Mitarbeiters wird »summarisch« (Gesamteinschätzung, nach einem bestimmten Schema) vom Vorgesetzten beurteilt.

Teambezogene Ziele
Ziele, die sich auf die Zusammenarbeit einer gesamten Arbeitsgruppe, eines »Teams«, beziehen.

Teamprämien
Finanzielles Anreizsystem, das für das Erzielen des Ergebnisses oder der Zielerreichung einer ganzen Gruppe wirksam ist und anteilsmäßig auf jeden Mitarbeiter (gleich) verteilt wird.

Tools
Werkzeuge.

Topflogik
Die Geschäftsleitung bestimmt – unter Berücksichtigung der erbrachten Leistungen und des Zielerreichungsgrades im Geschäftsjahr – einen »Budget-Topf«, der kaskadenartig und leistungsorientiert ausgeschüttet wird. Grundlage der Berechnung für den Gesamtbudgettopf sind der jeweilige Zielbonus, der für jeden betroffenen Mitarbeiter definiert ist, und die Gesamtleistung.

Unternehmenskultur
Gesamtheit von Normen, Wertvorstellungen und Denkhaltungen, die das Verhalten aller Mitarbeiter aller Stufen und somit das Erscheinungsbild des Unternehmens prägt (Pümpin 1985).

Überlagerung
Zweite Phase des Konflikts nach Doppler und Lauterburg. Die kritische Situation entsteht, wenn eine Konfliktpartei die Argumente der anderen nicht akzeptiert. Schnell werden Egoismus, Taktik bis hin zur Unaufrichtigkeit unterstellt. Die Diskussion verlagert sich auf die moralische Ebene und wird von Werte-, Beziehungs- und Personenfragen überlagert.

Variable Vergütungsbestandteile
Bestandteile in der Vergütung, die im Gegensatz zum Festgehalt nicht fest fixiert sind, sondern in Abhängigkeit von der Erreichung von Zielen und Ergebnissen ausbezahlt werden.

Vergütungssystem
Der obligatorische Teil besteht aus Lohn/Gehalt, Sozial- und Zusatzleistungen, der fakultative Teil besteht aus einer Beteiligung des Mitarbeiters am ökonomischen Erfolg.

Verhaltensbezogene Ziele
Ziele, die sich auf Veränderungen von Verhaltensweisen beziehen.

Verstärkung
Bekräftigung, Beeinflussung der Folgen eines Verhaltens mit dem Ziel, die Wahrscheinlichkeit des Auftretens einer Reaktion zu erhöhen.

Wahrnehmungsbrillen
Die Wahrnehmung wird durch Einflußfaktoren (wie z.B. Werte, Unternehmenskultur, eigene Erziehung usw.) verzerrt. Diese Faktoren beeinflussen – vergleichbar mit einer Brille, die das Sehen erleichtert oder auch verändert (z. B. Sonnenbrille) – unsere Wahrnehmung.

Warming-up
Gesprächsbeginn, Gesprächseinstieg, Warmwerden.

Zielbonus
Die Höhe des Bonus, die bezahlt wird, wenn das Ziel zu 100 Prozent erreicht wird. Der Zielbonus ist meist vertraglich festgelegt.

Zielerreichungsgrad
Grad der Erfüllung eines Zieles.

Zielkonflikt
Ziele, die sind nicht miteinander vereinbar sind (z.B. ein Buch schreiben und gleichzeitig faulenzen).

Zielreview
Gespräche zwischen Vorgesetzten und Mitarbeitern, die den Zwischenstand von Zielerreichungen reflektieren und bewerten.

Zielvereinbarungsgespräch
Gespräch, das geführt wird, um miteinander zukünftige Ziele zu vereinbaren.

Register

Die Autoren

Brigitte Winkler, Arbeits- und Organisationspsychologin und zertifizierte Supervisorin, ist Beraterin internationaler Firmen und Non-Profit-Organisationen im Bereich Managementdiagnostik, Personal- und Organisationsentwicklung. Sie war viele Jahre in leitenden Positionen im Personalbereich im In- und Ausland tätig – zuletzt als Leiterin Personalentwicklung der HypoVereinsbank AG. In dieser Funktion begleitete sie während der Firmenfusion zwischen Hypo-Bank und Vereinsbank in verschiedenen Projekten den Integrationsprozess der Mitarbeiter und implementierte Personalentwicklungsinstrumente wie Mitarbeitergespräche, Assessment Centers, Führungskräftequalifizierungen, Teamentwicklungen und Potenzialanalyseverfahren. Zusammen mit zwei Geschäftspartnern gründete sie im Januar 2000 die Unternehmensberatung A47 Consulting, Beratung für Unternehmensentwicklung und Managementdiagnostik in München. Sie ist Mitglied der Academy of Management und hat Lehraufträge an der Universität Gießen, an der Universität München und an der Technischen Universität München zu Themen der Arbeits- und Organisationspsychologie. Sie publizierte 2000 zusammen mit Stefan Dörr „Fusionen überleben – Strategien für Manager" im Hanser Verlag.
Kontakt: brigitte.winkler@a47-consulting.de, www.a47-consulting.de

Helmut Hofbauer ist seit 1991 selbständiger Managementberater und Trainer. Schwerpunkte seiner Tätigkeit sind die Entwicklung und Beratung von Führungskräften sowie die Begleitung von Veränderungsprozessen. Er berät große internationale Unternehmen und mittelständische Firmen aus unterschiedlichen Branchen sowie Non-Profit-Organisationen. Die Zielgruppen seiner Arbeit erstrecken sich von der Ebene der Teamleiter bis hin zur Geschäftsführung.
Nach seinem Studium arbeitete er über 15 Jahre in verschiedenen Funktionen bei mehreren Organisationen, bevor er sich als Berater und Trainer selbständig machte.
Für seine Beratungen und Trainings kooperiert er mit mehreren Partnern aus unterschiedlichen Kompetenzbereichen.
Kontakt: Hofbauerbt@gmx.de, www.hofbauerundpartner.de